生活環境主義のコミュニティ分析

環境社会学のアプローチ

鳥越皓之
足立重和
金菱　清
［編著］

ミネルヴァ書房

生活環境主義のコミュニティ分析——環境社会学のアプローチ【目次】

第Ⅰ部　コミュニティはなぜ小さくなければならないのか

第Ⅱ部　コミュニティはなぜわれわれ意識を保持するのか

第Ⅲ部　コミュニティはなぜ分け合うのか

第V部　コミュニティはなぜ資源を利用しなければならないのか

序章　生活環境主義再考

——言い分論を手がかりに

足立重和

1　成熟し停滞する社会のなかのコミュニティ

本書は、日本の地域社会学・環境社会学における主要な分析枠組みのひとつである「生活環境主義」の立場から、成熟した後期資本主義社会のなかで存続する地域コミュニティの現代的諸相をあきらかにしようとするものである。

生活環境主義は、一九八〇年代の琵琶湖湖西にある旧マキノ町知内地区の集中的なフィールドワークからうみだされた。その主導的立場にあり、本書の筆頭編者でもある鳥越皓之は、日本民俗学や農村社会学、とくに柳田國男—有賀喜左衛門—中野卓と連なる系譜の生活論を受け継ぎながら、独自の社会学理論である生活環境主義を打ち立てた。この理論的立場は、今日に至るまで、環境問題だけでなく日常的な人と自然のつきあいから歴史的(文化的)環境の保全や地域づくりまでを幅広く対象に含みながら、「当該社会に実際に生活する居住者の立場」[1](鳥越 1984：325)に立って、そこに暮らす人びとの「生活」にポイントをおいた鋭利な生活分析と政策的有効性をつねに提示してきた。

その生活環境主義が重視しているのは、地域生活を成り立たせている「小さなコミュニティ」(鳥越 1997)という身近な人間関係のまとまりである。というのも、小さなコミュニティは、外部からの環境破壊への最後の防波堤になるとともに、自分たちの生活を成り立たせていくために身近な環境を根絶やしにすることなく利用しながら保全する主体でもあるからだ。鳥越からこの立場を学んだ執筆者一同も、これまで環境問題の現場においてコミュニティの役割がたいへん重要であることに気づかされてきた。本書は、そのコミュニティの現代的諸相を、「なぜ小さくなければならないのか」（第Ⅰ部）、「なぜわれわれ意識を保持するのか」（第Ⅱ部）、「なぜ分け合うのか」（第Ⅲ部）、「なぜ存続しなければならないのか」（第Ⅳ部）、「なぜ資源を利用しなければならないのか」（第Ⅴ部）という五つの原理的な問いによってとらえ返しながら豊富な事例研究を配置した構成になっている。

しかし、生活環境主義が誕生して三〇年以上が経過し、コミュニティとそれを取り巻く社会は、大きな曲がり角を迎えている。筆者が社会学を本格的に学びはじめたのは、一九九〇年代に入ってのことだった。そのころの日本社会は、経済成長がピークにさしかかったと思いきや突如減速しはじめ、「失われた二〇年」と呼ばれる時期に突入した時期だった。つまり、日本社会も、西欧社会と同じく、成熟した後期資本主義社会の仲間入りをはたしたのだ。ただ、〝成熟〟といえば聞こえはいいが、その実は〝停滞〟と同義であり、日本社会もいわゆる〝先進国病〟にとらわれたのである。

そのひとつの具体的な傾向は、多くの先進諸国で見られる、少子高齢化である。高度経済成長期には農村部の過疎化が問題とされていたが、そのような過疎地域がもはや限界集落化するとともに、都市においても著しい人口の空洞化が目立つようになった。もちろん、本書のテーマであるコミュニティでも、人口減少にともない、その担い手が急減している。

このような〝停滞〟の打開策として選択されたのは、経済のグローバリゼーションである。この潮流によって、自由競争原理が加速し、既存の社会関係が分断された。それを正統化したのが、新自由主義的な政策である。とくに二〇〇〇年代以降、われわれの生活のあらゆる局面で、競争、効率性、自己責任がつよく要求され、その一方で中間集団は切り崩され、社会は個人化し、個人は社会関係から放たれ、ますます孤立した。かつてマーガレット・

サッチャーは「社会なんてものはありません。あるのは個人と家族だけです[2]」と述べたが、新自由主義が標的とする目に見えない人間関係のリストには、当然コミュニティも含まれている。

このような時代状況を前に、われわれ執筆者も、たしかに豊かな社会のなかでそれなりに暮らしていけるのかもしれないが、つねに孤独な競争を強いられ、その結果はすべて自己責任として引き受けさせられる〝理不尽さ〟を多かれ少なかれ共有してきた。いまどうしてこのように生きなければならないのか。そのような〝生きづらさ〟を感じているとき、ある者は大学で、ある者は環境問題の現場で、ある者は仕事場で、生活環境主義と出会い、日本のコミュニティが環境問題をはじめとする外部からの生活条件に翻弄されながらも、しっかりと、そして、いきいきと生活を組み立てていく伝統、知恵、語り、しかけ、関係性、さらにそれらに現れる人びとの「主体性」や「創造性」に瞠目させられたのだ。そのような主体性や創造性が行きつくところとは、「みんなで生活することを〝楽しむ〟共同性のなかにひそむ自由、といいうるような『価値』」（足立 2010：293）ではないだろうか。われわれ日本の環境社会学の第二世代が生活環境主義に大きな魅力を感じた理由は、ここにある。

2　時代とともにあるコミュニティの新しい萌芽

ところが、このような魅力を語ったとたん、これまでコミュニティは、みんなの生活を優先するあまり、成員個々人の自由なライフスタイルを抑え込んできた、との批判が社会学のなかからたえず繰り返されてきた。もちろん、われわれ執筆者も、さまざまな事例のなかで、一方では環境問題や地域づくりにおけるコミュニティの有効性を知りながらも、他方ではコミュニティの内部にはそのような権力が働いていることを知っているし、一見するとやや因襲的にすら見えるときがある。

だが、時代の変化によって人びとの生活が変化するように、コミュニティも、時代とともにその姿を変えてきた。本書に収められた各地の事例研究から、その変化をたどるならば、（1）成員の多様性、（2）「個」と「私」の承認、

（3）〈遊び〉をもった地域運営、の三つにまとめられよう。各章の内容紹介は部ごとの序文にゆずるとして、ここではこれら三点に関連する各章の記述の一部を紹介しよう。

（1）成員の多様性

この特徴は、これまでのコミュニティのなかでは、異質で、マイナーな人びとが確固たる成員性を獲得してコミュニティを担っていることを意味している。

たとえば、第12章の川田論文では、滋賀県野洲市須原地区の人びとが、「須原の田んぼは須原で守る」ために、どのように田植えや稲刈りなどの労働を分担したのか、があきらかにされている。須原地区では、農業組合を組織し、すべての田んぼの作業を一手に請け負っている。ただ、そこでフルタイムで働ける組合員は、会社をリタイアした年齢の人びとばかりである。それ以外の若い世代は会社勤めなどがあって働けないので、年配者のお世話になっている。こうなると、「年配者＝フルタイムの組合員＝農業者」は、「若い世代＝パートタイムの組合員＝会社員」への不満を募らせているのではないかと勘ぐってしまうのだが、そうではない。というのも、現在フルタイムで働いている年配者も、会社に勤めていた若いころ、リタイアした先輩たちのお世話になってきたからだ。よっていま、主になって働く年配者たちは、自分たちの先輩からの過去の「借り」を返すことで、現在の地区の田んぼを守っているのである。

また、その土地にまったく縁もゆかりもないＩターン者がコミュニティに参入してくる事例も増えてきた。第7章の閻論文と第13章の箕浦論文では、そのような新住民と旧住民の関係性が扱われている。第7章の事例地である茨城県石岡市のある地区は、リゾート開発・宅地開発による土地所有者の村外流入からくる秩序の動揺を抑えるために、新規来住者のムラ入りに対して一〇〇万円の賦課金を設けた。これは一見すると、排除の論理を体現しているかに見えるが、ムラからすれば、これまでの共有財産の維持への実績を提示しているのであり、賦課金を負担した新住民は、正々堂々と権利を行使し、「同じムラ人」になるのだ。一方、これとはまったく異なる対応をとっているのが、第13章の事例である。山梨県北杜市大泉町のとあるコミュニティである。ここは、地区内に新住民が空間的に集住したために、新住民による新たな組を設けて、組織的に「住み分け」を実行した。これも一見すると、両者に〝溝〟をつくっているように見えるが、実は「住み分け」を正統化することで、価値観が異なる者どうしが〝付かず離れず〟の距離を保ちながら、やがて両者が重なり合おうとする戦略なのである。これも地区の秩序を安定させ、今後の人口減少にともなうリスクに備えようとする試みなのだ。

立場の違いを包摂するコミュニティは、茨城県東海村の原子力施設立地点という紛争が先鋭化した地域にも生成する。かつて臨界事故を起こしたＪＣＯが新たに計画した低レベル放射性廃棄物の焼却設備をめぐって、第17章の山室論文は、「半径三五〇メートルの内／外」という恣意的な線引きによるＪＣＯの対応に疑問をもった住民有志が「地べたに線は引いていない」として自分たちを「周辺住民」と位置づけながら、「施設推進／反対」さらには「ＪＣＯ従業員か否か」という二分法的カテゴリーを乗り越え、さらには、意思表明ができない住民をも含み込んだ「周囲コミュニティ」が出現することを論じている。

これらの事例から言えるのは、コミュニティ内の成員の多様性を確保するためには、これまでの主要な成員による「寛容さ」、あるいは、そうでない成員による「謙虚さ」といった心がけ論に頼るのではなく、それぞれの成員が〝同じ地表を占有する〟ことで生じる権利と義務を分離させることなく、ともに引き受けることができるかどうかにかかっている。(3) このことに気づかせてくれるのは、第1章の野田論文である。第1章では、湧き水や洗い場などのアクアツーリズムの二事例から、そういった共同資源を管理する場合、地元の管理者が減っているからといって、「地元住民＝利用のみ＝権利／ＮＰＯや行政などの外部者＝維持管理のみ＝義務」に分離してしまうと、地元住民にも観光客にもたいへん魅力のないスポットになってしまうことが示されている。

（2）「個」と「私」の承認

これまで、日本のコミュニティの最小単位は、「家」であった。とくに農村コミュニティであるムラは、生産共同体としてそれぞれの家を統括した。ところが、人口減少、グローバリゼーション、個人化といった特徴をもつ現代社会におけるコミュニティは、最小単位としての「家」がやや後ろに退いて、かわって「個人」が前景化するようになった。この点から、われわれ執筆者も、コミュニティを築きあげる個人や個人間のネットワークに着目していく必要があるだろう。

第11章の足立論文では、岐阜県郡上市八幡町の事例から、これまでのコミュニティ研究では副次的な位置しか与えられてこなかった頼母子講が取り上げられている。現在の郡上八幡の頼母子講は、あくまでも気の合った者どうしが毎月一定額の掛け金を持ち寄って飲み食いし、お小遣い程度の講金を講員の誰かに貸し付けるものだが、これが講員を中心としながらもコミュニティ全体の生活に関わる相互扶助を可能にしている。

このような頼母子講を可能にさせているのは、「気の合った」「気心知れた」講員それぞれの「個性」を介した関係性なのだが、それが地域づくりにまで発展した事例が、第5章の靍論文に登場する岡山県高梁市備中町平川地区である。高齢化率約六〇％、自然災害、保育園や小・中学校の閉鎖など、客観的にみればネガティブな要素に取り囲まれている平川だが、県内では「元気な地域」として認められている。いわゆる「まちづくりを頑張っている地域」なのだが、そこに悲壮感はまったくない。ジェンダーフリーで、女性を中心にした〝元気〟なまちづくりが可能なのは、平川の人びとが「ドラマ仕立てで生活を見る」というユニークな視点をもっているからである(4)。平川の人びとは、音楽や演劇などの趣味を活かしたイベントを〝とにかくやってみる〟。そこで活躍するのは地元の〝役者たち〟であり、彼らがここでの生活を楽しくさせ、地域を明るくする。平川では、ひとりひとりがかけがえのない存在として大切にされているのだ。

この「個」の承認を資源管理の文脈でとらえるならば、コミュニティが「共」的に管理しているエリアに「私」的な活動や利益を容認することにつながる。この「共」と「私」の関係について論じているのが、第19章、第21章、第22章である。これらの章はいずれも、人間が自然を利用することで当の自然が守られることを前提にしている。第19章の牧野論文は、九州山村でみられるシイタケ栽培を事例に、先にふれた成員の多様性とも関連しながら、ムラの山のなかでシイタケを生産する渡り職人の私的利益の追求を認めることで、ムラも山の共的管理・経営にとって利益があることを示している。また、中国太湖湖岸に家船を浮かべて暮らす水上コミュニティを事例にしている第21章の楊論文では、新参の漁民の船は上流側、旧来漁民の船は下流の湖岸側と停泊場所が決まっているのだが、それは新しくやってきた漁民が上から流れ着く木片や水草などを資源として私的に利用できるようにすることで共的な湖岸での船の往来をスムーズにさせているのだということが示されている。第22章の五十川論文も、茨城県霞ヶ浦にそそぐ河川敷の集落を事例に、河川敷の私的な耕作が集落の共的なコモンズの維持管理を可能にするだけでなく、河川の流水機能という「公」的目的にも適ったものであることを論じている。つまり、三本の論文とも、「私」と「共」は濃淡をともないながら重なって両立可能であることを主張しているのだ。そのような両立の〝うまい〟しかけによって、第16章の藤井論文の事例である、沖縄県竹富町波照間島での集落全体による無縁墓の守りも可能になっていると見ることができよう。

（3）〈遊び〉をもった地域運営

以上の論考はいずれも、「生活」の立場に立ってコミュニティを分析している。ここでいう生活とは、生産、生業、経済と完全に重なるものではない。これらを包括する、より大きな総体が生活なのである。第20章の家中論文は、居住者の生活の立場から、わが国の森林資源の問題を論じている。戦後日本の林業政策は、木材生産を第一とする生産力主義につよく傾いている。だが、第20章では、生産力主義にもとづく林業政策がアンダーユース型の森林問題を引き起こしているとし、この政策から脱却するために生活のなかでの利用を復活させようとする自伐林業に注目し、自伐林業に現れる生活の論理から再び「生産」の可能性が模索されている。また、第15章の小野論文では、ブラジルのミナス・ジェライス州の採鉱集落を事例にしながら、なんの権利ももたないアフリカ系の採掘労働者たちが、行政や環境NGOからの鉱業権譲渡の優遇措置という法的・経済的安定を蹴って、違法採掘を続けながら、これまで通りのコミュニティがもたらす〝心地よさ〟のほうを優先したことが論じられている。

ところで、現代のコミュニティにおける生活とはなんだろうか。そこに最後の特徴である〈遊び〉をもった地域運営があげられる。それは、現代において農村部でも都市部でもコミュニティが必ずしも生産・生業・経済の単位にならない代わりに、別の論理をもちはじめたことによる。たとえば、先にもあげた第11章の頼母子講の事例は、歴史的には、各自が毎月持ち寄ったお金で、各家の商売の資金繰りを融通し合うものだった。しかし現在では、講員たちは、掛け金を少額化しながら、講金を取るためのセリ遊びや談笑に興じている。そのような遊びをベースにしながら、頼母子講は、講員を中心としたコミュニティ全体の相互扶助にも乗り出している。また、第5章の平川のまちづくりでも、コミュニティがドラマトゥルギー的視点で個々人を〝役者〟に仕立て上げるしかけを備えることで、楽しみやユーモアを暮らしの中核に据えている。

現在の各地域を見渡すと、意外にも遊びを基調にした地域づくり運動がたくさんあることに気づく(5)。第24章の伊藤論文では、大阪市平野区の歴史資源を活かしたまちづくり運動を事例にしながら、この運動がもつ価値観についての議論が展開されている。当初のこの運動は、地元に愛された平野駅の駅舎保存と平野郷で知られる歴史的景観に似つかわしくないマンション建設計画への反対に端を発している。後者の計画が街並みに合ったものへと修正された後、この運動はまちづくりにシフトしていく。その運動の行動規準は、皆がオモシロイと思ったことをやる、イイカゲンにやる、他人のフンドシで相撲をとるといった遊び心を全開にしたものとなっている。そのような行動規準は、定例的な集まりをかつては「ほろ酔いサロン」と呼んだり、あえて運動の目標を掲げなかったりするところなど随所に現れている。つまり、〈遊び〉の要素は、現代のコミュニティ成員にとって相互扶助や地域づくりを無理なく続けさせるちからになっている。

以上の事例から言えるのは、(1)~(3)の三つの特徴は、ポストモダンにおけるコミュニティの主体性や創造性に影響を与えている点である。それでは、主体性や創造性のもととなっている人びとの「行為規準」(鳥越 1997：92)がどうなっていて、それをどうとらえていけばよいのかが、今度は気になってくる。つまり、現代のコミュニティの成員は、自分たちの生活にいったいなにを望んでいるのか。すると、われわれは、「人の心は分からないが人びとの心は分かる」（鳥越 1989：45；1997：38）という、鳥越のテーゼとふたたび向き合わなければならない。というのも、現代的なコミュニティは、多様な成員がいて、成員個々人が承認され、共通の生業にかわって〈遊び〉でつながっているゆえに、ふいに環境問題が降りかかってくると容易に内部分裂を起こすと考えられるからである。

実は、これまでの生活環境主義もコミュニティの内部分裂に直面し、環境問題分析のひとつの視点として「相互無理解」という視点を掲げたにもかかわらず、多くの社会学者から「先鋭な社会紛争や深刻な亀裂をともなって問題化した地域が明示的に取り上げられることはこれまでは少なかった」（長谷川 2003：69）と指摘され、「のどかで平和な日常生活世界論」（長谷川 1996：130）としてコミュニティを一枚岩にとらえているという批判が繰り返されてきた。そうであるならば、現代的コミュニティを分析するならばなおのこと、この問題をふまえたうえで、これまでの生活環境主義を再考する必要があるだろう。

3　言い分の重層性

生活環境主義の経験論

ここであらためて生活環境主義の考え方をみておこう。鳥越によれば、環境問題に対処するコミュニティを理論的に把握するにあたって、生活環境主義の基本的な視点は、（1）経験論、（2）地元住民の相互無理解の問題、（3）権力の問題、の三つであるという。鳥越たちが当初フィールドでぶつかった問題とは、フィールドワークにおいて、地元住民はある時点ではある立場や意見を選択するのだが、次の時点ではまったく別の立場や意見を選択するという「豹変」（松田 1989：95）であった。これまでの社会学では、ある時点での目に見える立場や意見の選択という個々人の「行為」をつぶさに見る「行為論」(6)で分析してきたが、そうするとこの豹変をうまく説明することができない。それは、単なる「気まぐれ」や「矛盾」のある〝信頼性を有しない〟被調査者として処理されがちだ。ところが、鳥越たちは、ある時点での選択が「かなり不動のものというよりも、たまたま、あるいきがかり上そうなったのであって……可能な選択肢はいくつかあるのではないか……複数の選択肢のうち、選ばれたものが行動として、また彼の意見として眼前に現れるのであるが、他の可能な選択肢は闇に葬られたままで……これが条件しだいで、また現れてくる可能性がある」（鳥越 1989：21）と指摘し、「この『豹変』の奥にある、何かを見つめなければならない」（松田 1989：95）とつよく認識する。目に見える複数の選択肢としての行為の奥にあるなにか――それを生活環境主義は「経験」と呼んだ。人びとの経験のレベルまでふみ込んで分析すべきだというのが、生活環境主義の「経験論」の主張である。(7)

だが、現実の行為のレベルにおいては、環境問題と向き合う地元住民のあいだに、外部からもたらされる環境改変をめぐって「賛成派」「条件つき賛成派」「反対派」などの内部分裂が起こるのが常態である。このとき、基本的には属性が主な指標となって「私たち＝地主＝賛成／彼ら＝借地人＝反対」といった「自界／他界」を形成する。自界および他界は、お互いに交渉しあうなかで、他者説得と自己納得のための正当化の論理をそれぞれに形成する。それを生活環境主義は「言い分」あるいは「説得と納得の言説」と呼ぶ。生活環境主義は、「言い分」や「説得と納得の言説」を分析することを通じて「人の心は分からないが人びとの心は分かる」というあの有名なテーゼに至った。「言い分」や「説得と納得の言説」は、（1）個人の体験知、（2）生活常識（＝コミュニティ内で流通する常識）、（3）通俗道徳（＝国家が人民を支配するために創出した道徳）といった日常的な知識から構成され、地元住民は、「言い分」の論理で動きはじめる。もちろん、このときにも調査者は、各グループの「経験」にまで降り立って調査しなければならない。以上が、生活環境主義モデルと呼ばれる分析枠組みの基本論理である。

経験論の解剖学

だが、はたして「言い分」は本当に「人びとの心」なのか。鳥越は、「言い分」と「人びとの心」を次のようにむすびつけている。

> 「人びとの心」というのは、たんに複数の人間の共通の意識というものではない。それは本稿でいう「言い分」（正当化の論理）のことである……ここで大切なことは、人びとはすでにできあがった「言い分」の論理で動きはじめることである。自己のグループの「言い分」の正当性をめぐって論争をはじめ、それを自分の意見だといって表明する。この複数の人たちの意見となり、そのグループを構成する人たちが自分の意見だといっているもの、それを本稿では「人びとの心」とよんだのである。（鳥越 1989：46-48）

つまり、「言い分」は、「人びとの心」と置き換え可能なのだ。また、これほど直接的でないにせよ、鳥越の論考を「語られたこと[8]（……鳥越のいう「言い分」にあたる）をコンテクストから切り離して非連続の力としてとらえるべきだ」（松田 1989：99）と批判的に検討した松田素二も、「説得と納得の言説」と「人びとの心」の関係を次のように論じている。

> 「人の心」の相互無理解性の上に立つ「人びとの心」を私たちは、生活環境主義の分析対象として見つめていくわけなのである……共同に作り上げる「人びとの心」、そのような生活者たちの共同心性こそが、生活環境主義者の認識枠組みを支えるキー概念の一つであり……私たちが、フィールドにはいると、生活者個々人のさまざまな思いや思惑や立場を感じることができる。そこに存在する相互無理解の深い溝にもかかわらず、それを一挙に飛び越えて「共通理解」あるいは「合意」といったものが形作られることは珍しいことではない……個々人が特定のグループに加わるとき、あるいはそのグループ間でなんらかの「共通理解」が生じるとき、こうした経緯を正当化する言説が跳梁しているのを確認することができる。人びとに対して影響力を発揮するこの言説を、ここでは「納得《ママ》と説得《ママ》の言説」と呼んでおこう。他者を説得し自己を納得させるこうした言説のおかげで、相互無理解の上に、なんらかの、「合意」が築かれることになるのである。（松田 1989：103-104）

つまり、「説得と納得の言説」も、「共通理解」「合意」＝「人びとの心」に対応している。

しかしながら、「語ることが行為の遂行そのもの」（足立 2010：8）だとしたら、「言い分」も「説得と納得の言説」も、たまたま選ばれた選択肢のひとつとしての「行為」になる可能性がある。そうなると、はたして「人びとの心はわかる」のか。

それでは、経験論のいう、そのときどきの行為の「選択のもとになる」（鳥越 1989：22）経験のほうはどうか。というのも、経験論では、「『言い分』の本質や、変化の方向を知るためには、各人や各組織体の『経験』にまで降り立って調査をしなければならないのはいうまでもない。ライフヒストリーの手法や、歴史的分析がここでは不可欠なものとなる」（鳥越 1989：48）からである。とするならば、「経験」こそ「人びとの心」ではないのか。

だが、「経験」も語られるがゆえに、選択肢のひとつとしての「行為」になる可能性があるだろう。というのも、そもそも経験とは、生の「持続の流れに対する振り返り、自己自身の持続経過に対する特殊な態度（これを私たちは「反省」と呼ぶことにしよう）を既に前提にしている」（Schütz 1932＝1982：63）からである。反省によって「把握され、区別され、際立たされ、境界づけられる」（Schütz 1932＝1982：68）経験には、選択して語るという行為の側面が含み込まれている。

また、ライフヒストリー法が前提とする経験の真正性を相対化する「ライフストーリー論」は、人びとが語る経験が多少の構築性を含む「物語」であり、それは、ときとして「マスター・ナラティブ」（＝全体社会で流通する語りの型）や「モデル・ストーリー」（＝コミュニティ内で流通する語りの型）といった型をもつと主張した（桜井厚 2002：252-256）。ここからも、経験を語ることは、ある時点で与えられた選択肢のなかから選びとられたひとつの「行為」であることが示唆される。そうであるならば、経験を聞き取っただけでは、「人びとの心はわかる」という保証はない。

つまり、「言い分」や「経験」は、語りのもつ行為のレベルに回収されてしまうため、無条件に「人びとの心はわかる」とはむすびつかないのである。やや図式的になるが、これまでの生活環境主義は、「言い分」や「経験」

に「人びとの心」を背負わせてしまったのだが、筆者からすれば、すべての「言い分」や「経験」の語りにつねに「人びとの心」が貼り付いているわけではなく、両者の間にはある程度のズレがある、ということだ。

このことを強調することによって、いったいなにが言えるようになるのか。それは、環境問題という外部からの生活条件の変化に対処するコミュニティ側の狡猾な戦略性である。言い分や経験は、語るという行為を通じて発露するわけであるから、それらもその時々の選択肢のひとつとしての行為のレベルに繰り込まれる。そして、ある語りは、その時々の生活条件に応じて、たまたま一時的に、ある言い分や経験の語りが選択肢のひとつとして人びとに選ばれたのであって、条件しだいで別の語りもありえたのだ、と筆者は考えたい。ときに、調査者は、時間を追うごとに、地元住民の語りに「豹変」を認めることもあるが、それは選択肢としての語りが『生活の便宜』によって操られている」（松田 1989：117）と見ることができよう。

「人びとの心はわかる」再考

しかし、生活環境主義者が言うように、フィールドワーカーには、ある「言い分」や「経験」の語りに出会ったとき、「人びとの心がわかった」と感じる瞬間が訪れる。とくに環境問題のフィールドワークの場合、それはいったいどういうときなのか。

ここで、鳥越自身が環境問題研究を持続させる力になった（鳥越 1997：272-273）というフィールドワークの場面をヒントにしよう。次の記述は、「あいさつ」についての民俗学的な論文からの引用である。

鹿児島県大島郡十島村のある島で、岡山県の水島《みずしま》コンビナートへ出稼ぎに行き、いわゆる公害で体を痛めた男性の例である。私は数日間その人から水島の公害について聞き取りをしていた。ある日その人の中学を出たばかりの息子が就職のために島を出ることになった。就職先はやはり水島で、その人は船が小さくなるまで、桟橋《さんばし》で突っ立ってじっと見つづけていた。職を依頼できる知り合いは水島しかないものの、公害地へ息子を就職させる気持ちは、桟橋の先端で突っ立っているその姿で分かった。……棒のように突っ立っているだけの「見送り」というあいさつは、その悲哀の中で、コミュニケーションすら忘れてしまったあいさつである。（鳥越 2003：34-35）

かつて自分が働きに出て体を壊したところへ、また自分の息子を送り出さねばならない男性の〝葛藤〟が、悲哀を帯びてここに現れている。新潟県巻町の原子力発電所建設問題をめぐる住民についての分析を行った山室敦嗣は、この〝葛藤〟を「ねじれ」（山室 1998：192）と呼んだが、このような〝葛藤〟こそ、地元住民→研究者→読者の間で「『物のあはれを知る心』によって……貫かれ、重なり合うから」（山 2017：60）感得されるものであり、とくに環境問題を考えるうえで準拠点にすべき「感受性」[9]なのである。

筆者が見るかぎり、生活環境主義による社会学への知的貢献とは、西欧出自の社会学という近代科学の論理体系のなかに、柳田民俗学をもちこんで、この「感受性」の領域にまでふみ込んだ点にある。この点については鳥越も自覚的であり、経験論を定式化する前に人間の感受性という非論理的な領域に言及している（鳥越 1989：16-17）。「経験論」ということで、多くの研究者は「経験、つまり行為の根源にあって、選択のもとになる、過去の記憶されている時間の蓄積をどのように把握するのかをみていくことが、生活環境主義的アプローチを理解するキーになる」（荒川・五十川 2008：81）と「経験」を強調しがちであるが、むしろ重要なのは、経験に随伴する「感受性」のほうではないのだろうか。つまり、人間の感受性という非論理的なものをとらえる手がかりとして「経験」がある、と筆者は考えたい。

そのように考えると、これからの生活環境主義は、人びとの経験の奥にある感受性のレベルにまで降り立って、そこを準拠点にして分析していかないと、経験だけをとらえて事足れりでは、それこそ行為分析と同じく「とんでもないきれいな図式の作成でことを終えようとしてしまう」（鳥越 1989：22）恐れがある。このことは、生活環境主義のキー概念である「言い分」や「説得と納得の言説」という正当化の論理にもあてはまるだろう。

表層的な言い分と深層的な言い分

つまり、行為の選択肢としての「言い分」や「経験」の語りと「人びとの心＝感受性」の関係には、前々項の「経験論の解剖学」の最後で述べたズレと、前項の「『人びとの心はわかる』再考」で述べた一致がみられるのだ。そして、両者が完全にズレているのを一方の極に設定すると、もう一方には両者が完全に一致する極を設定することができ、現実はこれら両極のなかで揺れている。この図式を認めたとき、では次にいったいなにが言えるのか。

今度は、語りを含めた行為と「人びとの心＝感受性」が完全に一致した場合から論じよう。つまり、「人びとの心＝感受性」が現実の語りや行為となって現われるパターンである。その好例を、環境問題の文脈からはそれるが、民俗学者である桜井徳太郎による講の民俗誌から引用しよう。それは、他所へ嫁いだ嫁たちが実家に帰ってきて催す、生活組織としての「寄合講」についての記述である。東北や北陸の雪国では、秋は越冬準備に忙殺される。秋の収穫物を家に取り込むヤマジマイ、その後の屋内作業を経て、最後に農神様を祀るアキジマイのころに、若夫婦は嫁の里へ招かれるという。

> 「嫁の里帰り」といって、……夫が酒一升と餅を背負って妻をその実家まで送って行く。里方に帰った嫁は、それから凡そ三〇日の間親許に止って暮す。これを秋泊りといい、……嫁にとってはこの時期が心身を休めるのに最もありがたい期間で、それは何にも換え難いレクリエーションであった。部落には、かつて娘時代をともに過し今では他部落へ嫁入っている昔の仲間が、同様に里帰りで実家に泊りに来ている。そういう同士で旧交を温め合うのは人情の自然であろう。彼女たちは、昔の娘時代に帰った気持で気の合う者とヤドを決めて集り、飲食を共にしながら談笑に花を咲かす。そういう催しがしばしば行なわれた。こうした集会は、……世間から公然と許容された嫁たちの親睦会であった。（桜井徳太郎　1962：366-367　傍点は引用者による）

この引用で注目すべきは、実家に帰った嫁たちが自然に集まって共食しながら談笑したいとする願いを「人情の自然」と表現した点である。とくにここでいう「自然」とは、嫁を含めたムラの人びと→調査者である桜井→さらに読者を貫いて感得できる「感受性」の共通した地平を指している。それを大切にして、またムラも動いている。

つまり、こういうことだ。人びとは、生きていかなければならない。それは生存として生きていくだけでなく、外部からのさまざまなインパクトに晒されながらも生活していかなければならない。ただし、人びとは、次々と押し寄せる外部からの生活条件になすがままではなく、生活組織を立てて、生活条件を改変しながら生活している（有賀 1968）。たしかに、人びとは、ひとりではいかんともしがたい生活条件を皆で暮らしやすくするために改変するのに生活組織があり、それがまったくない生き方などないのも十分にわかっているが、それでもなんとなく違和感をもつときがある。だが、そのような生活組織のちからがなにかの拍子で薄まったり、緩んだりしたとき、それまで抑え込まれていた「人情の自然」（本章でいう感受性）のほうが膨らんでくる。このような心的事実もコミュニティにとっては大切なものだからこそ、嫁たちの寄合講は「世間から公然と許容された」のだ。このように、コミュニティは、人びとの感受性を準拠点にした習俗や生活組織の（再）設定を可能にする。このことは、これまでの議論でいう「人びとの心＝感受性」が目に見える語りや行為となって実現化した事例であろう。

だが、実際の環境問題の現場のほとんどでは、「人びとの心＝感受性」が実現しえずに、〝思いいたるところ〟（足立 2007：169）となって滞留しているのかもしれない。とくに環境問題の現場では、「人びとの心＝感受性」と、語りを含めた目に見える行為がむしろズレをきたすのが常態だろう。

たとえば、歴史的環境の社会学において、筆者が長年フィールドワークしてきた郡上八幡では、「郡上おどり」という盆踊りが戦後に入って急速に観光化された。当初は、地元住民は、この流れを歓迎し、主要な担い手となった「郡上おどり保存会」の活動にも敬意を払っていた。ところが、観光化がどんどん進むにつれて、踊りの輪に地元住民の〝居場所〟がなくなり、地元の踊り離れが進行する。それでも、地元住民は、踊りの観光化という選択をこの町の既定路線として疑うことはなかった。しかし、その選択の裏側で、観光化される以前の「昔の踊りがなつかしい」とばかりに、かつての〝風情〟といった感受性を大切に保持してもいたのである（足立 2010：121-126）。

この事例を本章の議論に引き寄せると、地元住民は、環境問題という外部からの生活条件の変化に対応するために生活組織を立て、現実の語りを含めた行為群のなかから「そうせざるをえなかった」「それが最善であった」と考えられるものを選択する。だが、その裏側では、いまだ実現化していない感受性のレベルにおいて「本当は選べるものなら別のものを選びたかった」あるいは「そもそも選ぶことすらしたくなかった」といった〝もどかしさ〟や〝ためらい〟が併存しているのではないだろうか。ここで、目に見える行為のレベルで発せられる言い分を「表層的な言い分」とするならば、いまだ現実化せず、語りえない感受性にもとづく意思の方向性を「深層的な言い分」と呼ぼう。[10]だとすれば、環境問題に対処する地元住民は、表層的な言い分によってとりあえずの意思決定を行うが、その裏側にはいまだ語りえない深層的な言い分が潜むという、そうした言い分の重層性を生きているのだ。

これまでの生活環境主義の基本論理である経験論は、行為論への疑問から、行為と語りを分け、言い分や経験としての語りに「人びとの心」を仮託してきた。しかし、これからの生活環境主義は、環境問題に向き合う地元住民の経験に付随する感受性を準拠点にしながら、目に見える表層的な言い分にとどまらず、語りえない深層的な言い分までとらえなければならない。ここをふまえるならば、生活環境主義のいう「居住者の立場」に立つとはどういうことか、をあらためて問い直すことになるだろう。

4　現場との格闘の末に到達した立場性

では、環境問題を前にさまざまな立場に分裂する可能性をはらむ現代的なコミュニティに、本章の分析枠組みは、どのようにアプローチするのか。それは、地元住民‐研究者‐読者を貫き重なり合う感受性にもとづく「深層的な言い分」に準拠しながら（それをフィルターにしながら）、現実に対立している各グループが目に見える自らの（表層的な）言い分にどうして依拠しなければならなかったのかという立場性を解釈することができる。と同時に、この分析枠組みは、各グループが先の準拠点からどれほどの距離や濃淡があるかをふまえた「他者説得」を可能にする。

このような準拠点に依拠した、各グループの立場性の分析と、その距離や濃淡をふまえた他者説得をひっくるめて、筆者は、環境問題の現場で求められる「一本化した答え」（高坂 2000：205）を導く「居住者の立場」に立ったコミュニティ分析である、と考えている。

もちろん、この立場性は、徹底したフィールドワークにもとづきながら、現場との格闘の末に到達していくものである。ここでいう〝格闘〟は、地元の生活を熟知している人びとを前にしながら、社会学者としての知見をどれだけ説得的に示せるかにかかっている。したがって、「居住者の立場」に立つからと言って、この立場への批判者のいうように「心地よい」（片桐 1999：115）わけでも、賛同者のいうように「よりそう」（福永 2014：85）わけでもない。そこには、フィールドワーカーとしての、ある種の〝苦渋〟がともなっている（足立 2007：165-167）。このような苦渋をともないながらも、生活環境主義は、成熟した後期資本主義社会のもとでの環境政策やコミュニティ政策に向けてのひとつの方向性を明確に語ろうとするのである[11]。

ここでいうひとつの方向性とは、「小さなコミュニティの判断に信頼を置いている」（鳥越 1997：271）ことになるのだが、はたして〝小さなコミュニティの判断に信頼を置く〟とはどういうことなのか。それは、人びとはいったいなにを望んでいるのかという「人情の自然」にしたがうことを意味している。このような地元住民が〝おのずから〟心身ともに動くレベルにまで到達していかないと、当該地域に責任と権限をもつ地元住民にとって〝いかによりよく暮らしていくか〟をふまえた現代の環境政策やコミュニティ政策にはむすびつかないのではないだろうか。

注

（1）本書では、文脈にそって「居住者」「生活者」「（地元）住民」などが使われているが、すべて同じものとして扱っている。なお、生活環境主義そのものについては、本書最後の補論を参照していただきたい。

（2）「社会なんてものはありません」は、サッチャーが直接語ったのではなく、インタビューを掲載した編集者側によって要約されたものであるという。取材時のトランスクリプトによると、「……彼ら（失業者やホームレス）は、社会に問題をなすりつけようとしているが、社会とは誰ですか。そんなものはありません。あるのは、個人としての男性と女性、そして家族だけであり……」(Margaret Thatcher Foundation [1987]2018 補足は引用者による) となっているが内容的には変わりない。

(3) この点から論じたものとして、愛知県西尾市の団地コミュニティにおける旧住民である日本人と新住民である日系ブラジル人との「共住」については、松宮朝の事例研究がある(松宮 2012)。

(4) 現代の農村一般でいえば、〝女性が元気〟なのは、農家経営が困難になり、家長たる男性が「今一番元気が出ない立場」(細谷 2005：12) になったのに対し、女性が農家経営に参画してきたからでもあるだろう。この点については、細谷(2005) を参考にした。

(5) 〈遊び〉をもった地域づくり運動を展開するにあたって、よく利用されるのは祭りである。たとえば、徳島県三好郡東みよし町の「大楠まつり」がそれにあたる(山 2012)。

(6) ここでいう「行為論」として、鳥越はM・ウェーバーの行為論を例示するが、特定の論に限定しているのではなく、実証科学としての現状分析において有効性を発揮する行為分析のすべてを総称している。

(7) ここでいう「経験論」も、あくまでも実証性を担保したうえでの総称だと見るべきだろう。「この主張は、実はそれほど、目新しい主張ではない……現場を分析する者がしばしば主張しつづけてきたものである」(鳥越 1997：22) と鳥越は注釈しているが、海野道郎は、行為と経験の関係を「顕在的選択と潜在的可能性」と呼び、これを社会学の全領域に拡張すべきと評価した(海野 2001：169-170)。ただし注意しなければならないのは、経験論のいう〝実証性〟には、調査者が知ることを事実とし、感じることを事実でないとする西欧科学の枠内で議論されているのではなく、知ることと感じることは分離できないとする柳田民俗学の認識論が深く入り込んでいる点である(鳥越 2002：181)。

(8) 松田のいう「コンテクスト」とは、具体的には「理念・利益→個人・属性→主張・行為といったある種の人間認識(それはパターン化され自明化されている)の結果」(松田 1989：99) を指している。とくに、多くの行為分析のよりどころとなる「(客観的) 属性」をめぐって、鳥越は属性で人びとを分類して分析することに意義を認めるのに対し、松田は属性で人びとを分類することの限界を指摘し、それを相対化していて、この点で両者に違いが見られる。詳しくは、鳥越(1997：42-43) を参照のこと。

(9) この部分については、柳田民俗学の心意論につよい影響を受けた。詳しくは、柳田([1935]1967：215-243)、井之口(1988)、鳥越(2002：153-188)、山(2017) を参照のこと。

（10）この「深層的な言い分」について当初筆者は、二〇一六年一二月四日に関西大学で開催された第五四回環境社会学会大会での口頭発表では「心意」と表現していたのだが、フロアにおられた松村正治氏（恵泉女学園大学）から「言い分ではないか」とのコメントをいただいた。記して感謝申し上げる。

（11）このような苦渋の末に、地元住民に向かって一本化した方向性を示した実例に、足立（2015）がある。この文章は、「郡上おどり」の継承をめぐって意見や立場を異にする地元住民の前で、筆者なりの盆踊りの今後を語った講演録である。

文献

足立重和、二〇〇七、「盆踊り――その〝にぎわい〟をどのように考えることができるのか」小川伸彦・山泰幸編『現代文化の社会学 入門――テーマと出会う、問いを深める』ミネルヴァ書房、一五三―一七一頁。

足立重和、二〇一〇、『郡上八幡 伝統を生きる――地域社会の語りとリアリティ』新曜社。

足立重和、二〇一五、「郡上おどりの継承を考える」『追手門学院大学社会学部紀要』9：一四一―一五三頁。

荒川康・五十川飛暁、二〇〇八、「環境社会学における生活環境主義の位置――『経験論』を手がかりとして」『兵庫県立大学環境人間学部研究報告』10：七七―八八頁。

有賀喜左衞門、一九六八、『有賀喜左衞門著作集Ⅴ 村の生活組織』未来社。

福永真弓、二〇一四、「生に『よりそう』――環境社会学の方法論とサステイナビリティ」『環境社会学研究』20：七七―九九頁。

長谷川公一、一九九六、「書評・嘉田由紀子著『生活世界の環境学――琵琶湖からのメッセージ』」『ソシオロジ』41(2)：一二八―一三二頁。

長谷川公一、二〇〇三、『環境運動と新しい公共圏――環境社会学のパースペクティブ』有斐閣。

細谷昂、二〇〇五、「家と日本社会・再考」『社会学評論』56(1)：二―一五頁。

井之口章次、一九八八、「心意伝承論――庶民の平衡感覚」日本民俗研究大系編集委員会編『日本民俗研究大系8 心意伝承』國學院大學、七―二五頁。

片桐新自、一九九九、「『住民の立場』に立つ心地よさ？」『ソシオロジ』44(1)：一一四―一一五頁。

髙坂健次、二〇〇〇、「ミドルマンのすすめ――『役に立つ』社会学・ノート(1)」『関西学院大学社会学部紀要』87：一九七一二〇六頁。

Margaret Thatcher Foundation, [1987]2018, "Interview for *Woman's Own* ("no such thing as society")" (https://www.margaretthatcher.org/document/106689, May 6, 2018).

松田素二、一九八九、「必然から便宜へ――生活環境主義の認識論」鳥越皓之編『環境問題の社会理論――生活環境主義の立場から』御茶の水書房、九三―一三二頁。

松宮朝、二〇一二、「共住文化――団地住民はいかに外国人を受け入れたのか?」山泰幸・足立重和編『現代文化のフィールドワーク入門――日常と出会う、生活を見つめる』ミネルヴァ書房、五九―八〇頁。

桜井厚、二〇〇二、『インタビューの社会学――ライフストーリーの聞き方』せりか書房。

桜井徳太郎、一九六二、『講集団成立過程の研究』吉川弘文館。

Schütz, Alfred, 1932, *Der sinnhafte Aufbau der sozialen Welt: Eine Einleitung in die verstehende Soziologie*, Springer-Verlag.
(＝一九八二、佐藤嘉一訳『社会的世界の意味構成――ヴェーバー社会学の現象学的分析』木鐸社。)

鳥越皓之、一九八四、「方法としての環境史」鳥越皓之・嘉田由紀子編『水と人の環境史――琵琶湖報告書』御茶の水書房、三二一―三四一頁。

鳥越皓之、一九八九、「経験と生活環境主義」鳥越皓之編『環境問題の社会理論――生活環境主義の立場から』御茶の水書房、一三―五三頁。

鳥越皓之、一九九七、『環境社会学の理論と実践――生活環境主義の立場から』有斐閣。

鳥越皓之、二〇〇二、『柳田民俗学のフィロソフィー』東京大学出版会。

鳥越皓之、二〇〇三、「あいさつ」新谷尚紀・波平恵美子・湯川洋司編『暮らしの中の民俗学1　一日』吉川弘文館、一一―三六頁。

海野道郎、二〇〇一、「現代社会学と環境社会学を繋ぐもの――相互交流の現状と可能性」飯島伸子・鳥越皓之・長谷川公一・舩橋晴俊編『講座環境社会学1　環境社会学の視点』有斐閣、一五五―一八六頁。

山泰幸、二〇一二、「祭り――大楠まつりは、なぜ行われるようになったのか?」山泰幸・足立重和編『現代文化のフィールドワーク入門――日常と出会う、生活を見つめる』ミネルヴァ書房、一〇七―一二八頁。

山泰幸、二〇一七、「物の哀れをしるより外なし――環境民俗学の認識論」『環境社会学研究』23：五三―六六頁。

山室敦嗣、一九九八、「原子力発電所建設問題における住民の意思表示——新潟県巻町を事例に」『環境社会学研究』4：一八八―二〇三頁。

柳田國男、［一九三五］一九六七、『郷土生活の研究』筑摩書房。

第Ⅰ部　コミュニティはなぜ小さくなければならないのか

コミュニティはなぜ小さくなければならないのか。この問いと裏腹なのが、行政政策上スケール規模を大きくしなければいけないという時代の要請である。高度経済成長時代の人口増加から一転して急激な少子高齢化と人口減少のもと「消滅可能性都市」が現実味を帯びる現在では、従来の集落や地域を集約してスケールメリットを生かす平成の大合併や、東日本大震災後の復興政策のなかでの内陸部への機能集約も進む。

それに対し、本書が描くようにコミュニティが小さくあろうとするのはなぜなのか。一見すると時代と逆行する動きのようにもみえるが、小さなコミュニティという顔の見える範囲での集団が日常的な生活課題に対処するための適正な規模と責任主体としてコントロールしやすい点を各章はあきらかにする。たとえば、第1章では、共有資源であるコモンズをまわりの人も含めてみんなのものとして開放していったことが結果的に無責任を生み清水が汚れて利用しにくくなった事例と、コモンズを開放しながらも利用をある程度限定したうえできちんと清水を管理している事例を比較している。清水を利用した人びとがお返しをしたくなるような、贈与関係を取り結ぶ仕組みを小さなコミュニティのなかに作り出している。

第2章では、放射性物質を含む震災がれきを広域で処理しようとしたときに、みんなで引き受けるという復興支援が「環境的正義」の価値をもって地元の小さいコミュニティを分断するプロセスを描き出している。ここから、大きなコミュニティでは負財の押し付けがより周辺部へと潜在化してしまうという意味において小さなコミュニティはつねに私たちのもとに見える化させる役割を果たすといえよう。

また続く第3章では、一見ニュートラルにみえる公園をめぐって、中国の北京郊外の一農村でひとつの村がまるごと公園に呑み込まれていくという事例から、優しい容貌に潜む暴力性を描き出している。それは特定の生きた場所から時間を抜き去ることで公園という空間が成立することを示唆しているともいえる。第4章では、島《シマ》に橋が架かるという事例から、これまで計量的な規模の指標で語られることが多かったコミュニティのあり方を質的な問題としてとらえなおそうとする。架橋前には変化の兆しを感知できるような装置としてシマという小さなコミュニティが果たす役割が大きかったと論じている。

小さなコミュニティはいわば危機へ対処するためのノウハウの保管庫とでもいえる存在で、招かれざる問題が起こる前に異変を感知し可視化させる機能を本来的に有している。だからこそ小さなコミュニティは解体の憂き目にも遭うし、論争の的にもなる。小さなコミュニティには地域の生き残りをかけた生活戦略の可能性があるのだろう。

（金菱　清）

第1章　コモンズの排除性と開放性

——秋田県六郷地区と富山県生地地区のアクアツーリズムへの対応から

野田岳仁

1　コモンズ論の矛盾

本章では〝コミュニティはなぜ小さくなければならないか〟という問いに対して、コミュニティによる資源管理の現場からの応答を試みる。コミュニティの〝小ささ〟という輪郭が浮かび上がるのは、地域の資源利用をめぐる葛藤の現場にこそあると考えるからである。そのうえで、本章ではコミュニティが作動させる〝排除性〟という機能に注目する。ある集団が〝小さく〟なるには、誰かを排除しなければならない。他者を排除することでしか、集団的まとまりを位置づけることができないからである。すなわち、コミュニティの〝小ささ〟とは、そこで作動する排除性によって形づくられるものである。だとするならば、コミュニティのもつ排除性について検討していく必要があろう。本章では、それを資源管理の文脈で広く社会科学全般を通じて議論されてきたコモンズ論にひきつけて考えてみたい。

現代社会において、コモンズ論は矛盾を抱えるようになっている。すぐ後で述べるように、コモンズが〝排除性〟と〝開放性〟という相反する性質を併せもつためである。ここでいうコモンズとは「自然資源の共同管理制度、および共同管理の対象である資源そのもの」（井上 2001：11）と理解しておけばよいだろう。資源管理の現場では、このふたつの性質がかつてないほど顕在化しており、どのように折り合いをつけていけばいいのか、現場の人びとは困惑するようになっている。本章では、コモンズ論が抱えるこの現代的課題を考えてみたい。

コモンズ論の研究史をふりかえってみれば、それはコモンズの排除性肯定の歴史であったといっても過言ではないだろう。ギャレット・ハーディンによるコモンズの悲劇論に対する各地からの反証は、まぎれもなくコモンズに内在する排除性こそが資源の合理的な管理に効果を発揮することを示してきたからである。井上真は、人びとによる共同管理の仕組みを〝タイトなローカル・コモンズ〟と〝ルースなローカル・コモンズ〟のふたつに分類しているが、コモンズ論で評価されてきたのは、集団内の構成員が均質で明確な権利・義務関係をともなうタイトなローカル・コモンズである（井上 2001）。フリーライダーのようなメンバーシップのない他者を排除する機能が資源管理には有効であると考えられてきたからである。

この排除性を説明したモデルに生活環境主義の「共同占有権」（鳥越 1997：68）がある。共同占有権とは、「当該地域に住んでいる人たち全員が、地域社会住民〝総体〟としてもつ権利」のことである。共同占有権は、経済史における本源的所有と通底した概念であり、対象に「働きかけた者たちが本源的な意味の所有権をもっており、伝統的には、共同で働きかけたり、ある時代や時期を限れば個別の家の働きかけにみえても長い視野で考えてみると、当該コミュニティが共同で関与してきた」（鳥越 2009：57-58）権利のことを指す。地域住民は共同で占有してきた事実を根拠に「当該地域の環境改変に対して判断権を持つという主張」（鳥越 1997：66）が可能であることを指摘している[1]。このモデルはコモンズが内包する排除性が地域住民の生活保全や環境保全に力を発揮してきたことをよく示していよう。

しかしながら、こんにちの資源管理の現場では、これまで効果を発揮してきたこの排除性が悩ましいことにむしろマイナスに作用するようになっている。地域社会における資源管理組織は過疎化や高齢化によって弱体化しつつあるからである。それゆえ、コモンズを維持するには、都市住民をも想定した新たな担い手を動員することが政策的にも期待されるようになっているし、コモンズ論の中心的な議論にもなっている（室田編 2009：三俣・井上・菅編 2010：間宮・廣川 2013：三俣編 2014）。にもかかわらず、コモンズの排除性がむしろ新たな担い手の参入を拒む障壁になっているのである。

菅豊は、次のような議論を展開する。かつてのコモンズ論が主として対象としてきた在地の伝統社会においては、限定的な集団の構成員が資源を管理し利用する正統性を保持してきた。なぜなら、そこにはその集団内で共有された規範や共同体の規制が存在していたからである。伝統的なコモンズに備えられていた排除の論理は、ある程度の均質な社会が構成されているがゆえに、実現されやすかったのである。ところが、現代社会はこのような伝統社会とは異なる困難さをもつ。資源管理に関与しようとする主体はじつに多様で異質になっているからである（菅 2013：21-22）。地域社会の資源管理組織の弱体化という現実をみれば、新たな担い手にコモンズを開放しなければその存続はむずかしいともいえるだろう。

けれども、地域社会がこのように異質で多様な担い手を受け入れようとすると、資源管理能力はたちまち低下することになる。新たな担い手に規範や規制を共有させることは容易ではないからである。そうすると一時的であれ、コモンズの排除性は機能しなくなってしまう。コモンズの資源管理能力を高めようとすれば、排除性を強めればよい。しかし、排除性を強めてしまえば、新たな担い手を受け入れることはむずかしくなってしまうのである。タイトなローカル・コモンズを崩すことなく外部者を受容する道筋があるとすれば、それはどのようなものであるのだろうか。そのことをふたつの地域社会をとりあげながら論じていく。すなわち、本章の目的は、コモンズの排除性を損なうことなく、新規の担い手を受け入れる資源管理組織の論理をあきらかにすることである。

2　新たな資源利用としてのアクアツーリズム

この問いをあきらかにするために、本章では地域の水資源を題材とする。コモンズの排除性と開放性という相反する性質の影響をもっともつよく受けてきた資源の典型だからである。地域社会における湧き水や洗い場は本来、地域の人びとの生産と生活に欠かせないコモンズであった。しかし、地域の湧き水は歴史的にみても、信仰の対象となったり、しばしば旅人の喉を潤したり、けっして共的な利用に閉じたものではなかった（山 2008）。また、ひとたび災害が起これば、地域の湧き水は不特定多数の人びとの貴重な給水源として、〝公〟に開くことが報告されてきた（藤岡 1996：桜井 2014）。そして現在、もっとも地域の水資源の開放圧力がつよいものとして、アクアツーリズムというあたらしい観光実践があげられる[2]。

アクアツーリズムとは、湧き水や洗い場といった地域の水資源を観光資源に活用し、環境保全や地域の活性化との両立をめざすツーリズムのことである[3]。地域社会がアクアツーリズムに乗り出すきっかけになったのは、一九八五年（昭和六〇）の環境庁（現環境省）による「名水百選」の選定である。その当時の地域の湧き水や洗い場は、上水道システムの導入によって利用価値が低下しつつあった。そこで、公的選定によって新たに〝名水〟という価値を付与することで、利用価値を高め、湧き水や洗い場の消滅や水質の悪化に歯止めをかけるねらいがあったのである。そのことを示すように、名水百選の選定基準には、水の質だけではなく、「地域住民の生活にとけ込み、住民自身の手によって保全活動がなされてきた」（川久保・佐藤・國澤 1999：37）かどうかが大きなウェートを占めている。先述した一九八五年の「昭和の名水百選」、二〇〇八年（平成二〇）には「平成の名水百選」が選定されており、その多くの地域がアクアツーリズムに乗り出している。

しかしながら、アクアツーリズムによる新たな利用は、それまでの資源管理を担ってきた地域社会にとっては大きな負担にもなっている。過疎化や高齢化によって弱体化した管理組織の強化をめぐって、コモンズの排除性と開放性との矛盾に直面することになっているからである。

そこで本章では、管理組織の強化に対して異なる対応をしたふたつの地域社会をとりあげて、コモンズの排除性と開放性との矛盾にどのように折り合いをつければよいか検討していこう。

ひとつめの秋田県の六郷地区では、新たな担い手を確保するためにコモンズを開放したところ、地元住民の利用が失われることになり、結果として、観光客にとっても利用しにくい湧水公園となってしまった。もうひとつの富山県の生地地区では、新たな担い手を確保するためにコモンズを開放することになったものの、地元住民の利用が尊重され、観光客にとっても利用しやすい、魅力ある洗い場として維持され続けている。なぜこのような対照的な結果が生じることになったのだろうか。その理由を探るためにコモンズの排除性として機能する共同占有権を手掛かりにみていくことにしよう。

3　コモンズの排除性を否定した地域社会

なぜ湧水公園となってしまったのか

秋田県仙北郡美郷町六郷地区では、一二〇ヶ所で湧水が湧きだしており、人びとが共同利用してきた洗い場が観光の対象となっている。地元の人びとには「清水（シズ）」と呼ばれ親しまれている。これほどまとまった湧水が現存しているのには理由がある。六郷地区の中心部には上水道が整備されておらず、人びとは清水に頼って生活を成り立たせているため、後にみるような清水の利用と管理の仕組みをつくりあげてきたのである。六郷町（現美郷町）としても、はやくから水源の保全に取り組み、住民の清水の利用を政策的に後押ししてきた[4]。

一九八五年に「六郷湧水群」として名水百選に選定されると、町は名水を保全するとともに、観光資源として活用していった。観光客は、町が作成した清水のガイドマップを手に気軽に散策することができ、洗い場では水を汲んだり休憩できるようになっている。さらに町の観光協会では観光客を誘致するため、ボランティアガイドによる無料のガイドツアーが運営されている。観光資源の乏しい美郷町のなかでは、観光名所として多くの観光客を集めてきた。ところが、住民によれば、近年はめっきりと観光客が少なくなっているという。町の資料によれば、清水を訪れる観光客数は、二〇〇九年には八万三三九九人であったのが年々減少し、二〇一二年にはおよそ半分の四万二七一三人となっている[5]。それでも四万人を超える観光客は訪れているようであるが、たしかに観光客の姿をみか

図1－1　御台所清水

出所：筆者撮影。

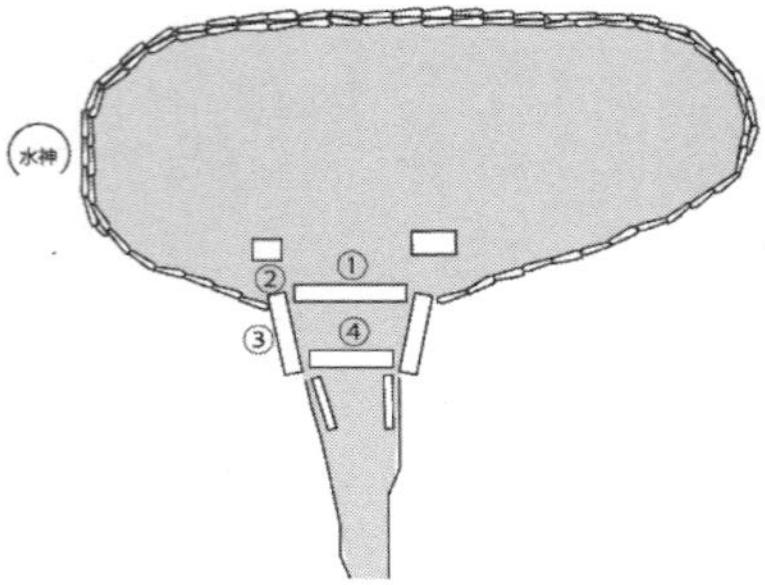

図1－2　御台所清水の利用

出所：筆者作成。

けることはまれで、洗い場はひっそりとしている。なかには、清水に草木が覆いかぶさっていたり、水質が悪化していたり、人の手入れがなく、放置されているかのようにみえる清水もある。ほとんどの清水は観光資源として、きれいに整備されて公園のようになっているものの、期待された観光客や地元住民の利用する姿がみえてこないのである。なぜ地域の共同の洗い場がこのようなありふれた公園となってしまったのだろうか。

地域のコモンズとしての清水

六郷地区の清水は、人びとの生活に欠かせない水場であった。数ある清水のなかでも六郷地区を象徴する洗い場として名高いのは、御台所清水である（図1－1）。もっとも湧出量が多く、その量は毎秒五三〇リットルにもなるという（肥田 1988）。御台所清水が所在する本道町内の世帯数は一三七、人口四二〇人が暮らしている（平成二二年総務省統計局）。豊富な湧出量を誇り、町内の住民を中心として、じつに多様な利用がなされてきた。御台所清水の利用を図1－2にみていこう。

清水は石垣で囲まれ、地面だけでなく石垣の下からも水が湧き出している。石垣から下部の水路にかけて水が流れていく。下流部の流れのある場所に四ツ橋状に足場が組まれ、人びとは水の流れに沿うように、用途によって空間を使い分ける。湧水の湧き出し口に近い足場①は、飲用に水を汲む場所である。②には、味噌樽や漬物樽が冷蔵庫代わりに沈められている。清水では漬物の保存がよく効く。地上で三日間ほどしか保存できないものでも清水に冷やすと一週間は保存が効くようになるという。③は調理場になる。石の足場をまな板代わりに野菜を切ったり、魚をさばいたりする。④は洗濯場となる。汚れのひどいものはより下流で洗うことがルールとなっている。このように多様に利用される空間であったから夕方にはたくさんの人が集う社交場にもなっていた。

こうした利用にともなって、住民たちは組織的に清水の管理を担ってきた。組織的といっても、規約や代表者をおかないものである。住民間における信頼関係のうえに成り立つものであるから、あえてルールを明文化する必要がなかったからである。しかし、世話人と呼ばれる人物は存在しており、清水の利用と管理を差配してきた。

御台所清水の世話人は、湧水に隣接する家で暮らす高齢の女性が担ってきた。清水の清掃は、世話人が近隣の利用者に呼びかける形で月に二〜三度実施されてきた。清水には水神が祀られており、正月には酒、餅、昆布、ミカン、南天、楪、松をお供えしてきたという。利用者はこれらの清水の管理を担うことで、利用が許されてきた。すなわち、清水の利用は住民の誰もに許されるわけではなく、清水の清掃を担うことによって利用する権利が人びとに承認されてきたのである。しかし、時代の変化とともに、自家用の井戸をつくる住民が増え、次第に利用者が減少していくことになった。利用者の減少は担い手の減少を意味する。数少ない御台所清水の利用者は高齢化し、世話人の女性が亡くなってからは暫定的にこの女性の息子夫婦が管理を担っているが、清水の清掃に住民が集うことはほとんどなくなってしまった。

このような状況は、御台所清水にかぎったことではなかった。六郷地区における清水は、住民が共同で利用してきたのであるが、管理組織の形態がタイトな組織ではなく、世話人依存型のルースな組織形態であったため、外部の人びとには管理のあり方が認識されにくい傾向にあった。外部からはそもそも管理組織は不在とみなされたり、存在が認識されていても弱体化した組織と考えられてきたのである。したがって、清水の観光化に乗り出そうとすれば、管理組織をどう肩代わりして、強化していくかが課題となったのである。

管理の外部委託が招いた共同占有権の破棄

清水の名水百選の選定を受け、町では多数の観光客にも清水を利用してもらおうとを考えていた。しかしながら、現場の状況を確認してみると、肝心の住民による管理組織が不在であったり、数人の有志が活動しているだけのようにみえていた。とても清水の観光化にともなう管理に耐えうる状況にあるとは認識されなかったのである。町としては、新たなコモンズの担い手を確保する必要に迫られたが、そう簡単ではなかった。

そこで、これまで住民が担ってきた清水の管理を外部に肩代わりさせることを決める。清水の清掃を外部の清掃業者に委託することにしたのである。清掃業者は、ガイドマップに掲載されている清水を含めた一七ヶ所の清水を毎日清掃してまわることになった。町によるこの対応は、住民側の負担を軽減するものとして、好意的に受け入れられるものであった。このように、六郷地区の清水においてはコモンズの管理を部分的であれ外部に担わせることによって、清水の観光化に対応していくことになったのである。

ところが、住民からは次第に違和感が表出されるようになっていった。当初の住民の違和感は業者による清水の清掃にあった。業者に課せられた清掃は住民の清掃とはまるで異なるものだったからである。住民がおこなってきた従来の清水の掃除は、ひとつの清水に対して最低でも二時間はかけるものである。水中の石にこびりついた藻を取り除く必要があるためである。しかし、清掃業者は、毎日二時間内で一七ヶ所の清水を清掃しなければならなかった。そうなると、業者には質より量をこなすことが求められ、単に見栄えをよくするだけの掃除になってしまったのである。住民は掃除のやり方に不満をもっていたのだが、時間の経過とともに、次第に清水に関与しにくくなることに気付かされていった。

住民は次のように語る。「何やら自分たちの清水ではないような気がして使いにくくなってしまった」と。(6) この住民の発言をどのように考えればよいだろうか。

先にみた清水の利用と管理の仕組みをふまえれば、住民は清水の管理を担うことで清水を利用する権利を得てきたといえるだろう。御台所清水の掃除では、世話役の女性が利用者に声を掛け、利用者は掃除の義務を果たすことで利用が社会的に承認されてきたのである。すなわち、清水の利用と管理は、権利と義務の関係にあったといえるだろう。だとするならば、そのどちらかでも一方を切り離してしまえば、この仕組みは壊れてしまうことになる。つまり、住民が清水を使いにくくなったという気持ちは、部分的であれ清水の管理を外部に委託することによって、この利用する権利を主張しづらくなってしまったからである。このことは次のように言い換えることができる。すなわち、清水の共同占有権には利用と管理というふたつの働きかけによって、清水を占有する権利を成り立たせてきた。そのどちらか一方が欠けてしまえば、共同占有権は崩れてしまうことを意味していたのである。

住民による共同占有権を失った洗い場は、ひっそりと静まり返ってしまっている。「いまの清水を観光客にみせるのは恥ずかしい。情けない」と嘆く住民も少なくない。(7) かつて住民が掃除を担っていたころはけっしてみられなかった藻が底の石に付着するようになっているからである。地元住民の利用が失われた清水は、観光客にとっても利用をためらわせるものであるだろう。たしかに、清水のある空間はきれいに整備され、見学しやすい湧水公園であるといえる。しかし、そこに水が湧き出しているだけで、なんとも魅力のないありふれた公園となってしまったのである。

ただし、清水の管理を外部の清掃業者に委託させた行政の対応は否定できるものでもないだろう。行政も住民の負担軽減を考慮し、住民もこれを評価して受け入れたからである。しかし、誤算だったことは、管理を外部に担わせたことによって、図らずも共同占有権を破棄してしまったことにある。

このように現場でみられる共同占有権という権利はけっして絶対化されたものではない。周囲の人びとはもちろん、当事者たちでさえも、その存在を見逃してしまうほど不安定な権利であることに留意しておく必要があるだろう。では、住民の共同占有権を破棄させることなく、外部者を受け入れるにはどのように対応すればよいだろうか。そのヒントをもうひとつの事例である黒部市生地地区の住民対応から探っていくことにしよう。

4　コモンズの排除性を肯定した地域社会

生地地区におけるアクアツーリズム

富山県黒部市生地地区は、標高三〇〇〇メートル級の北アルプスを水源とする黒部川の扇状地の左岸に位置している。生地地区は、富山湾に面し、あちこちで豊富な地下水が湧き出している。地区内には約六〇〇ヶ所の湧水があり、清水（ショウズ）と呼ばれている。人びとはこの清水を共同の洗い場として利用してきた。

生地地区における清水が観光資源として活用されていくのは、六郷地区と同じ一九八五年の名水百選の選定後であった。黒部市は名水百選選定後、住民の協力を得て、生地地区内の共同洗い場一一ヶ所を含む一八の清水を公開し、観光客にも利用できるよう環境整備に乗り出していった。一九八六年には、黒部市教育委員会が文化庁の補助金によって各清水に「とやまの名水」というポールの設置をおこなったり、一九九二年には、農水省の補助金によって各清水にナンバープレートが設置され（川久保・佐藤・國澤 1999）、湧水公園として整備されていく。観光客を誘致するために、黒部市商工観光課によって名水マップが作成され、スタンプラリーツアーやまち歩きガイドが実施されている。このように生地地区も六郷地区と同じような経緯をたどって洗い場が観光資源化されていったのである。

にもかかわらず、生地地区では六郷地区の清水とは対照的に、利用する住民が離れることなくにぎやかな利用が維持され続けている。地区を象徴する清水として知られる清水庵の清水では、一日にのべ一〇五人の利用がみられるという（斧澤・吉住・鈴木ほか 2008）。

清水庵の清水は五つの水槽が連なったものである（図1－3）。それぞれの水槽によって利用の使い分けがなされている。一番上の水槽は飲用、水を汲むための利用とスイカなど野菜が冷やされることもある。二番目以降は洗濯の利用となる。基本的に利用者は家の洗濯機で洗いを済ませており、三番目や四番目の水槽ではすすぎ洗いだけをしていく。汚れのでやすいものは下流の水槽を利用する。魚をさばいたりする場合は、排水が水槽に流れないように、流水口を回転させ、反対側の水路に向けて利用する。利用者はこのルールを厳守してきた。

このような利用用途からもわかるように、洗濯場としての利用が本来であるという。清水の向かい側には、「洗い場利用者」として当時の組合員の名前が明記された看板が掲げられているが、これは組合員として洗濯を含めた洗い場総体の利用が許されている人を示しているという。組合員は、後に詳しく述べるように洗い場の掃除を担うことで洗い場を利用する権利を保持してきたのである。

しかし、この洗い場は、観光資源となったことを受け、外部の利用者にも開放されるようになった。したがって、清水庵の清水では、洗濯をする地元住民のすぐ脇で水を汲む観光客の姿をみかける。この洗い場を訪れる観光客が口々に語るのは、生地地区にある洗い場のなかでも清水庵の清水がもっとも魅力的であるということである。興味深いことは、その理由にある。観光客がその魅力として語るのは、湧水の味や質だけでなく、地元住民が水を汲んだり、洗濯をしたり、にぎやかに利用していることだからである。そうだとするならば、地元住民が洗い場を占有することと観光資源としての魅力とは関わりがあるのかもしれない。清水庵の清水は観光化され、道路を挟んだ向かい側には東屋が建てられて、公園のように整備されているものの、単なる湧水公園と化しているわけではなく、住民が利用する生活資源であり続けている。なぜ観光客を惹きつけるにぎやかな洗い場となっているのだろうか。

ここで注目したいのは、このにぎやかさを背後で支える洗い場の管理組織の存在である。生地地区の洗い場の管理組織は六郷地区に比べると規約や役職をつくるなどタイトな組織を構成し、運

図1－3　清水庵の清水

出所：筆者撮影。

営してきた。しかし、地域の過疎化や高齢化によって、構成員は七〇歳代の高齢女性ばかりになり、弱体化が著しい。したがって、六郷地区と同様に周囲から組織強化策が提案されることになった。ところが、この管理組織はそれらの提案を拒み、独自に組織強化を模索している。この管理組織の判断は、にぎやかな洗い場づくりとけっして無関係ではないだろう。そこで、生地地区の管理組織の判断に注目して事例をみていくことにしよう。

表1－1　「清水庵の清水の会」組合員の数（戸）

班	1983年	2012年
1	9	3
2	10	5
3	14	6
4	15	3
5	15	3
6	6	—
7	4	3
8	15	3
9	—	—

出所：聞き取りをもとに筆者作成。

高齢女性が維持する洗い場管理組合

生地地区のアクアツーリズムを象徴する存在である清水庵の清水は、生地地区内の大町町内にある。大町町内は九班に分けられ、九七戸二二八人が暮らしている（二〇一四年六月末時点）。清水は町内の人びとの共同の洗い場として利用されてきた。この清水の管理を担う組織としてあげられるのは、ふたつある。ひとつは、一九八三年（昭和五八）に洗い場の管理組合として結成された「清水庵の清水の会」である。会の弱体化は著しく、長らく総会などは開かれておらず、会の代表者も不在となっている。わずかではあるが資産があるため、会計は大町自治会長が兼務しているといわれている。もうひとつは、管理組織を後方から支援する大町町内会（自治会）である。清水庵の清水の会は大町町内会を母体として結成されたと考えられており、管理組織の弱体化は町内会としてもつねに討議事項となってきた。

清水庵の清水の組合員数をまとめた表1－1をみてみよう。組合員の高齢化によって組合員数は、結成当時の八八戸から二六戸に減少している。さらにその二年後の二〇一四年までに二戸脱退し、二四戸で構成されている。管理組合の構成単位は家を単位としているが、管理の担い手は各家の女性である。

組合員の女性たちは毎週土曜日の朝八時から三〇分ほど清水の掃除をおこなう。掃除の当番は三戸からひとりずつ三人一組の輪番制である。二四人となった現在では、およそ二ヶ月に一度掃除当番が回ってくるが、懸命に清水の管理を担い続けている。

このように管理組織として体裁を失いつつあるなかで存在感を示しているのは、女性たちを率いる世話役と呼ばれる女性の存在である。この世話役は会の正式な役職ではないが、もっともよく清水を利用する人物が歴代務めており、清水との望ましいつきあいを体現する人物として人びとから一目置かれた存在である。世話役は日常的な清水の利用と管理に関わる問題を一手に引き受けている。掃除の日程の調整、観光客やメディア取材への対応など、世話役を窓口として掃除の担い手でもある女性たちが管理しているのである。アクアツーリズムに取り組むにあたっても、この女性たちが主導的役割を果たしている。

このように清水庵の清水の会は、一見すると組織として機能不全に陥っているようにみえるものの、じっさいには世話役を中心とした二四人の組合員によって運営が続けられている。しかしながら、観光の対象となる地域の共同の洗い場の管理を二四人の高齢者が担っている現状は好ましいものとはいえず、大町町内会として何らかの対応をする必要に迫られることになった。

周囲からの組織強化策の拒否

そこで大町町内会は、洗い場を地域の資源と位置づけ、町内全体として組織強化に乗り出していく。町内会の執行部は一九九五年（平成七）五月一八日に、町内会員に次のような趣旨の文書を配布している。そこでは、「『何も使ってはないではないか』、『お茶の水少しもらっているだけではないか』などと利用の仕方もいろいろあるでしょうが、豊富に湧き出る大資源の恵みはお互いの心のよりどころであり、そして我々のかけがえのない大きな財産」であるとして、洗い場の維持管理や清掃への積極的な協力が呼びかけられている。この呼びかけに対して、一時的に若い住民が協力することもあったが、思うような効果は得られなかった。

その後も町内会から住民への働きかけは続いている。二〇一三年四月一〇日の大町町内会の総会議事録によれば、二四戸に減少した掃除当番は数十年も前の担当割りであって、不公平感がでていることが指摘されている。そのうえで、清水を共有の財産として位置づけ、町内会構成員は利用の種別にかかわらず、平等に掃除当番を担うことが提案されている。しかし、この提案には反対意見があり、決議には至っていない。このように、町内会の執行部は、清水を町内の共有財産として位置づけることで、町内の強制力を使って担い手を動員することを試みたのである。ところが、もはやこのような町内の強制力も役に立たなかった。

そこで町内会執行部では、より広範囲の人たちを巻き込んで地域ぐるみで清水を管理していくことをめざしていく。生地の観光に関わる組織（生地のまち歩き団体、漁村ミュージアム協議会）や近隣の小学校へも清水の掃除のボランティアへの参加が呼びかけられている。つまり、町内会執行部では、清水の権利・義務関係が壊れてしまったいま、外部のボランティアによる自発性に頼ることにしたのである。ところが、このような町内会執行部の対応に対して、清水の掃除を担っている女性たちは、その対応を評価しつつもこれらの提案に消極的である。なぜだろうか。

その理由はいたってシンプルである。世話役の女性は次のように語る。(8)すなわち、「清水の掃除は義務や責任感でできるものではない」からである。掃除を手伝おうとする気持ちはありがたいものだと感謝しつつも、「利用者でない人が掃除をするのはちょっと違う」とまで語られるのである。だからといって、女性たちはただ手をこまねいているわけでもなかった。女性たちは、周囲に頼ることなく独自の人員加入に成功していたからである。町内会執行部がこれほどまで苦労した管理の担い手をどのように獲得していたのだろうか。

管理組合による担い手獲得の論理

二〇一四年に入ってから、一班に属する組合員のひとりが骨を折るケガをして掃除に参加できなくなっていた。組合員らは欠員を補充するため、新たにひとりの男性を加入させている。彼は大町町内の住民ではない。しかし、生地地区のまちづくり団体「生地あいの会」に所属していることから、以前から飲用水を汲んだり、雑巾を洗濯したり、清水を定期的に利用する顔見知りの存在であった。

実はここに女性たちによるある戦略を見出すことができる。先に述べたように、すでに洗い場の利用と管理における権利と義務の関係は崩れてしまっている。したがって、洗濯をしているからといって組合による強制力を使って掃除を担わせようというのもむずかしい。たくさんの観光客が訪れるようになった清水において、以前のように洗濯をする人は管理者にかぎるというリジッドなルールを強いることも現実的ではない。そのことを理解しているからこそ、女性たちは洗い場の利用を自由に開放することにしたのである。そのうえで、飲み水を汲んだり、洗面に利用したり、雑巾を洗ったり、清水を総体的に利用してもらい、それらの洗い場の利用という行為に対して「ありがたい」、「申し訳ない」といった気持ちを抱いてもらえるような人を迎え入れるようにしているのである。(9)

このような女性たちの考えを理解するには、利用という働きかけを解きほぐす必要があるだろう。そこで参考になるのは藤村美穂の指摘である。すなわち、「ある対象に働きかけるという行為は、自然そのものに対する物理的な働きかけであると同時に、周囲の人々に対する社会的な働きかけ」(藤村 1996：82) であるという。地元住民であれ、観光客であれ、清水の利用という行為は、清水という自然に働きかけるだけでなく、管理する人びとに対しても働きかけをしているのである。

一時的に水を汲んだりする利用者であれば、その働きかけは一時的なものにすぎないであろう。しかし、定期的に利用したり、飲用だけでなく、洗面や洗濯といった総体的な利用をする者は次第に、この清水を管理する人びとの存在に気づいていく。すなわち、利用者は清水がただ自然発生的に湧いているのではなくて、管理組織による手入れがあってはじめて洗い場として自由に利用できていることを理解するのである。清水の利用は、いわば管理組織による〝贈与〟のようなものであると。それに気づいた利用者は、〝返礼〟をしないと気が済まなくなる。伊藤幹治は日本社会の贈与交換の特徴として、当事者間に義理という互酬性の規範がつよく働くことを指摘している(伊藤 1996)。利用者は、返礼として管理する側の力になる必要性を感じるようになっていくのである。もちろん、返礼の有無は相手の裁量に委ねられている。だからこそ、女性たちは、洗い場を開放し、不特定多数に自由に利用してもらい、新規に男性のような返礼の必要性を感じた人を管理の担い手として加入させる仕組みをつくっていたのである。

管理者の脱退が続いても掃除という重労働を続けてきた女性たちを支えていたものは、善意や義務感でもなく、いち利用者として抱いてきた管理組織に対する返礼の気持ちだったからである。

管理組織によるこの戦略は、一見するとコモンズを自ら壊すような行為にもみえるかもしれない。コモンズの利用者を不特定多数に拡大させているからである。けれども、利用者がお礼をしたくなるという反対給付の論理は、そこに規範を介在させることで、結果的にコモンズの排除性を作動させることに成功していた。お礼の気持ちのあらわれとして掃除に関わる人でなければ、管理の担い手にはけっしてなれないからである。すなわち、清水庵の清水では、反対給付の必要を感じている人たちによって管理がなされてきたのである。このことが結果として、地元の利用者だけでなく、観光客にとっても利用しやすく、にぎやかな洗い場をつくりだすことにつながっていたのである。

5　コモンズ論の矛盾をどのように乗り越えるのか

本章では、コモンズが内包する排除性と開放性という相反する性質に向き合ったふたつの地域社会を事例として、どのようにコモンズの排除性を損なうことなく、新規の担い手を受容できるのかをあきらかにしてきた。

コモンズとしての地域の洗い場の観光資源化によって、弱体化した管理組織は新たな担い手を獲得するため、外部に開いていくことが政策的にも求められるようになっている。本章でとりあげたふたつの地域社会では、それらに応えるため、洗い場を外部に開いていくことになった。しかし、コモンズの開き方が対照的に異なっていた。

ひとつめにみた秋田県六郷地区の清水では、外部の清掃業者に管理を担わせることにした。住民も当初はこれを歓迎していたのだが、図らずも共同占有権を破棄させることになり、住民が清水を利用しにくくなってしまった。

その結果、観光客にとっても利用しにくい湧水公園に変貌してしまうことになったのである。

ふたつめの富山県生地地区の清水では、管理組合の女性たちが周囲から提示された管理組織強化策には乗らず、独自に人員を獲得していた。かつてのコモンズの権利・義務関係が崩れかけたいま、地域社会による強制力を使ったり、外部者の自発性や善意に期待するのは現実的ではなかったからである。そこで、女性たちはコモンズの利用を不特定多数に開放し、飲用、炊事、洗面、洗濯と総体的に利用してもらうことを試みた。そのうえで、洗い場の利用に対する返礼の気持ちを抱く利用者を管理の担い手として加入させていたのである。

管理組合の周囲の人たちが新たな担い手を獲得するために苦労していた事実をふまえてみれば、この反対給付の論理は、たいへん説得的にみえる。いくら自発性や善意に頼ろうとも、利益を得られなければ、人間は簡単には動けないからだ。そのことは、誰よりも女性たち自身がそう感じていた。

こんにちのコモンズ論が抱える矛盾に対して、現場の人びとは、反対給付の論理を使ってその乗り越えを図ってきた。たしかにコモンズの排除性と開放性は相反する性質である。しかし、このふたつの性質は単に足を引っ張り合っているわけでもなかった。生地地区の事例でみてきたように、ときに両者は絡み合うことで、相乗効果を発揮しているようにもみえるからである。清水庵の清水が、地元住民だけでなく観光客にとっても利用しやすいのは、まぎれもなくコモンズの排除性と開放性の双方が精妙に絡み合って機能しているからであろう。

コモンズはコミュニティが作動させる排除性を内包するがゆえに、閉鎖的で排他的な制度とみられがちであるが、このように閉じられながらも、開かれているのである。

注

(1) 共同占有権は、戦術的には司法裁量ではなくて行政裁量に向けられる（鳥越 2009）。住民と行政職員との話し合いのなかでこれらの権利の存在が見出され、それを政策に活かすことで効果を発揮してきた。
(2) 秋津元輝は、地域の水資源に開放圧力がつよまっている背景に、水を公共財として考える傾向がつよくなっていることを指摘している（秋津 2007）。したがって、農村地域の溜池が広く一般市民に開放されるようにもなっている（池上 1996）。

（3）アクアツーリズムにはいまだ明確な定義はなく、水辺や温泉地といった〝水〟に関わる空間で展開される観光の総称とされる（石森 2011）。本章では、地域社会が取り組みはじめた経緯とその特徴をまとめた言い方をしている。

（4）昭和三〇年代には、開田のため上流部の広葉樹林を伐採し、清水が枯渇することもあった。これを教訓として、それ以降は水源を守るために涵養池をつくったり、植樹に取り組んでいる（六郷町史編纂委員会編 2004）。

（5）美郷町役場から提供された二〇〇九～二〇一二年「月別・観光地点別入込客延べ人数」にある観光地点名「清水と森の里」を集計したもの。

（6）二〇一三年二月一五日、A氏への聞き取りから。

（7）二〇一三年三月一八日、B氏への聞き取りから。

（8）二〇一三年三月三日、C氏への聞き取りから。

（9）ここでいう「組合による強制力」とは、いわゆる共同体規制のことを指す。地域の水資源を利用したアクアツーリズムへの対応をめぐって、コミュニティによる共同体規制が有効に機能する場合もある（野田 2014）。

文献

秋津元輝、二〇〇七、「水をめぐる排除と協同」日本村落研究学会編『むらの資源を研究する――フィールドからの発想』農山漁村文化協会、五八-六六頁。

藤村美穂、一九九六、「社会関係からみた自然観」『年報村落社会研究』32：六九-九五頁。

藤岡ひろ子、一九九六、「神戸酒造地域の被災時における対応」『地理学評論』69A-7：五四七-五五八頁。

肥田登、一九八八、「名水を訪ねて(2) 秋田県六郷町の湧水群」『地下水学会誌』30(2)：一〇九-一一二頁。

池上甲一、一九九六、「市民コモンズとしての溜池の意味論――水から見る都市・農村の環境観」『村落社会研究』32：三三一-六七頁。

井上真、二〇〇一、「自然資源の共同管理制度としてのコモンズ」井上真・宮内泰介編『コモンズの社会学』新曜社、一-二八頁。

石森秀三、二〇一一、「『水の惑星』における観光」『まほら』68：八―一三頁。

伊藤幹治、一九九六、「贈与と交換の今日的課題」井上俊・上野千鶴子・大澤真幸・見田宗介・吉見俊哉編『講座現代社会学17　贈与と市場の社会学』岩波書店：一―三二頁。

川久保典昭・佐藤友美・國澤恒、一九九九、「黒部県黒部市扇状地における湧水利用」『黒部扇状地』24：三七―四七頁。

間宮陽介・廣川祐司編、二〇一三、『コモンズと公共空間――都市と農漁村の再生に向けて』昭和堂。

三俣学編、二〇一四、『エコロジーとコモンズ――環境ガバナンスと地域自立の思想』晃洋書房。

三俣学・菅豊・井上真編、二〇一〇、『ローカル・コモンズの可能性――自治と環境の新たな関係』ミネルヴァ書房。

室田武編、二〇〇九、『グローバル時代のローカル・コモンズ』ミネルヴァ書房。

野田岳仁、二〇一四、「コミュニティビジネスにおける非経済的活動の意味――滋賀県高島市針江集落における水資源を利用した観光実践から」『環境社会学研究』20：一一七―一三二頁。

斧澤未知子・吉住優子・鈴木毅ほか、二〇〇八、「洗い場の持続的利用とその変容についての研究――黒部市扇状地湧水群生地地区の清水を事例として」『日本建築学会近畿支部研究報告集、建築系』48：三三三―三三六頁。

六郷町史編纂委員会編、二〇〇四、『鐘はかたり清水はささやく――六郷小史』六郷史談会。

桜井厚、二〇一四、「地域コミュニティの生存戦略――東日本大震災における被災地の対応から」『応用社会学研究』56：一―一六頁。

菅豊、二〇一三、「現代的コモンズに内在する排除性の問題」『大原社会問題研究所雑誌』665：一九―三二頁。

鳥越皓之、一九九七、『環境社会学の理論と実践――生活環境主義の立場から』有斐閣。

鳥越皓之、二〇〇九、「景観論と景観形成」鳥越皓之・家中茂・藤村美穂『景観形成と地域コミュニティ――地域資本を増やす景観政策』農山漁村文化協会、一六―七〇頁。

山泰幸、二〇〇八、「弘法水」山泰幸・川田牧人・古川彰編『環境民俗学――新しいフィールド学へ』昭和堂、一九五―一九六頁。

第2章　誰が「負財」を引き受けるのか
――震災がれきの広域処理に向き合う地域社会の応答

土屋雄一郎

1　行き場を失う「がれき」

過疎への原子力発電所の立地、米軍基地の沖縄への固定化やごみ処理場の建設の押し付けなど環境影響やその回避の仕組みをいかに配置するのか。社会的必要性は認めつつも、当事者にとって「迷惑」であると感じられる問題がある。いわゆるＮＩＭＢＹ問題である。地域社会に負の影響をもたらす公共財に関わる環境紛争の深刻化は、典型例のひとつだといえる。とりわけ東日本大震災以降、震災がれきの広域処理をめぐっては、がれきそのものやその焼却処理によって生じる放射能汚染への懸念から、全体社会とそれを引き受ける地域社会との間に新たな社会的亀裂を生じさせている。

じっさいに、がれきを受け入れたり検討をおこなったりした多くの地域では、環境影響や健康被害を不安視する地域住民や運動組織からのつよい反対や異議が申し立てられている。ある自治体では、市民団体が処理を引き受けた市当局のみならずそれを委託した被災県に対しても、その瑕疵を訴え裁判を起こす事態に至っている。被災地からは、「そんなに汚いものをだしているわけではないが」と引き受けの阻止を主張する運動に複雑な思いも寄せられた。こうした出来事は、一部で鼓舞されてきた「被災地とともに歩む」という掛け声とは裏腹に、そのもとで立ち上がる社会のコンフリクトがいかに深刻であり、ＮＩＭＢＹへの対処が喫緊の課題として迫られているかを明るみに出す。そこで本章では、「環境の安全性」を争点とする地域紛争において、出来事に対処する地域社会の巧みな戦術を描きだしながら、社会的必要性を理解しつつもなぜ小さなコミュニティがその受容に異議を唱えるのか、環境主義的な問題認識の深化のプロセスがもたらす困難をあきらかにする。

2　ＮＩＭＢＹの両義的性格

ＮＩＭＢＹとは、Not-In-My-Backyard（＝自分の裏庭にはごめんだ）の頭文字を採った造語である。社会的必要性は認め理念としては賛成するが、実際の問題として自分や地域コミュニティに負の影響が及ぶ可能性が危惧されると、それを忌避したり反対したりする考え方や態度を示す。それはエゴイズムの最たるものとされてきたが、必要性を問う側からは、「社会空間のスティグマ化」によって社会的弱者が排除されるメカニズムや権力構造を批判する一方で、地域政策学的な観点から最適立地の偏倚要因とみなし「最適化（＝公平性）」をいかに図るかが問題としてあきらかにされてきた。

前者では、有害廃棄物処理場などが特定の地域に集中的に立地しているアメリカで、健康や生活の質に関わる環境問題が人種的マイノリティや経済的貧困地域に偏在している現象を告発（たとえば、石山 2004など）し、ヘゲモニーを担う平均的な市民による社会的弱者への異化と排除のメカニズムを指摘する。それは、なんらかの負のインパクトが加わることに対し、近隣集団や個人の拒否反応に注目しそれが生み出される社会構造や制度的な脈略を批判的にとらえる。一方、後者では、リスクと便益の不均衡（末石 1987）が問題の本質を成すもののひとつとされ、「公益を獲得する広域多数者と、不利益を被る立地地域少数者の間での利害対立構造」（野波・土屋・桜井 2014）が問われた。そして、「迷惑施設」の立地をめぐる問題に典型的にみられる負財の配置をめぐっては、「受益の還流による受苦の相殺」（舩橋 2010）とみなしうるような政策を後押ししてきた。しかし、広範囲な社会システムからの要請によって特定の地域に社会的意味をおびた資本が投下されることで一部に大きな構造的緊張が生み出される問題は、空間的に利害を調整するだけでは解決に至らない。ホームレスやＨＩＶ罹患者の厚生施設立地をめぐる地域住民の対応を分析したストライクらや、そうした議論を学説史のなかで位置づけた鈴木晃志郎が、本質的問題解決から目を逸らしたまま社会的弱者に逸脱者のレッテルを貼り排除しようとする、その他大勢の「ノーマル」な関係者の欺瞞を告発したように、そこには、社会的必要性を強調する側と、「なぜ自分たちだけが犠牲を強いられるのか」と抗う側の間に非対称な権力関係が見出されるからである（Strike et al. 2004：鈴木 2015）。

総論賛成に対する各論反対の声に「地域エゴ」「住民エゴ」というレッテルが貼られようとするとき、「受苦圏の下にある人びとの声を地域政策学的なスタンスでＮＩＭＢＹと捉えるのか、それとも彼らの受苦の声に耳を傾け、彼らが負うＮＩＭＢＹという名の烙印にも等しく批判的なまなざしを向けるのか」（鈴木 2011：20）。いずれにしても、それは、社会的意思決定のあり方をめぐって制度的改革を含めた根本的な問い直しを迫るものだといえる。だからこそ、中心部に対し、経済的、政治的、行政的、文化的な諸領域において相対的に劣位におかれた地域に受苦が集積する傾向をつねに見出し生み出す「経営制御システム」に対し、「環境制御システム」の介入を段階的に深化させるプロセス（舩橋 2004）に積極的な意味が与えられてきた。にもかかわらず、社会の「環境化」（古川 2008）が進むなかで、環境リスクの配置と社会的受容をめぐって新たな亀裂が生じている。環境をめぐる言説は、全体社会と個別社会との正義を接合しそれを公共性へと開く可能性を期待されながらも、両者の応答において関係はむしろ不信と反目の度合いを深めている。

3　震災がれきの広域処理をめぐる動向と地域社会の対応

「みんなの力でがれき処理プロジェクト」

東日本大震災の発生から一年が経過しようとするなか、推定で二〇〇〇万トンを超える震災廃棄物の処理が被災地の妨げになっているとの認識が広まり問題化されるようになる。岩手県内では平時の約八年分、宮城県内では約一三年分に相当するという膨大な量の廃棄物をいかに処理するのか。喫緊の政策課題に対処するために、全国で廃棄物の処理・処分を分かち合おうと一七の県市町村の首長らが発起人となり「みんなの力でがれき処理プロジェクト」が立ち上げられた。発起人のひとりは、「この国難を乗り越えるため、みんなで協力していこう」と語り、日増しに協力の必要性が声高に叫ばれるようになっていく。ただ一部の自治体には、この時点において復興支援のための協力は必要だが、福島第一原発事故による放射能汚染への懸念から施設周辺の「地元」住民の理解をいかに得るのか、ＮＩＭＢＹへの対処を懸念する声が少なからずあった。

広域処理の必要性をめぐっては、科学的・経済的・環境的な妥当性についての検証が十分ではない（池田・青山 2012）と指摘されながらも、しかし問題の解決に向けた「強さと思いやり」が問われ、がれきの受け入れを復興支援に向けた被災地との連帯の「踏み絵」にするかのような世論が政治的、社会的に形成されていく。二〇一二年三月六日、主要全国紙に掲載された全面広告には、震災廃棄物が小学校の校庭にうず高く積まれた写真が使われ、「復興を進めるためには、乗り越えなければならない『壁』がある」という政府・環境省からのメッセージが添えられていた。こうして、「一日も早い東北の復興のために全国の施設で震災廃棄物を受け入れ、処理処分することについて」の理解と協力の必要性が声高に語られ、にわかに批判しがたい「公共の正義」として社会的に共有されていくことになる。内閣府の世論調査（二〇一二年八月）によれば、「進めるべき」「どちらかといえば進めるべき」と広域処理を肯定的にとらえている人の割合はおよそ九割にも達している。

断罪される「地元」

神奈川県では、知事が「みんなの力でがれき処理プロジェクト」の発起人のひとりであったことから、全国の自治体に先駆けて震災がれきの受け入れを表明するなど、政策の推進役として積極的な立場をとる。二〇一二年一二月には、知事が県議会の最終日に震災がれきを県内で受け入れる計画を表明する。それは、環境対策に優れた大型の焼却炉をもつ政令指定都市三市の施設にがれきを搬入し一般廃棄物と混ぜて燃やしたのちに発生した焼却灰を県の最終処分場で受け入れるという計画であった。特定の施設を指してはいないが、事実上、それはY市にある県営の産業廃棄物最終処分場（以下、県処分場）で震災がれきの焼却灰を埋め立てることを意味していた。この計画は、施設の直接の「地元」であるA町内会、そしてO地区にとって寝耳に水であった。

O地区は、相模湾に面しており、三浦半島のほぼ中央部にあたるY市の西地区に位置する。大都市近郊にありながら、古くから農漁業が盛んで、ベットタウンとしてまた別荘地としても人気が高い。O地区の連合町内会（以下、連町）は、A町内会を含む一〇の町内会・自治会で構成されている。なにか特別に地域全体の意思決定が必要となった場合には、個々の町内会・自治会の判断とは別に、慣習としてそれぞれの地域組織の会長と副会長をメンバーとする連町の総会が開かれ、そこでの議論が地域の総意としてみなされてきた。

「年明けに『対話の広場』を開催し、私自ら、地元の皆様をはじめ県民の皆様に、直接、ご説明し、ご理解をえられるように努めていきます」と語った知事の強い意向を受け、県は住民説明会などを精力的に開催したが、地元の理解を得ることは難航する。知事自らが出向いておこなった説明に対しても、「被災地の情だけを前面に出したあの説明では、理解しろというのが無理だ」「これまで賛否を決めかねていた地元住民の多くが反対に傾いているのではないか」[1]との声に代弁されるように、O地区では知事や県に対する不信感を募らせていった。

県処分場は、深刻化する産業廃棄物の不法投棄問題への対策とひっ迫する最終処分場の確保のために建設された施設である。施設の立地計画が発表されてから完成に至るまでの間、A町内会では、計画の賛否をめぐって「小さな社会」を大きく二分するような激しい対立を長期にわたって経験する。住民のひとりは、「町内の軋轢はいまでも傷となってのこされているというのに、ようやく傷口が癒えかけ、かさぶたになってきたと思ったらそれがまたはがされそうになる」とつよい口調で語った。一度は地域住民の総意として反対を決議したものの、その意思は、地域の権力構造のもとであいまいにされ反故にされたのだという。こうした経緯をふまえ、最終的に「迷惑施設」の受け入れを決めたときに結ばれた協定書では、①受け入れる廃棄物は県内で排出されたものにかぎること、②協定の内容を変更しようとする場合には、速やかに両者が対等な立場で協議することが定められた。それは、八年間にもおよぶ対立のなかで地元と県との間で交わされた、約一二〇回にもおよぶ協議や説明会を積み重ねた成果であり、「県民としての責任を果たす」という大義の下で成立したぎりぎりの合意に正当性を付与するものであった。したがって、地元住民からすれば、頭ごなしになされた一連のがれき処理への対応は、それを踏みにじるものとして映ったに違いない。「だからそのときに受け入れなければよかった」との声を突きつけられるたびに、当時の状況をよく知るBさんは、処分場立地の厳しい交渉過程のなかで醸成された信義が一方的に傷つけられようとしていることを訝しがる(2)。

この間、県は計画に対する理解を繰り返し何度も求めたが、連町はこの「協定書」を根拠に地元として計画の撤回を求める決断を下した（二〇一二年二月）。しかしこのことがマスメディアを通じて報道されると、これまで「皆が嫌がるもの」を引き受けてきた地域の来歴がまったく顧慮されることなく、彼らの態度や考え方は「非国民」、「身勝手」であると誹謗中傷に晒され、「いま、神奈川の絆が試されている。県民として恥ずかしい」、「自分だけよければいい醜い根性の人間」などといった非難が一方的に浴びせられたのである。

新たな提案に対する「地元」の判断

受け入れ計画の賛否をめぐって膠着した事態が続くなか、県は震災がれきの焼却灰に代わり津波で被災した岩手県沿岸地域で発生した漁網を直接埋め立てる計画を新たに提案する。連町が計画撤回の要請書を提出してから、およそ半年が経過しようとしていた。それは、不信感をもたらした手法を謝罪したうえで、知事が「懸案解消で背水の陣」[3]で臨んだ再提案であったが、これまで「地元の意向に寄り添う」として賛否の明言を避けてきたY市の市長が「自分の責任で搬入したい」と述べ市議会も支持を表明するなど、地域社会は次第に政治的な思惑に巻き込まれていくことになる。これに対し連町は、震災がれきの広域処理をめぐってコミュニティの意思決定に介入するような口実を政治に与えないために「住民意向調査」の実施に踏み切る。役員のなかには、「俺たちは疲れた。市長がやってくれるならそれでいい」という意見もあったという。しかし重苦しい雰囲気のなかで、「それで良いのか」、「このままでは地域がもたない。地域がバラバラになるまえにとにかく一度『住民の意思』を聞こう」という意見が大勢を占めることになった。それは、かつて県処分場の立地をめぐる意思決定において町内会が結果として住民の意向を「裏切った」ことで生じた亀裂を乗り越えることがいかに困難であったかを共有する地域社会にとって、避けて通ることのできない選択であった。

意向調査の実施に奔走した町内会の役員（じいちゃん）たちは、「地域の皆さんが、この嵐が去った後でも、同じように会話をし、同じように笑い、過ごせる関係を続けたい」という共通の認識に立っていた[4]。二〇一二年一二月、地域の自治組織を活用し四六四四世帯を対象におこなわれた調査の結果は、有効数三四九八票（回収率七五・三％）のうち、反対が一八九五票、賛成が一五六三票となり、賛否が拮抗する「苦しい」選択であったが、連町はO地区の「総意」として、いっさいの県の提案に対し反対する意思を示したのだった。結果を受けたのちも県は計画の実現に強い意欲を示したが、法的根拠をもたない一地域組織の調査であるにもかかわらず、賛成票が上回ると見たのか、議会が「結果については重く尊重する」と前もって決議していたこともあって、当該の最終処分場での計画は白紙にもどされることになった[5]。

4　環境主義的な想像力とＮＩＭＢＹ

「環境の安全性」をめぐる対抗関係

災害で生じた大量の廃棄物をめぐっては、阪神・淡路大震災や中越地震の際にも広域処理が各地でおこなわれてきた。しかし、「津波や地震によるがれきを処理するだけならすぐに提案を受け入れていただろう。だが、今回は違う。将来世代への責任を考えたとき、ここに住み続ける者としてそれもいいとは言えない」とＯ地区の住民は胸の内を明かす。全国各地で震災がれきの広域処理に反対を訴える市民運動が組織されたように、福島第一原発事故後の状況は、放射能汚染への懸念によって「環境の安全性」を争点化する。具体的には、放射性物質の付着した廃棄物を焼却するときに大気中に排出される有害物質や、高濃度に濃縮された焼却灰の処理によって生じる環境や健康に対する影響などをめぐって、立場の異なる主張が対立することになるからだ。放射能に対する実害や風評の影響は、農漁業に従事する人びとにとっては死活問題であり、子どもたちへの長期的な健康被害を懸念する保護者世代にとってもたいへん神経質にならざるをえない。神奈川県内においても、子どもをもつ親たちが中心となり「神奈川を瓦礫から守る会」（以下、守る会）が設立されている（二〇一二年一月）。Ｏ地区でも運動組織Ｈが立ちあげられるなど、放射能汚染への懸念を抱く県内外の運動組織からの支援を受けながら生活環境への影響をめぐって県や国と対峙することになる。

こうしたコンフリクトの結果として放射性セシウムの濃度に関する基準値を定めた国のガイドラインが策定され、環境モニタリングが慎重な手続きのもとで実施されるなどの取り組みが深化したことは事実である。また、「災害廃棄物を処理するに当たって、放射性物質による健康影響、放射性物質管理の基本理念の両面において受入自治体の住民が抱く心配が十分に払しょくされていない」ことを認め、受け入れ自治体が住民と十分なリスクコミュニケーションを取ることができるよう、情報の全面開示、線量測定などに対する技術的支援、工程点検による内容の正確な把握などを国に求めた日本学術会議東日本復興支援委員会の提言（日本学術会議 2014）には、反対運動によって提示された論点と共通した内容が含まれていた。(6) こうした行政と社会運動の対抗関係が、「社会的な問題状況が私的な生活領域において見出す共鳴を受け取り、濃縮し、それをいっそう高めたかたちで政治的公共性へと送付する」（Habermas 1983＝1991）に十分であったかについては異なる見解がある。ただ少なくとも、両者の関係は「環境の安全性」をめぐって「紛争なき解決よりも紛争を経た解決の方が優れているという可能性」（舩橋 2010）を開くものであったといえる。

理解と連帯のはざまで

「環境の安全性」をめぐって対抗関係にある両者にとって、地元の理解は必要不可欠である。県にとっては震災廃棄物の広域処理を実現するために「協定書」の改定が必要となる。一方、反対運動にとっても、県のもくろみを阻止するには地元との連帯が欠かせない。なぜなら、県の計画は政令三市で廃棄物を焼却し残った灰を県処分場に埋めることを前提としているため、最終処分先が確保できなければ行き場を失った焼却灰をどこで処理するのかが問題となる。しかし各市では、すでに放射能汚染によって基準値を超えた焼却灰を一時保管することを余儀なくされており、「便所のないプラン」を新たに受け入れることなどできない。O地区の判断は県による計画の要であり、運動の側にとっても成否の鍵を握ることになる。したがって、両者にとって「環境の安全性」と「地域に固有な実情をどの程度まで顧慮すべきなのか」が問われることになる。

「地元」の範囲は恣意的に決定されるようにみえるものの、実際には行政と住民との力関係にもとづく相互作用によって形成される。事例地においても、県と協定書を結んだのはA町内会であるが、地域の慣例としてO地区の連町が「地元」として交渉にあたっている。

県は、地元の理解を得るために説明会（対話集会）を実施する。知事が議会で計画を表明してから約一ヶ月後に開かれた説明会には、五〇〇人ほどの参加者が地元のコミュニティセンターに集まった（二〇一三年一月一五日）。

O地区の住民を対象に開かれる予定であったが、運営の不手際でこの問題に関心を寄せるO地区以外の人びとも多数会場に押し寄せる結果となった。地元O地区住民のなかには、話を聞くことができずに帰宅する人も少なくなかったという。ただ会場のなかでは、「みんなで県の話を聞こう」という雰囲気があり、しっかりとした議論がおこなわれた。A町内会で地域の若い人たちをまとめるCさんは、県知事が震災廃棄物の受け入れを表明してからこの問題につよい関心をもっていたという。当日は、仲間に相談し一番先に意見を述べ、Y市の市史を編纂するなど地域の実情に詳しく、県処分場の建設が計画された当時、A町内会で反対の立場から問題にコミットしていた郷土史家や元PTA会長、そして地元選出の市議会議員としても長く活躍してきたD氏などがこれに続いた。地域のリーダー的な存在である彼らの発言は、「環境の安全性」や協定書をめぐって地元住民が抱く不安や疑問を代弁するもので、彼らの対応はきわめて冷静であった。これに対し県は、廃棄物に付着した放射能に関しては、「食品安全基準に準じた一キログラムあたり一〇〇ベクレル以下なので安心だ」という回答を繰り返すばかりであった。それが焼却によって濃縮されたばあいにはどうなるのか、また、震災廃棄物と政令市で排出される一般廃棄物との混合処理によって焼却灰の放射能が基準を超えた場合にはどうするのかといった質問に対しては、「誠意をもって対応する」と答えるだけに留まった。たしかに示された基準は、環境影響を懸念する声との緊張関係のなかで県独自の安全対策として示されたものであった。しかし県の対応は、住民の行政不信を増幅させるだけであった。

こうした状況に対し、「環境の安全性」を争点に掲げる市民運動のもつスケールや動員力は、地元にとってもメリットになるはずだ。震災廃棄物の広域処理をめぐって構築された「がれき処理＝復興支援＝善」という説明図式によって正当化される政策や言説によって苦しめられてきた人びとにとって、この枠組みをいかに解体するのかは重要な課題となる。とくに変更を迫るにはつよい発信力が必要だ。だからこそ、国や県が主張する正当性に対し異議を申し立てる運動が、特定の争点をめぐって主張される意見の相違や対立をもとに問題をクリアカットし、多くの人びとが描いている放射能汚染に対する危機感を動員する戦略は、社会的な影響力を確保するうえで有効だといえる。しかしO地区は、がれきの受け入れに反対する運動からの呼びかけを拒絶する。地元でこの問題に関わってきたCさんやEさんのもとには、守る会のメンバーからの働きかけが早い段階からあったという。Cさんは、「仕事の合間をみて彼らと会って話しを聞いたり議論を交わしたりもした。けれど、彼らの主張や運動のし方に対する違和感を拭い去ることはできなかった」[7]とそのときのことを振り返ったのに対し、反対運動に関わるリーダーのひとりは、目的が同じであるにもかかわらず、彼らがなぜ頑なに連帯を呼びかける提案を拒むのかが理解できないと首を傾げた。[8]地元としてA町内会をはじめとしてO地区の人びとがこのことに無関心であるはずはない。にもかかわらず、彼らはこうした両者の関係から距離をおくのだった。

じいちゃんたちの「民主主義」――住民意向調査をめぐる評価

国政からのプレッシャーと全国的に勢いを増す反対運動の影響力によって情勢が緊迫するなかで、県による説明会は続けられた。この問題をめぐって「地元はどこか」との質問が記者会見の席上で投げかけられたが、知事は「この問題に関心のある人たち」であるという考えを示し、それは「神奈川だと思っている」と答えた。たしかに、計画を実現するためには広く県民からの理解が得られなければならない。そのため、説明会は対象となる範囲を地元、市、県全体へと広げる形で実施された。しかし、「いま、神奈川の絆が試されている」とのO地区へのバッシングとは裏腹に、施設への忌避感が立地する場所から離れるほど希薄化する問題（秋山・原科・大迫 2005）をめぐっては、行為や管轄・権威の範囲を定義し制限するような地理的スケール（Flint 2012＝2014）によって、「地元」の意思や判断が封じ込められかねない。また「この間の私のプレゼンを聞いて頂ければ、普通の方だったらば、普通に聞いて頂ければ、『それだったら大丈夫』と思ってくださると私は思うんですけどね」という知事の発言[9]や、野次と怒号が飛び交い知事への「帰れコール」が会場に響いた説明会での混乱した様子があたかもO地区の総意であるかのような報道によって、地元の反応は「ふつうではない」ものとして受けとめられるようになる。その結果、計画に異議を申し立てる人びとが、自らの行為を「エゴイズム」であると考えることと受け入れることによる受苦との間で苦悶し葛藤することは、こうした社会的認識の広まりのなかで糊塗されてしまう。

一方、「ここで頓挫したら全国の広域処理が立ち行かなくなる」と危機感を募らせる国や県に対峙する側も、「なんとしてもここで阻止しなければならない」と県内のみならず全国各地で広域処理に反対するグループとのネットワークをいっそう強めていく。そして、運動は争点となる「環境の安全性」をめぐって「国（環境省）VS反対運動」という対立構造を作り出しながら動員力を高めていった。住民が抱く放射能汚染への懸念に応える争点を掲げることで、反対運動の主張はより広範囲に及ぶ訴求力をもち、署名活動をはじめ全戸チラシの配布や動画サイトを用いた問題点の指摘が関心の低い人たちをこの問題に向かわせた。しかしそのプロセスにおいて、県が震災廃棄物の広域処理という経営課題を達成するために地理的なスケールを巧みにコントロールすることで相対的に「地元」を劣位においたように、反対運動は決定者に対して申し開きを促し続けた。運動は県の一方的な計画に対し撤回を要請する「連町」、連町に勝手に地域代表を名乗られた「A町内会」、意向調査に参加することのできない「町内会の非構成員」、世帯に対する個人といった具合にその都度、意思決定の周辺に置かれた当事者を作り出し彼らに「寄り添う」立場をとりながら、運動の正当性を維持し目標の達成を図ろうとしたのである。たとえば、意向調査をめぐっては、「各自治会が自由に動けず多くの住民がしぶしぶ連町の言うままになっている」とその不当性を訴えた。任意団体であり各自治会に代理を委託されたわけでもない連町が地域社会の意思を代表することを問題視し、調査がO地区住民の約七五％に過ぎない町内会員を対象に実施されることや、一世帯に一票を割り当てる投票方式などをめぐって、運動は公正さに欠くと批判し、「住民の権利に目覚める」ようにと人びとに促したのだ[10]。しかしこうした戦略は、Cさんが運動の意義は認めながらも「地域のために力を尽くしてきたリーダーたちを辛辣に批判することで、自分たちの主義、主張を正当化するような姿勢」であると語った[11]ように、多くの地元住民と相容れるものではなかった。

たとえば連町を交渉の窓口とした理由は、知事が「A町内会のみなさんは産廃のときも認めてくれた。今回もそのプロセスでいきたい」とコミュニティの分断を迫るような意思決定をも厭わないと受け止められる発言をするなかでは、判断をめぐって想定されるさまざまな立場からの介入にA町内会だけでは持ちこたえることができないからだった。それはA町内会からの要請にもとづくものであり、困難を引き受けたのは「O地区全体で問題に向き合うことでA町内会を守る」ことになると考えたからであった。[12] だからこそ、立地点を中心に同心円上に異議申し立ての声や関心が薄まるとされる環境リスクの受容を争点にした意向調査において、協定書を交わした当事者であるA町内会だけで実施すれば反対が多数を占めることがわかっていたにもかかわらず、彼らは連町の判断にしたがうことを決めたのである。実際の結果は、全体では賛否が拮抗したもののA町内会では反対票が圧倒的に多かった。[13] しかし地域には、廃棄物の減量化と経済状況の低迷から処分場の埋め立てが計画通りに進まず跡地利用の議論ができない現状を憂慮する声もある。こうした考えをもつ住民からは、「この間、県も譲歩したことだし、放射能リスクの低い魚網の直接埋め立てならば認めてもいいのではないか」という意見もあったという。「賛成が多数を占めるかもしれないので、そのときのことも考えて対策を立てておかなければいけない」[14] とEさんが忠告するような状況にあったことを知りながらも、Cさんは、「もちろん、自分や家族は反対だ。[15] けれども、仮に賛成が多数を占めたとしても異議を申し立てるつもりはなかった」とはっきりとした口調で言う。[16] それは、意向調査の不当性を徹底して批判しながらも、結果が出されると「環境の安全性を訴えた粘り強い運動の勝利である」と評価を一変させた主張とは対照的であった。

　県や国は震災廃棄物の広域処理という経営課題を達成するために、処分場の立地をめぐる既存の構造的格差を前提としなければならない。そのため、連町がいかなる震災廃棄物も受け入れないこと、いっさいの交渉もおこなわないことを公の場で表明したあとも、意向調査の結果を独自に解釈し、放射能汚染の危険性について「かなりの誤解がある。誤解が解ければ考えが変わると確信している」と述べ、この問題の所在が「地元の理解にある」ことを強調した。[17] 一方、守る会などは、運動目標を達成するために、廃棄物は「誰にも引き受けさせない」という立場を強調するが、いまここで引き受けられている「負財」については語ろうとしない。そればかりか、N市では公害防止協定にもとづいて自治会ががれき受け入れに反対したことで試験焼却が止まったことを報告し、なぜO地区では協定書が存在しながらも計画が止まらないのかと糾す。そしてそれが「地域住民が沈黙を守っているから」[18] だと主張し、暗黙裡にO地区の意思決定に問題があると指摘する。調査用紙の自由記述欄には、計画の賛否をめぐっては相対しながらも、家族で話し合い、ここで暮らしていきたい／いかなければならないとの思いのなかで問題に向き合う複雑な思いや人びとの葛藤が綴られていた。しかし県と運動の両者にとってそういった声は、問題を「負を引き受けさせられる側」の理解や権利の覚醒としてみなされ、「環境の安全性」をめぐる対抗関係のなかで、「かながわの」「こくみんの」絆が試された問題は、特定の地域の問題として全体から切り離され、問題の一コマとして断片化されるのだった。

5　「環境の安全性」をめぐる不信と反目

理解を求める県と連帯を呼びかける運動とのはざまにおかれた地元に生み出された不信と反目が、「環境の安全性」をめぐる対抗関係のなかでなぜ増幅されてしまうのか。ＮＩＭＢＹを争点とするような施設の立地やそれにともなう環境リスクの社会的受容をめぐっては、不正義であることに晒される地域の人びとの存在なしに議論を進めることはできない。どれほど民主的で科学的な手続きによって合理的な意思決定がなされたとしても、引き受ける側からすれば、その結果が不正義であることに変わりはない。O地区では、県処分場のほかにも、Y市には最終処分場やし尿処理場などが建設され、最近では、一般廃棄物の広域処理をおこなうための焼却施設の建設も新たに計画されている。とくに最初に受け入れた市の施設は、不十分な水処理によって黒い排水が流れ出したり、カラスやハエが大量に発生したりするなど深刻な環境汚染に苦しめられた。

われわれは、こうした状況やそのもとで発せられる受苦の声を不正義であることとして位置づけ、社会的公正性の実現をはかるうえでの阻害要因としてみなしてきた。「環境の安全性」をめぐる「『科学論争』はすこぶる政治性をもち、さまざまな社会的文脈の中に存在している」（鬼頭 2014）。しかし環境制御システムの深化にかんしては、「正の価値」を実現するプロセスや状態として評価されてきた。もちろん、「環境利用における他者排除の問題」

（三浦 2005）や「手続き的不正義と配分をめぐる不正義の連鎖のメカニズム」（熊本 2008）などの問題が指摘され、環境的正義の論理のなかに胚胎する課題についても批判的な検討がなされてきた。しかし不正義であることは、「暗黙裡に環境社会学のなかに埋め込まれてきた環境正義」（池田 2005）によって、「正義のルールによる統制と排除の対象となる一連の行動としてのみ重要な意味が与えられ」（大川 2003）、環境的正義を実現するための予備的課題として取引されてきたといえる。本章において確認するならば、それは、第一に震災がれきの広域処理を正当化する説明図式によって、第二に地元の来歴を顧慮することなくがれき焼却灰の受け入れを推進する行政と反対する運動との関係において、そして第三に、「環境の安全性」をめぐる県や国と広範な市民による抗議運動との対抗関係のなかで判断を迫られる地域社会の実相であった。

負財の配置をめぐる現実的な問題から免れることができないなか、なおも発せられる個別社会からの問いかけや抗いに対し全体社会の苛立ちは相応に激しい。しかし、「いったん環境問題としてラベルがつけられたとたん、いかに個人的な問題であったとしても公共の問題へとシフトして個人のエゴが許されない」（古川 2008：35）ならば、問題はその社会の枠組みにあるといえる。本章で述べてきたように、それは「どこかで誰かに引き受けさせなければならない問題」をリスクやスティグマと環境的正義との取引によって、「引き受けさせる側」（必要とする側）から切り離し「引き受けさせられる側」（受容する側）の問題へと移される。そしてこのロジックが、地元の判断を断罪する声に、問題が地元の不十分な理解にあるという行政の立場に、計画が撤回されない理由が地元の意思決定の方法に起因するという運動に敷衍することで、負財の配置をめぐる問題が、誰かがどこかで引き受けてくれる「自分たちの外部」として私たちの生活の意識から抑圧されていってしまう。だからこそ、小さなコミュニティは、こうしたシステムへの依存に批判を突きつけるのであった。

O地区では、この出来事をきっかけに「復興支援とはなにか」を問い直すための取り組みが始まった。行政などによって説明される必要性ではなく、「学び」と「支援」をキーワードに被災地で暮らす人びとが語る課題を聞くなかから「生きた支援」のあり方を模索する活動は、A町内会の住民有志を中心に連町の支援を受けた「復興支援を考える会」によって担われている。こうした紛争を機に胎動した新たな動きをどのようにとらえるか。評価をするには、なお十分な検討が必要である。しかしコミュニティを基盤にしたこうした応答が、「負財」の配置をめぐって間接化された状況を共的な関係に開く糸口となりうるのかもしれない。

注

(1) 神奈川新聞（二〇一二年一月二〇日付）より。
(2) 二〇一二年八月、A町内会の役員を務めるB氏への聞き取りによる。
(3) 神奈川新聞（二〇一二年七月二七日付）より。
(4) 二〇一三年一月、O地区で連合町内会長を務めたFさんへの聞き取りによる。
(5) 二〇一三年六月、O地区に提案された計画は白紙に戻されたが、震災漁網は県内のM市とH町が受け入れを表明。九月から一二月にかけ一〇七トンと五二トンが一般廃棄物処分場において埋め立てられたが、その量はO地区に提案された二〇〇〇トンに比べ大幅に少ない。
(6) 提言が実際にどのような影響をもたらしたのかを断定することはできないが、震災がれきの広域処理が社会問題化した当時において、それぞれの立場が自らの主張を正当化するための一規範として受け止めていたものと筆者は考える。
(7) 二〇一三年六月と八月におこなった、A町内会で役員を務めるCさんへの聞き取りによる。
(8) 二〇一二年一月一六日の定例記者会見での発言。
(9) 二〇一二年一一月、県による住民説明会会場の外でのメンバーとの会話より。
(10) 「連長の『意向調査』はがれき受け入れのツールか」と題されたがれき焼却に反対する市民の会発行のチラシより（二〇一二年一二月五日発行）。
(11) 二〇一三年六月と八月におこなった、Cさんへの聞き取りによる。
(12) 二〇一三年一月、Fさんへの聞き取りによる。
(13) 連町を構成する町内会・自治会を単位に意向調査の説明、投票用紙の配布、回収等がおこなわれたが賛否の結果については、住民や地域間で疑心暗鬼が生じないようO地区全体の集計結果が一括して公表されただけである。集約はO地区のコミュニティセンターで実施され、作業を「見える化」し、町内会会員ではない反対運動のメンバーの会場への入場も許可されている。なお本章の記述は、開票作業に立ち会った複数の関係者からの聞き取りによる。

(14) 二〇一二年一一月、Eさんとの電話での会話より。

(15) 二〇一三年六月と八月におこなった、Cさんへの聞き取りによる。

(16) 守る会と地元で反対運動に取り組むHによる配布チラシ（二〇一二年一二月発行）より。

(17) 意向調査の結果を受け、「住民が実施した意向調査の意見を見ると反対意見の多くは誤解によるもの。誤解を解けば意見は変わると確信している」と述べ、受け入れ努力を続ける意向をあらためて示した（『毎日新聞』二〇一三年一月一七日付）。これは、県が連町に了解を得て自由記述欄に書かれた意見を分析したものである。これに対しE氏は、一方的な分析であり、なぜ連町が自由記述欄を設定し町内会員の「思い」を聞き出そうとしたのかを理解しようともしないと訝しがる。そして、町内会員がいろいろな「思い」を抱え悩みながら賛成・反対の判断を下したにもかかわらず、住民の理解を得るために交渉を続けようとする姿勢は、地域コミュニティを疲弊させるだけだという（二〇一三年一月、二〇一五年三月、Eさんへの聞き取りによる）。

(18) がれき焼却に反対する市民の会発行のチラシより（二〇一二年一二月五日発行）。

文献

秋山貴・原科幸彦・大迫政浩、二〇〇五、「廃棄物処理施設に対する住民の迷惑感と距離の関係」『廃棄物学会論文誌』16（6）：四二九‐四四〇頁。

Colin, Flint, 2012, *Introduction to Geopolitics Second Edition*, Routledge.（＝二〇一四、高木彰彦編訳、『現代地政学――グローバル時代の新しいアプローチ』原書房。）

舩橋晴俊、二〇〇四、「環境制御システム論の基本視点」『環境社会学研究』10：五九‐七四頁。

舩橋晴俊、二〇一〇、「『経営システムと支配システムの両義性』からみた社会的合意形成」『季刊政策・経営研究』3：七二‐八八頁。

古川彰、二〇〇八、「天然アユと近自然工法」『環境社会学研究』14：二一‐三七頁。

Habermas, J. 1983, *Moralbewustsein und kommunikatives Hanedeln*, Suhrkamp.（＝一九九一、三島憲一他訳、『道徳意識とコミュニケーション行為』岩波書店。）

池田寛二、二〇〇五、「環境社会学における正義論の基本問題――環境正義の四類型」『環境社会学研究』11：五－二一頁。

池田こみち・青山貞一、二〇一二、「災害がれきの広域処理の実態と本質的課題――必要性・妥当性・正当性からの政策評価」『環境と公害』42(2)：三三－三八頁。

石山徳子、二〇〇四、『米国先住民族と核廃棄物――環境正義をめぐる闘争』明石書店。

鬼頭秀一、二〇一四、「巻頭エッセイ」『環境社会学研究』20：一－二頁。

熊本博之、二〇〇八、「環境正義の観点から描き出される『不正義の連鎖』――米軍基地と名護市辺野古区」『環境社会学研究』14：二一九－二三三頁。

三浦耕吉郎、二〇〇五、「環境のヘゲモニーと構造的差別――大阪空港『不法占拠』問題の歴史にふれて」『環境社会学研究』11：三九－五一頁。

日本学術会議高レベル放射性廃棄物の処分に関するフォローアップ検討委員会暫定保管と社会的合意形成に関する分科会、二〇一四、「報告　高レベル放射性廃棄物問題への社会的対処の前進のために」日本学術会議。

野波寛・土屋博樹・桜井国俊、二〇一四、「ＮＩＭＢＹとしての在日米軍基地をめぐる多様なアクターの正当性――公共政策の決定権に対する当事者・非当事者による承認過程」『実験社会心理学研究』54(1)：四〇－五四頁。

大川正彦、二〇〇三、「研究動向　〈不正義の経験〉論のほうへ」『社会思想史研究』27：九七－一〇五頁。

Strike, C. J., Myers, T. and Millson, M., 2004, Finding a place for needle exchange program, *Critical Public Health*, 14(3): 261-275.

鈴木晃志郎、二〇一一、「ＮＩＭＢＹ研究の動向と課題」『日本観光研究学会第26回全国大会学術論文集』一七－二〇頁。

鈴木晃志郎、二〇一五、「ＮＩＭＢＹから考える『迷惑施設』」『都市問題』１０６（７）：四－一一頁。

末石冨太郎、一九八七、「NIMBY syndrome に関する一考察」『第15回環境問題シンポジウム講演論文集』15：一五－二〇頁。

土屋雄一郎、二〇一五、「『迷惑施設』と合意形成」『都市問題』１０６（７）：一七－二二頁。

第3章　公園に伏在する暴力性
——北京市郊外の一農村の事例から

荒川　康

1　公園のもつ暴力性

公園は人を自由にする。たとえば公園では、都会の喧騒を離れてベンチで沈思黙考したり、芝生に寝転んで空を見上げることができる。ヒートアイランドから逃れて木陰で休息を取ることもできる。気の合った者同士で持ち込んだランチを楽しんだり、走り回ったりすることもできる。「誰であれそこに『留まり居ることの自由』がとりあえず保障されている空間の代表的存在」、それが公園である（小野 2003：1）。

こうして得られる公園の自由のおかげで、私たちは機能性に満ちた、気ぜわしい都市の中にあっても、ほっと一息つくことができる。近代都市は公園を造ることによって、都市空間に余白を生み、人間性の回復を企図しているといえるだろう。その意味で「公園は単なる装置であるにとどまらず、都市のあるべき姿、都市の理想を実現する制度」といえる（白幡 1995：4）。近代化に遅れた地域も含めて、現在では世界中の都市が競って公園を建設するのは、「人にやさしい空間」を生み出そうとしているからだろう。

しかし、こうした公園のもつ理想があるからだろうか、公園を建設すること自体に、ある種の暴力が秘められて

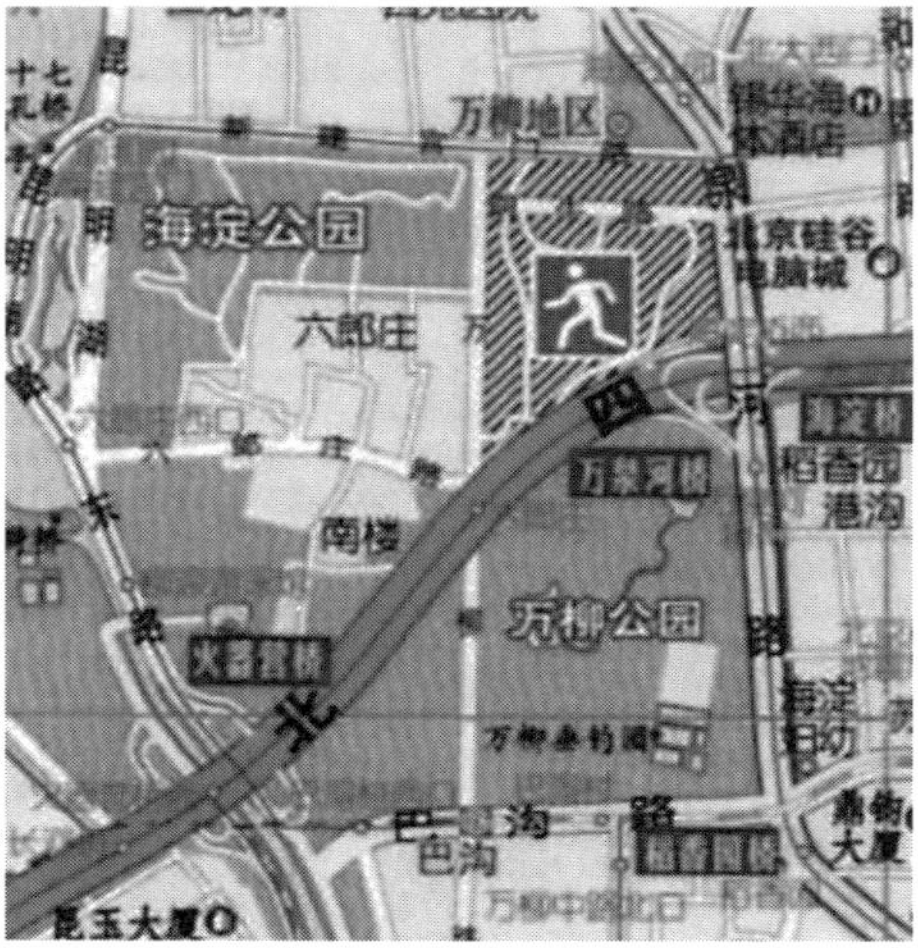

図3－1　地図上の六郎庄村

出所：「北京城市地图」（2011）地质出版社刊。

いることについては、これまでほとんど問われることがなかった。公園があまりに自由に満ちた場所であると考えられたために、そこに暴力を想定すること自体が一般に憚られたのかもしれない。あるいは都市環境を整え、都市問題を解決する手段として、公園や緑地が都市計画上、つねに積極的に位置づけられてきたということもあるかもしれない。いずれにせよ、公園自体や、公園を造ることは基本的に良いこととされ、無条件に肯定される傾向にある。しかし公園がいくら理想に満ち、人を自由にする施設であったとしても、そのことがすなわち公園を手放しで礼賛し、公園をめぐる問題を素通りして良いことの理由にはならない。

一例をあげてみよう。繁華街の喧騒を離れて路地に入った先に、小さな公園があったとする。そこには小さなベンチと、ブランコがあるだけだ。ところが、そこには公園管理者が設置した大きな看板が立っていて、「犬の散歩禁止、ボール遊び禁止、ブランコの立ち乗り禁止」等々の禁止事項がずらりと並べてある。最近では、外国語が併記されている場合も少なくない。公園は自由であるはずなのに、これはいったいどうしたことだろう。

本章では、こうした公園の「やさしい容貌」に伏在している自由を抑圧する装置としての側面＝暴力性に焦点を当てる。その内容を具体的にみていくために、以下では北京市郊外にあった村が「丸ごと公園になる」事例を扱うことにしたい。「ひとつの村が丸ごと公園になる」というような事例は、たしかに公園建設においては極端な例かもしれない。しかしこうした極端な事例を扱うことによってこそ、公園のもつ本質的な暴力性により接近できるはずである。

2　六郎庄村との出会い

二〇一一年九月一日の午後、中国人調査員二名とともに北京市内にある公園での質問紙調査を終えて一息つき、ふと手にしていた地図を眺めたときに、ある不思議な村に目がとまった（図3－1）。その村は四方を公園に取り囲まれていたのである。北京市西北部の海淀区内にあるその村＝六郎庄村は、当時の地下鉄の終点（巴沟）から徒歩二〇分ぐらいの場所に位置していた。

比較的行きやすい所だったので、筆者の提案でその村を訪ねることになった。北京市の大動脈のひとつである四環路沿いに歩いていくと、芝生や若い木々が植栽された空間が周囲に広がり始めた。騒音と排ガスで汚れた道路空間と緑地とは、高いフェンスで隔絶されていた。六郎庄村へは、四環路沿いに大きな石に彫られた表示があったために、迷わずに行くことができた。

村の入口まで来たとき、ただならぬ気配に皆が緊張した。道の右手ががれきの山になっていたからである。がれきの山のあちこちには、「旧村拆迁　利在当代　功在千秋（古い村を取り壊すことで、その利益はいまの時代に生まれるが、その功績は永遠である）」と書かれた赤い横断幕が掲げられている（図3－2）。

これはいったいどうしたことか。疑問と不安に駆られた筆者たちは、道の反対側にある商店に入って、事の顛末について尋ねてみた。しかし「ここはもと市場だったんだ」ということ以外、店の人はなにも口にしようとはしない。そこでさらに村の奥へと入っていった。村内のあちこ

図3－2　六郎庄村の入口付近（2011年9月1日）

出所：筆者撮影。

ちには露店が軒を連ね、それらをすり抜けるように電動スクーターや自転車、自動車や買い物帰りの通行人などがひっきりなしに通り、立ち止まって写真を撮ることにも気を遣うほどだった。

村の中心から少し外れて路地に入ると、小さなテーブルを囲んで村の男たちが話をしていた。筆者たちが近づいていって、なぜ村の市場が取り壊されたのかを尋ねたところ、最初こそ男たちは口が重かったが、次第に打ち解けてくると、だんだんと口が軽くなっていった。最後には各家から行政が配布した書類を出してきて、私たちに詳しく説明してくれた。

そのときの説明と、のちに筆者が収集した情報を総合すると、六郎庄村で起こっていたのはおおよそ次のようなことであった。

3　六郎庄村が公園で囲まれるまで

緑化隔離地区への指定

六郎庄村の歴史は古い。六郎庄村はかつて「牛欄庄」と呼ばれていたが、一〇世紀から一一世紀の初めに活躍した北宋の楊六郎が、軍を率いて遼との戦闘に赴いた際、「牛欄庄」で休養を取った。そのときに村の悪者を退治してくれたので、それを記念して村の名前を「六郎庄」にしたとの伝説があるという。この村の周囲で収穫された米は「京西米」として知られ、隣接する頤和園などへの献上米として珍重されていた（図3-3）。

この場所に新たなまなざしが向けられるようになったのは、一九八〇年代後半になってからである。北京市の都市計画「北京市都市総体企画（規划）」では、膨張を続ける北京市の開発をコントロールするために、郊外の衛星都市との間に幅一〇〇メートルにおよぶ「風の道」（緑化隔離地区）を設けることが定められた。一九八六年には六郎庄村もこの緑化隔離地区に含まれることになった。緑化隔離地区の建設に当たっては、「緑をもって緑を養う」「資金を導入して緑を建設する」がスローガンとされ、指定地区の住民は、行政側が建てた別地域のマンションに移住することが保証される代わりに、土地家屋のすべてが接収・売却され、緑地帯とされることになった。

緑化隔離地区を構成する具体的な形態はさまざまなものでありうる。たとえば、公園や街路樹などの公共緑地はもちろん、プールや体育館などの体育施設を備えた体育公園やレジャーを目的とした農業公園、そうした緑化に必要となる木々の苗圃なども、緑化隔離地区を構成する。六郎庄村を含む「万柳緑地」（計画総面積二二七・二九ヘクタール）の場合は、六郎庄村の住民を完全に移転させたうえで、西北部を「緑地広場」に、東南部を「体育公園」に、そして東北部を「海淀公園」にする計画であった。

「緑をもって緑を養う」「資金を導入して緑を建設する」とは、緑化隔離地区を造成する際に生まれる不動産利益を地区の維持・拡大に振り向ける仕組みを指した標語である。具体的には、複数の民間のデベロッパーと村民委員会で不動産開発会社を設立し、集落の移転地の造成、緑化事業、開発地の資産運用、村民の移転に関わる各種事務（仕事のあっせん等を含む）、党組織に至るまでを一括管理する。会社の収益の一部は、集落の移転補償金や配当として村民委員会が受け取ることができる。こうした仕組みのもと、巨大緑化プロジェクトは六郎庄村全体を巻き込んで展開されることになったのである。

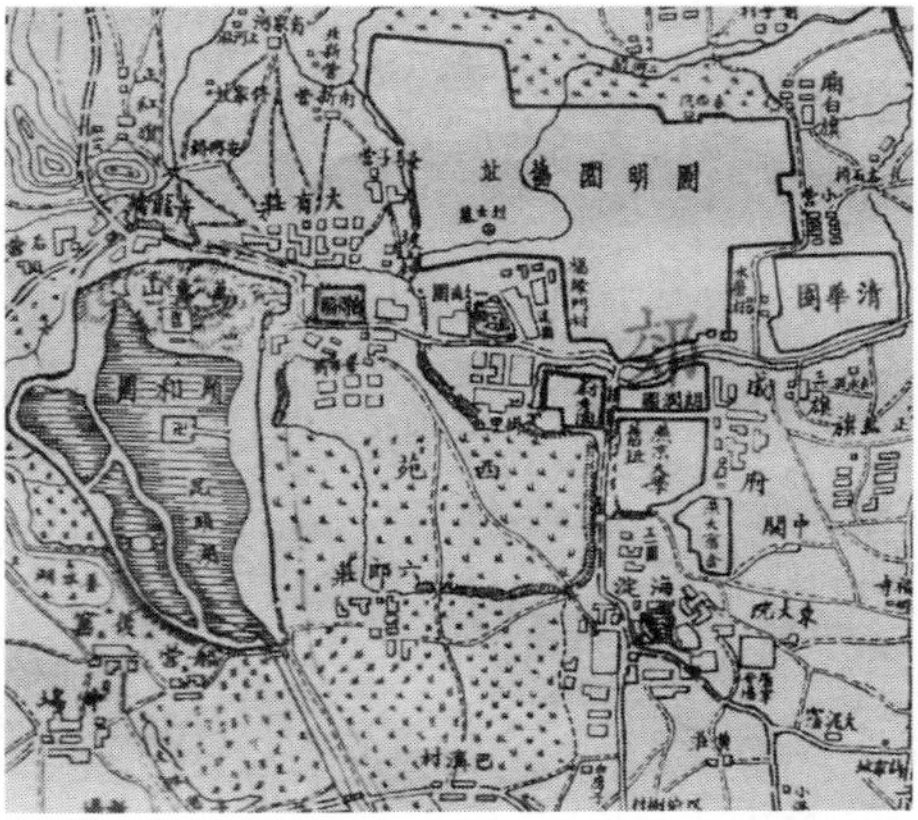

図3－3　地図上の六郎庄村（1947年製作：復刻版）

出所：「北京市城郊地图」（2008）中国地图出版社刊。

ゴルフ場の建設

緑化プロジェクトで最初に実施されたことは、集落の周囲に広がっていた農地の接収であった。社会主義を建前としている中国の場合、農地の所有者は集体と呼ばれる組織であり、各農民は集体が所有している農地を請け負う形で耕作が許される仕組みになっている。各農民は配分された農地を耕作する権利を有する代わりに、戸籍が集体に固定され、原則として移動の自由は無い。六郎庄村の場合、農地の所有者は村集体（その政治組織が村民委員会）であった。そのため、緑化隔離地区の建設にあたっては、六郎庄村という集体が前面に出て、まずは自らの有する農地を、「緑を作る」ために提供する必要があったのである。

しかし、農地のない農村などありうるだろうか。そもそも耕作する農地もなく暮らしていくことは可能なのであろうか。筆者が地図でこの村を見つけたときの素朴な疑問はこうしたものであった。六郎庄村の場合、少なくともここ一〇年来は、それが可能な土地になっていたのである。六郎庄村は北京市街に隣接しており、しかも数多くの大学や、「北京の秋葉原」と呼ばれることもある中关村からも比較的近い。そのために、六郎庄村の人びとは、市街に職場をもつ人びとや学生をあてにして、家を建て増しすることで、借間経営に乗り出していたのである。

筆者たちが訪れた前年（二〇一〇年）の段階において、面積約一・五平方キロメートルの六郎庄村では、四六四一人が戸籍をもっていたが（うち農業戸籍の者は二一五〇人）、外来人口（流動人口と呼ばれる場合もある）は四～五万人にも達していた。村内には三階建て、四階建てに増築された建物が林立し、通勤帰りの時間帯には、村内の狭い道路は通行人や行商人たち、あるいはバイクや自転車、自動車であふれかえるありさまであった。しかしこうした状態であったからこそ、農地がのちに公園となっても、多くの村の人びとはなんとか暮らしていけたのであった。加えて二〇〇〇年前後は日照りが続いて作物は不作で、農業収入が激減していた。こうした事態が重なって、まずは農地の接収が開始されたのである。契約にもとづいて村集体に農地が集められ（請負者である個別農家に対する補償金は支払われなかった）、開発会社が公園等の造成を進めていった。

まず着手されたのは、北京市街に隣接する東南部からであった。集落移転にともなう今後の補償費用を捻出するためにも、この場所の開発からは相応の利益を出すことが求められた。そこで二〇〇〇年に計画された「万柳公園建設プロジェクト」では、東南部にテニス、サッカー、ゴルフなどの施設を有する「体育公園」を建設し、建設後は無料で開放することが謳われた（「京華時報」二〇〇七年六月四日付）。この計画にもとづいて最初にできた施設がゴルフ場であり、二〇〇三年には供用が開始された。

しかしその後、いっこうに他の施設ができる気配はなかった。おかしいと思った村民が「自然公園のはずのところにゴルフ場が建設されている」と北京市へ陳情に行ったところ、「ゴルフ場をどうするかについては現在、市の方で検討し、他の案件と併せた統一見解を出す予定である」との回答があった。北京市街に隣接して建設された各地の緑化隔離地区でもゴルフ場が乱立している状況にあり、それらをどう規制するかを市では検討していた。とはいえ「緑をもって緑を養う」方針にしたがえば「緑」から収入を得なければならず、その経済的要因ゆえに、政府もゴルフ場建設の合法性を認め、それ以上追及しないことが一般化していた。

集落に隣接してゴルフカートが行き来する環境となった六郎庄村では、ゴルフ場に村民が立ち入ることも、犬の散歩もできない状態が続いた。この場所が公園であるならば、せめて村民には無料で開放すべきでないかという問いかけに対して、ゴルフ場側は、「無料で開放する可能性はあるが、その場合でも秩序をもって入ってもらう必要がある。犬の散歩はゴルフ場の雰囲気に合わず、安全上の問題もあり、認められない」という。六郎庄村の所属する海淀郷の事務所でも、「ゴルフ場を建設したのは、まず住民の経済収入を考える必要があったからである。全体に樹木を植えたら、住民はどうやって食べていけるのか?」という回答であった（「京華時報」二〇〇七年六月四日付）。こうした既成事実化で、かつての農地は緑色の芝に覆われ、陽光が降り注ぐオープンな道をカートや徒歩で動き回るといった、ゴルフに集う人びとのための土地へと転換されたのであった。

生態園（環境保全型公園）の建設

ゴルフ場ができた二〇〇三年には、六郎庄村の東北部に「海淀公園」も建設された。海淀公園は総面積約四〇ヘクタール、元明清期の庭園（暢春園）跡に作られたことが謳われ、池沼や草地をかかえた生態園（環境保全型公園）として建設された。特筆すべきは「稲田景区」の存在である。ここは、かつての水田を公園内にそのまま残した区画であり、春の田植え、秋の収穫の時期には、大勢の家族連れや、観光にやってきた外国人等が体験料を払って田んぼに入り、生物多様性について体験的に学ぶ場所になっている。

六郎庄村の村人にとって、この公園の開園は、その利用者としてよりも、職場としての意味合いが大きかった。公園の植栽の管理や清掃には、自らの耕作地が公園用地となってしまった者のうち、他に働く場を求めることができなかった四〇歳から六〇歳未満の女性たちが優先的に雇用された。朝七時から一二時までと、一二時から一七時までの二交代制で、勤務は隔日である。清掃員の場合、仕事は勤務時間中に歩ける範囲のごみを拾って分別する作業であり、月に二〇〇〇元（二〇〇三年当時のレートで二万五〇〇〇円）程度が支払われる。軽作業ではあるが、勤務中は一切休むことが許されない。なぜなら、ここは景区（景観を眺める区画）であり、公園利用者が水田を眺めて写真を撮ったりする場所だからである。周囲に配されているベンチや東屋も、すべては利用者のためのものであり、清掃員が休憩や雨除けのために使用することは厳禁である。十分に管理されたこの水田で収穫された米も、彼女らの口に入ることはない。頤和園などと同じ水源から流れ出た水で育てられた有機栽培の米は、かつて宮廷に献上された「京西米」として、ここを訪れる利用者への展覧に供されるからである。

このようにして六郎庄村は公園や緑地で取り囲まれてしまった。村の周囲は塀やフェンスで仕切られ、道が交差する箇所などには守衛が立ち、村から公園内に入ることも、その逆もできなくなった。村人が公園内に立ち入るには、いったん村を出た後で入場門から利用者として入園するか、もしくは公園管理の被雇用人としてしか立ち入ることができなくなったのである。

4　六郎庄村の消滅

公園保護のための立ち退き

周囲の農地がすべてゴルフ場や公園になってしまっても、六郎庄村の人びとがその地を離れることはなかった。さきにも述べたように六郎庄村は、北京市街の膨張に応じて、数多くの勤め人や学生を貸間の形で吸収できたからである。とりわけ二〇〇〇年を過ぎたころからは、流入者が急増し、村始まって以来の活況を呈するまでになった。

しかしこの活況こそが、村からの立ち退きの根拠とされていくのである。

二〇〇九年一二月三日、海淀区政府は六郎庄村を樹村内の後営北村という場所に集団移転させることを公示した。北京市街は中心から外側に向かって三環路、四環路、五環路と環状道路が作られているが、六郎庄村は四環路沿いにあり、移転先とされた樹村は五環路のさらに外側に位置する。同じ海淀区とはいえ、六郎庄村から見た場合、樹村は市街からかなり遠いというイメージがある。二〇〇九年当時は付近にバス停もなく、二〇分ほど歩いた最寄りのバス停からバスに乗っても市中心部に向かうバス便はたいへん少なく、しかも途中で地下鉄や他のバスに乗り継ぐ必要があった。自転車ですぐに繁華街に出られる六郎庄村と比較すると、生活の便という意味では大きな格差があった(1)。

六郎庄村移転公示日翌日の新聞「京華時報」には、「頤和園、円明園を保護するため、海淀六郎庄が集団で移転」の見出しで、次の記事が掲載された。

海淀区六郎庄は、頤和園の東壁の外側にあるごく普通の村である。ただし衛生環境が悪く、治安が比較的乱れており、違法建築などの問題があるため、北京市整頓管理監督重点五〇ヶ村のリストに載せられた。昨日、北京市規格委員会は、頤和園・円明園の文物を保護するため、六郎庄の村民を後営北村に移転させると公示した。……六郎庄村の移転に関して、頤和園の責任者は次のように話している。今回の移転は頤和園や地区全体の完整性〔完全に整った清潔さ〕や水系の保護、景観の統一性などの面で良い効果があり、さらに文物の保護にとっても有意義である。区域完整性という意味では、歴史上、頤和園周辺地域もまた園区の管理範囲内であり、かつ多くの古跡や景観スポットがある。今回の六郎庄村の移転は、頤和園の統一管理、歴史に合致した景観の回復、園区の完整性維持に良いといえる。また、水系保護の観点から言えば、六郎庄村は昆明湖を中心とする水系に属する。村が移転した後、六郎庄村で交錯して流れる水路と川とを整理できるだけでなく、生活汚水は完全になくなる。このように、六郎庄村の移転は、頤和園の景観保護に重要な意味をもち、頤和園の内と外との

景観が一致する役割を果たす。（「京華時報」二〇〇九年一二月五日付、〔　〕は引用者による）

六郎庄村の移転理由として公示前まで用いられてきた論法は、ここに「風の道」を造るというものであった。しかし公示では「風の道」建設は後景に退き、頤和園・円明園といった歴史公園の文物を保護することが前面に掲げられた。そしてその目的を達成するために、衛生環境や治安の回復、違法建築物の撤去といった、いわば「汚物を無くし、きれいにする」ことが求められたのである。「汚物を無くし、きれいにする」にはさまざまなやり方が考えられるが、実際に取られた方法は、村で暮らす者すべてがひとり残らず村から立ち退くという方法であった。人間がひとり残らず退去し、建物も破壊し撤去すれば、汚物も出ず、治安も問題とならず、違法建築物もひとつも無くなる。こうした完全に整った清潔さ（「完整性」）のために、六郎庄村で暮らしていた人びとはことごとく退去を命じられたのである。

公示後、六郎庄村の移転計画は着実に実行されていく。翌年の二〇一〇年八月には、移転先の樹村で「六郎庄新村起工式」が実施され、二七〇〇戸、四六〇〇人が移転するためのマンションが、二〇一一年末までに完成するとされた。二〇一一年七月には村民代表大会が開かれ、村民代表五五名中五一名の賛成挙手によって「六郎庄村移転騰退案（六郎庄搬迁騰退方案）」が実施に移されることになった。

「騰退」とは、単なる退去とは異なるニュアンスをもつ言葉で、一般には「家屋騰退」といった形で用いられる。村のような集体所有の家屋を、国家などの上位行政機関が必要に応じて他の用途に振り向ける決定をした場合に、「家屋騰退」といわれる。そのときには、居住者に対して補償金が支払われるだけでなく、その家屋は別の用途で継続使用されることが原則である。

ところが六郎庄村の移転の場合、退去すなわち取り壊しを意味していた。しかも取り壊しに当たるのは、政府機関ではなく、村民委員会も株主の一部になっているとはいえ、不動産開発会社の共同出資による民間会社である。「移転騰退案」の実施とは、政府が立ち退きにともなうトラブルの矢面に立たないようする隠れ蓑であると同時に、公的なプロジェクトであることを偽装するものであるとして、糾弾する者もあった（たとえば、「京華時報」二〇一一年五月二一日付）。

さらに村人が移転を躊躇した背景には、村の退去にかかる補償や、退去後の暮らしに対する保障が公平かつ十分になされているとは思われなかったことがあった。退去後に入居予定のマンションに対する権利は、基本的に退去前の家屋の広さと家族人数・世帯数によって決定される。開発会社から委託を受けた調査会社が移転に同意した各戸を訪問し、敷地や家屋の面積、家族人数などを調査し、それを元に入手できるマンションの広さなどが算定される。手広く貸間経営をおこなっていたり、実際は一緒に住んでいなくても調査時に幾人も（親戚なども含めた広い意味での）家族員を呼び寄せられる者は、新築マンション内に大きな占有面積分の権利が得られたり、補償金額が大きくなる。そうなれば、マンション移転後も自分が住む家以外は（場合によっては自家も含めて）賃貸に出すことが可能となり、生活のめどが立つ。他方で高齢夫婦のみでつつましく生活していた場合などは、移転先マンション内の専有面積がごく小さなものになるため、暮らしを立てる手段がなく、農家暮らしから都市的生活様式への転換によるストレスも相まって、生活はより貧弱になることが懸念された。

なによりも移転先のマンションがいまだ建設中であり、実際にいつ入居できるのかが明確でなかった（当初は二〇一一年末までに完成するとされていたが、実際に入居が開始されたのは二〇一三年一〇月だった）。村を退去してからマンション入居までの生活は、各人に毎月支払われるわずかな補償金でやりくりすることが求められ、仕事のあっせんはもとより、住居の確保も――北京市内は家賃が高騰しており、補償金では到底それまでの暮らしを維持することができない――組織的になされることはなかった。加えて、六郎庄村によそから流入してきた者たちは、ただ四散するしかなかったのである。このように、富める者はますます富み、貧しい者はますます貧しくなるやり方に対する不満は大きかった。

六郎庄村消滅まで

二〇一一年七月二〇日の午後、六郎庄村で大規模な取り締まりが実施された。一五〇人の警察官が出動し、違法に道路を占領しているとして、大量の露店や自動車、道路にはみ出した建築物などが摘発された。

同月三一日からは、家屋騰退の奨励期間に入った。村の大通りには完成予定のマンションのイラストや各戸の間取りを示した大型看板が掲げられるとともに、二〇名の宣伝隊が結成され、村の各戸を回って「早騰退早受益（早く騰退すればそれだけ利益を受けるのも早い）」と呼びかけた。建設中のマンションの一〇〇分の一スケールの模型と、各戸の間取りが展示された「六郎庄新村模型展示室」も設けられて、騰退受付の場所になった。そして、早く騰退を受け入れた者から、希望する階の希望する間取りの住戸に入居できるという宣伝が繰り返されたのである。また この日から、二〇日の取り締まりで違法とされた商店などは、半ば強制的に離村を迫られるようになっていった。

八月に入ると、村の入口にあった公的な施設が一斉に取り壊された。市場や公寓（長屋風のアパート）、公衆トイレ、集体所有の企業の建物など合わせて一万平方メートル余りが数日のうちに取り壊された。これまで村の誰もが利用し、毎日のように目にしてきたレンガ造りの建物が、あっという間にがれきの山と化してしまったショックは大きかった。八月二一日までの間に、閉店した店舗は三〇軒、取り壊した集体企業の建物一三棟、取り壊された面積約五万五〇〇〇平方メートル、測量を終了した民家一九九戸、取り壊した民家二軒という状況だった（二〇一一年八月二三日付「海淀郷報」）。各地から集まってきた賃借人たちも、半ば強制的に村から追い出された。筆者たちが六郎庄村を訪ねたのは、こうした取り壊しが始まった直後だったのである。

以後、六郎庄村から人びとが立ち退き、取り壊されたがれきの山が積み上がっていくスピードは徐々に増していった。電柱から垂れ下がった電線が目立つようになり、街灯も減り、テレビも映らなくなった。水道管もあちこちで破損して道路脇に流れ出し、水圧も下がっていった。さらにがれきの山に雑草が生い茂るようになると野犬が住みつき、出歩くにも危険が増していった。

年が明けると、最後通牒のように、次の公告が移転に抵抗している家々のドアに貼られた。

公告

六郎庄村移転騰退において、自ら進んで騰退できる期間は二〇一一年一二月三一日をもって締め切られた。二〇一二年一月四日以降、六郎庄村民委員会は、いまだ騰退契約にサインしていない村民に対して、『六郎庄移転騰退方案』に基づき、強制的に騰退させる措置に出る。強制騰退によって発生する費用は、騰退する人自身の負担となり、移転補償金から支出されることになる。

六郎庄村民委員会としては、サインしていない村民を強制的に騰退させる決心と措置はすでに定まっており、どのような困難や障害があっても、最後まで貫き通すつもりである。サインしていない少数の村民のために、村の多数の利益が影響を被ることを断じて許さない。北京市一体化の推進と集体産業の発展に影響を与えてはならない。六郎庄村民委員会が強制的に騰退させる間は、保障や補填政策に変更はない。海淀鎮の共産党委員及び政府は、先に騰退契約にサインをした村民に損を負わせることはない。いまだ騰退契約にサインをしていない村民は、進んで騰退すれば自らの利益につながり、そうでないと利益を損じることになるという目下の情勢をよく理解してほしい。

海淀鎮六郎庄村民委員会

二〇一二年一月六日

二〇一二年八月に筆者が六郎庄村を再訪した際には、村の中は一面がれきの山であった（図3-4）。さらにどこから持ち込まれたのだろうか、ごみの山が、あたりを異臭で満たしていた。そのような荒涼とした風景のなかに、ポツンポツンと人影が見えることがある。それはがれきの中から使えるレンガなどを選り分けている出稼ぎ者の姿であった。

そんななかに、村民がまだ暮らしている家を発見した。彼は騰退契約に前年一二月にサインしたと言うが、測量によって示された面積が実測とあまりにかけ離れていたために納得できず、ここに留まりながら交渉を続けている

図3－4　2012年8月の六郎庄村

出所：筆者撮影。

のだという。ほかにも一〇軒ほど村内にとどまっている家があるという。彼は隣村から水を独力で引き、電気も通電している電線を見つけて自ら引っ張ってきた。

騰退が始まって約二年半後の二〇一三年一二月に入っても、まだ村で暮らしている人たちがいた。なかには、新村のマンションに入居できずに戻ってきた村民もあった（図3－5）。騰退に当たって二回の交渉をもったが折り合いがつかなかったため、合意がないまま強制的に家が取り壊されてしまったのだという。しかし、新村に建っている棟数ではそもそも六郎庄村の人の権利を十分に充たすことができず、自分の権利分も含めてあと三棟は建てなければならない。そこで仕方なく、この一年間はかつて住んでいた付近に鉄製の箱とテントを建て、鶏を飼って生計を立ててきたというのである。

彼は最後に怒りをあらわにしながら、吐き捨てるように言った。「（騰退を迫る）彼らは、役人には弱いけれど、百姓には厳しく当たる。強制的に家を破壊したのはそうした行為。極端になれば、私を殴って殺すでしょう。いま、私はそれを覚悟して待っている。百姓はそれを待つしかない。ほかにやりようがない。」

六郎庄村の騰退をけん引してきた海淀郷はこの間に海淀鎮に昇格し、さらに国の環境保護部から「全国環境優美郷鎮」の称号を与えられた。また三山五園（頤和園、円明園など北京市西北部に位置する歴史的庭園群の総称）の修復をめざしつつ、併せて都市化を実現する海淀鎮の「一村一策」計画案が北京市によって認められ、樹村で着手されることになった（「海淀鎮政府网」）。こうして六郎庄村のような風景は、今後も北京市内のあちこちで見かけることになるはずである。

一方、移転先の樹村に建設される予定の「六郎庄新村」の方はといえば、騰退が始まって二年二ヶ月後の二〇一

図3－6　柳浪家園（2013年12月）

出所：筆者撮影。

図3－5　村に戻ってきた人の家（2013年12月）

出所：筆者撮影。

三年一〇月九日に、ようやく住民の入居が開始された。地名からは六郎庄村の文字が消え、ここは「柳浪家園」と呼ばれるようになった（図3－6）。近くにバス停が新設されたものの、市街に出るには乗り継ぎが必要なことは以前と変わらない。

マンションの区画は東西を横切る大通りをはさんで北区と南区とに分かれ、合計で三〇棟ほど、一棟当たり平均一〇階建て、八〇戸前後で構成されていた。村民向け住戸とは別に、広さにして四四平方メートル～九八平方メートルの住戸が約三〇〇戸用意され、村民委員会が月額三〇〇〇元～五一〇〇元で直接貸し出すものとされた。

その年の一二月に筆者が訪ねた際には、内装を請け負う業者の車や引越しのトラックなどで、新村内はやや混雑していた。しかし寒かったせいもあったのだろうが、マンションの規模と比較して、歩いている人の数は意外と少なく、入居済と思われる部屋数も非常に少なかった。

歩いている人に話しかけてみたが、聞こえてくるのはお金の話ばかりだった。それはそうだろう。この時期に鍵をもらっている人たちはみな、騰退時に真っ先にサインした人たちであり、区画のもっともよい場所をできるだけ広く確保した者ばかりだったからである。世帯数を多く算定させることに成功した人などの場合は、日本円にして最大三億円ぐらいの資産が一夜にして転がり込んできた計算になる。マンションの権利を確保した時点からすでに人びとの頭の中は、どうやったらうまく資産運用できるかで一杯だったはずである。入居が始まったばかりだというのに、入口付近には間取りと家賃を示した看板が数多く並んでいたのも、そのことを示していた。

しかし実際にここで暮らし始めた人の中には戸惑いを隠せない人もいた。かつて平屋建ての家で農業と貸間経営をしていたころは、自分が手をかけた分だけさまざまなリターンがあった。しかしここでの暮らしは違う。毎日ただ家にいるだけで光熱費水道代を支払わねばならず、住区は高さ二メートルほどもある柵（しかもその一番上は針状に尖っている！）で囲まれており、限られた出入口には常時、守衛が立っている。住区内にもいたるところに監視カメラが設置してあり、住戸そのものにも不審者が侵入できないようにさまざまな仕掛けが施されている。話してくれた人が守衛を指さして、「ここは監獄だよ、監獄！」と語気を強めたのも十分に頷けた。

住区を柵で囲い、門には守衛を立たせてセキュリティを確保する、いわゆるゲイテッド・コミュニティは、一九四九年の中華人民共和国建国以後、集体ごとに住区を開発してきた中国の都市では、もはや定番と言ってもよいほどありふれたスタイルである。しかし、周囲を広い農地で囲まれた暮らしに慣れた者たちにとっては、ここでの暮らしは、急に自らの行動を縛られ、身動きを封じられた「監獄」のように思われたのも無理はなかった。農地を耕すのも、貸間経営をするのも、すべては自分から発し、自らに返って来るものだった。しかしここでは、ただ周囲のものを消費するだけの存在として扱われてしまうのである。マンションの鍵を得た人びとが資産運用に血眼になるのは、ただここにいるだけでは消費するばかりでなにも生み出さないからであり、自分に与えられた生きる糧を、この鍵の数に託さなければならない状況によって強いられた側面があるからであった。

5　公園のもつ無時間性とユートピア性

以上の経過を経て、六郎庄村はこの世から姿を消した。一〇〇〇年の歴史があると言われる六郎庄村の痕跡は、新しく建設された海淀公園内の「景観小区」に残された「京西米」を残して、ほとんどすべてが消え去ったのである。

しかしなぜこのように無残に跡形もなく消え去ることになってしまったのだろうか。そこには都市計画を強権的に進める政治権力や、不動産バブルに沸く北京の経済状況が関係していることはもちろんであるが、ここでは公園建設ゆえの理由を示して、この章を終えることにしたい。

六郎庄村の存在を地図上から消そうとした最初のまなざしは、この場所を「風の道」(緑地帯)にしようとしたことにある。大気汚染やヒートアイランドに苦しむ北京市街に新鮮な風を送り込むという「風の道」構想は、産業集積が進み膨張を続ける北京のような都市においては説得的な政策であっただろう。

引き続いて持ち出されたのは、六郎庄村周辺にある頤和園や円明園などの歴史ある文物を一体的に保護するという理由であった。これも、同じ水系を利用して水田を耕作する六郎庄村が無くなれば、池沼の水質を保全することができるし、なにより明清時代の建物群と村内の無秩序な家々とのミスマッチを解消することができるという意味で、説得的であるだろう。

しかしここに共通して、ある特定の力が作用することに気づく必要がある。それは、公園がもつ、特定の生きた場所から時間を抜き去る力である。六郎庄村の空間は、それが農地であれ、建物であれ、その場所で生活を営んできた六郎庄村の人びとの具体的な生産と労働の結果、生み出されたものである。村人たちは、村の空間の変化と自らの人生を重ね合わせて生きてきたのであって、その空間には、自分たちの社会的つながり(同時代的に生きる者たちのつながりもあれば、先祖や子孫につながるつながりもあるだろう)を示すあらゆるものが刻み込まれていた。こうした社会的つながりが堆積する生きた空間は、具体的な身体をもち、その行動範囲に一定の制限がある人間が作るものであるために、無限に拡大することはできない。より広い全体社会の動きと関わりながらも、ある一定の範囲内に特定の地域社会を作り上げていくのである(2)。

しかし公園は、地域社会の社会的つながりの一切を無効にする。公園それ自体は、いったん作られれば、その場所がいつまでも造園家の意図通りに、時間を超越して維持され続けることを求めるのである。それが緑地帯であれ、歴史公園であれ、いずれもその公園のコンセプトが生き続けるかぎり、そのコンセプトをかたどる公園は、原則として一切の変更を拒むのである。

このことは、現代の市場経済のなかにおいて、公園がたいへん特異な存在であることを印象づける。市場経済においては通常、土地も建物も不動産として扱われる。そのためにどれほど歴史がある土地や建物でも、市場価値の変転によって変化を被ることが避けられない。これに対して公園は、そうした変化を受け付けない。なぜならそれは公共財として扱われるからである。しかしその公共財にも、たとえば老人福祉施設が老人福祉という機能を担っているように、それぞれ明確な生活上の機能を付与されているのが一般的である。ところが「公園」には、他の公共財にあるような明確な生活上の機能が見当たらない。たとえば緑地帯には、緑を維持すること以上の機能は前提されておらず、通常公園に備わっていると思われがちなレクリエーション機能すら直接求められることはない。また歴史公園も、歴史的文物を保存すること以上の明確な機能は示されていない。つまり「公園」自体には、「あるコンセプトを保存する空虚なハコ」を超えた機能は求められないのであって、加えて用いられるコンセプトも、私たちのふだんの生活から見たとき、非常に抽象度の高い、それゆえ直接的には生活とのかかわりが見えにくいものになりがちである。

しかしこの公園のもつ空虚さゆえに、公園は人びとを魅了し続ける。さまざまな諸問題が渦巻く現代社会において、それら諸問題の解決を志向するコンセプト――それが身体機能の回復や休息の確保、自然とのふれあい、歴史的文物の保護などどのようなものであっても――のほとんどすべてを受け入れることが可能だからである。その意味で公園は（語義矛盾であることを承知の上であえて言えば）、時間を超越して（ないし無時間的に）この世に現出したユートピアだということができるだろう。

しかしこの公園のもつ無時間性が、人間の活動を遠ざけるのである。かつて水田だった同じ場所が公園になったとたんに「稲田景区」になってしまうのも、公園が基本的に消費空間として定義されているからである。公園内にあたらしい活動が起こり、なにか新たなものが生産されてしまえば、そこには時間が発生し、新たな社会的つながりを創出することで自らを変化させる契機を作りだしてしまう危険がある。そこで公園は、自らを消費空間と定義することで生産を排除し、無時間性を保持しようとするのである。風の道や緑地帯の場合は、人間の活動自体がコンセプトの中に存在しない。こうして人間はいったん公園のあるその場所と関わろうとすれば、公園の効用を消費する存在か、あるいはその効用を維持するための存在としてのみ位置づけられるのであり、またそうした危険性のない存在として認められた場合にのみ公園内に立ち入ることが許されるのである。

村が公園に囲まれたままであることを許されない理由は、まさにこの公園のもつ無時間性、ユートピア性にあるということができる。すなわち公園の側から見れば、村はつねに活動力に充ち、変化し、あたらしい価値を生み出し続ける存在として映る（実はこの活動力こそが、村を一〇〇〇年にもわたって維持させてきた）。そして村は、耕作などを通じて、具体的に空間に働きかける存在でもある。そうした村の活動力にもとづく変化を、公園はその性質上、受け入れることができない。もしそれを受け入れようとすれば、それを無時間的なフィルターに透かして無化し、整序しなければならない。六郎庄村の場合、公園化にともなう無化・整序に成功したのは、「稲田景区」の設定と、公園の効用を維持管理するための労働力として村人を動員することだけだった。また、公園のもつユートピア性を保持し、危険を排除するためには、人間の活動力のもつ無秩序性・創造性に負のレッテルを貼っておく必要がある。六郎庄村の場合はそれが、「汚物を無くし、きれいにすること」だったのであり、制度的には「北京市整頓管理監督重点五〇ヶ村のリスト」に載せること」で公園のもつ「完整性」（＝ユートピア性）を保つことだったのである。(3)

このようにして六郎庄村は公園によって活動力を削がれ、ついにはその場から消え去ってしまった。一〇〇〇年にも及ぶ歴史を誇った村を、わずか数年の間にその痕跡をまったくとどめないほどに徹底的に消し去ったその暴力的な力は、「公園」の中に伏在していたのである。

人間が本来、時間的な存在であることは、ハイデガーを持ち出すまでもなく、常識として私たちは知っている。またどこにでもありそうな「ふつうの」村であっても、一ヶ所に集住することで人びとのもつ活動力を蓄えることができれば、そこにはつねに新たな時間が生まれ、変化とともに持続力もまた生み出されてくるにちがいない。ところが公園は、そうした人間が本来的にもつ活動力を否定する。そこに暴力が生まれるのである。そしてその暴力を正当化するために持ち出されるのが、自らの「完整性」を保つために「汚物を除ける」という排除の論理である。暴力の具体的な形態や、「汚物」とされるものの具体的なありようは、公園のユートピア性を支えるコンセプト如何によって異なってくることだろう。しかし、その排除の論理を作動させるカラクリは、中国にかぎらず公園のある所ではどこでも、奇妙なまでに一致している。「公園」は排除の論理をむき出しにしたときにこそ、その本性を露わにするのである。(4)

付記

本章は文部科学省科学研究費補助金二〇一〇～二〇一三年度基盤研究（B）「生活環境から見た公共空間の社会学的考察――公園の日中に核を軸として」（研究代表者荒川康、課題番号 22402041）による研究成果の一部である。

注

（1）樹村でもまた、緑化隔離地区の建設のために、同じ村内の大規模マンションに移転する事業が進行していた。しかも六郎庄村の移転が公示された二〇〇九年一二月段階でも、まだ村民すべてが移転を終えていたわけではなかった（海淀区政府が樹村の移転完了を宣言したのは、二〇一〇年一二月である）。

（2）ある一定の範囲内に築き上げられた景観がその地域で暮らす人によってなぜかけがえのないものであるのかについては、玉野和志が「ふつうの町」を通してエッセイ風に説明している（玉野 2009）。

（3）公園を含む都市空間が自らを分断／隔離していくことを問題とする論者は多いが、都市空間の「完整性」のもつ「罪深さ」までを射程に収めた研究は意外なほど少ない。たとえば都市のもつ公共性について積極的な発言を続ける齋藤純一は、都市空間の再編において、ゲイテッド・コミュニティ化によって富裕層が自己排除していく様子や、ジェントリフィケーションによって貧困層が周辺化され封じ込められていく様子に言及している。しかしながら、それらの問題の解決に対しては「商業や娯楽のための施設の間に図書館、社会人向けの大学……をもうけ、年齢や関心を異にする様々な人びとがアクセスする空間に変えていくこと」を提案する程度である（齋藤 2005：146）。ここには、異質な他者が混在し、そこに意味ある相互行為がなされれば都市は再生するという、本章冒頭にも示した公園のもつ「自由さ」や「やさしい容貌」に通じた、やや楽観的な展望が見出される。言い換えれば、都市を丸ごと公園化することで都市問題は解決できるといった「幻想」に彼もまたとらわれているように思われるのである。他方で、公園内に居続けるために、ドミナント・ストーリー化を拒み、他者の理解を超えた無秩序のなかに自らをおこうとする野宿者の実践がいかに困難であるかについて、私たちはすでに知っている（文 2006）。しかし、現代社会が造りつつある空間のなかで、なぜ私たちはそうした困難を背負わなければならないのかについては、これまで十分な説明がなされてきたとは言えない。本章はこうした問題と向き合うためのひとつの試みである。

（4）　生活環境主義は「人びとの経験をみる」ことを求め、それを「経験論」と呼んでいる。本章でもその基本的な主張を踏襲していると考えている。しかし、その「経験」の把握方法や分析方法は、対象から一義的に演繹されるものではない。著者の問題関心のありかや力量によって左右され、それに応じて記録され、表現される中身も大きく変わってくるはずである。本章では「村が丸ごと公園になる」事例を扱ったが、その分析視角は、公園の利用者のそれではなく、主として村びとに置かれた。その理由は、いまという時代に公園について考えるためには、この視点によってとらえられた「経験」のもつかけがえのなさを強調することが必要だと筆者が判断したことによる。

文献

文貞實、二〇〇六、「女性野宿者のストリート・アイデンティティ――彼女の『無力さ』は抵抗である」狩谷あゆみ編『不埒な希望――ホームレス／寄せ場をめぐる社会学』松籟社、一九八―二三三頁。

小野良平、二〇〇三、『公園の誕生』吉川弘文館。

齋藤純一、二〇〇五、「都市空間の再編と公共性」植田和弘・神野直彦・西村幸夫・間宮陽介編『岩波講座　都市の再生を考える1　都市とは何か』岩波書店、一二九―一五四頁。

白幡洋三郎、一九九五、『近代都市公園史の研究――欧化の系譜』思文閣出版。

玉野和志、二〇〇九、「ふつうの町の景観はなぜかけがえのないものなのか――その社会学的な説明と背景」『都市計画』277：三一―三四頁。

第4章　離島をやめたシマ

――沖縄県古宇利島の架橋をめぐる「関節化」の葛藤

植田今日子

1　「大きすぎる」社会

本章では、離島であることをやめた小さな社会を舞台としている。橋が架けられて「離島」ではなくなった小さなシマの人びとが、どのような変化を受け止めることになったのか、その葛藤をあきらかにしてみたい。対岸と繋がることで生じたシマの変化を具体的にたどることで、コミュニティという相対的に「小さな」ことを条件とする社会単位の特質が浮き彫りになるのではないか、と考えたからである。架橋を境にシマが「大きくなる」ことの功罪から、人口や世帯数といった量的指標を離れてコミュニティが「小さく」あることの意義について、考えてみたい。

一九七三年に『スモール イズ ビューティフル』を上梓したE・F・シューマッハーは「大きすぎる」ことを感じられなくなった社会を「自然界」と比較して以下のように指摘していた。「自然界は成長・発展をいつどこで止めるかを心得ているといえる。成長は神秘に満ちているが、それ以上に神秘的なのは、成長がおのずと止まることである。自然界のすべてのものには、大きさ、早さ、力に限界がある。だから人間もその一部である自然界には、均衡、調節、浄化の力が働いているのである。技術にはこれがない。というよりは、技術と専門化に支配された人間にはその力がないというべきだろう」（Schumacher 1973＝1986：196）。シューマッハーの指摘する問題は、この書が上梓されてから四〇年以上を経たいまも変わらず現役である。戦後の日本で効率的な大量生産、大量消費の対価を真っ先に知らせたのが、水俣病をはじめとする産業公害であった。そして水俣病の公式確認（一九五六年）から五五年後、新たな大規模産業公害といえる福島第一原発事故が発生している。歴史的な事故を目の当たりにしながら、一貫して私たちは大規模産業の「好調」を、どのような対価を払っているかはさておき、漠然と歓迎している。大きすぎる「成長」をとどめるのは、なぜこれほど難しいのだろうか。この近代の古くて新しい問題への回答として、「不感症」ともいえる構造の介在を九〇年代に指摘していたのが見田宗介であった。

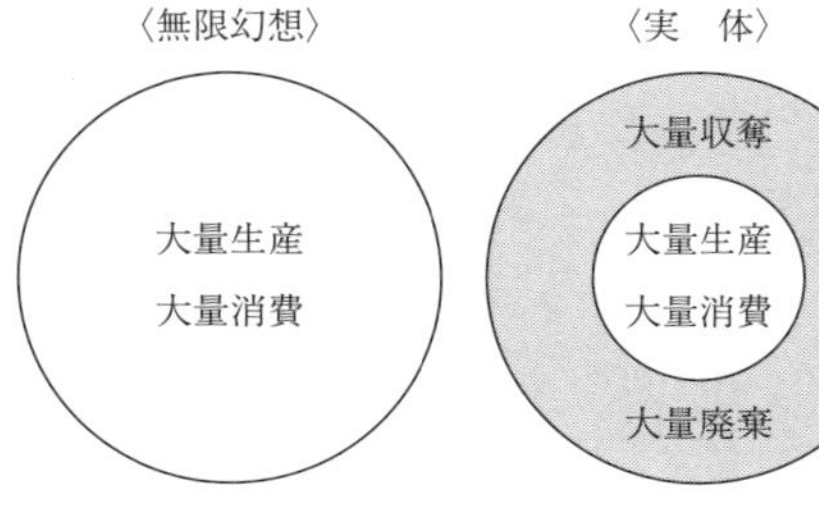

図4－1　見田宗介の「関節化の構造」の図式

出所：見田（1996）に依拠して作成。

見田は限界や痛みを感じることのできなくなった産業の原因を「関節化の構造」という成り立ちに求めている（図4－1参照）。まず見田は、大量生産が大量消費を可能にする、という図式を「無限幻想」と呼び、その実体は「『大量採取→大量生産→大量消費→大量廃棄』という、資源的／環境的に両端を限定されたシステム」だと指摘する。そして「歴史的な大量消費社会」は、資源の採取と廃棄の「両端の項をその『外部』の諸社会、諸地域に転嫁することをとおして存立」してきたと述べ、この「〈無限幻想〉を支えてきたのが、始点と末端の真実を視えない世界の方へ送り出してゆく」「関節化の構造」であった（見田 1996：76）。

見田の指摘の通り、現在私たちは日々消費する資源を「関節化の構造」のなかにおき、その「始点」と「末端」を知ることがない。生存に不可欠な水でさえ降雨が少なく水不足を迎えていても、それを知るのはテレビが映し出す干上がったダムを見てからであったりする。大量の水を消費して自分の首を絞めていることを、他人事のようにしか感じることができずにいるのである。この「社会的不感症」ともいえる「関節化」は、具体的にはどのような出来事を境に生じていったのだろうか。本章で論じたいのは、この「関節化」や「社会的不感症」がどのようにやってきて、どのように当たり前のことになっていくのかについての、日常生活における具体相である。「関節化」は遠い世界ではなく、日常の消費のなかにこそ生じ、維持されているはずだからである。

実際に「関節化の構造」は、日常のそこここに潜んでいる。すでに触れたが、典型として飲み水がそうである。はるか彼方の水源から、巨大な浄化システムを経由し、網の目のように張り巡らされた水道管を介して水は私たちのもとに運ばれる。毎日口にする食べ物も、電化製品を動かす電気も、風呂の湯を沸かし、暖をとり、調理する燃料に至るまで、身の周りの生活資源は、自らのあずかり知らない大きなシステムに管理され、私たちは始点と末端を知らないまま、その供給網に囲まれている。そして廃棄物、排泄物も、システムに帰属するルートや管で運ばれていき、どこに行き着くのかさえ知ることがない。冷静に考えてみれば、なんと脆く危うい生活環境だろう。そのように考えれば、この「関節化」に抗っている人たちもまた、少なからずいることが浮かび上がってくる。どんなに小規模でも自ら口に入る野菜や米をつくる自作農、オカズを獲る漁師、そして公共水道に依存せず、沢や地下水といった水源に頼ることをやめない人たち。彼らはどれほど小さくても自前の資源のとば口を知る人たちであり、生産と消費の「始点と末端」に向きあっているといえるだろう。

この章では、見田のいう生産と消費の「無限幻想」に囚われ、この幻想を可能にするシステムを縮小したり、そこから撤退したりする管理能力を失った社会を「大きすぎる社会」と呼んでおきたい。「関節化の構造」という語彙に負って定義を試みると、日々の生活に必要な資源にまつわる問題を外部化し、その調整や修復、改善といった差配の権限を、自らの手に負えない領域や巨大システムの中に手放すことで、危機や痛み、システムの限界を感じられなくする「関節化の構造」へ積極的に参入する社会、あるいは帰属をやめようとしない社会、である。

資源の採取と廃棄の「関節化」に注目して「大きすぎる社会」の確認を試みたのは、本章の舞台となる沖縄県の離島社会が、架橋という交通や流通の「関節化の構造」へ参入しようとする過程を迎えていたからである。(1)シューマッハーや見田のマクロな視点からすれば、シマに橋をかけることを選んだ古宇利《こうり》の人たちは、利便性と引き換えに、進んで生活資源を管理する権限を手放そうとしているようにも映る。しかしここでは架橋以前のシマで、人びとが外からやってくる多様な客人や資源とどのようにつきあい、どのように繋がってきたのかをつぶさにふまえたうえで、「関節化」の過程の具体的な様相をとらえてみたい。「大きすぎる社会」への参入が生じているとすれば、それはシマでどのように始まっていったのだろうか。シマの人たちはその後の生活を、どのように変えていったのだろうか。そして「大きすぎる社会」への参入は、いったんくみすればもはや引き返すことのできない、不可逆の過程なのだろうか。次節からは、沖縄県の古宇利島という二〇〇五年（平成一七）の架橋を境に離島をやめたシマを舞台として、小さなシマが「大きすぎる社会」へと参入しつつあった過程の葛藤をとらえていきたい。

2　小さなシマを「大きく」した橋

離島に橋が架かる経緯をたどっていく前に、架橋以前、古宇利の人びとがシマの外と繋がる必要があったのはどのような時だったのかをふまえておきたい。最終的に橋を望んだ古宇利の人びとにとって、恒常的に対岸と繋がることは、海に囲まれた島にとってなにを可能にするものだったのだろうか。シマの人びとが対岸と繋がろうとしていた局面をふまえることで、橋が架かるという出来事の理解を試みてみたい。

海の向こうと繋がる時間

古宇利島は沖縄県の北部、今帰仁村に属した唯一の離島であった。戦後のピーク時には九〇〇名ほどの人口を数えたこともあった[2]。架橋前年（二〇〇四年）は人口三六一名、一五七世帯、架橋後は微増して、人口三六八名、二二二世帯がシマに暮らしている（二〇一六年六月現在）。

島がどれほど本島から離れているかというと、実は古宇利は本部半島の至近に位置しており、けっして「絶海の

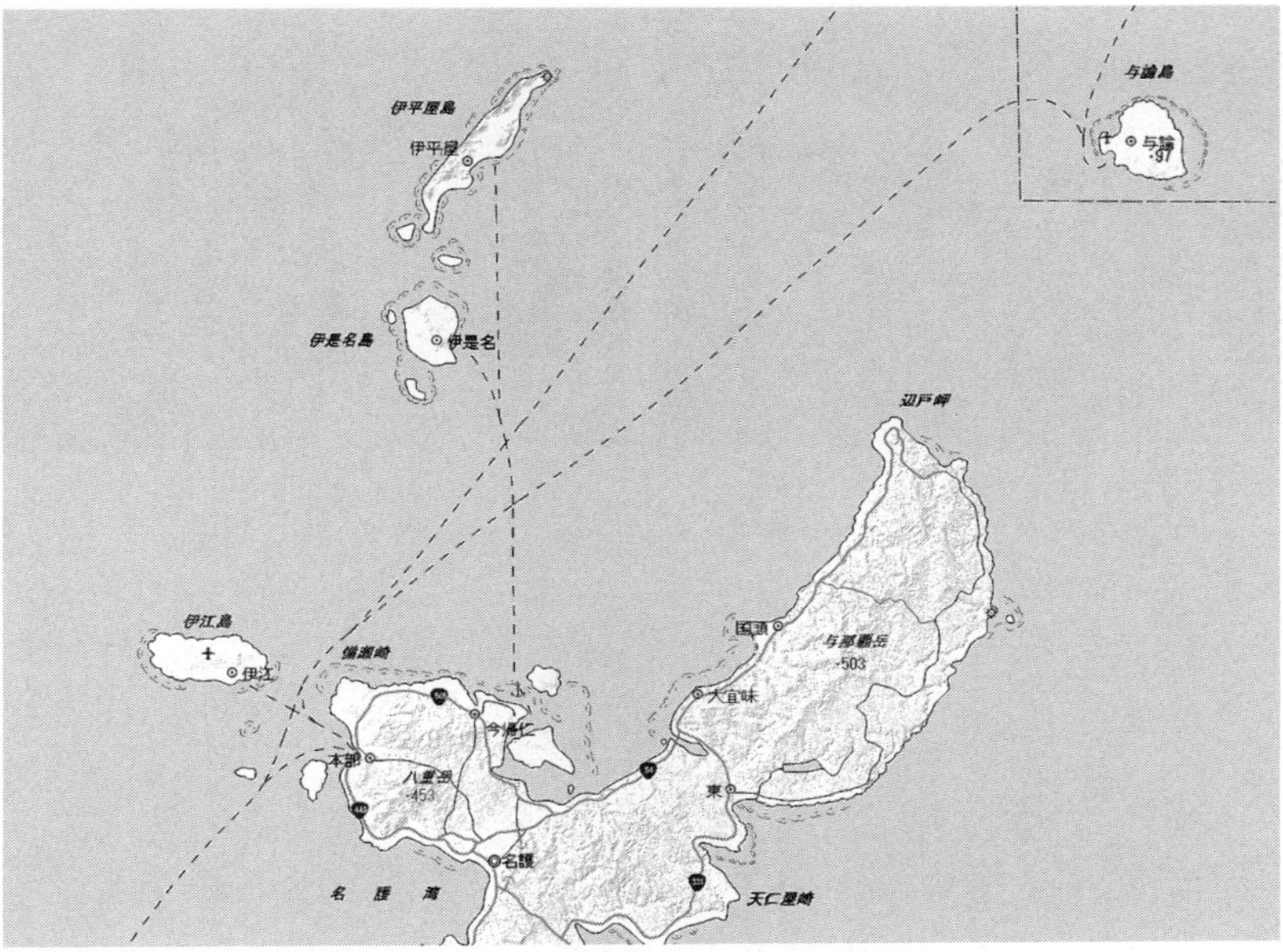

図4－2　古宇利・伊是名・伊平屋の位置図

出所：地理院地図（電子国土 Web)。

孤島」ではない（図4－2参照）。目の前の運天港からフェリーが往来する伊平屋島や伊是名島と比べれば「離島と呼べるのか」と思われても仕方がないほどの近さである。実際に架橋前まで就航していた「第八古宇利丸」という客船は、運天港まで二〇分弱で到着した。しかし、運天港と古宇利港の間には早い潮流が横たわっており、少しでも時化ると渡るのはとても難しかった。帆かけ船のころは風向きにも翻弄されて、目と鼻の先の運天港まで一時間以上かかることさえあった。昭和二二年には、帆かけの客船（伝馬船）で字対抗の運動会に出場しようと対岸に渡ったとき、船が転覆して女子生徒九名、女性教員一名が犠牲になる悲しい事故もあった（古宇利誌編集委員会 2006：63）。そんな荒れる潮を臨みながら、古宇利島の人びとが対岸と繋がろうとしたのは、どのような必要に駆られたときだったのだろうか。

水を求めて

現在シマに暮らす人は昔をふりかえって、よ

図4－3　イリヌハー

出所：筆者撮影。

図4－4　アガリヌハー

出所：筆者撮影。

く一〇〇〇名（近く）も暮らしていたものだ、と信じがたい様子でいう。というのも、シマはもともと水に恵まれないという地理的な性格を備えており、とくに夏はいつもシマの外の水源に頼る必要があったからである。古宇利島は石灰岩質の保水力のない地盤でできている。島の唯一の水源は、イリヌハー（西の井戸）、アガリヌハー（東の井戸）という隣り合わせにあるふたつの井戸であった（図4－3・図4－4参照）。しかし井戸の水には双方とも海水が混ざっていたため、一九六二年の琉球政府下の行政書類には古宇利に飲用の水源は「皆無」と記されている。

> 今帰仁村古宇利区は島内に飲料水の適当な湧水及び井戸が皆無にして、住民の飲料水は総じて天水を貯水致して生活を営んで居ります故貯水施設の整備は目下の急務であり住民の生活及び保健上不可欠の施設であります。（『一九六二年度　水道事業費補助金関係書類　琉球政府土木課』傍点は引用者）

アガリヌハー（東の井戸）の水は多少しょっぱくても飲用されたが、イリヌハー（西の井戸）の水は塩分が高すぎて飲用には適さなかった。アガリヌハーは朝早くから飲用に料理用に洗濯に、とシマじゅうの人たちがひっきりなしに足を運ぶ場所であった。朝少し遅い時間に行くと、もう井戸水がなくなっていて、潮が満ちるまで水汲みを待たなければならなかった。しかしシマの人たちが口にする水の多くを供給していたのは、井戸ではない。各家で

図4－5　ピージャーガー

出所：筆者撮影。

図4－6　ピンピンガー

出所：筆者撮影。

雨水を貯めて飲み水としていた。いわゆる天水である。かつてはユシンギ（イスノキという意味）という木に稲ワラを結びつけて瓶に伝わせ、水を貯めていた。裕福な家にはそれとは別に漆喰の貯水装置があった。そのような家には旱魃のとき、水と交換してほしいと薪を持参する人や、海水の混じる井戸水と交換してくれという人が訪ねてきた。とはいえ飲用の水源は雨水なので、旱魃が続くと島中が渇水状態に陥った。喉の乾いた子どもは、馬車の轍にたまった水も、ヨモギの葉にゴミを吸着させてから、地面に口を近づけて飲んだりしたという。

そんな深刻な渇水のときには、くり舟やサバニに瓶を載せて、島外の水源へと漕ぎ出した。対岸の今帰仁村に位置する渡喜仁のクンジャー浜にあるピージャーガーやピンピンガー、現在の名護市にあたる屋我地島の済井出にあった済井出ガー、そして大宜味村にあった源河ガーなどである（図4－5・図4－6・図4－7参照）。このような水源は他の字の人たちにも開かれており、水量も豊富で「天水とおなじくらいおいしい水」だった。対岸の本部半島側は、古宇利とは違って保水力のある土壌で、比較的水が豊かだった。老いも若きも欠いては生きられない飲み水だが、それを求めて古宇利では時折シマの外へと舟を漕ぎださなければならなかった。水という、生存上不可欠の資源を求めて時折シマの外と繋がる必要に駆られていたのである。この状況はセメント製の天水タンクの普及によって大きく改善されたが、少なくとも一九七七年（昭和五二）の海底送水管による水道の開通まで、渇水に煩わされる日常は続いた。

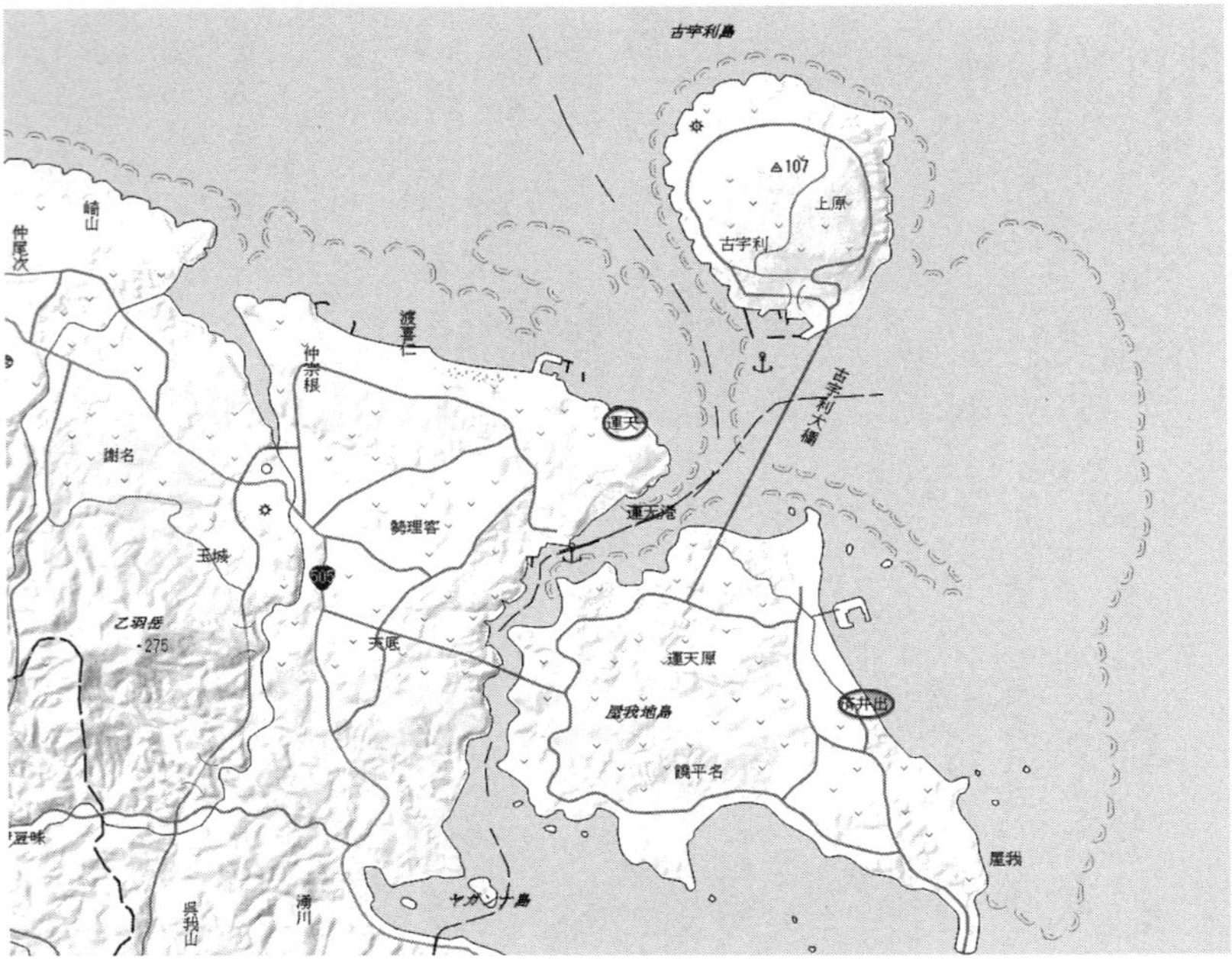

図4－7　古宇利からガーを求めて訪ねた集落位置図

出所：地理院地図（電子国土 Web）を加工して作成。

お産と急患

同じように命に関わる事態として、お産や急患など急いで医者にかからなければならないときがあった。シマでのお産には移り変わりがあるが、シマで産むのが普通だったころにはお産婆さんのような役割の女性がいた。しかし現在七〇代後半から八〇代前半の女性は、すでに医師や看護師が横について子どもを産むことが普通だった。そのため、シマから舟をだして対岸の運天にいる医者に来てもらう必要があった。船が間に合わず、浜でお産をしなければならなかったり、シマで産もうとして亡くなってしまった女性もかつてはいた。戦後は診療所が開設されたが、医師が必ずシマにいるとは限らなかったので、お産が近くなったら必ず親戚に知らせておき、予定日のころに医師、あるいは妊婦が海を渡れるかどうか、台風や天気をつねに気にしておくのが通例であった。

急患についても同様であった。診療所の

設備では手に負えない急患のあったとき、医師が不在のときにも、時間を問わず舟をだす必要があった。もしそのときに海が荒れて渡れる状況でなければ、命に関わる事態となる。とくにシマで頻繁に生じた急患はハブに噛まれることだった。シマの人たちの基準では二〇時間以内に血清を打つ必要がある。たとえばふくらはぎなど、噛まれた場所が悪ければ、より短い時間でシマを出るか、医師を呼んでこなければならない。戦前（一九三五年）のことだが、毒ガニを含んだタコを食べてしまった家族四名が中毒にあい、サバニで名護から医者を呼んできて急遽手当てをしてもらうということもあった（古宇利誌編集委員会 2006：426）。このようなとき、シマの誰もが一刻も早く舟が出せるように、客船の船長を探しだしたり、船長に伝わるよう口伝えしたり、患った人を港に運んだりした。そんな日常が繰り返されていたので、客船の船長はさながらシマの門番のような役割を果たしてきた。

最後の客船となった第八古宇利丸の船長は、シマの人の乗降を毎日のように見ていると「あれ、今日は体調悪そうだな」といつもと違う様子に気づくことができたという。いつしかなんとなく「今日はなんかあるなー」とわかるようになったとさえいう。実際にいやな予感がして飲みに誘われたのを断った日に、シマで人が亡くなったことがあったと語っている。

シマの人が亡くなったとき

急患だけではなく、シマで人が亡くなったときにも船長は舟を出さねばならなかった。この船長はタンメーやパーメー（古宇利方言でいうオジイ、オバア）と冗談で言い合いをするときに、「焼き場につれていくぞー」という決まり文句で笑いをとったという。もちろんふざけあってのことであるが、シマで人が亡くなったとき、火葬場へとシマから遺体を運びだすのも船長の役割だったからである。

しかしそれは火葬がはじまってからのことである。敗戦から一四年を経て、一九五九年に今帰仁村に村営の火葬場が建てられた。それ以前の古宇利では、沖縄の多くの地と同じように島内で遺体を風葬していた。石灰岩質の洞穴にガンという棺に入った遺体を収めて、三年から五年ほど後に棺を開け、女性の手で洗骨してから骨を墓にいれるという葬送であった。火葬に変わると、今帰仁村営の火葬場は対岸の本部半島にあるため、人が亡くなったときには遺体が傷む前に舟を出し、シマから運びだす必要があった。かつて夏に古宇利で人が亡くなったとき、台風で海が時化て、三日も客船を出せないことがあった。ドライアイスも氷も手に入らなかったそうで「あのときは切なかったね」と回顧されている。

このように古宇利島では、対岸に助けを求めなければ命に関わるような、あるいは亡くなった人を弔ってあげられないような、そんな局面が折々に経験されており、シマの外部と繋がることで人びとはそのような難局を切りぬけてきた。強固な橋ではなかったが、客船やサバニ、時には漁船の往来によって、海が荒れないかぎりは必要に応じて対岸と繋がってきたということである。

そして橋だけにとらわれずにシマが外部と繋がる過程をたどってみると、必ずしもシマと対岸は、架橋後にはじめて常時繋がるようになったのではないことが浮かび上がってくる。海底を走る電線や導水管などによって、シマと対岸の恒常的な結合は、少しずつ達成されていたのである。

漸次的な「関節化」

冒頭で、離島に橋を架けることを、生活に必須の資源に生じる問題を外部化し、自らの手に負えない領域やシステムへと積極的に追いやる「関節化」の契機としてとらえると述べた。しかしその過程は、架橋前から海底を通る電線や、海底水道管の敷設を通して漸次的に始まっていた。まずシマと沖縄本島を最初に繋いだのは、電話線であった。

シマに電話が開通したのは一九六六年、琉球政府統治下の出来事である。敷設のためには工事をおこなう専用の船を「日本本土」から調達することが必要だったため、「近海離島をまとめて」陳情をおこなったことが記録に確認できる(3)。しかしより多くのシマの人たちの生活を一変させたのは、多くの電化製品を普及させることになった一九七二年の電線の開通であった。はじめて古宇利島にテレビが入ったのは一九六二〜一九六三年とあるが、これを稼働した電源は自家発電機であった。電線が引かれる前は、三つの班（西、中、東）のそれぞれが一九時から二二時の間だけ当番制でそれぞれの発電機のモーターを動かしていた（古宇利誌編集委員会 2006：430）。そのころは電気の消費が集中する二〇時ころになると、電力不足で電灯が点滅して「灯油ランプ以下に暗くなることもしばしば」であった。そしてシマでたった一台のテレビに、多くの人が群がってプロレスを観戦していた様子も字誌に記されている。そうしてついに「一九七二年には海底電送による電気工事が完了して、島全体が電燈で明るくなり、各家庭に、冷蔵庫、扇風機、テレビが備えられて、文化生活の第一歩を踏み出し」たとある。電力量や使用時間など気にすることなく、一日中好きなだけ自前の電化製品を動かせる環境が、シマにうまれたのだった。

さらに同年、海底水道管もまたシマに繋がれた。水に泣かされてきた古宇利島に、北部ヤンバルのダムから供給される水道水がやってきた。これで競うように早起きして汲みにいった井戸水の水位にも、自宅の瓶や天水タンクの水位にも、一喜一憂する必要はもうなくなったのである。それは「無限幻想」だったのかもしれないが、もう船に瓶を乗せて対岸に水を汲みに漕ぎ出さなくてもよくなった。シマに水道が通った日は雨だったが、皆で雨に濡れながら喜びのカチャーシーを踊ったという。

このように古宇利島は、海底を走る電線や水道管などで少しずつ対岸と結ばれていったのだが、もうひとつ段階的に生じていた「関節化」として、大型化していった客船の変化を踏まえておかねばならない。表4‐1はサバニからはじまって、最終的には自動車やトラックを積載できるまでになった客船の移り変わりである。電線や水道管と違って、船に積むことのできる人数や物資の量は有限だったが、その積載量が飛躍的に増加することで、はじめて電線の繋がったシマに家電製品自体が普及していった。また自動車が船で運搬可能になることで、はじめてシマの中を車で走ることが可能になった。やがてシマでは、フェリーの着く対岸に一台、シマにもう一台という自動車の所有形態が普通になっていった。ポンポン船には馬さえ載せられなかったので、馬を運ぶときには海面から頭を出して泳がせながら船で引いていったそうである。しかし架橋前の最後の客船、第八古宇利丸は、乗用車なら六台載せることのできる船になっていた。船が大きくなるにつれて、シマで用いられる道具や機械は大きく様変わりし

表4－1　古宇利–運天港間の渡し舟の変遷

時　期	舟の種類	特　徴
明　治	刳舟	所有者に頼んで3～4名で乗船
明治末	刳舟（上間喜吉購入）が渡し舟として運行	日に3回ほど運行し客によって増便。櫂で漕ぎ，風が順風のときは帆を利用。乗客も漕ぐのを手伝う。
大正末期	伝馬船（帆船）を運行	
昭和初期	古宇利産業組合が伝馬船を2艘建造して運行	お客が少なく，間もなく廃業。
昭和12～20年	同上伝馬船	上間喜吉，仲宗根茂松が引き継いで運行。向かい風のときは片道の所用1時間以上。出航はホラ貝で合図。
昭和21年	刳舟運行再開	戦後，渡し舟は刳舟で再開
昭和22年	大型伝馬船を運航（古宇利消防団が島民から寄付金を集め新造）	同年10月1日，今帰仁村陸上競技大会出場のため出航した際に沈没。犠牲者10名。
昭和24年	木造和船「古宇利丸」（6t；焼玉エンジン）を運航	昭和23年，玉城実区長がプトゥキヌ上原の松で村の補助金と字負担で建造着工。
昭和25年	同上船	エマ台風で大破，廃船。
昭和25年	中古木造船「伊冨丸」（5t；焼玉エンジン）運航	昭和27年に老朽化により廃船。
昭和27年	中古木造船「宝玉丸」（5t；焼玉エンジン）運航	昭和36年に老朽化により廃船。
昭和36年	木造船「古宇利丸」を建造就航	琉球政府補助金と島民負担で建造。
昭和45年	「第五古宇利丸」就航（30.59t）	船価$41000（村補助金$32000，島民負担$9000）。渡し船が大型化。月60回以上運航。
昭和53年	同上船	国の指導で「古宇利海運合名会社」を設立し「第五古宇利丸」を引き継いで運航。
昭和59年	「第八古宇利丸」就航（新測定45t；560馬力；貨客定員94名；トラック1台；乗用車2台）	昭和58年「第五古宇利丸」老朽化により沖縄県離島海運振興株式会社より傭船。

出所：『古宇利誌』（2006）より筆者作成。

ていった。それでも変わることがなかったのは、どれだけ船が大型化しても、往来できる時間は有限であることだった。サトウキビの出荷の季節など、必要に応じて船がいつもより多く往復することはできたが、シマに上陸できる時間が限られていたことに、変わりはなかったのである。

　このように橋が架かる前から、実はシマで消費される資源は漸次的に「関節化の構造」のなかに配置されてきた。そのうえに橋を架けることは、いわば資源や人の流通量を最大化させる「最後の関節化」でもあった。架橋はこのようなグラデーション状の「関節化」の展開のなかに生じていたのである。

そして海を跨いで二〇〇五年（平成一七）に架けられた橋は「古宇利大橋」と名付けられた。架橋工事の着工前には、古宇利のカミンチュ（神人）たちが道を新たに通すことを建設地付近の神々に知らせ、工事の無事を祈った。完工時にも無事を感謝してウガンプトゥキ(4)がおこなわれている。これは島内のあらゆる土地で、どんなに小さな道を通すときにも繰り返されてきた儀礼であった。美しい海の上に二キロメートルに渡って架かる橋は、現在ではあまりにも有名な沖縄の観光スポットになった。

古宇利の人たちはこの橋の架橋が決まるまで、じつに四六回も請願をおこなっている(5)。三〇〇人が集まったという一九七九年の古宇利の区民大会以来、一三年間にわたって今帰仁村長や県知事、沖縄開発庁長官、建設省に対して要請を繰り返してきた。ようやく一九九七年、悲願だった橋は着工され、二〇〇五年に古宇利大橋は開通した。シマの人たちは当初、フェリーの乗降で親しんだ対岸の運天港近くに橋が架かるのを望んだそうだが、設計上叶わず、名護市の屋我地島と橋で繋がれることになった。とはいえ、屋我地島もかつては旱魃のときに水を求めた「対岸」であり、架橋にあたってはシマから字単位で挨拶にも出向いた。こうして二四時間、シマが恒常的に対岸と繋がったことで、行き交う人も物資ももはや「有限」ではなくなったのである。制度的（離島振興法）にも実質的にも、古宇利島が「離島」ではなくなった瞬間であった。

3　橋が離島に課したこと

架橋で消えた場所

電線が繋がれたことで班の発電機が必要なくなり、天水タンクや水道の普及によって井戸に人が寄りつかなくなっていったように、橋が架かることでシマから姿を消した場所や施設があった。まずはシマの中心部に位置し、高齢の人たちのユンタク（おしゃべり）の場でもあった県立古宇利診療所が二〇〇七年に閉鎖された。橋が開通することで、病院に自家用車でいつでも行くことができるようになったからである。(6) 急患があっても、救急車が橋をわたって駆けつけることができる。こうして診療所のあった場所には、誰も足を運ばなくなった。

そして小学校もまた姿を消した。古宇利中学校はすでに架橋の二年前（二〇〇三年）に島外の中学校に統合され、シマの中学生は客船とバスで通学していた。くわえて架橋から八年後、小学校も島外の天底小学校と統合され、シマから姿を消すことになった（二〇一三年三月閉校）。

古宇利小学校の歴史は明治二三年創立の古宇利簡易小学校にまで遡り、閉校時の校舎の場所には大正八年に移ってきた。平成二年には創立一〇〇周年記念を迎えたほどの古い小学校であった。長きにわたってシマの誰もが一定の年齢になると毎日足を運び、共に時間を過ごしてきた場所である。加えて小学校は、卒業してからもシマ中の人が年に一度の運動会に集う場所でもあった。門中（父系親族組織）対抗のリレーがおこなわれてきたことに象徴的なように、参加者は生徒やその親だけにかぎらず、シマの誰もに呼びかけられる催し物であった。小学校がなくなることは、シマの小学生が日々を過ごす場所と、誰もが集う年中行事と化していた運動会がなくなってしまうことを意味した。架橋から八年後、古宇利小学校での最後の運動会が二〇一三年に開催されている。九〇代から現役の小学生に至るまで、例年と同様に校歌を一緒に歌い、最後の運動会は開始された。同年の三月二四日には閉校式もおこなわれて、シマの内外から三〇〇名もの同窓生が小学校に集った。

このように橋は、島内にあった場所や施設を無用にしたり、外に追いやるという契機もまた、シマにもたらしていた。架橋前に少しずつ繋がれていった電線や水道管によって、漸次的にシマで消費する資源は「関節化」され、水や電気の使用可能な量やその減少の度合いは不可視化していった。これを境に、シマの人たちは水や電気が際限なく使用可能になったと「無限幻想」に陥ったのかもしれない。しかし生じていたのはそれだけではない。シマの内側では、必要に応じてシマの誰もが足を運ぶような、そんな求心力を備える場所が、少しずつ姿を消していたのである。井戸や水場、診療所や小学校はその一例である。そしてシマのなかでもっとも求心力を有していた地点が、またひとつ橋が架かった直後にシマから消えていたのである。

「門」を失くしたシマ

架橋がシマにもたらすもっとも自明な帰結として、海上の公共バス、つまりフェリーが姿を消す。橋を介して対岸と陸路で繋がったのだから、航路が消えることは運輸上なんの支障もきたさないように思える。ところが、とくに車の運転をしないお年寄りは口をそろえて「橋が架かって不便になった」という。架橋前のフェリーは日に五度しか海を渡らなかったものの、出航に合わせて港までバスが運行しており、自分の好きなときにシマを出ることができたからである。しかし橋が架かるとバスの運行もフェリーと同時に廃止される。そして老いも若きも口にするのが、架橋以降「誰がどこで何をしているのかわからなくなった」という言葉である。一言でいってしまうと、ひとつだった島の入口と出口とが恒常的に開きっぱなしになり、いわば古宇利島は開閉できる「門」を失ったからである。

図4-8にある船は対岸に渡るためのフェリーを表している。かつて各班が自家発電機を所有していたように、シマの三つの班はそれぞれ渡し船のための小さなサバニを所有していた。そして随時、必要に応じて班の人を対岸に送り迎えしていた。シマでひとつの船が定時運航されるようになると、次第に船は大型化していく。やがて桟橋ではなく、港に直接着岸できるような「舟艇《しゅうてい》」、いわゆるフェリーが就航するにいたる。この船の大型化に付随して、港の一部も埋め立てられ、砂浜だった港はその様相を大きく変えていった。しかし橋が架かるということは、このシマの渡し船そのものが姿を消すことを意味し、それにともなってフェリーだけではなく、シマの「門」の役割を果たしてきた場所もまた、同時に失われたのである。

フェリーが就航していたころであれば、船に乗るためには、ある一地点に集まってこなければならない。古宇利港、あるいはウプドゥマイ（大泊）と呼ばれてきた船着き場である。フェリーに乗るためには、シマから出ていく誰もがここに集まってくる。そして乗船して対岸の運天港に渡る。港や舟のなかで、シマの人たちは「俺は役場に行くんだ」とか、「どこそこに買い物に行く」とか、「どこの誰に会いにいく」などと話しながら対岸に向かい、そして方々に散っていった。偶然同じ方面に向かうことがわかった場合は、自家用車を運天港においている人が乗せ

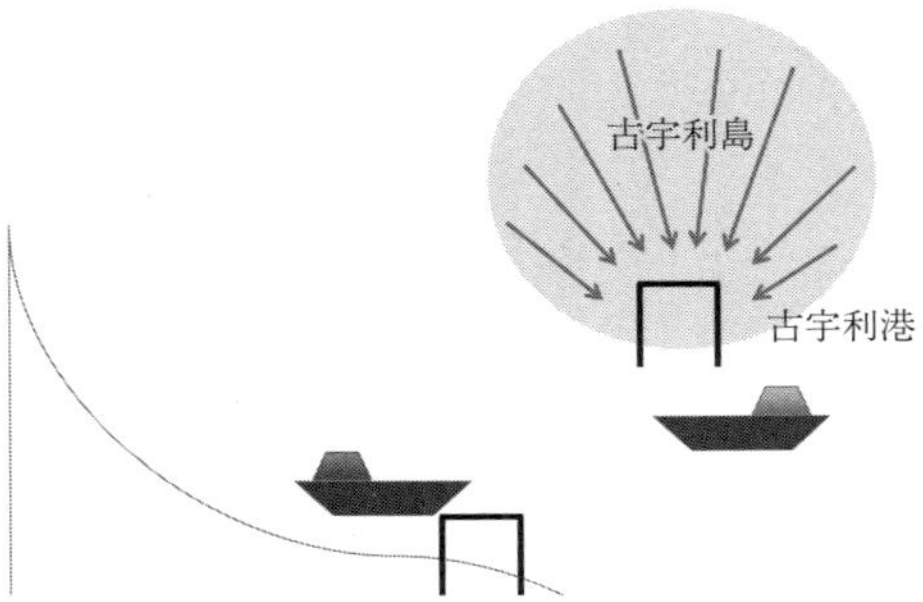

図4-8　シマの門の概念図

出所：筆者作成。

てあげることもあった。車を運転しない人も、フェリーの時間に合わせて待ち構えていたバスやタクシーを利用できた。そしてそれぞれが用事を済ませると、シマに戻る誰もがふたたび運天港に戻ってくる。古宇利島に帰るためにはこの運天港もまた通過しなければならない。そしてまた船に乗って古宇利港に帰っていくのである。つまりシマから出て行くため、あるいはシマに入って来るためには、絶対に通過しなければならない地点が二ヶ所あることになる。フェリーが運航しているということは、比喩的に表現すれば古宇利に「門」のような必ず通らなければ出入りできない場所があったということである。フェリーの便数は一日五便だったため、古宇利の港は日に五回だけ開かれる島の出入口であった。厳密にいえば漁船を所有しているウミンチュにとっては、出漁のための唯一の出入口ではないけれど、基本的に人を運ぶために漁船をつかうことは稀であったし、漁船もまた古宇利港を出入りしていた。

ところが古宇利島に橋が架かるなり、シマの「門」としての客船は港から姿を消すことになる。シマの外からやってくる物資や客、そして往来を繰り返すシマの人が日に五回、同じ時刻に通り、それを迎えたり眺めたりするシマの人が集まってくるような、非常に凝集性の高い場所がシマから消滅したのである。橋が架かれば、いつでも車が往来できるようになったため、もはやシマの門は開きっぱなしになって、開閉の権限を失った。人や物がシマに入ってくるときに必ず通過され、シマの人たちにそれが感知される場所がシマからなくなったのである。フェリーがあったころには、久しぶりに誰かが帰省したとしたら、たちまち島じゅうに伝わった。まず港に入ってくる前に、対岸の運天港や船でシマの人たちと一緒になり「久しぶりだなー」などと旧交を温める。いよいよ古宇利港に降り立つと、家族や客を迎えにきた人にも、話しに興じていた人にも、ただ海を眺めていた人にも「誰々が今日久しぶりに帰ってきた」ことがわかり、その後は口伝えでシマ中に伝わった。フェリーの船長はまた、そのような人たちすべてを見守る「門番」でもあった。

そんなシマの「門」を、招かれざる客もまたくぐっていた。好例は警察である。架橋前のシマでは、ゴミの不法投棄や、車検の切れた車の走行、無免許運転、ダイナマイト漁などの法に触れることがしばしばおこなわれていた。しかしこれは古宇利島に特殊な状況というよりは、離島という条件下では非常に一般的な事象といって差し支えないだろう。ダイナマイト漁も太平洋戦争で漁具が窮乏した状況から始まった漁法である。車検切れの車の利用も、復帰後の離島という環境で生じたことであった。「琉球新報」が一九九六年に報じるところによれば(7)、国と県が沖縄県内の一七の離島で無登録車両の数を調査したところ、四六三台が確認されている。このうち古宇利島の車が一〇三台を占め、決して少ないとはいえない。しかし古宇利の人たちが対岸の運天港側に所有していた車はもちろん、車検を通った登録車両であった。古くなった無登録車両を島内でだけ使う人たちがいたということである。無免許運転ももちろんシマの中にかぎってのことであった。架橋前には警察が免許講習を島で実施したほどで、いわば警察も把握していたことである。

それでも架橋前の古宇利島に警察がやってくることは、やはり人びとにとっては一大事であった。強調しておきたいが、シマではどんな不法行為でもまかり通っていたということではない。しかしシマに警察が入ってくるということは、突如として古宇利島のあらゆる行為が成文法にもとづいて合法か違法か判定されるということである。それまでシマの中で通用していたルールとは異なるルールが、警察が来島してから出ていくまでの間、圧倒的に大きな力をもつことになるのである。車を運転していて、パトカーが目に入った途端に誰もが法定速度やシートベルトを意識し始めるのと同じことであろう。

しかし古宇利に橋が架かるまでは、警察もまたフェリーという客船に乗ってやってこなければならなかった。「門」をくぐらなければシマには入ることができなかったのである。したがって警察が古宇利に来るということは、運天港で船を待っていたシマの人たちは事前に気づくことができた。なおかつ警察が来島するまでには、海を渡る時間を要した。実はこの間に島内の人たちも、警察がやってくることを知ることができた。どうやってかはここで紹介することができないが、とにかく橋が架かるまでは、警察もまた五度だけ開く「門」をくぐらなければシマに入ることはできなかったのである。そんな「門」があるかぎり、シマの人たちは少なくとも、普段はまかりとおっても、警察には通用しないシマの秩序がいつからいつまで無効となり、警察が依拠する法律がいつからいつまでシマを支配するのか、知ることができたのである。しかし架橋後はシマの「門」が常時開かれることで、警察にかぎらず医師、教師、役人、建設業者やデベロッパー、観光客に至るまで、あらゆる「マレビト（客人）」がいつどれだけ入ってきても、古宇利の人たちは事前に感知することが叶わなくなった。自動車は二四時間ひっきりなしに往来するし、シマの人が急患でシマを出たとしても、警察がシマにやってきたとしても、もうそれを感知できた「門」はなくなってしまったからである。シマを往来する人やモノは、すべて自動車で覆われるようになった。シマの人たちが感知できなくなったのは、限りある水や電気の消費量だけにとどまらなかった。シマに出入りするあらゆる人たちもまた、感知できなくなってしまったのである。

4　シマの感受性を維持するために

古宇利島を舞台に、架橋という出来事を「関節化」の段階のひとつとしてとらえようと試みた。このことで、架橋が必ずしもはじめて抜本的にシマを変えるような、未知の出来事だったとはいえないことが浮かび上がってきた。架橋を「関節化」という上位概念からとらえることで、橋が架かる前の「関節化」もまた視野に入ってきたからである。それは、橋よりも先に対岸とシマを海の底で繋いでいた海底送電線であり、海底送水管であった。このような水や電気といった資源の恒常的な供給を可能にしていた架線を手始めに、シマは漸次的に対岸に繋がれ、関節化の構造のなかに組み込まれていった。

資源の始点と末端を見えなくした架線は、シマの人にどれだけの水や電気を消費しているのかを感知不能にさせた。それでもシマの半数以上を占める農家にとっては、収穫に差し障りのある渇水は水不足に変わりなく、気に病むことがなくなったということはいまもない。グムイと呼ばれたため池のいくつかは、現役のままシマの水不足を可視化しているし、多くの家庭でいまなお天水タンクは現役で水を湛えており、天水でいれたお茶でないと「まずい」というお年寄りもいる。

しかし架線から架橋にいたるまでの「関節化」は、同時に人びとがやむなく（あるいは喜んで）足を運ぶような、求心性をそなえた場所をひとつ、またひとつとシマのなかから消失させていた。水道の開通は煩わしい水汲みを免除することで、井戸を人の集まらない場所に変えたし、電線の架線は、当番制で稼働させていた各班の発電機の出番を失くした。中学校や診療所、シマに出入りする誰もが通過した港、そして架橋後は小学校もまた、シマの誰もが足を運ぶ場所であることをやめてしまった。それぞれの場所にそなわっていた求心性は、シマの人たちが必要に駆られて足を運ぶ場所だからこそ維持されていたのであり、意図的に創出されていたのではない。けれども強調したいのは、そこでおこなわれていたのが、シマに出入りする新たなモノや人、そして出来事の共有だったということである。渇水も急患も急なお産もさまざまな来客も、自ずとシマの人を呼び寄せたいずれかの場所で、それをいまだ知らないシマの人たちと、共有することになっていただろう。ではそのような場所がなくなったいま、もはや大都市の社会と同じようにシマは「関節化の構造」に埋没し、資源の枯渇や汚染、過剰な開発といった危機を感知する力を失ってしまったのだろうか。求心性をもつ場所の消失は、歴史的に不可逆であり、もはやシマはみずからの危機の「不感症」をいっそう患うばかりなのだろうか。

それを判断するためには、シマの「門」であった港や井戸、診療所などのような、新たな出来事がシマにとって、なにを意味するのかが翻訳され、共有される場所や場の存在があるかどうかによるだろう。比喩的だが、シマの個々人の感知力や感受性というよりも、「シマの感受性」のようなものが絶えず維持されるか否かである。ひとりの人間が身ひとつで感知できることには限りがあるだろう。どれだけシマに長く住む人でも、経験できることはひとりの人間の身体にできることでしかない。シマでは人間の限りある一生を縦につなぐことで、生まれてきた人たちにシマの過去に連なる多彩な経験知を授けてきたことだろう。旱魃のとき、渇水のとき、船を逃してしまったとき、ハブに噛まれてしまったとき、海が時化てしばらく船が着けられないとき。自分ひとりの身で経験しきれないことが数多伝えられてきたことだろう。同じように架橋前、空間的にもひとりの人間に感知しきれないことを、シマの人たちは横につなぐことで共有してきたのではないだろうか。海を見ていてピートゥと呼ばれたゴンドウクジラの群れが入ってきたことに気づいた人、スクの群れがやってきたことに気づいた漁師、近くで船の事故が起こったことに気づいた人、そして渡ってくる「招かれざる客」に気づいた人。彼らがそれを即座にシマの人たちと共有したのは、港をはじめとする人びとの溜まり場だったのではないだろうか。そしてそのような場は、実体としてシマのあちらこちらに存在していた。

架橋の直前、大型のリゾートホテル建設計画が持ち上がったことがあった。字が所有する土地の一部が計画地にかかっていたため、シマの総会で繰り返し討議された。計画地はハマウリ（浜降り）という海難者供養の儀礼をおこなう浜であり、なおかつシマが外洋からの風をもっともつよく受ける地点の海岸でもあった。漁協の組合員を中心に、圧倒的多数の人が反対してこの計画は頓挫したのだが、その理由は、浜が宿泊客に占拠されることへの懸念に加えて、「あんな風が当たるところにホテルを建てて廃水を流したら、シマじゅうの浜が汚れてしまう」という、いいかい、シマにとっての社会的帰結をとらえた「シマの感受性」にもとづく判断によった。

その後も繰り返し大小のホテルや観光施設の計画がシマの人の土地にもたらされている。その度に「それはシマにどんな帰結をもたらすか」と翻訳し、共有することが求められている。架橋を境にシマの土地が突如として「リゾート地」としての価値を高め、遊休地の売却を促す圧力が高まり、シマの常識が通用しない人たちのさまざまなエピソードでシマはあふれている。海を眺められるように建てられてきたシマの家並みに、突如三階建の宿泊施設がそびえたち、カミンチュ（神人）以外のシマの人が立ち入ってこなかったウタキ（御嶽）に観光客が立ち入ったり、そのすぐそばに家が建てられたり、アクセスのよくなったシマの浜では、無断でレジャーボートや貸しパラソルの営業を始める業者が現れたり。シマの人たちは架橋後、言葉にする必要のなかったことを説明し、説得することに次から次へと追われている。シマの人が個々に感知する危機や理不尽は、とりわけそれが「シマにとってどのような出来事であるのか」に翻訳されるような、社会的な感知力が駆動する場で共有されることが求められている。井戸端や診療所、港、学校といった求心力を備えた場所が姿を消したいま、シマの人たちは、そのような役割を果たす場所を意図的につくりだすことを課されているのかもしれない。もちろん字の総会は架橋前から変わらず継続されているが、シマにとって新たな出来事の訪れがどのようなことなのか翻訳可能であることは、ひとつのコミュニティが「関節化の構造」に依存せず、シマという有限の領域で、その危機や変化をあらかじめ感知し共有できる「シマの感受性」を手放さないことと言い換えることができるかもしれない。

本章では古宇利島が架橋に至るまでの「大きな社会」への漸次的な移行をたどってきた。あらためて「なぜコミュニティは小さくなければならないのか」という問いに返ってみると、もっとも身近な自然や社会の変化の兆しが、自身の危機をあらかじめ映し出しているからではないだろうか。「社会的不感症」に陥った社会は、どこからどこまでが自分の領域で、どのような危機が迫っているのかさえ知ることができないのかもしれない。コミュニティは有限の大きさをもつからこそ、変化の兆しを感知できるのではないだろうか。垂らされた一滴のインクが、洗面器の中の水をどのように変えるのかを想像できても、一滴のインクが大海原をどのように変えるのかには想像が及ばない。同じことは本章が論じてきた「大きすぎる社会」と「小さな社会」にあてはまるだろう。自分の身体があるからこそ痛みを感じるように、有限な「小さな社会」をもってはじめて、資源が欠乏していることも、自らに危機が迫っていることも、感知することができるのではないだろうか。

注

(1) 本章は道の研究でもある。精緻さに欠く論稿ではあるが、橋がシマのなかをどう変えるのかということは、以下の木村礎の指摘に大いに触発された。木村は、「村の道」に注目すべき理由を以下のように述べている。「村の道は、村の成立及びその後の発展、つまり村の歴史的性格と不可分の関係にあり、それは村の個性を最もよく反映している。どの村でも村の道をゆっくり歩けば、村の個性と村の道との関係がおぼろげながらもわかってくるのが普通である」（木村 1996：185）。しかし木村は道の研究が一定程度蓄積されているとしながらも、大きな道、すなわち「古代の官道、中世の鎌倉街道、戦国時代の兵員輸送用の直線道（例えば武田氏の棒道）、近世の五街道や脇往還といったもの」（木村 1996：137-138）に偏っていると指摘し、村の道の研究の積極的な蓄積を以下のように進言している。「どういうわけか、これらすべての研究は、村の中の道には踏み込まない。研究はいわば町や村の入口で止ってしまうのである。村の中の道については論ずるにたりないと道研究者は考えてきたようだし、今でもそうであるらしい。しかし、それは間違っている。少なくともきわめて不十分である」（木村 1996：138）。ここに引用した木村の文は、自身がその嚆矢となるべく認められた、その名も「村の道」という題目の論文である。

（2）「昭和四五年頃の島の人口は九〇〇人、世帯数一五〇戸でここ数年沖縄本島や本土への移住や出稼ぎが増え、人口が減少しつつある」（古宇利誌編集委員会 2006：7）との記載があるが、統計上は一九七〇年（昭和四五）の人口は八〇七人、世帯数一五三戸とある。ちなみに明治一三年の人口は五三九人、世帯数一一三戸、昭和六年の人口は七〇三人、世帯数一四六戸（古宇利誌編集委員会 2006：19）との記録もある。

（3）「電話の海底工事は架設専用船と日本本土から傭船するので、近海離島をまとめて計画する必要から地元の陳情が必要だったと思われる。一九六六年、電話が開通し、島の生活も便利になった」（古宇利誌編集委員会 2006：430）。

（4）願ほどきやお礼参りを意味する方言。

（5）一九八八年には古宇利小中学校の体育館に島民や村議、役場職員、農協職員らが三〇〇名ほど集い「古宇利架橋建設促進村民総決起大会」がおこなわれている。このとき採択された要請決議文が沖縄開発庁長官や県知事、県議会議長らに提出され、一九九二年には霞ヶ関まで陳情に出向いている。そしてこの九二年度末、翌年度に架橋の予算が成立することが決定した。

（6）橋が開通しても、病院のある場所までは距離があるため、今帰仁村議会は診療所存続を県に二〇〇六年一二月二一日の定例本議会で要請している。しかし県はこれを受け入れなかったという経緯がある（「琉球新報」二〇〇六年一二月二二日付記事参照）。

（7）「琉球新報」一九九六年一〇月四日付記事参照。

文献

木村礎、一九九六、「村の道」『木村礎著作集Ⅷ　村の世界　村の生活』名著出版、一三七–一九二頁。

古宇利誌編集委員会、二〇〇六、『古宇利誌』。

見田宗介、一九九六、『現代社会の理論——情報化・消費化社会の現在と未来』岩波書店。

琉球政府土木課、一九六二、『一九六二年度　水道事業費補助金関係書類　琉球政府土木課』。

Schumacher, E. F., 1973, *Small Is Beautiful: Economics As If People Mattered*, Blond & Briggs.（＝一九八六、小島慶三・酒井懋訳『スモール　イズ　ビューティフル』講談社学術文庫。）

第Ⅱ部　コミュニティはなぜわれわれ意識を保持するのか

無意識のうちにある「集合的な意識」を不意に見つけることがある。たとえば方言や行動様式は当たり前のものなので当事者は集合的と気づかない。しかし、まわりからは土地や風俗に根差した「われわれ」意識と見える。他方、なにかの問題をめぐって、コミュニティがわれわれ意識をはっきり表明するばあいがある。生活環境主義における自界と他界の区分、あちらとこちらの「言い分」がそれにあたる。現場で見られるわれわれ意識は、無意識のことも意識的なこともある。

第5章では、まるでドラマ仕立てのように地域の「〜らしさ」を作っていく様子を切り取る。その集合意識は個を抹消することなく、みんなが主役として私たちの所属意識が自然と生まれるしかけをつくりだしていく。あえて性急な問題解決を志向しないことでコミュニティのまとまりが緩やかに保たれることを教えてくれる。

第6章では、ＮＩＭＢＹとして通常地域外に排除される迷惑施設をむしろ誘致する意識の在り方を提示する。この事例では、地域開発によって生じた特定の成員の負担を地域コミュニティ全体で分有化することで地域のエネルギーを引き出し、積極的なまちづくりの推進力を生み出している。

これに対して第7章では、賦課金の設定で新住民というよそ者をあえて排除しようと試みた事例である。自分たちの土地をよそ者に売却したことで従来のように規制できなくなった地域社会が、新旧の住民を区別するルールを設ける。閻はそれを「共在性」の論理といい、土地の基準とは異なる新たな村落秩序（われわれ意識）を析出している。第8章では、排除の論理が働きやすい植民地支配を想起させるような歴史的環境保全が韓国においてなぜおこなわれているのか、と問いかける。コミュニティに植民地時代の空間を取り込む実践は、コミュニティの歴史をつねに可視化させ、コミュニティの現在を再帰的に問い直させることでこれからの地域を再創造する方向性を打ち出す。

第9章では、そもそもコミュニティは不必要だという論に対して、災害を機にたちあがったコミュニティをとりあげる。個人化という社会趨勢にあって、阪神・淡路大震災の反省のもと、上から与えられるレディーメイドのコミュニティではなく、オーダーメイドで住民自身が自らを守る仕組みを創り出した例を提示する。

なぜコミュニティはバラバラではなくわれわれ意識を保持するのか。各章からあきらかになったことはけっして牧歌的で一枚岩の強固な集合意識はないという点である。そのような可変的な集合意識によって問題解決に対応できるコミュニティの可能性を問いたい。

（金菱　清）

第5章　地域が作り出すドラマトゥルギーと役割期待

――岡山県高梁市備中町平川地区の事例から

鷁理恵子

1　生活上の羅針盤としての「われわれ意識」

本章では、過疎化、少子高齢化の進行する中山間地の事例から、「われわれ意識」がそこに住む人々に生活上の羅針盤的役割を果たしていること、そのことにより人々の生活満足度が高まり、住み続けたいムラが作られ、ムラの持続へとつながってきたことをジェンダー論と生活論、ふたつの観点からあきらかにする。

「われわれ意識」は、そこに住む人々の「根っこ」として働き、大いなる安定感をもたらす。と同時に、住民にとっての理念型として、時に生活上の理念を示すという意味において、私はどこを向いて暮らすのかという生活上の羅針盤的役割ももつ。

このふたつの側面をもつことから、通常、とくに問題もなく日常が過ぎていく場合には、「われわれ意識」が問われたり、自分たちで必要だと感じたりするようなことは、稀である。われわれ意識が「意識される」のは、なんらかの問題が生じ、それへの対応を考える中で自らへの問いかけが生まれるときである。

本章の調査地、岡山県高梁市備中町平川地区の場合、それがつよく意識されたのは、一九九九年に起こった地区中心部の突然の陥没事故および二〇一三年三月の地区内の小学校廃校であった。ただ、一九六〇年代以降の過疎化、少子高齢化は、ゆっくりではあるが、じわじわと人びとに将来への不安を与え続けてきた。したがって、そういう意味では、すでに五〇年以上、平川地区では、「われわれ意識」が問われ続けてきたと言えるかもしれない。このままここに住み続けられるのか、住み続けるのか等をそれぞれが問う中で、地区在住の人びとの多くは楽しく、安心して住み続け、現在に至っている。

本章では、調査地の事例を通して「われわれ意識」をベースに生じる人びとの認識と諸行為により、自ら住み続けたいムラが再生産される仕組みを提示する。ジェンダー論からは、地区内のひとりひとりがかけがえのない存在として大切にされていること、生活論からは、人びとが楽しみやユーモアを暮らしの中核に据えて生きてきたこと、だからこそ平川に住む意味があると人びとに認識されていることが浮かび上がるだろう。

2　平川という舞台装置

岡山県高梁市備中町平川地区

平川地区は、明治以降、一貫してひとつのまとまりを持ってきた地区である。中世以降戦後の農地改革まで、平川家による支配が続いたヒエラルキーの貫徹した地域であった。しかし、戦後の農地改革で名子制度は崩壊し、経済力の急激な喪失・低下が起こる。また、戦後の民主主義的思想の広がりも重なり、平川家は没落、他出した。その後、平川家に代わるボスは現れず、平川地区内の社会構造・社会階層はたいへんフラットな状況で現在に至っている。(1)

標高約四五〇メートル、高原特有の気候を活かしたトマトやピオーネ栽培を中心とした農業が主な産業で、市中心部からは車で四〇~四五分の距離にある。平成二〇年八月末現在、人口五九九人、世帯数二四七、高齢化率五八・四%である。二四集落のうち、高齢化率が五〇%以上の集落は二一ある。一九九九年（平成一一）五月、地区中心部の陥没による一部住民の移転という問題が起きた。また、中学校統合にともなう平川中学校の閉校、平川保育園の閉園、平川小学校の閉校と相次いで子育てや教育の拠点が消滅した。(2)

このように、客観的な状況はネガティブな要素が多いものの、市内外および県内では「元気な地域」として自他ともに認められている。(3)

自由で明るい雰囲気

平川地区はとても不思議なところである。地域外に平川ファンを多くもつ、自称「開かれた田舎」である。平川地区は明治以来の旧村の範囲で、校区であり、コミュニティ協議会の単位である。地区は、フラットな社会構造と自由な雰囲気をもつ。(4)実際、子どもからお年寄りまで、伸び伸びとしている。女性たちも活発に発言、行動している。ただ、そうした雰囲気がいつごろからどのようにして作られてきたかは、あまり明確には認識されていない。「いつごろからか……、だんだんに、男だ、女だということもあんまり言わんようになってきた(5)」。

現在七〇歳前後の人たちが「僕らが中年過ぎたくらいから、新しい世代のような感じに変わった。ぼっこう（とても）年功的なことはなくて、若者の意見も通るようになってきた。いまは、四〇、五〇代が圧倒的発言力をもってやっとる。旧態の体制言うても、通らん」、「年寄りがやたらに威張るというようなことは、もう崩壊しようる。そねぇなこととしょうったら、活動的には鈍るような感じになることはわかっとるから。みんな賢いけぇな」ということである。(6)

三〇を超える集団・組織

平川地区には三〇を超える集団・組織があり、各人がなにがしかの所属、帰属意識をもてる集団・組織がある。集落単位、コミュニティ協議会（平川地区全体）単位、平川ふれあいの里づくり推進委員会、その他さまざまな社会集団・組織ごとの行事も多数ある。たとえば、通称「後継者」、正式名称は「平川後継者協議会」という組織がある。平川地区に住む若者たち（学卒後四〇歳前後まで、未婚既婚を問わない）がメンバーで、地区運営の中心的存在であり、地区住民の生活上の便利屋的存在でもある。メンバーたちは、「楽しそうなけ入る、いうようなもんじゃない。入るもの、務めのように思って入った」と言うように、入会は自明のことと認識されている。(7)

住民たちは後継者をとても頼りにしており、そのことをメンバーはもちろんよく知っているため、その期待にきちんと応えようとしている。田んぼの畔の草刈りが遅れがちな家には、自分の家の草刈りを後回しにしてでも駆けつけたり、家の敷地内の草取りや片づけ、ちょっとした不具合にも素早く対応したりしている。有償か無償かは、人びとの感覚に拠っていて、無償だとかえって頼みにくいというような場合は有償となっている。また、メンバーは良いことをしているのだが、それを少しひねって笑いにするようなユーモアももっている。「ええことしょうる、となると、息が詰まる。正しいことは何かつまらん、そう思わん？」と。(8)

後継者たちは、こうした地区運営の中心的存在、住民の生活を支える大切な存在という役割を与えられることで、ひとりひとりがその時々に臨機応変に応える活動をおこなってきた。(9)

ドラマ仕立ての生活

人びとは年間を通してそれぞれ活発に、あるいは思い思いの活動をしている。そうした活動や行事は、日々の生活を豊かにするために必要不可欠とされており、草刈りや道つくりにおいても楽しむことが工夫されている。行事の中には、かつて強大な勢力を誇った平川家にちなんで中世から続くとされる神社の祭礼もあれば、近年新しく始まったものもある。平川土曜夜市は、一九九九年に郷地区（平川の中心部）で集中的に発生した土地陥没事故を契機に、陥没に負けず頑張ろうということから始まった。かかし祭りは、人がだんだん減っていく中で、かかしを工夫して作って、秋の田んぼに賑わいを出そうということから始まった。

このように、平川地区には、地域内部・外部両方からの諸課題を受け止め、プラスに転換していく社会的装置がある。陥没、過疎化、少子・高齢化、限界集落という「認定」等を受け止め、とらえ返していく。それが可能になるのは、住民の中に、監督、脚本家、役者、観客という見方ができる人たちがいることによる。ドラマ仕立てで生活を見るまなざしをもつ人たちの存在である。

個性豊かな人たち、個性を発揮できる場

平川には、本当にいろいろな人がいる。「役者がそろうとる（そろっている）」とは、平川を評してよく言われることである。さまざまな個性が花開く場があったということでもある。

たとえば、たいへん真面目で賢いとされるMEさん（七〇代男性）は、平川の歴史に詳しい。若いころからカメラが趣味で、平川の生活を写してきた。絵も上手で、とくに水墨画の趣味があり、毎年春に開催されるふれあい文化祭に出品展示される掛け軸は、見事である。平川郷昭和絵図作成委員会の代表で、小学校の総合学習の時間などで平川の歴史の講師も務めていた。

ロバート・井上という芸名（自称）をもつAIさん（五〇代男性）は、作詞作曲をこなし、ギターとボーカルをひとりで務め、その弾き語りによるCDを作成し、知人その他に配布している。ふだんはまじめな会社員兼農家のアトトリで、四人の子どもの父親としてPTA活動やその他さまざまな活動に参加協力してきた。平川ふれあいの里づくり推進委員会会長を務め、書道、カットアート、水彩画など多才である。

他にも、市役所職員であり平川地区住民として平川地区コミュニティ協議会の広報・渉外・全体の状況把握などを担当するSTさん（五〇代男性）、保健師をしながらママパワーズという会の中心メンバーとして平川のお嫁さんたちグループのまとめ役を担うひとりSTさん（五〇代女性）など、枚挙にいとまがない。

やってみようということからはじまるまちづくり

平川の人たちは、こうした自分たちのさまざまな活動を、コミュニティの活動と呼んでいる。そして、その活動を「生活の延長上の活動」、「問題意識を強くもたずに（このままじゃいけん、とは思わずに）」やっている、と言う。

これは、平川の多くの人たちに共有されているとらえ方で、「まちづくりとして」、「平川のために」という語り口は、あまり耳にしない。「まちづくりを頑張っている地域」として外から平川を見ようとする人たちは、たいていそこで肩透かしをくらったような感じになる。

真面目な会議でも、深刻ぶらずに明るく、多くの場合はやってみよう、どうしたらできるかという方向でつねに考えが進む。「そねぇなこと、やっちもねぇ（そんなことしても、意味がない）」などと言う雰囲気はそこにはない。

平川Ｄｏ拍子プロジェクトＸ

とはいえ、平川の人びとは止まらない人口減少に対し、将来へのぼんやりした不安は抱いていた。コミュニティ協議会の会長は、「今まで困りごとなんて考えたことなかった。考えると怖かったからかも。それで、平川Ｄｏ拍子プロジェクトＸを考えた[10]。現実を考えたらつらいなと思った。それは、小学校はすぐなくなるかもしれない。それをどう自分たちが受け止め、展開していくかということに気づかせてもらったのが、プロジェクトＸだった。高齢化率一〇〇％の集落がある。一〇年経ったら六〇歳が七〇歳になる。長寿だが、そういう人しかいない。七〇で亡くなったら若えなと。考え方の根本が違う。長い間にそういう風になっている[11]」。

また、別のキーパーソンの男性（六〇代、長男で役場に勤務しながら農家を継ぎ、他出経験なし）は、「都会のマンションの空間を何千万もかけて買って、えらそうな顔して子どもが帰ってくるが、いいかげんにせえと思う。あれらより、われわれのほうが人間らしい生活をしている。僕らは勝ち組だと思っているが、あちらはそう思っていない。変な価値観のちがい。ようこんなところで過ごすなぁ言われるけど。病気せんので、医者にもそれほどかからない。変な話、ドクターヘリがよく来る。ヘリで一三分あれば川崎医療大へ行ける。岡山市内より近いのでは。町へ行ってもみんなが総理大臣になれるわけじゃなし」という[12]。

3　天空の郷、平川の「われわれ意識」

平川を表象するもの「みんなが主役で平川元気」

平川地区の人びとは、自分たちのことを端的に表現することがとても上手い。地域に関するもの、人に関するもの等、いろいろあり、それはつねにあたらしく生み出されるとともに、何度も使われることで共有、定着してもいる。一番メジャーなものは、「みんなが主役で平川元気」という横断幕である。今から一〇年以上前、山陽新聞社主催「ふるさと大賞」出演を機に作られた。以来、行政（県や市など）や平川地区主催のイベント（ふれあい文化祭などの年間行事）時のパフォーマンスの際にそれが使われ、すっかり定着している。

このキャッチフレーズは、理念であると同時に、現実でもある。平川では、ひとりひとりが主役、それが元気の源であることが意識され、それを具現化するような場がさまざまにある。それぞれの年齢層の人びとが、私はひとりじゃない、ここ（平川）でみんなとともに生きている、という実感をもっている。下の名前で呼び合う固有名詞の世界であることで、自分は代替可能な存在などではなく、かけがえのない存在である、ということの確認もできる。ひとりひとりのそうした実感は、集落や地域維持の根源的な力となっている。これ以外にも「天空の郷、平川」「平川一家」「Ｄｏ拍子！」「ええとこじゃ、平川。じゃけぇ、平川」といった表現もある。

近隣の人びとは、平川の人を「奥の人」と言う。それを平川の人ももちろん知っている。知っているからこそ、「標高の高い、奥まった所にあるのはその通りじゃ。天空の城ラピュタじゃねぇけど、天空の郷、平川、おしゃれじゃろ」と言う(13)。

平川の人たちは自分たちのことを「平川の人はどひょうしじゃ」と言う。どひょうしとは、「けた外れにめでたい人」「騒ぐ人」といった意味で、良い意味と悪い意味の両方がある。それは単なるノリがいい、おもしろい、という意味とは少し違って、周囲の期待を良い意味で裏切るような、意外性に価値がおかれた言葉である。

また平川では、「平川一家」というロゴ入りTシャツを作製し、地区内外の行事等で販売してきた。ロゴの意味を「ヤのつくあの意味じゃねぇんで、みんな家族のように仲良しいう意味なんで」とニコニコしながら説明する。[14]土曜夜市をはじめ、平川のさまざまな行事でそれを着ている住民や平川ファン（後述）がいる。仲間意識を生むとともに、自己の地域アイデンティティ再確認のよい道具となっている。

広がる平川ファン

平川ファンは、小学生から大人まで幅広い年齢層にいる。平川の住民と接した人の多くは平川ファンになり、折にふれて平川へ通う。平川憩いの家は、地区の中心部にある施設で、ステージをもつ講堂、畳の部屋、調理室、風呂も備えており、さまざまな行事で使用されている。その平川憩いの家で、あるとき〝音楽の合宿〟（「お泊り」）をする男子高校生たちを見かけた。平川の子はふたりだけ、あとは高校の友達で他地区の子どもたちである。カレーを自分たちで作って食べて、バンドの練習そっちのけでゲームをしたり、テレビを見たり、しゃべったりして、楽しそうに過ごしていた。翌日解散の音楽合宿なのだという。たしかに、ギターなど楽器をもってはいた。[15]

平川の土曜夜市には、地区の住民たちが家族総出で出かけてくる。その他、平川以外の子どもたちもたくさんやって来る。地区外の大人たち、他出者（平川出身者）も来る。平川小学校の先生、元先生も来る。こうした地区外の人びとは、平川に惹きつけられてやってくる平川ファンである。

ドラマトゥルギー的視点

平川の人たちは、自分たちの日常を、寸劇、踊りや歌で表現することがとてもうまい。介護保険の上手な利用、オレオレ詐欺への注意喚起、その他生活全般に関わる主に行政からの説明などを寸劇にして伝えてきた。住民の他、診療所の医師や駐在所の巡査も出演し、熱演している。重要だがわかりやすく伝えることが結構むずかしいテーマを、上手に取り上げている。これをドラマトゥルギー的視点からの演出と呼ぶことにする。

毎年春に開催されるふれあい文化祭では、自称「平川の若嫁さん」の団体「ママパワーズ」の出し物に、大きな期待と注目が寄せられる。「今年は何をしてくれるんじゃろう、笑ってじーんとさせてくれて、笑いあり、涙ありじゃ」。ママパワーズのメンバーもその期待に応えるために、毎年知恵を絞り、練習を重ねて本番に臨んでいる（図5-1）。

リーダー層の中には、ドラマ仕立てで生活を見るまなざしをもつ人たちがおり、彼らは自分たちを監督、脚本家、役者、観客に喩えて、それぞれの課題に対する答えをみんなで模索する過程と結果の両方をどう見せていくか、表現していくか、つねに考えている。地域内部・外部両方からの諸課題を受け止め、プラスに転換していく社会的装置として、ドラマトゥルギー的なリーダー層の視点が機能していると思われる。

図5-1　トリを飾るママパワーズ

出所：筆者撮影（2009年3月1日）。

二〇〇五年ころから、平川ふれあいの里づくり推進委員会で発行を始めたコミュニティペーパー「夢ネット通信」の発行と配布も、ドラマトゥルギー的視点と関連性が強い。記事を通して、いま、平川でなにが起きているか、なにが課題となっているか、読み手に考える材料を提供することで、平川の世論（われわれ意識）形成の契機となっている。一～三ヶ月に一回の頻度で発行され、二〇一八年一月現在、第八六号まで続いている。印刷したものが全世帯に配布されるほか、平川の八〇代後半の男性が個人でやっているホームページにもアップされ、他出者をはじめいろいろな人たちが見ることができる。

「夢ネット通信」は、毎号、その時々の地域の行事を写真入りで掲載するとともに、人口減による学校の統廃合、これからの地域のあり方などを取り上げてきた。深刻過ぎたりむずかし過ぎたら、読んでもらえない、考えてもらえないからと、絶妙な文章表現の工夫が毎回なされている。「これ見たら、平川のことがようわかる」と多くの住民が楽しみに、また頼りにしている。

他者への信頼や暮らしの満足感

平川では、何かをやろうとするときに、最初から否定する人は少ない。「ええことじゃ、やろうや」、「言い出したあんたがするんで、協力はするけぇよ」等と話がすぐにまとまり、進んでいく。自分さえ良ければと勝手なふるまいをする人も少ない。したがって、自分ひとりが損をするのではないか、浮いてしまうのではないか、等という心配は不要となる。他者への信頼が醸成されているのである。

ある二〇代前半の女性は、地区内を車で走っているとすれ違うときに手を振られたり、声をかけられたりすること、車を買い替えたときに「新しゅうなって」、「ええ車じゃね」などと話しかけられたことをうれしそうに話す。「私のこと知っとんじゃ、私が前乗っとった車知っとったんじゃ、ってわかる、それがうれしい。プライバシーとかそんなのとは違う話、だって、お互いに声をかけあうって、相手のことを気にしとる、気にしてくれとる、ってことじゃろ。それって大事なことじゃろ」と話していた(16)。

彼女は最近結婚し平川から婚出したが、高梁市内に住んでいる。地区の行事にはよく夫とともに出かけてくる。そうした他出者はとても多い。ふだんは別の地区に住んでいる人たちが、単身、家族や恋人等を連れて帰る。そこで平川の人たちと互いの近況を話す。「ああ、私はこの人たちと、この地域とつながっている」という感覚を再確認しているようにみえる。

4　「われわれ意識」の源

ジェンダーフリー

平川では、女性たちがとても元気ではつらつとしている。しかし、それは以前からそうだったわけではない。女性たちの多くは、他の集落からの婚入で友人がいない場合が多い。同居の家族にも遠慮があったり、ムラの人たちとも馴染みがなかったりする。また、性別にかかわらず、人前で話すことに不慣れな人は多い。

ママパワーズの結成と活動の展開で、三〇～四〇代の嫁の団結が図られた。嫁たちは仲間を得てつよくなったし、見ている人たちも嫁たちに対していい加減な扱いはできなくなると同時に、頼りにもするようになっていった。女性たちは次第に経験を積み、堂々と前に出て、しゃべれるように変わっていった。ママパワーズの果たした役割、またそれを支えた夫や家族の協力は大きい。

いまでも男だ、女だと言う人はあるが、そういう発言が出るとたいていはその場がしらーっとなったり、「〇〇さん、そねぇなこと、もう通らんで（通用しないよ）」等とたしなめる声が上がったりする。それで次からは言いにくくなる。こうした繰り返しの中で、なにがよいことか、次第に多くの人に共有されていくようだ。

仲間とともに生きる

個人と家とムラ、この三者の関係は大きく変わっていまがある。現在七〇代の人たちが一〇代のころは、「長男は家を継がにゃいけん、家を出るのは、次男から次々に。『年寄りとデンジ（田地）を任されてるんだから、家を出ちゃいけん、出たいと思うたらいけん』という感じだった」。五〇代の人たちになると、いったん進学や就職で長男も出るようになる。しかし、「数年したら帰って来ることになっていた」。その後、Uターンを強制する規範は弱まっている。

家を任されることを、イエモチワタスと言う。嫁をもらったりしてしばらくすると、親はワカイシュに「お前ら（若夫婦を指す）、もうやれ。イエモチ渡すけえ、いつまでも子どものようなかっこうすな（ふるまいをするな）」と言っていた。酒一升くらいもって集落の会合へ挨拶に行く。すると、「おお、若い者が出てきたから使うたらんか」と周りも見てくれる。いまもこのやり方は続いている。ムラの役職をひとつずつ息子へ譲り、親の方はだんだん、肩の荷をおろす。

ただ、「文化的なことは、若い人に伝えていくことが重要、必要なことだと思っている。渡り拍子とか、町内の行事とか。これはこうするんど、と。そういう指揮は、長老が先にするような気はするけど、それは悪いことではない[17]」。

「仲間とともに生きる」という感覚は、子どもたちももっている。同級生だけでなく、地域の人びととのつながりも意識されている。生まれたときから地域のさまざまな行事に参加し、成長してきた人びとにとっては、家族・学校・地域・職場等、人間関係の広がりの中で他者を意識し、仲間が作られていく（図5－2）。

図5－2　秋の例大祭

出所：筆者撮影（2012年11月3日）。

ユーモアと洒落

真面目な人は、「固ぇ、カッチン、コッチンじゃが」と表現される。「つまらんなぁ」とまで言われたりする[18]。「ユーモアがないと、笑いがないといけん」と、必ず一言しゃれたことが添えられる。そしてまたそれがしゃれている。

目的合理的思考法は、あまり好まれない。『『問題意識をもつ』、『課題はこうじゃ、こうやって解決に向かうべきじゃ』とか言うが。じゃけど、それはなんか、違うなあ、思う。わしら、ふだん、問題ばぁさがして生きとるわけじゃねぇから、なあ」。「コミュニティの活動」（平川地区コミュニティ協議会の活動のこと）は、生活の延長上の活動じゃけぇ、問題意識をつよくもたずに、何となくやってきた。その方が続く気がする、実際続いてきたんじゃけど[19]」。

また、仕事人間は問題外とされている。「仕事ばぁしようって、なにがおもしろいのかのぉ、仕事はほどほどにしときゃあえんじゃ」。特技があるのもあたりまえで、なにもないと「この人ぁ、なにをして毎日過ごしようんじゃろうなあ……」と不思議そうに見られる[20]。

ひとりひとりが大切にされる

子どもも、若者も、女性も、お年寄りも、それぞれ大切にされている。人権が尊重されている、ということだと思うが、そういう言い方は平川ではしない。祭りその他、行事等で子ども連れの家族はたいへん多いが、人びとの乳幼児へのまなざしはとても温かい。子どもたちも元気はあるが、無茶なことはしない。日々の暮らしの中できちんと意見を聞いてもらい、大切にされているからだろう。「子どもは宝、地域の宝じゃけど、特別いうことじゃねえ(21)」。

お年寄りも居場所をもっている。ある会合の席で八〇歳を超えた男性が、「そろそろ、老後のことを考えようかと思う」と発言し、その場に居た人たちはみな「やられた」という表情になった。その男性よりも若い人たちは、まだまだ若造だからこれからも頑張らないと、という気持ちになった。と同時に、これまでさまざまな役割を果たし、まさに「為すこと」で人のため地域のために頑張ってきた人が、これからは「在ること」で認められていくだろうとも思われた(22)。

やはり八〇代で二葉百合子の「岸壁の母」が十八番の女性がいる。毎年、ふれあい文化祭で歌ってきたが、ある年、農作業中の事故で足をけがし、出場が懸念されたときがあった。地区の人たちはその女性のことをとても心配していた。他にも、きれいなナイロン製の紐で「長寿のわらじ」と称する二センチメートルほどの草鞋を作っては、いろいろな人にプレゼントして喜ばれていた女性がある。九八歳で亡くなる直前まで、そうされていた。この女性も、多くの人たちから慕われ、尊敬されていた。あんな風に年を取りたいものだと人びとが思う、身近なロールモデルであった。

権威とのつきあい方

平川の人たちは、専門家に対する疑いのまなざしをもっている。相手の話をきちんと聞いて、その中身で決める。権威のあるなしで従うわけではない。相手がもっている力や知識等で使える所は使うが、必要ない、役に立たないと思えば断ることもする。その姿勢は、マスコミ、行政、大学の教員、医者、看護師、保健師、その他、相手が誰であろうと、一貫している。当然、上から目線で地域に入ってくる人たちに対してはとても冷淡であるため、そういう人たちからの評判はあまりよくない。それに対しても、「そう受け止めるのは相手がそれだけのもんいうことじゃ」と気にしていない。

幸せを育むための地域福祉の定着

平川の地域福祉活動と地域づくりは、一九九一年度に始まった。モデル地区として、同じ町内で一番高齢化率が高かったひとつの地区が選定され、一九九五年度からは備中町全域で取り組むことになった。平川でも、一九九六年二月、各種団体の役員たち五〇数名の委員で構成された、平川ふれあいの里づくり推進委員会が発足した。「ようわからんけど、やりましょう」ということだった。

会の目的と取り組みの基本を「平川に住んで本当に良かった」と思えるような地域づくりにすえた。高齢者だけをターゲットにした取り組みではなく、地域住民みんなを巻き込んだ事業展開が大事、つまり「福祉」＝「幸せ」と考えた。また、福祉（ボランティア）活動は細く長くが大切であるから、「一人が一〇〇歩ではなく、一〇〇人で一歩」と、「自分に無理のない範囲でできる小さな親切」を合言葉にした。

こうした取り組みはじわじわと浸透した。当初は「堂々巡りの会議、紛糾する総会」で、さまざまな声があった。「仕事が手一杯で、ボランティアなんかする余裕はない」、「子どもは外（町外）に出て親の面倒なんか看ない。なんで、地元の者が、他人の面倒を看ないといけないのか」、「自分の親の面倒を看るので精一杯」、「コミュニティ組織との関わりはどうする」などである。

しかし、モデル地区でも最初の三年ほどは似たような状況だったので、平川でも同じくらいは時間がかかるだろうと思い直した。また、事業の方向性と計画を具体的に立てることで、だんだん軌道に乗っていった。遊び感覚でやろう、誰でも参加できるものもやろうとそうやって続けてきてもう二〇年以上が過ぎ、住民の間では地域福祉活動は生活の中にすっかり定着している。

5 「われわれ意識」の現代的意義

根っこを持つ＝根なし草でないこと

平川に住んでいることは、Ｉターン者やＵターン者も含め、他者と濃密に関わりあいながら生きていく（生きてきた）ことを意味している。たとえば、平川には同級生、友人、先輩後輩、家族、親せき、仲間がいると、言う。平川はどんな所かと聞かれた小学生は、ニコニコしながら即答する。別に誰かが教え込んでいるわけではないが、日頃から実感しているからだと思われる。自分は平川で生まれ、育った。父、母、祖父母、〇〇さんにお世話になった、渡り拍子で、子ども神楽で、水泳大会の前にと次々に地域の人たちの名前が上がる。ともに育った同級生、上級生、下級生とのタテ・ヨコのつながりも意識されている。

さらに、平川の人たちは、いま生きている人だけでなく、すでに亡くなった人、これから生まれてくる人たちも意識の中においている。したがって、人びとの多くは、地域の歴史や生活文化を掘り起こすことに、心底、価値を認めている。

二〇〇八年、平川地区では地区がもっとも賑やかだった昭和三〇年代当時を「昭和絵図」として復元するプロジェクトを完成させた。地区の歴史に詳しい男性を中心に地区在住の男性七人が「七人の侍」ならぬ歴史研究会（平川郷昭和絵図作成委員会）メンバーとしてまったくの手弁当でやりとげた。彼らを突き動かしたものは人口減・地域社会の将来への不安、しかしここが好きでこれからも楽しく住み続けたいと願う気持ちであった。したがって、彼らはノスタルジジイなどではない(23)。

また、彼らの無私の姿勢は地域住民だけでなく他出した人びと、地区外の人びととの共感を呼び、プロジェクトの成功へとつながった。人は欲得抜き、まったくの善意で動くこともあるのだということを示した。七〇代前後の人びとが中心となったことで「まだまだやれる」、「生涯現役じゃ」など高齢者層に大きな勇気を与えた。より若い世代には「僕ら、私らも頑張らにゃ」という気持ちを起こさせた。

自分たちの地域の歴史や生活文化を知ることが、なぜ、人びとに元気を与えるのか。それは、それぞれの心の中に「根っこ」、つまり自己のアイデンティティ形成および地域への愛着を生み出す源を与えるからである。

「弱さは力」というモットー

われわれ意識の提示は、理念の提示に近い。「弱さを絆に」とは、北海道浦河町にある「べてるの家」の基本のひとつである。「べてるの家」では、精神障害をもつ人たちが病気のままで生きていける社会を求めており、弱さを克服するのではなく弱さを力に換える、弱いからこそいろいろな人とつながり力をつけていくことができる、という考え方を確立してきた。近代社会の価値において、弱さは悪であり、克服されねばならぬものである。「べてるの家」の人たちは、近代社会的価値からはことごとく外れる、否定されてしまう存在であったがゆえに、それとは異なる価値を生み出すことで自己の再評価をなしえた(24)。

平川には、「弱さは力」という言い方がある。「べてるの家」と似たようなもの＝〝理念〟である。それは、平川に住む人びとに暮らしの方向性を示すような働きをしてきた。「弱いところ、足りないところは助けてもらう、助け合う」、地区外にもそれを広げていく、という考え方、やり方である。弱いから助けてもらえる、それは力になる。内に向かっては地区内のまとまりのよさがあると同時に、外に向かっては開放性も高く、「よそとの交流が好きな、開かれた田舎」だと自認する。

人びとは、つながりが生み出す力がどのようなものであるかを認識している。三・一一の震災直後、二〇〇五年の岡山国体の民泊受け入れ以来、交流が続いていた福島県のソフトボールチームの監督や選手たちと連絡を取り、安否の確認や励まし、必要な物や事を聞いたり、地区内で募金を呼び掛けて送る等、迅速で的確な動きをした。「さすが平川。やっぱり平川じゃ、思うた」としみじみと語る様子に、地区に対する誇りを強く感じた(25)。平川地区は弱い、地区だけでは弱いという自覚があるからつよい、のである。

レッテルの貼り替え＝価値の反転へ

われわれ意識の提示と共有は、レッテルの貼り替え＝価値の反転という可能性をもつ。近代化以降進んだ都市の優位性とは、換言すれば農村においても効率性、合理性、利便性を追求するということであった。都市側の尺度で測る限りにおいて、農村が都市に勝るものはなにひとつとしてないのは当然である(26)。

しかし、少し視点をずらして、都市がその優位性の一方で失ってきたものはなにかと考えてみると、都市にはないが農村にあるもの、それこそが農村にとって大切なもの、自慢できるものだということがわかる。それは、人と人のつながり、生活文化の中から生まれた知恵や技術、価値、観念であり、連続性を志向する動きを生み出す基盤となりやすい。連続性を志向することは容易に伝統の強調と結びつくし、それは自らを支える「根っこ」になりうる。平川の人びとが自ら作り出してきたわれわれ意識は、まさにその「根っこ」となってきた。

6　「弱者の思想」ゆえの強さ

平川地区では、地域が作り出すドラマトゥルギーと役割期待を通して、「われわれ意識」が共有され、具現化されていた。住民たちが、脚本家や監督とまなざす人びととは、平川地区コミュニティ協議会や地域福祉活動等でキーパーソンとなるような役割を果たしている。一見、彼らは平川のリーダーのようだが、住民たちの感覚からすると、それは少し違う。「みんなが主役で平川元気」というキャッチフレーズが示すように、ひとりひとりが主役になれるような、個々人が活かされる場が用意されている。そして、監督、脚本家、役者、観客等、暮らしをドラマ仕立てにしていくことが得意な住民たちにより、その時々の現実が構築されていく。

近代社会の主体性論で望ましいとされるようなつよい個人、自立・自律した個人ではないし、目的合理的、あるいは問題解決的な志向・思考を採っているわけでもない。楽しみを見つける工夫をしている平川の人びとの志向性は、問題解決志向とは対極にあると言ってもいいかもしれない。こわごわ、嫌だなと思いつつ現実と向き合い、しかし、つねにそのことだけ考えて生きているわけじゃないという当たり前のことを忘れないでいられることが、やっぱり平川はいい所、ずっと住み続けたいという満足感や安心感を人びとに与えてきたと思う。

それは、辺境にあったこと、障害をもつ子どもたちとの長年の交流、地域福祉の推進等、中心にいてはなかなか気づかないことを、暮らしの中で積み重ねてきたからではないか。もちろん、平川はユートピアではないし、善人ばかりのコミュニティでもない。人とつながりたくない人、意地悪な人、自分勝手な人もいる。しかし、その声は小さい。その声を小さくしてきたのも、平川の人びとの努力の賜物である。

平川の課題を上げるとすれば、経済的側面よりも社会的側面にあるように思う。人びとは、ピオーネかトマトの専業農家、市役所・郵便局・農協等の職員、ガソリンスタンドや商店の自営業主、近隣の民間企業の職員等とそれぞれに生計の手段をもちつつ暮らしを立ててきた。多くは田畑を持つ兼業農家であり、自給的部分の豊かさももつ。ふたつ以上の仕事を組み合わせている人もある。半農半X的仕事の組み合わせ、自給部分の豊かさは、単なる金銭的収入以上の安定感や満足感をもたらしている。問題は、今後、四〇歳前後より下の世代がドラマトゥルギー的視点と役割期待の継承をしていけるかどうかであろう。脚本家と監督と役者、観客、これらがそろってドラマは続くからである。

秋津元輝は、集落再生の論考において通常の農村政策に関する論議が機能主義的な観点に止まっていることを超えて、集落の〝エートス〟にまで踏み込んだ考察をおこなうことが村落研究の持ち味となると述べた（秋津 2010：199）。〈争〉の原理の次にくるエートスとして、〈楽〉の原理＝農村生活を楽しむこと、を提示している。利便性では劣る農山村に住む意義は、〈楽〉の原理の浸透と大きく関わっている。平川の「われわれ意識」は、秋津の言う〈楽〉の原理に通じる。人がそこに住むのは自分が楽しいと思うからで、楽しいと思えるのは自分ひとりで感じるだけでなく、共有できる他者の存在、一緒に楽しめる他者がいるからである。

本章では、鳥越皓之の生活環境主義にジェンダー論を付加することで、平川の人びとの生活の論理が「弱者の思想」的であることが見えるようになった。(27)平川の人びとの行為選択の準拠となる諸価値として、ジェンダーフリー、地域福祉の充実、反権威、住民主体等があった。そして、それらを束ねるものが、「われわれ意識」であった。強者だから生き残れるという強者の論理ではなく、弱者も含めたすべての人びとが生きていく社会を当然のこととして考える、そういう「弱者の思想」を平川には見出すことができる。平川の人びとは、自分たちの言葉で状況を再定義し、価値を付与し、諸行為の意味の解釈をしている。そして、「われわれ意識」をベースにドラマトゥルギー的視点から自己呈示を図ることで、「ええとこじゃ平川、じゃけぇ平川」と思える地域を創出し、そこで暮らし続けている。(28)

注

（1）『備中町史』。私は、平川地区へ二〇〇五年ころから二〇一四年まで継続的に調査に通った。平川については、靍(2010)、Tsuru (2012)。

（2）平川小学校は、明治五年八月、仮教場（名称：啓蒙所）から始まり、明治二七年四月、平川尋常小学校と改称、一四〇年間で六五〇四人の卒業生を送り出した。平成二五年三月末をもって幕を閉じた。平川小最後の卒業生は三人だった。そのひとりは「地域の人たちに教えてもらうことも多かった。これからも平川に誇りをもって生きていく」と別れの言葉を述べた。

（3）「平川は、なにかおもしろそうなところ」、「なぜか元気」、「頑張っている」などと岡山県や高梁市などの行政関係者、まちづくりのNPOや団体などからの注目を集めている。

（4）地元K大学のストリートダンス部は、これまで何度か平川地区の文化祭に出演している。毎回、「なんかすげぇ、ただの田舎じゃねぇ」、「みんな元気じゃ」など、平川の歴史も活動もほとんどなにも知らなくても、その明るさや開放的な雰囲気を十分に感じ取っている。

（5）二〇一一年三月一六日、六〇代の男性ふたりへの聞き取りから。

（6）(5)と同じ。

(7) 二〇一一年一一月二日、後継者の男性たちへの聞き取りから。
(8) (7)と同じ。
(9) 鳥越(2005)の言う実践コミュニティが平川の場合も当てはまる。
(10) これは岡山県独自の中山間地域集落機能維持の事業で、住民と行政と学識経験者とで策定した計画書を指す。名称は、平川の住民が決めた。
(11) 二〇一二年一一月三日の聞き取り。
(12) 二〇一三年七月二〇日、聞き取り。
(13) 二〇一一年七月二三日、Uターンの五〇代男性に聞き取り。
(14) 二〇〇九年七月一八日、後継者の二〇代男性に聞き取り。
(15) 二〇〇八年八月二六日から二七日の参与観察と聞き取り。
(16) 二〇〇八年七月二七日、聞き取り。
(17) (5)と同じ。
(18) 私は二〇〇五年ころから平川へ通い始めたが、当初、私も度々言われた。その後、同様のことを言われている人を度々目にした。
(19) (11)と同じ。
(20) 二〇一三年三月六日、平川ふれあい文化祭の会場にて聞き取り。文化祭は九〇年代半ばに始まり毎年二月末から三月初めにおこなわれている。
(21) (20)と同じ場で、六〇代のキーパーソンの男性に聞き取り。
(22) 二〇一〇年六月のある会合にて参与観察。
(23) 二〇〇八年一一月二九日、「平川郷昭和絵図完成記念&昭和イベント」がおこなわれた際の「七人の侍」たちとのやりとり。ノスタルジジイと言い出したのは私であるが、平川の人びとには受けが良かった。「おもしれぇこと言うな。そうじゃ、わしらはそねぇなもんじゃねぇ。平川の一番賑おうとったころを思い出してほしいし、若い人には知ってほしいんじゃ。それが、やっぱりええとこじゃ平川いう想いにつながるけぇな」と「七人の侍」のひとりが言うと、周りにいた人たちも「そうじゃなぁ」とうなずいていた。

(24) 浦河べてるの家については、浦河べてるの家（2002）、小林（2013）、斉藤（2002）。
(25) 二〇一一年七月二三日、平川土曜夜市の準備中、六〇代男性のつぶやきから。
(26) 梅ちゃんマンこと梅原真が、篠原（2010）で述べた通りである。
(27) 上野（1992）は、フェミニズムがめざすのは「弱者が弱者のままで尊重される社会」であるとする。
(28) 平川の人びとがドラマトゥルギー的視点を身につける契機は、一九九〇年代にふるさときゃらばんを呼び、上演した経験（三度）による、と語られている。「ふるきゃらで表現の手法を学んだ」とも聞いた。ふるさときゃらばんは、一九八〇年代から活動していた日本のミュージカル劇団で、オリジナルで脚本を作りミュージカルで村おこしをテーマに全国各地で公演をおこなった。この経験の影響について詳細はTsuru（2012）。

文献

秋津元輝、二〇一〇、「集落の再生にむけて――村落研究からの提案」『年報村落社会研究――特集　集落再生　農山村・離島の実情と対策』45、農山漁村文化協会、一九九―二三五頁。

小林茂、二〇一三、「浦河べてるの家と臨床心理学的地域援助」向谷地生良・小林茂編著『コミュニティ支援、べてる式。』金剛出版。

斉藤道雄、二〇〇二、『悩む力』みすず書房。

篠原匡、二〇一〇、『おまんのモノサシ持ちや！』日本経済新聞出版社。

鳥越皓之、二〇〇五、「政策としての実践コミュニティ――コミュニティが文化所有をしているという視点」『コミュニティ政策』3：五二―六五頁。

靍理恵子、二〇〇九、「農村ビジネスは集落を再生できるか――岡山・高梁市の事例から」『年報村落社会研究』45：一二一―一六一頁。

靍理恵子、二〇一〇、「〈老い〉の認識と高齢者の復権――高齢化の進む地域で起きていること」『女性と経験』35：四〇―五三頁。

Tsuru, Rieko, 2012, "An Analysis about the Subjectivity of the Active Mura: A Life Consciousness in Hirakawa-district, the town of Bicchu, Takahashi-city, Okayama pref," 吉備国際大学大学院社会学研究科編『吉備国際大学大学院社会学研究科

論叢』(14):一〇七-一三〇頁。

上野千鶴子、一九九二、「弱者への変容を生きる」樋口恵子編『ニュー・フェミニズム・レビュー　エイジズム　おばあさんの逆襲』4、学陽書房、二三八-二四九頁。

浦河べてるの家、二〇〇二、『べてるの家の「非」援助論』医学書院。

第6章　迷惑施設の受け入れと負担の分有

――ごみ処理場誘致を試みた滋賀県彦根市B集落の事例から

平井勇介

1　まちづくりの一環としてのごみ処理場誘致

本章でとりあげる事例は、まちづくりの一環としてごみ処理場を誘致しようとしたケースである。通常迷惑施設に対して反対する事例が散見される中にあって、なぜごみ処理場を誘致しようとしたのか。本章では、不可解にも思えるごみ処理場誘致の理由を負担の分有という観点からあきらかにする。

一般的にみれば、ごみ処理場の誘致は地域住民の賢明な選択とはうつらないかもしれない。しかしながら、ある住民はこの選択によって「ムラのエネルギーをもっと出していける」(1)と誘致に積極的なまちづくりの方向性を見出している。私たちはいったいこの矛盾をどのように考えればいいのだろうか。本章ではこうした事例研究を通じて、迷惑施設を受け入れる地域的な納得の在り方について考察したい。

迷惑施設建設問題の議論で必ずといっていいほど指摘されるのは、NIMBYの問題である。NIMBY（Not-In-My-Backyard）とは、「社会的な必要性はわかるが、自分の裏庭にはのぞまない」という考え方や態度のことをさす（清水 1999など）。迷惑施設の建設は、当該地域住民のNIMBYを引き起こしやすい。ごみ処理場などのように社会にとって不可欠な施設は、どこかに建設しなければならないものである。しかしながら、そうした施設は近隣に悪臭や環境リスクをもたらす可能性がある。そのため、自分たちの身近な場所には建設をのぞまないのが普通であり、実際に住民による建設反対運動の動きは各地で生じてきた。

こうしたＮＩＭＢＹ問題研究は、一九八〇年代以降のアメリカにおいて、環境的正義論と結びつく形で発展した（鈴木 2015など）。そうしたプロセスを経て、ＮＩＭＢＹ問題のひとまずの解決の方向性として「結果としての便益と被害のバランスを是正する分配的公正」と「開発に関わる意思決定の権限を付与する手続き的公正」をめざすことが大まかな一致点であったといえよう（鈴木 2015：7）。このことは社会的にも容認されてきたといえる。いったい誰がリスクをともなう施設を受け入れるのか、他者に押し付ける理屈とはなにか。その答えとして、構造的に存在する地域間格差に配慮した「適正地」を科学的に示し、「適正地」と判断された地域社会の当事者たちの同意を、〝正しい〟手続きによって得ることが望ましいこととされつつある。ここでの〝正しい〟手続きとは、徹底した情報公開のもと主体間の平等性に配慮して合意形成をおこなうという手法である。こうして、日本においても迷惑施設の「適正地」を検討する研究（下地 1999：大澤他 2002：大角他 2008など）や合意形成の研究（寄本 1989, 1992：金 2004など）が蓄積されてきた。

これらの一連の研究は、迷惑施設の立地問題を実践的に解決することに寄与してきた。しかしながら、熊本博之はその危うさを次のように指摘する。すなわち、地元の同意を得るという合意形成のレベルに議論が終始しているかぎり、根本的な解決にはならないというのである（熊本 2010：32）。同様な指摘は他にもある。土屋雄一郎は、具体的な事例研究から、合意形成の場において民主主義的な〝正しい〟手続きが目指されることによって、迷惑施設に反対する人びとの感情に届くような話し合いや彼らの納得をえることは困難になってしまうという（土屋 2004）。これらの指摘は、迷惑施設を受けいれる地域住民の声に向き合うことなく、客観的な手続きを重視し地元の同意を得ることがそのままＮＩＭＢＹ問題の解決になるわけではないことを警告している。

では、いったいどのように地元の納得をえればよいのであろうか。本章では、少し別の方向から、この問題を考えてみることにしたい。それは、冒頭で述べたように、事例の検証から、迷惑施設を受け入れる地域社会の納得の在り方を探る、という方向性である。

2 ごみ処理場誘致の経緯

地域づくりにも積極的な集落

本章で扱う事例地は、琵琶湖に面した滋賀県彦根市A町のB集落（約九〇戸）である。A町は、B集落とC集落（約五〇戸）で形成されている。[2] B集落は、活発な地域づくり活動で知られる地域コミュニティである。[3] 事例地が取り組む活動を簡単に列記してみると、オーナー梨園、環境保全型農業、里山の再生活動、桜の植樹活動、集落内の運動会などである。これらの活動には、B集落自治会としておこなっているものもあれば、自治会の下部組織や有志が主体となっている活動も含まれている。

B集落では、こうした地域づくりの一環に、ごみ処理場の誘致も含まれている。誘致問題を考えるにあたっては、A町内で起きた琵琶湖内湖に関わる地域開発の顛末を理解することが必要である。次項で簡単に見てみよう。

地域開発により生じた「非農用地」問題

町内にあった内湖は、A町の人びとにとって重要な場所であった。そこは、長く漁労の場であり、かつ祭祀の際の重要な憩いの場であった。

古くからA町は水害常襲地帯であり、災害とつねに隣合わせであったため、農業は不安定であった。一七〇〇年ごろの平均石高を見ると、A町は一人あたり〇・三五石ほどで湖岸のほかの集落と比べても少ない（彦根市史編集委員会編 2008）。そのため、生活を維持するうえで内湖は貴重な場であり、明治期にはA町に漁業組合が成立し、半農半漁村であったA町の生活基盤を安定させようとしている。祭りのときには、田舟を四～五艘ほど連結させて神輿をのせ、内湖を旋回したという。祭りにあわせて近隣の親戚を招き、沼の上で共同飲食するのが恒例の行事であった。

このようにA町の人びとにとって、内湖は生業にも生活にも密着した場所であった。この内湖の干拓が検討されだしたのは、一九五〇年代の話である。戦後の食糧難の時期、低湿地帯の多いこの地域では、乾田化と安定的な用排水管理の必要性が高まっていた。くわえて、A町近隣を流れる川の上流で、遊水地の開墾事業が盛り込まれた国営ダム建設の話が持ち上がり、下流地域では水害への危機感が高まった。これらの要因から、A町での排水改良事業がすすめられ内湖は干拓されることになった。田に向かうにも、集落内の移動にも田舟を使っていた水郷地帯において、排水改良事業とその後に続く内湖干拓はひとつの転換点となった。当時、B集落在住で、土地改良区の重役であったT氏(4)は、このような社会背景のなかで、A町を水郷地帯から農業地域へと変貌させるように尽力した人物である。

戦後におこなわれた排水改良事業や内湖干拓事業などの一連の土地改良事業（以下、干拓事業）は、一九五七年に排水改良事業が開始され、内湖干拓事業が一九六三～一九六九年にかけておこなわれた(5)。しかしながら、干拓した農地は高低差が激しく、一部は沈下してしまうために、干拓地全域へ土を盛る嵩上げ事業が一九九二年から取り組まれることとなる。

嵩上げ事業を主導したのは、当時土地改良区理事長であったB集落のU氏(6)である。A町近隣の河川が一九九〇年に氾濫し、河川改修の話がもち上がったことを契機に、U氏は河川改修で出る大量の残土を使い、内湖干拓地の嵩上げを模索し、結局この嵩上げ事業は二〇〇八年に終了した(7)。

干拓事業と嵩上げ事業を経て、A町の農地は大規模に圃場整備された。だが、嵩上げ事業で造成された一二八ヘクタールのうち、約一三ヘクタールの土地が沈下をしてしまい、空き地が出現することになった。この空き地＝「非農用地」が、A町にとって大きな問題となったのである(8)。

その問題とは、「非農用地」をどうやって有効活用するのか、という問題である。そもそも、「非農用地」指定を

表6－1　B集落における地域開発

年代	取り組んだ地域開発	地域リーダー
1957～1969年	干拓事業	T氏（土地改良区重役）
1992～2008年	嵩上げ事業	U氏（土地改良区重役）
2010年代	ごみ処理場誘致，ほか	X，Y氏（自治会長経験者）

出所：聞きとりより筆者作成。

した場所は、干拓以前から底なしの場所として認識されていた。干拓事業後もこの場所はとくに沈下が激しく、U氏は嵩上げ事業を計画している当初から農地利用ができない場所として、「非農用地」申請をしたのである。(9) そのため、いったい誰がこの「非農用地」の土地を所有するのか、「非農用地」をどのように利活用するのか、が大きな問題となったのである。この「非農用地」の有効活用のために、U氏の次の世代のリーダーである、B集落のX、Y氏らは、ごみ処理場誘致を試みたのだ。これまでの経緯をまとめれば、表6－1に整理できる。

しかし、この「非農用地」の問題（土地の有効活用）は、集落の人びとにとって、ごみ処理場を自分たちの集落内に誘致してまで解決する必要があるほどの課題なのだろうか。事例地の経験を通して、「非農用地」問題の意味を解釈していきたい。

3　地域社会の経験からみた「非農用地」問題

本節では、干拓事業時、嵩上げ事業時、ごみ処理場誘致時の各リーダーに着目しつつ、一連の地域開発の経緯についてみていくことにする。(10) その際、「非農用地」問題に関わる、所有・権利関係をおおまかに追っていくこととしたい。

田舟からおさらば――干拓事業

一九五七年に開始された内湖干拓事業は、すぐに住民の抗議行動を受けた。住民は、事業にともなう漁業への支障や圃場の潰廃に不満をあらわにしたのである。事業の計画段階においては、水路を残し、漁港を増設して水産業に力を入れるとしていたものが、実施段階になると、水路を埋め立て、漁業を断念する方向へと向かうことになったためである。[11] さらに拍車をかけたのが、一九五九年の伊勢湾台風である。台風後の災害復旧もままならない状況下で、住民の不満は爆発した。抗議行動は、換地をはじめ用地買収拒否や賦課金の滞納など多岐にわたるものであった。

集落内部の抗議行動によって、一時事業は硬直状態となった。ではどのように集落内の住民を説得したのであろうか。説得のポイントは2点であった。ひとつは内湖干拓による経済的補償であり、もうひとつは地域内の事業推進主体の縦走的な説得活動である。一点目の経済的補償とは、内湖干拓によって生じた農地補償である。干拓田七二ヘクタールはすべてA町の漁業補償をかね、希望する家に購買権が賦与されて、A町総戸数の三分の二以上の家が農地を購入した。二点目のT氏をはじめとした住民への説得活動とは、次のようなものである。この時期のB集落では、T氏のような広域の土地改良区の役員と集落内の土地改良委員は兼任することがつねであった。この土地改良委員は、委員長を筆頭に工事委員、換地委員、営農委員、水利委員などで構成され、個々の農家から同意を取り付ける重要な役割を担っていたという（柏尾 2003）。調整が難しい場合は、土地改良区役員や市職員、県職員が駆り出されたが、おおむね集落内の土地改良委員によって重層的に説得がなされた。

こうして、「田舟からおさらば[12]」という合言葉とともに、干拓地の配分計画、換地計画に関わる難問や工事の進展にともなう補償問題などを解決し、A町は用排水事業開始から一二年の歳月を経て干拓事業を成し遂げたのである。所有権について整理をしておくと、内湖は公有水面であり、A町の漁業組合は利用料を県に支払ってきた。[13] その内湖は干拓事業により田となり、集落の三分の二以上の家が所有する個人所有の土地となったのである。

「非農用地」問題の発生——嵩上げ事業

干拓事業から二〇年ほど経ち、A町は嵩上げ事業に取り組むこととなった。近隣の河川が一九九〇年に氾濫し、河川改修の話がもち上がったことを契機に、U氏は河川改修で出る大量の残土を使い、内湖干拓地の嵩上げの方向を模索した。

U氏は、「干拓を優等生で卒業する」[14]ことをA町の至上命題としてきた。その熱意は尋常なものではなかったといわれる。U氏はT氏の部下として干拓事業を成し遂げた。住民の反対を押し切って生活に密着した沼を埋め立てたという当時の決断が否定されないように、干拓後の高低差や沈下する場所が多くあった農地を「優等生」の農地にするという考えは、外的な条件が整ったときに使命感へと変わったのだと想像される。また、そうした嵩上げ事業に対するU氏の執念は、A町の人びとにも一定程度理解されたといえる。高低差のある農地、沈下する農地での農作業は誰もが嫌がるであろうし、自分たちも最終的には納得して干拓事業をおしすすめてきたためである。

U氏は、総工費約四・六億円にもなる嵩上げ事業を、干拓地の公共事業残土利用盛土工事、県営土地改良事業、集落環境整備事業の複数の事業にすることで、地元負担をほとんどなくすことに成功した[15]。国や県の事業による補助金を同時並行的に組み合わせて、地元負担をほとんどなくすというマジックを実現するためには、土地改良区メンバーらの協力があったこと、近隣で急な河川工事が生じたことなどを差し引いても、U氏は多くの苦労をしたに違いない。たとえば、Y氏が述べるには、U氏は土地改良区を通じて、市、県、国に働きかけ、いつも資料作成に追われていたという[16]。

しかしながら、この事業は、計画の当初から、地域コミュニティ内の土地所有問題を生み出すことが十分予測できたものであった。干拓以前から底なしの場所として認識されていた土地は、沈下が予測された。そのため、この土地を「非農用地」に指定し、農地利用できない場所として事業申請したのである。嵩上げ事業には、「非農用地」を誰が所有するのかという、避けて通れない問題が存在していた。

棚上げされた「非農用地」問題

嵩上げ事業の計画段階で、大きな課題となったのは、農地にできない沈下の激しい土地（非農用地）をどのように町内で処理するのか、という問題である。A町が嵩上げ事業のために立ち上げた、「むらづくり委員会」（当時の代表者U氏）の当初の方針では、干拓全域の土地所有者全員が〝平等〟に非農用地をもつことにしていた。しかしながら、主にC集落の農家から強い反対があったために、結局は各家の判断に委ねられることになった。[17]

次の一手としてA町は、非農用地の利活用を模索していく。それは、非農用地を〝緑の広場〟のような公的な場として活用することで、行政に土地を買い取ってもらい、非農用地を所有することになる人びとに利益をもたらそうとする方法であった。[18]U氏は、あくまで自分の案は、「まったくの画に描いた餅」であるということを説明したうえで、臨時総会にて次のことを訴えている。

まず非農用地は地盤が悪いうえに国定公園の麓にあり、企業による開発ができないため、選択肢はとてもかぎられている点を説明した。そのことを前提に示した案は、地盤の悪い非農用地を県の指定事業である「広域投棄場」（建設残土などの埋立地）にすること。そして広域投棄場の容量がいっぱいになった後、市が「公共的な施設の土地用地」として非農用地を利活用するというものであった。この時点で、U氏はある程度、市との交渉を進めていた[19]という。

この青写真は、臨時総会において承認されることになる。[20]くわえて、非農用地に換地を希望するものもでてきた。だが、そうした矢先に、U氏の計画は頓挫してしまうことになる。リサイクル法の改正で、建設廃材は再利用が義務付けられることになり、県の環境事業公社が処理場の計画を断念したのである。このことを受けて、「むらづくり委員会」は、急いで非農用地の換地希望を取り直している。土地の買い取り手がつかなくなった非農用地は、「どうしようもない土地」へと逆戻りしたためである。「むらづくり委員会」は、非農用地利用の「青写真」が白紙になったことをA町の人びとに連絡し、再度非農用地換地希望者を募ったのである。

以上のような経緯の下、非農用地の所有問題は、次のような形で落ち着くことになる。B集落、C集落の共有地や組持ちの土地を非農用地へできるだけ集めたが、両集落はあわせて四・四ヘクタールの共有地しか嵩上げ対象区域に所有していなかったため、私有地は約九ヘクタールを占めることになった。非農用地を所有することになった人は、A町で約三〇人である（うちU氏は自分の農地の多くを非農用地へ換地した）。約九ヘクタールの私有地を所有したのは主に、近い将来農業をすることが見込めない家、自治会や土地改良区から依頼されて非農用地へ移った家などである。
こうして、B集落は一連の嵩上げ事業の完了の一方で、利用見込みの立たない非農用地所有者を生み出すことになった。言い方を変えれば、非農用地地権者の犠牲のうえに、嵩上げ事業は完了したことになる。これ以降、非農用地の所有者が集まって「非農用地管理組合」を立ち上げ、「むらづくり委員会」とともに非農用地の利活用問題に取り組んできた。だが解決策の目処が立たず、一〇数年の歳月が経ってしまう。「非農用地」問題はいわば棚上げの状態となってしまったのである。

地域コミュニティ運営の危機

「非農用地」問題の解決の目処が立たず、「非農用地管理組合」の組合員でもあるU氏への風当たりが強まるなかで、X氏やY氏ら（両者ともB集落自治会長経験者）が「非農用地管理組合」の役員に名乗り出ることになる。(21)

X氏、Y氏は非農用地所有者ではないにもかかわらず、組合役員に就いて、「非農用地」問題を解決すると宣言した。A町のむら仕事に関わる役員はもち回りがほとんどだが、彼らは「非農用地管理組合」役員を解決策の見通しをつけるまで続けると表明したのである。この決断は、非農用地地権者ではないX氏たちさえも、この「非農用地」問題は無視できないと認識したことを示している。いったいX、Y氏らは、「非農用地」問題のなにを無視できないものと考えたのであろうか。

この「非農用地」問題をX氏は「ムラ運営の危機」と表現する。それは以下のようなことであろう。これまで、干拓事業と嵩上げ事業において、T氏やU氏をリーダーとする土地改良区メンバーがA町の地域開発を先導してきた。しかし、「非農用地」問題の発生によって、地域リーダーへの信頼が損なわれることになった。具体的にはU氏への住民の不満として噴出したわけであるが、そのことは単なる個人的な信用の欠如だけにはとどまらなかったのだといえる。すなわち、地域リーダーであるU氏への信用の欠如は、嵩上げ事業によって生じた「非農用地」問題を放置する地域コミュニティへの信用の欠如を意味する側面があったのであろう。だからこそ、X、Y氏らは、いこう。

「ムラ運営の危機」ととらえ、組合役員に就いたと考えられるのである。

では、節をあらためて、X、Y氏らが「ムラ運営の危機」ととらえた「非農用地」問題への対応を具体的に見て

4　負担の分有化――「非農用地」問題の解決に向けて

負担を分けあう

「非農用地」問題解決に向けた活動のなかで、もっとも規模が大きい解決策のひとつは、ごみ処理場誘致活動である。この計画が考えられたのは、市のごみ処理場が飽和状態となり、次の代替地を探しているという情報をY氏が掴んだことがきっかけであった。Y氏は当時市役所職員であり、その伝手を利用して非農用地への誘致を模索したのだ。集落と市との水面下の交渉を取り持ち、数年かけて地盤確認のためのボーリング調査実施にまでこぎつけたのである。

ボーリング調査をするうえで、A町での了解はとれていた。ごみ処理場を誘致するかもしれない状況は、個々の住民にとってはたいへんなものであったろうが、それよりも「非農用地」問題の解決が優先事項であることを住民らは納得したのである。このことは、嵩上げ事業完了に不可欠であった非農用地地権者の負担を、A町みんなで分け合うということに納得したとみることもできる。なぜなら、ごみ処理場という迷惑施設を受け入れ、非農用地を売却することで、非農用地地権者の負担は解消される一方、非農用地地権者も含めたA町住民全員が身近な生活環境にごみ処理場を受け入れることになるためである。ここでの非農用地地権者の〝負担〟とは、「非農用地」をもちつづける将来的な不安や地域開発により生じた地権者間の格差を放置する地域への不満といった心理的な側面が大きいといえる。「非農用地」をもつことで生じる税金などの経済的な負担は、当面「むらづくり委員会」が補償していたことからも、そのように考えるのが妥当であろう。

しかし、ボーリング調査の結果、地盤が深すぎるということで、ごみ処理場は建設不可能と判断されてしまった。こうなると、X氏らは抜本的に「非農用地」問題を解決する道筋を失うことになった。だが、X氏やY氏らは、「ムラはあの土地（非農用地）を見放さない」ということを、総会を通じてA町の人びと全員に呼び掛け、地道な活動を重ねていくのである。

地域コミュニティによる負担の分有化

では、その後のX氏、Y氏らの活動をみていこう。ここで取り上げるのは、オーナー梨園の活動と、街路樹の植樹活動である。これらふたつの活動をみるだけでも、X氏、Y氏らがなにを目的に活動していたのかを理解することができよう。

ひとつめの活動であるオーナー梨園は、非農用地の比較的沈下しにくい場所に造成したものである。毎年梨園の木一本一本に対してオーナーの募集をかけている。この梨園の構想は嵩上げ事業当初から計画されてきたものであり二〇〇四年に造成された。その運営に当たっては、「非農用地管理組合」と「非農用地利活用推進委員会」が相談のうえ方針を決定し、梨生産組合と技術連携して取り組んでいる。

管理組合役員に就いたX氏らは、この梨園に精力的に関わってきた。たとえば、オーナーの揃うイベントにはX氏らを中心とした人びとがその運営を担っている。また、オーナー梨園の敷地には宣伝用看板がふたつあるが、それらはX氏やY氏らを中心としたボランティアが設置したものである。オーナー梨園への積極的な働きかけは、彼らが「非農用地管理組合」役員であるということだけでおこなっているものではない。働きかけをおこなうことで、非農用地問題は地権者だけの問題ではないことを示すことにもつながっている。非農用地をもっていないX氏をはじめとした人びとが、非農用地に率先して働きかけをおこなうことで、その土地は、単なる私有地ではなくA町みんなの土地であると示すことになるからである。

非農用地を「みんなの土地」へと意識化させる方法は、非農用地管理組合のルールである土地の売買禁止とも重なる。土地売買禁止ルールの意図は、主に非農用地地権者が勝手に土地売却するのを禁止し、非農用地がスプロール化するのを防ぐことにある。虫食い状態になれば、ごみ処理場誘致のような抜本的解決の道が無くなってしまうためである。主にはこうした理由でルール化されているのであるが、結果的に非農用地は単なる私有地ではないということを示すことになっている。

もうひとつの活動は、Y氏が自治会長のときにおこなった桜の植樹である。これは「非農用地組合」役員としておこなった活動ではないが、「非農用地」問題に関わるB集落に向けられた活動としての意味をもっている。非農用地にはもともと農村公園などの都市交流型施設を造成する予定であったため、B、C集落間を走る県道から非農用地まで幅の広い道路がつくられていた。非農用地の大規模な利活用の見通しがつかなくなり、現在は舗装されていない砂利道のままであるが、Y氏はその砂利道に沿ってB集落全戸が参加しての桜の植えつけを企画した。一戸一本の桜を植えたので約九〇本である。それぞれの家の桜には名札がつけられ、家族の氏名が書かれた。

この作業は総額六〇万円もの費用がかかった。その理由は、コンクリートで整備された砂利道脇のスペースに桜の植えつけをしたためである。わざわざコンクリートを切り抜いて「非農用地」につながる砂利道脇に桜を植えたのだ。この費用はB集落自治会から捻出された。Y氏は非農用地に続く砂利道に集落すべての家が桜を植えることで、「非農用地」問題は集落全体の問題であることを村人へ示したのである。

以上のふたつの活動からもわかるように、ごみ処理場誘致に失敗した後も、「非農用地」は集落全体の課題であると訴えることで、わずかなりとも非農用地地権者の心理的な負担を集落で分有化しようとしていることがうかがえよう。

われわれ意識と不平等の緩和

ここで、土地所有の観点から事例の整理をしつつ、「われわれ意識」と負担の分有の関係について考察を加えておこう。

地域開発の舞台となった内湖は公有水面のため、利用者であるA町漁業組合は県に利用料を支払ってきた。内湖は干拓事業により田となり、漁業者（多くは兼業漁家）へ優先的に増反され、また希望する農家にも購入の権利が与えられ、集落の三分の二以上の家が干拓地を所有することとなった。その後、干拓地の嵩上げ事業を経て、多くの農家は大規模圃場を得ることで開発の恩恵に預かる一方、非農用地地権者はその事業が完工するための犠牲となってしまった。この一連の地域開発で生じた地権者間格差が問題となったのである。

そもそも、一連の地域開発は、基本的にA町のみんなが恩恵を得るべきものであったと思われる。A町漁業組合が利用権を得て共同利用してきた内湖ではあるが、集落の人びとの祭祀等の場であり、オカズ取りの場でもあった。また、干拓田の購入権利を希望する農家に与えたことからもわかるように(22)、干拓田となる以前の内湖はみんなのものとしてとらえられていたと考えられるためである。しかしながら、「みんなのもの」としての内湖が、私有地として分割され、さらに地権者間で格差が生じたのである。法律上は私有地であっても、地域の人びとの意識としては非農用地地権者の負担を無視できなかったと考えられるのである。

さてA町では特定のコミュニティ成員の負担にどう対処したのか。「非農用地」は、地盤が沈下する利用用途の見込みがつかない土地である。そこでまず「非農用地管理組合」を立ち上げ、土地の売買禁止をルール化した。そして、ごみ処理場の誘致によって「非農用地」を売却し、地権者の負担を解消する代わりに、迷惑施設を受け入れ、地域全体で負担を分有しようとした。この計画が頓挫した後も、「非農用地」を所有していない地域リーダーらがオーナー梨園などの活動に取り組んだ。前項で取り上げたふたつの活動に共通しているのは、「非農用地」を集落みんなの土地として認識してもらうことであった。すなわち、「非農用地」は集落みんなの土地であり、「非農用地」はみんなの問題だという認識を通して、われわれ意識を醸成させることが、わずかなりとも非農用地地権者の心理的な負担を分有化し、彼らの不満を抑える役割を果たすと考えられているのだといえよう。

第Ⅱ部のテーマである、「コミュニティはなぜわれわれ意識を保持するのか」という問いに、この事例から答えるとすれば、われわれ意識には、コミュニティ内で不可避的に生じる切実な不平等を緩和する役割があるためだということができよう。

5　ＮＩＭＢＹ問題の解決に向けて

本章の目的は、事例地集落がごみ処理場を誘致した理由をあきらかにすることであった。その理由は、地域開発によって生じた特定の成員の負担を地域コミュニティ全体で分有化するためであったといえる。また、梨のオーナー制度や桜の植樹活動のような一見私たちが地域づくりとして理解しやすい活動も同様の理由によっておこなわれていた側面がある。すなわち、地域コミュニティの「負担の分有化」という論理を根底におき、その表出のしかたが「迷惑施設誘致」であり、「まちづくり」であったということである。

迷惑施設立地地域の将来的な地域づくりまで見通した場合、こうした地域コミュニティ成員がよりどころとする「平等性」を救い上げる方策を考える必要があるのではなかろうか。そこにこそ、ＮＩＭＢＹと表現される社会的な不平等を前向きに解決できる道が拓かれているように思う。

人類学者の寺嶋秀明は、平等と不平等をめぐる人類学的研究を、平等の基本的なとらえ方の違いからふたつの研究群に分類している（寺嶋 2004）。ひとつは、始原的な人間集団はなにももたないから平等なのだ、という前提から出発し、時代を経るごとに社会が複雑化（近代化あるいは資本主義化）して、不平等が拡大していくという考え方である。この平等概念は、啓蒙時代から社会思想・政治思想の分野において思弁的に語られ、人類学へと至る流れに位置づく。もうひとつは、「共存原理としての平等・不平等」研究といえる。この研究群は、始原的な社会とみなされがちであっても、ある価値に基づくヒエラルキーがあるからこそ、組織の統率がとれるのであり、そうであるがゆえに、不平等の構造下で共に生きるうえでは、状況・文脈依存的な平等や不平等がことのほか重視されてきたことを主にあきらかにしてきた。寺嶋はこのような分類をした後、後者の研究群の視点からでないと、平等性や分かち合いの根源的な楽しさや可能性を知る道は閉ざされてしまうと指摘する。

本章にひきつけて言えば、寺島の指摘は次の点で興味深い。前者は社会制度との関連で語られてきた平等といえる。「社会全体として実現すべき平等と排除すべき不平等を決定すること、それが達成されるように法律整備や政策決定をおこなうこと、そして、それを検証し評価すること、これが制度の観点から見た平等論の中心である」（寺島 2004：10）。他方後者は、どのような社会にもある不平等構造のなかで、社会生活を成り立たせる人びとの平等のありようをみてきた。換言すれば、社会生活を維持するうえでの「社会の中で日常を生きる個人の行動や思考を突き動かすものとしての平等や不平等」（寺島 2004：10）をとらえようとしてきたといえる。

もちろん構造的格差の是正も必要な主張であるが、地域の納得という点を重視すれば、後者の文化的・文脈的な平等性が人びとにとってより切実なものであることが重みをもってこよう。その一例は本章で示してきた。

現代社会におけるＮＩＭＢＹ問題を考えたとき、本事例から指摘できるのは、〝正しい〟手続きによる合意形成の難しさである。合意形成の場で重視される平等論では、地域コミュニティ成員の納得には届かないのではないだろうか。迷惑施設を誘致するほどに切実な課題を抱えた地域コミュニティの不平等は、地域の歴史や文脈に強く依存していた。だからこそ、その不平等の是正を地域的な納得をもって対処することができ、その行為がまちづくりとしての意味をももったのである。合意形成の場で支配的なルールとなっている、科学的妥当性と民主主義的な対話では届きにくい、地域の個別具体的な経験と結びつけてこそ、地域の納得がえられることを私たちはいまいちど認識すべきではなかろうか。

注

（1）二〇一〇年六月一日、Ｙ氏への聞き取りより。

（2）本章では、両集落で取り組んだ活動の場合はＡ町、集落で取り組んだ場合はＢ集落と分けて記述する。

（3）Ｂ集落の地域づくり活動は、豊かなむらづくりの実施主体として全国表彰を受けるほどである。

（4）Ｔ氏は当時、滋賀県土地改良事業団体連合会の理事、土地改良区の重役を歴任しつつ、Ａ町漁業協同組合の理事長、滋賀県漁業協同組合理事も務めていた。町議会議員でもあり、Ｂ集落ではＴ氏の活動歴を綴った冊子がつくられるほどの人物である。

(5)　この事業は、総工費約四・六億円、対象となった土地は約一二〇ヘクタール、という大規模なものであった。

(6)　U氏は、T氏の部下として土地改良区で働いていた経験をもつ。

(7)　嵩上げ事業は、着工から一六年の歳月を要した。受け入れ土量二二〇万立法メートル、総事業費約二一・六億円、対象となった土地は約一二八ヘクタールという大規模な事業であった。

(8)　「非農用地」の課題は、嵩上げ事業の完了式典のパンフレットにもうかがえる。

「……この事業〔本章でいう嵩上げ事業〕によりできました約13ヘクタールという広大な非農用地の利活用につきましては未だ決定できず、B、C自治会〔筆者置換え〕にとって大変大きな課題であります。今後、両自治会自らが活路を見いだすべく努力して参ります……」(〔　〕は引用者による)。

(9)　一般的に〝非農用地〟とは、圃場整備等の事業において、農用地のほかに従前にあった道路、水路の整備や新たに宅地、ライスセンター用地、公園などの公共施設用地などに適用できるよう設定可能な土地のことを指す。事例地では、沈下する土地であったために、嵩上げ事業の際「非農用地」として申請しなければならなかった。

(10)　地域リーダーを時系列的に把握し、コミュニティをとらえようとする手法は、中野卓の漁村モノグラフ研究を参考にしたものである(中野 1996)。本章は、方法論的には、生活環境主義の「言い分」を経験論的に深めようとする試みである。鳥越皓之は、「言い分」を把握することが調査者の最重要な課題と述べた後、次のように述べている。「ただこの『言い分』の本質や、変化の方向を知るためには、各人や各組織体の『経験』にまで降り立って調査をしなければならないことはいうまでもない。ライフヒストリーの手法や、時間要因を入れた(歴史的)分析がここでは不可欠なものとなるのである」(鳥越 1997：40)。本章は主に、時系列的に複数の地域リーダーに焦点を当てることで、各人の経験から地域社会を先導した動機を分析的に取り入れ、一見不可解な、ごみ処理場の誘致を試みざるを得なかった事例地の事情を把握しようとしている。

(11)　事業計画では漁場や水路を残して、公有水面を埋め立てる予定であったが、事業途中で琵琶湖逆水灌漑方式へと方向転換した。この方式は、一斉パイプ送水をおこなう灌漑方式である。すなわち、従来の漁業兼業を断念することを意味したのである。なお、この地域の干拓事業に関して、柏尾珠紀は詳細な整理をしており参考となる。しかしながら、本章では地名を伏せるため、柏尾の論考は文献一覧に掲載していない。

(12) 二〇〇九年一一月一六日、U氏への聞き取りより。
(13) A漁業組合事務所「歳出内訳簿」より。
(14) 二〇〇九年一一月一六日、U氏への聞き取りより。
(15) B集落、C集落の営農組合を対象におこなわれた経営体（担い手）育成基盤整備事業（県営土地改良事業のひとつ）に対する地元負担率は一二・五％であった。残りは国や自治体の補助金となっている。しかしながら事例地では地元負担金をほとんど出していない。その理由は、公共事業残土利用盛土工事によって、その地元負担金分を市から引き出したためである。盛土工事の主体を市が担うことで、県から市へ残土を受け入れる際の補助金（県が一般団体へ残土を受け入れてもらう場合は補助金が出ない）が渡り、嵩上げ予定地を土地所有者から市が借りて盛土工事をすることで、その貸借料を土地所有者（主にA町住民）へ支払う。その土地貸借料を土地改良区がプールし、そこから緊急に必要な地元負担金のほとんどを賄ったのである。
(16) 二〇一〇年六月一日、Y氏への聞き取りより。
(17) 平等性を重んじてきた事例地だからこそ、C集落の農家のつよい反対があれば、その他の家で少しずつ非農用地をもつという判断はできなかったと考えられる。
(18) 平成四年三月二二日A振興会臨時総会議事録によると、U氏は非農用地の利活用について詳しい説明をしている。
(19) U氏はこうした計画を描くために、建設残土の危険性を見極めようと専門的知識を深め、近隣の広域投棄場の見学にも行ったという。
(20) 稲作や梨栽培耕地の隣に建設残土を埋め立てるというのは、農業を営む人たちからすれば受け入れにくいことであった。実際、臨時総会においても近隣農地への影響について話し合われているし、日常的にもU氏に反論する人びとはいたようだ。しかしながら、嵩上げ事業に熱意を傾けるU氏らの働きや、「非農用地」問題を人びとが認識していたということもあり、臨時総会で承認を得られたという。
(21) ある村びとによると、一時は村八分のようであったといわれる。もちろん、U氏は地域のために尽力したのだが、少しやりすぎたというのだ。この村人が説明するには、盛土工事の際、最後まで盛土を拒否していた梨農家の説得に失敗したにもかかわらず、その梨農家の土地の周りに盛土をはじめたことなどを例に挙げ、その〝やりすぎ〟の側面を主張している。加えて指摘しなければならないのは、U氏への風当たりが強まったのは、非農用地をもつことによって非農用地地権者たちが経済的な不利益を被っているからではないということだ。「むらづくり委員会」は、換地作業の際に非農用地地権者へ一定程度の補償を約束している。また、そうした補償期限が切れた後も、「非農用地管理組合」が非農用地にかかる負担を個人の代わりに支払っているのである。つまり、U氏への風当たりが強まったのは、一連の嵩上げ事業によって、利益を受けた人となにも利益を得られなかった人の間に生じた心理的な不平等に起因していると考えられるのである。

(22)　実際、価格が折り合わずに購入を断念した農家もあったが、権利としては農地を必要とする家すべてに与えられたものであったといえる。

文献

彦根市史編集委員会編、二〇〇八、『彦根市史』。

金今善、二〇〇四、「迷惑施設の立地をめぐる政策執行過程における『合意形成』――東京都日の出町最終処理場立地紛争を中心に」『東京都立大学法学会雑誌』45(1)：三一三―三七〇頁。

熊本博之、二〇一〇、「迷惑施設建設問題の理論的分析――普天間基地移設問題を事例に」『明星大学社会学研究紀要』30：二七―四一頁。

中野卓、一九九六、『鰤網の村の四〇〇年――能登灘浦の社会学的研究』刀水書房。

大澤義明・ドミニクペータース・古藤浩、二〇〇二、「便益・迷惑施設配置問題と最適近傍領域――茨城県・山形県の市町村データを用いて」『ＧＩＳ――理論と応用』10(2)：四九―五八頁。

大角盛広・石井博昭、二〇〇八、「競合する基準のもとでの迷惑施設配置問題」『神戸学院大学経営学論集』5(1)：七三―八九頁。

清水修二、一九九九、『ＮＩＭＢＹシンドローム考――迷惑施設の政治と経済』東京新聞出版局。

下地真樹、一九九九、「近隣迷惑施設と負担・便益の帰着」『六甲台論集――経済学編』46(1)：七七―九六頁。

鈴木晃志郎、二〇一五、「ＮＩＭＢＹ問題から考える『迷惑施設』」『都市問題』１０６(7)：四―一一頁。

寺嶋秀明、二〇〇四、「人はなぜ、平等にこだわるのか――平等・不平等の人類学的研究」寺嶋秀明編『平等と不平等をめぐる人類学的研究』ナカニシヤ出版、三―五一頁。

鳥越皓之、一九九七、『環境社会学の理論と実践――生活環境主義の立場から』有斐閣。

土屋雄一郎、二〇〇四、「『公論形成の場』における手続きと結果の相互承認——長野県中信地区廃棄物処理施設検討委員会を事例に」『環境社会学』10：一三一—一四四頁。

寄本勝美、一九八九、『自治の現場と「参加」』学陽書房。

寄本勝美、一九九二、『地球時代の環境政策』ぎょうせい。

第7章　ムラ入り賦課金をめぐる「共在性」の論理

――茨城県石岡市X地区におけるよそ者の分離／包摂の事例から

閻　美芳

1　生産上の秩序と生活上の秩序の相克

日本の農山村は、一九七〇年代を境に、大きくその姿を変えたといわれる。従前の村は、村びとの生活の場であると同時に、生産共同体としての側面もあった。そのため村の生活秩序は、生産の拠り所となる土地の広さに大きく左右されていたから、自分の土地を増やしていくには、隣の家への細心の注意と行き届いた配慮が必要であった（守田 1978）。なぜなら、「隣家に蔵が建つと腹が立つ、というのは、ねたみだけではない。村の中はひろさがきまっているので一人が土地持ちになれば、かならず一人が土地を失っているもの」（宮本 1972：314-315）だからである。つまり、村びとの農地所有の変化が、そのまま当該農家の生活の内実や、村におけるその家の位置づけに関わっていたのである。

そのため、農地の転売は村外にではなく、できるだけ村内でおこなわれるべきであるとされてきた。この点に着目した川本彰は、村の土地には私有、共有、総有の三つの次元があり、「ムラ全体の土地はムラ全体のもの、オレの土地もムラ人全体のオレ達の土地」であるとし、総有された村の土地は「オレ達の土地」であると表現した（川本 1983：243)。さらに川本は、水田などの農地を念頭に、その「購入、借用、請負のいかんをとわず、ムラ人たち全員のすべての承認、ないしは黙認が必要である。ムラ人から信頼されていない人に土地集積は困難である」とした（川本 1986：116)。

右のように村内の土地には、村内秩序を守るために、実際上の厳しいきまりが存在していた。ところが、一九七〇年代以降になると、農地を村外に転売する事例がいくつも報告されるようになった。それは混住化の現場をはじめ、数多くの地域で確認された。たとえば、東北稲作の村を調査し続けてきた細谷昂は、土地の売買はむしろ「部落外の人」との間になされ、その理由は「その方が高く売れる」からであると報告した（細谷 2012：340-341)。土地の売買を村外へもおこなうようになった背景には、農業生産面における村の機能が縮小し、村における協議事項が次第に生活面にかぎられるようになったことがある。

こうして村外の者に渡ったかつての村内の土地は、「オレ達ではない者」の土地となる。そして「オレ達の土地」と隣接して存在することになる。そのため、生産面ではむらと直接かかわりが無いとしても、生活面、たとえば村の水源がある場合などにおいては、ゆゆしき問題となるのである(1)。

そこで本章では、生産上の秩序と生活上の秩序が土地の転売によって分離してしまった村において、「よそ者」の分離／包摂の様子に注目することによって、村落秩序をどのように維持・変化させようとしているのかについてあきらかにする。そしてこのことを通じて、一九七〇年代以降に日本全国で生じた村落秩序の動揺に対して、単純に村の消滅を待つのではなく、実際に村びとが村をどのようなもの（であるべきか）と考え、行動してきたのかの一端をあきらかにしていきたい。

2　村落秩序の把握方法についての分類

具体的な事例の検討に入る前に、まず本章で取り扱う土地の転売を端緒とした村落秩序の動揺について、これまでどのように論じられてきたかを見ておきたい。単なる土地所有権の移動だけでなく、「よそ者」の移動までを視野に入れると、これまでの研究史は、大きくは次のふたつに整理することができる。すなわち、①客観的な数量によって測られる村落秩序の動揺を問題とする研究であり、具体的には、過疎化による人口の流出、兼業化による村落構成員の内なる異質性の増大や、混住化による村外からの異質性の増大、また六五歳以上が生産人口に占める割合から村落の再生産可能性を測るなどである。[2]もうひとつは、②当の村びとにとって村落秩序の維持とはいかなるものかを問う研究である。ここでは便宜的に、前者を人口の量と質による村落秩序の把握、後者を村びとの価値観にもとづく村落秩序の把握として考察を進めていくことにしたい。

人口の量と質による村落秩序の把握

戦後、村落秩序の動揺・崩壊は、まず農村で暮らす人びとの都市への流出として語られてきた。一九七〇年代から一九八〇年代にかけては、過疎（益田編 1979：永田・岩谷編 1989など）と混住化（高山 1988：二宮・中藤・橋本 1985）が村落秩序崩壊の主要な要因と考えられた。過疎論が問題としたのは、挙家離村などによって村の生産人口が都市に奪われていく側面である。一方の混住化は、一定地域における農家人口と非農家人口の割合を指標として、その進展度合いに注目することで秩序の動揺をとらえようとするものである（高山 1988など）。混住化はさらに内部的混住化と外部的混住化に分けられる。内部的混住化とは、農家の第二種兼業化、農家世帯員における非農業就業者の増加、または離農して非農家となった世帯の増加によって起こった混住化のことを指している。もう一方の外部的混住化とは、地域外部から転入する非農家の増加によって引き起こされた混住化のことを指している。高山隆三は、「混住化地域にみられる土地利用の混乱は、村落が土地管理機能をもっていなかったことと総有に基づく不文律ルールというものが幻であったことの現象としてみるべきであろう」とし、混住化地域に見られる地価の高騰、土地利用の混乱をふまえ、混住化の現場では村落の土地管理機能が喪失していると結論づけた（高山 1988：63-8）。このように、土地の転売によって混住化した現場を分析した研究者には、すでにそこには村落秩序がないと断言する者もあったのである。

右のような主として村落内の農業従事者の人口数をもって村落秩序の維持／崩壊を測ろうとする考え方は、限界集落という言葉の提示によってさらなる展開を見せた。限界集落とは、「六五歳以上の高齢者が集落人口の五〇％を超え、冠婚葬祭をはじめ田役、道役などの社会的共同生活の維持が困難な状況にある集落のこと」を指している（大野 2008：21）。大野晃は、限界集落のほかに、人口と年齢を指標として存続集落、準限界集落、消滅集落など、さらに村のタイプを細分化していった。

この限界集落論をふまえて、限界状況にある農山村においては、維持管理のコストを考えて、積極的に村を撤退し、近くの町でコンパクトシティを作っていくべきであるという「撤退の農村計画」も提案されるようになった（林・齋藤編 2010）。

しかし、このような客観的な指標が一人歩きすればするほど、村びとにとって村落秩序の崩壊（集落の消滅）とは実際にどのような問題としてとられているのかという、現にそこで暮らす人びとの村に対する価値判断が置き去りにされてしまうことになる。そこで、客観的に測ることのできる人口増減といった指標よりも、当の村びとがなぜ過疎や高齢化のような困難な状況の中においても、他出子のサポートを借りながら、頑なに村の存続を図ろうとしているのかに注目する研究が登場するのである。

村びとの価値観にもとづく村落秩序の把握

限界集落論など客観的な指標のみによる判断では、生活困難といわれる中山間地域で暮らす人びとのリアリティをつかみ損ねるおそれがある。徳野貞雄はこの点を危惧し、実際の集落における生活をとらえるには、そこで暮らす村びとだけではなく、世帯類型までを視野に入れた「他出子によるサポート」をカウントする必要があると主張している（徳野 2008）。

他出子による村落秩序の維持に期待を寄せるのは、芦田敏文や、大久保実香なども同様である（芦田 2006：大久保ほか 2011)。たとえば、居住者三七人のうち三三人が六五歳以上となっている山梨県早川町茂倉集落を調査した大久保実香は、他出子による集落の祭りの維持に着目し、人と土地との結びつきがある限りは、集落に居住する人がいなくなることが即ち集落の消滅とは必ずしもいえないとした。

徳野もまた、都市農村交流が盛んに言われ、現在の中山間地域に関心を示す都市住民は多いが、村落秩序の維持・再生にとってはむしろ近親者である他出子に期待を寄せるべきであると考えている。なぜなら、他出子は、経済的と言わないまでも、サービスの点で村びとと結びついているが、都市住民はあくまでも赤の他人であると村びとから考えられているからである(徳野 2008:63)。ほかにも、吉田行宏は、都市住民などの外部者が地域の環境再生に関わろうとする場合、往々にして「歴史的観点」が希薄である点を指摘している。具体的には、当該地域の空間が地域にとってどのような場所であったのか、これまで誰によってどのように利用されてきたのかなどを省みることが外部者にはむずかしいというのである。このような「歴史的観点」に疎い外部者が植林などをおこなおうとすることに対して、地元住民がいかにしてイニシアティブを発揮しうる構造を作り出せるかが課題であると、吉田は指摘している(吉田 2007)。

これらの研究によって示されているのは、一九七〇年代以降の中山間地域においても、村びとはただ手をこまねいて村の消滅を待つのではなく、他出子のサポートを借りて村での生活を成り立たせているという事実であった。他出子の存在に焦点を当てることによって、「村に常住人口がいなくなる」ことがただちに「村の消滅」に結びつかないことが示唆されたのである。しかしこのことは、他出子とのつながりとは違って、「よそ者」(外部者)と村びととの間には生活秩序感覚に埋めがたいギャップがあることも明らかにした。

現在の日本には、行政が推進する都市農村交流ばかりでなく、定年後の田舎暮らし、あるいはスローライフといった形で中山間地域に注目する都市住民が少なくない。そうした中で、「歴史的観点」が薄いことなどを理由に「よそ者」を単純に村の担い手から切り離してしまうことは、不要な軋轢を生み出しかねない。では農地転買などによって「よそ者」が村の空間に入り込み、村落秩序が動揺した場合に、村びとの側は「よそ者」との間にどのような関係を築けば、村落秩序を回復／創造することができるようになるのだろうか。

この問いを考えるにあたって、本章では、茨城県石岡市X地区の事例に着目する。X地区は、土地の村外転売が引き金となって、村の一角に都市からの新住民が一三世帯も流入した。それに対応して村では、土地の村外流出によって生じた村落秩序の動揺を抑えるために、「よそ者」のムラ入りに対して一〇〇万円の賦課金という高いハードルを設けた。しかし、この一〇〇万円というハードルは、単に外部者を排除することを意図したものではなく、なにをもってすれば村びとと呼べるのかを、村びとが熟考した果てにたどり着いた結論だったのである。それでは賦課金を一〇〇万円とした根拠はどのようなものであったのか、また賦課金と村びととの村落秩序意識とはどのように関係していたのであろうか。これらの点を分析することを通じて、村の動揺から崩壊へという単線的な理解では済ますことのできない、村びとと「よそ者」との相互関係を明らかにしていきたい。

3　よそ者の入村ハードル——一〇〇万円の賦課金を設けた村

村によそ者が移住してくるまで

本章で取り上げるX地区は、茨城県石岡市八郷地区に位置する。八郷地区には工業団地がなく、鉄道も通っておらず、今日でも第一次産業が盛んな中山間地域である。X地区は八郷地区の中心地柿岡から東北へ二・五キロメートルのところにある。歴史資料によると、X地区は元禄一一年（一六九八）に隣村から分村し、元禄郷帳の村高は二三二石余、幕末は牛久藩領分二四〇石余となっている（平凡社地方資料センター編 1982：445）。八郷地区の他の村と同様に、X地区の人びとも高度経済成長期に入ってからは主として土木建築業、あるいは東京、水戸、石岡などの都市に仕事をもちつつ農業を営んでいる。二〇〇七年一一月時点において、X地区は三七軒、一四五人からなっており、専業農家は二軒である。

X地区に「よそ者」が押し寄せたのは一九七〇年代半ばである。当時、都市住民の余暇としてゴルフ場などのリ

表7－1　X地区のよそ者の定着時期とムラ入り状況（2007年11月時点）

番号	土地売	X地区	定住かどうか	利用形態
①	1980年	1980年	定住（ムラ入り済み）	通勤
②	1980年	1980年	定住（ムラ入り済み）	通勤
③	1980年	1980年	定住，後転出，1994年に新入居者	陶器のアトリエ
④	1980年	1980年	通い，後定住	通勤
⑤	1989年	1991年	定住	陶器のアトリエ
⑥	1989年	1994年	定住	別荘
⑦	1989年	1997年	定住，亡くなった後所有者が入替	別荘
⑧	1989年	1994年	施設（定住者無し）	ペット連れ宿泊
⑨	1989年	1994年	定住	通勤
⑩	1989年	1994年	定住	通勤
⑪	1989年	1994年	定住	通勤
⑫	2000年	2000年	定住	通勤
⑬	未調査			

出所：筆者の聞き取り調査にもとづいて作成。

ゾート開発が全国で展開されていたが，東京から二時間圏内に位置する八郷地区の山村にもこのリゾート化の波は押し寄せていた。村の一番の山持ちで，今日でもX地区の三分の一の山を所有しているB氏は，子どもの大学進学の費用を捻出するため，一部の山をこの時期に不動産業者に売り渡した。村びとはこのときのことを回想して，B氏が金銭に困ったことは理解できても，まさかその売却が将来裏山の開発に結びつくとは予想していなかったという(3)。

この裏山は一九八〇年に開発が進み，そこに四軒の都市住民が入居した（表7－1）。この四軒のうちの二軒は，X地区での定住をめざし，B氏にムラ入りの相談をした。当時区長であったB氏は，村の集会でムラ入りの諾否に関する意見を村びとに求め，結果としてこの二軒を村で分家を出したときと同じ条件（お酒二升，寄り合いで区長から村びとに紹介する）でムラ入りさせることを決定した。

その後不動産バブルに向かい，裏山の開発がさらに加速した。一九八九年から二〇〇〇年までの間に都会から移住者が相次ぎ，一三軒にまで増加した。これからも増加するであろう都会からの移住者にどう対応するかについて，村では議論を重ね，一九八九年度の総会では当時の区長の提案を受け、ムラ入りの条件として一〇〇万円の賦課金を課すことを新たに決定したのである。

すでに述べたように、X地区では、「よそ者」の流入当初は、分家が入村する場合と同じ手続きで簡単にムラ入りを認めていた。つまり、最初から移住者に対してムラ入りのハードルが高かったわけではなかった。それがなぜ一九九〇年代に入ってから新たに高い条件を設けるようになったのだろうか。村びとは、先にムラ入りを果たしたこの二軒の新住民の日頃の行動を吟味した結果、一〇〇万円の賦課金を妥当とするに至ったと言う。つまり、この一〇〇万円というムラ入り条件の設定理由を知るには、先にムラ入りを果たした新住民の行動を村の人びとの側に立って理解する必要がある。

農地利用規範をもとにみた新住民の異質性

X地区の村びとたちは、先にムラ入りを果たした二軒の新住民のうちの一軒が、都市住民の感覚のまま村の総会で目立った発言を繰り返すことに戸惑いを感じていた。X地区ではこんにちでも、保有する土地面積や、葬式等の有無によって変わる村に納める区費の大小によって、総会の場における座席順位が決まっている。この秩序にしたがえば、当然ながら、新住民が一番後ろの席に座ることになる。しかしこの秩序は新住民の目には「古くさい」「封建的」と映ったようである。また、新住民は年二回の道普請に負担を感じていたため、「村の道路は行政の補助金を一部使ってできたのだし、名目上は町道（合併後は市道）となっているのだから、町（市）に任せてもいいのではないか」と発言した。このことは、道路積立金まで作って道路づくりに精力を注いできた村びとからの顰蹙を買うことになった。さらに、葬式に丸三日もかける慣習は「時代遅れ」であると語り、村に対して改革を要求することもあった。

こうしたふるまいは、都市住民によって見下されているという意識を村びとに植え付けることに貢献した。一九八九年以降に移住してきた新住民たちは、裏山の別荘区域にかたまって居住しており、家庭菜園程度はしても、農業の経験はない。ムラ入りを果たした新住民二軒も、ムラ入り後の村びととのつきあいは冠婚葬祭などにかぎられ、農地・農業上のかかわりはなかった。しかもX地区の村運営はこんにちでも、総会時の席順のように、農地・農業とのかかわりをベースになされている。このことを新住民にも口頭で説明したことはあったのだが、結果的に両者の認識の溝を埋めることはできなかった。

新住民が村にやってきて二〇年以上が経っても、いまだ都市での感覚に変化がないことを村びとに実感させた出来事として、道路の拡幅をめぐる意見の齟齬があった。二〇〇〇年に入ってから、X地区に県道（幅一〇メートルの農道）を通すという話が持ち上がった。ところが、新住民の中には、田舎の静けさが失われることを理由に、道路建設に反対する人がいた。道路の拡幅を待望していた村びとにとって、この事件は新住民の異質性を強烈に意識させる出来事となった。

ムラ入りを果たして一〇年近く経っても村のルールを十分理解しないことや、村内の分譲開発地へ入居者が次々と押し寄せてくることを目の前にして、村びとは村落秩序を守るために、異質者の排除とも受け止められかねない決断をした。つまり、それがムラ入り一〇〇万円の賦課金なのである。ではなぜ単純に流入者を拒否するのではなく、賦課金に一〇〇万円という額を設定したのだろうか。これには村びとの秩序意識が濃厚に反映されていると思われるので、その算出根拠を以下に詳しく見ていきたい。

一〇〇万円の算出根拠からみる村びとの村落空間の意味づけ

X地区の人びとによると、「よそ者」のムラ入り賦課金を一〇〇万円と算出した根拠には、村の共同資源があるという。

ひとつは、村と町をつなぐ一本道である。この道路は、村の各家が一九七八年から区費をかねて毎月一〇〇〇円を払い続けてきた積立金をもとに整備されている。村ではこの費用のことを区費と区別して、道路積立金と呼んでいる。その背景には、この村独自の区費運用がある。X地区では一九七八年まで、定期的に各家から区費としてお金を徴収することはなかった。基本的な村の収支についてはそれまで、葬式時の費用の差額分から捻出されていたのである。具体的には、喪家に入った香典を、女手伝い衆、六道衆に現金で渡した後、残金を男手伝い衆に渡すという形にしておきながら、それをそのまま村の区費に充てていたのである。このやり方に一九九五年から、残った香典の全額を村に渡すのではなく、一〇万円以下にかぎるという項目がひとつ加わった。この項目が付け加わるまでは、大きな家の一回の葬式で四〇万円を区費に充てたこともあったという。このような独自の区費運営の歴史があるので、X地区の人びとは、こんにちの村があるのは村に住んでいる各家の協力の結果であり、それゆえ賦課金の中にはこれらに対する敬意が含まれていると説明する。

さらに、村びとは一〇〇万円の算出根拠として、村の共有財産に対する各家の出資分も算入しているという。具体的には、村内の道路、集落センター、神社境内の神木がある。

まず道路から見ていこう。一九七八年当時、村内の細い道路に改良の必要性を感じた村では、道路積立金の徴収と同時に、道路部長という役を新たに設け、拡幅分の土地の持ち主との交渉にあたった。また、村びと自身が担い手となって、コンクリートを敷く作業などをおこなってきた。さらに道路の維持管理は村仕事に組み込まれ、毎年春と秋の二回、道路の草刈りを実施してきた。各家の男性一名の参加が義務となっており、女性が代わりに出役する場合、出不足金として一日あたり五〇〇〇円の支払いが必要となる。

このように村びと全員が出資して維持管理してきた共有財産には、道路のほか、集落センターがある。X地区では、一九八九年に二四〇〇万円を出資して集落センターを建設した。建設にあたっては県と町の補助金のほかに、各家が一〇万円を出しあった。それでも足りない分は村の道路積立金から捻出した。この積立金のことも計算に入れると、集落センターの建設に対して、各家は実質三〇万円出資したことになるという。

さらに、二〇〇〇年に実施された神社境内の木の保全活動がある。村には樹齢一三〇〇年以上と言われる大きな杉の木があり、一九四一年には茨城県の天然記念物に指定されている。この木は、一九九七年ころから枯死寸前となったため、村では「大杉保存会」を立ち上げ、県と町の補助のほか、一軒当たり一〇万円（道路積立金からの出資の形をとった）を出し合って樹木医に診断してもらった。

このように、X地区の村びとは、「よそ者」のムラ入りにあたって、村で暮らす覚悟として、村の共有財産をもとに、一〇〇万円のムラ入り賦課金を支払うように求めたのである。すなわち、一〇〇万円＝（道路整備・維持管理費＋集落センター建設費＋神木の保全費）×各家の負担分の掛け率＋これまでの村の共有財産の維持に対する村びとへの敬意、なのである。

しかし、この条件を設けてからその後、X地区にムラ入りをした新住民は一軒もない。こうして、一〇〇万円の賦課金というムラ入り条件は、こんにちのX地区において、実質的に「よそ者」を容易にはムラ入りをさせない機能を果たしている。村びとたちのほうでも、簡単にはムラ入りをさせないための条件として受け止めている人も多い(4)。

ムラ入りに一〇〇万円の賦課金を課してからというもの、X地区では、裏山エリアの新住民との線引きをよりはっきりさせるようになっていった。その表れのひとつは、それまで新住民にも開放していたごみ捨て場を利用させない措置に出たことである。日々のごみ捨てに困った新住民は、ふたつのグループに分かれて対応した。ひとつは七軒からなるグループで、新たに組織（自治会と呼んでいる）を立ち上げると同時に、市役所に働きかけ、一九九四年前後には、この七軒専用のごみ捨て場を自分たちの家の近くに設けることに成功した。残った五軒も、二〇〇七年には近くの二軒に名義を借りて、計七軒で新たな組織（自治会）を結成し、このグループの呼びかけ人の個人所有の土地にごみ捨て場を作り、輪番制で管理をおこなうようになった。

このように、X地区では、一〇〇万円のムラ入り賦課金を設定することによって、結果として新住民との間で住み分けを促進し、裏山の転売による村落秩序の動揺に対応したのであった。

「よそ者」の「オレ達」への包摂／排除

次に賦課金決定後にX地区に定着したA夫婦を通して、村びとの新住民に対する包摂／排除のありようを見ていくことにしたい。

A夫婦は、一九八九年にX地区に入った際、ムラ入り賦課金のことは知らなかった。A夫婦は、不動産業者を通じてX地区内の土地を手に入れてから、陶器工房を開いた。当初、別の土地で工房をもつことも検討したが、適当な土地を見つけることができなかった。X地区に購入した土地は、隣村との境に位置している山であった。この土地はX地区内ではあるものの、所有者は隣村の者である。

A夫婦が入居してすぐに直面した難題のひとつに、電気のことがあった。都会であれば、電力会社に電話一本かければ済むことであるが、X地区では電柱の立っている場所を所有する村びとの了解を得る必要があった。A夫婦もこの常識にならって、関係する村びとに挨拶して回った。ところが、実際の同意を得ても、工事は一向に進まない。不審に思ったA夫婦が近くの村びとに再度確認したところ、ムラ入り賦課金を提案した当時の区長が、A夫婦の要望を村びとに口止めしていることを知った。そこで区長のところに挨拶に行ったところ、工事はスムーズに実施された。

A夫婦はこのことをもってX地区が「よそ者」を排除していると結論づけることはなかった。あくまでも、こうしたことが起こったのは当時の区長の個人的な資質の問題と考えたのである。しかも実際に会ってみれば、当時の区長もけっして悪い人ではない。X地区に入居して以来、ごみ捨て場の確保に問題はあったものの、村びとに親切な一面もある。A夫婦が身をもってその親切さを知ったのは、自宅までの道路の舗装工事であった。

すでに述べたように、A夫婦はX地区と隣村との境界上の山に住居を構えている。ここにはもともと人家はなく、道路も舗装されていなかった。そのため、道は大雨のたびにぬかるみ、車が抜け出すのに四、五時間を要したことさえあった。それを目にした近くの村びとが、村の総会で道路づくりの話題が出た際に、A夫婦の住んでいる場所まで舗装することを提案した。この提案によって、大通りからA家までの小道は、村の道路積立金を利用して、村人総出で舗装工事がなされたのである。恩義を感じたA夫婦は、その年の道路づくりの際に、村びとを茶菓子でもてなす対応をした。

A夫婦は住む年数を重ねることによって、ムラ入り賦課金が単に村びとと新住民との境界線を引くために設けられたものではないことを理解するようになっていった。賦課金が課せられるようになって以降は、かつて村で暮らしていた次男、三男が再び村に戻る場合でも、「よそ者」と同額の賦課金の支払いが求められていたのである。

しかし村出身の住民も含めて、これまでのところムラ入り賦課金として一〇〇万円を支払った者はいない。ただし、道路積立金など村独自の区費運営の歴史を知っている村出身の新住民は、せめて毎月一〇〇〇円ぐらいは積み立ててX地区に渡すことが必要だと考え、他の新住民にも参加するよう呼びかけてきた。都会からやってきた新住民の中には、当初はこの呼びかけに応じた者もあったが、その数は徐々に減ってきている。二〇一五年現在では、次男、三男などの分家による村出身の新住民だけが、毎月一〇〇〇円の積立を継続している。

右のように、同じ村落内で暮らしているかぎり、新住民と村びととの間の線引きは、徹底したものとはなりにくい。さきに述べたA家までの道路舗装もその一例であるし、次にみる集落センターの利用をめぐる議論も同様である。厳密に言えば、新住民は一〇〇万円のムラ入り賦課金を支払わないと、集落センターを含めた村の共有財産を使用する権利をもたないことになる。ところが、同じ小学校に通う子どもをもつX地区の若い世代は、「親は新住民でも、子どもはムラの子どもである」とのリクツを通すことで、子ども会の活動にかぎっては、集落センターの利用を村びとに認めさせたのであった。

また、定年後の別荘として裏山に移り住んだ新住民の中にも、ムラ入りこそしていないものの、村びとから農地を借りて家庭菜園をしたり、庭の草むしりを村びとに手間賃を払って頼んだりすることを通じて、交流を深めている人もいる。このように一〇〇万円のムラ入り条件は、村びとと「よそ者」との間に境を作ることには貢献しているが、その境界線は必ずしも強固なものとはなっていないのである。村びとと新住民は、同じ村落内で暮らす「共在性」をもとに、排除と包摂との間を行き来していたのであった。

この排除と包摂の間を行き来する「共在性」は、村びとと新住民に村というシステムの境がどこにあるかを意識させる装置としての役割も果たしていた。「村の道路」「村の空間」を強調する一〇〇万円のムラ入り条件は、支払わずに村内で生きる「よそ者」にプレッシャーを与え続けることは想像に難くない。こんにちでも新住民は村の真ん中の一本道を避けて、村を包む両側の裏道を通って村に出入りしている。(5) 村にとって、ムラ入りしない「よそ者」は、村の境に生きる不安定な存在なのである。

4 村びと／よそ者とは誰か

本章では、一九七〇年代以降に、ムラの総有地＝「オレ達の土地」を村落外に売り渡すことを規制できなくなった地域社会が、村落秩序の動揺をどのように収め、維持しようとしてきたのかを考察してきた。茨城県X地区では、裏山での別荘開発が進み、新たに入居した「よそ者」のムラ入りに際して一〇〇万円の賦課金を設けることによって、実質的に「よそ者」を排除してきた。その背景には、先にムラ入りした新住民の村規範への理解のなさに村びとが不安を抱いたことが大きかったのである。

都市近郊の開発を新旧住民の混住化現象として扱った諸研究では、土地の村外転売をもって村落秩序の消滅と結論づけていた。そこには土地の売買規制の強度がすなわち村落秩序の強度を示すという前提がある。しかし本章でみてきたように、一〇〇万円というムラ入り賦課金が設定される一方で、開発地までの道路舗装がなされるなどのように、混住地において一見矛盾する行為が錯綜するという現実は、同じ空間で暮らしているという「共在性」の認識に裏打ちされた、それなりに合理性のあるものだったのである。その意味で「よそ者への土地の転売＝村落秩序の崩壊」という理解は単純に過ぎるのであって、混住地の現状をとらえそこなうことになりかねない。開発地までの道路を舗装することによって、「道路とはなにか」を新住民にも知らしめ、結果として村の空間秩序を「よそ者」にも啓蒙することに成功したように、村落の土地規制とは従来考えられていた以上に柔軟性があるものなのである。

また、ムラ入り賦課金の設定の仕方からも理解されるように、「村びと／よそ者とは誰か」という問いも、土地とのつながりからいったん離れて議論が可能であることが示唆される。X地区では、一〇〇万円のムラ入り賦課金を設けることによって、血筋の連なる者（次三男）も「よそ者」と同じく、一〇〇万円を支払う義務があるとされる。他方で、これまでX地区とまったく接点のなかった者でも、一〇〇万円を支払えば村びととみなされる。生産の場としての機能が薄れつつあるX地区では、「一〇〇万円の内容を理解して支払う人＝生活の場としての村を担う人＝村びと」という「村びと観」を相互に納得したのであった。事例で詳しく見てきたように、賦課金の一〇〇万円の中身は、先人たちの村への貢献、道路積立金、共有財産等々から算出したものである。そこでは、「村びととは誰か」が問われると同時に、「村びととして当然負担すべき役割」が算入されていた。一〇〇万円という金額によって示されたのは、実は金額そのものというよりも、過去から引き受けるべきものを引き受ける覚悟を問うという論理だったのである。

さきにも示したように、こんにちの中山間地域の生活維持にとっては、他出子のもつ役割に期待を寄せる研究が多い。逆に言えば、赤の他人である「よそ者」は、村落秩序をわきまえず、地域の土地・空間とのかかわりに対する「歴史的視点」に疎いとして敬遠されるのである。しかしX地区のムラ入り賦課金は、そうした地域の歴史的視点に疎い「よそ者」に対しても、村とはなにか、村落秩序とはなにかを説明するための啓蒙策だったといえるものであった。その意味で、本章は、「村びと／よそ者とは誰か」という問いに対して、血縁の有無で判断しているのではなく、「過去の村びとの営みにそれなりの尊敬の念をもって引き受ける覚悟をもつ人」なら誰でも村びとになれる可能性があることを示したことになる。

注

（1）たとえば、筆者が現在調査している栃木県那須烏山市O地区の場合、一九九〇年代に水源の山が村外に転売された。その場所にはその後、大規模な産業廃棄物処分場が計画された。これを受けて同地区の住民は、業者側が二〇一六年五月に計画を白紙撤回するまで、二三年間にわたって反対運動を展開せざるをえなかったのである。

（2）マルクスの生産力発展段階論をもって理念的に村の解体を論じる農村社会学者も数多い。

（3）X地区での聞き取りは二〇〇七年七月から一〇月にかけておこなわれている。その後、二〇一五年五月に追加調査を実施した。本文中の年代、金額なども村びとへの聞き取りによる。そのため、正確性に欠けるおそれもありうる。しかし、文責はすべて筆者にある。

（4）二〇〇七年一〇月二〇日、Bの妻への聞き取りによる。

（5）二〇一五年五月一日、A夫婦への聞き取りによる。

文献

芦田敏文、二〇〇六、「他出子弟のふるさとへの関与実態と地域農業維持に果たす役割――北関東中山間地域農村を対象として」『農村計画学会誌』25：四七三-四七八頁。

林直樹・齋藤晋編、二〇一〇、『撤退の農村計画――過疎地域からはじまる戦略的再編』学芸出版社。

平凡社地方資料センター編、一九八二、『日本歴史地名大系8　茨城県の地名』平凡社。

細谷昂、二〇一二、『家と村の社会学』御茶の水書房。

川本彰、一九八三、『むらの領域と農業』家の光協会。

川本彰、一九八六、「ムラと土地」『村落社会研究』22：九九-一三二頁。

益田庄三編、一九七九、『村落社会の変動と病理――過疎のむらの実態』垣内出版。

宮本常一、一九七二、『宮本常一著作集12　村の崩壊』未来社。

守田志郎、一九七八、『日本の村』朝日新聞社。

永田恵十郎・岩谷三四郎編、一九八九、『過疎山村の再生』御茶の水書房。

二宮哲雄・中藤康俊・橋本和幸編、一九八五、『混住化とコミュニティ』御茶の水書房。

大久保実香・田中求・井上真、二〇一一、「祭りを通してみた他出者と出身村とのかかわりの変容――山梨県早川町茂倉集落の場合」『村落社会研究ジャーナル』17(2)：六-一七頁。

大野晃、二〇〇八、『限界集落と地域再生』静岡新聞社。

高山隆三、一九八八、「土地と村落――混住化地域のコミュニティの現状」『村落社会研究』24：三九-七〇頁。

徳野貞雄、二〇〇八、「農山村振興における都市農村交流、グリーン・ツーリズムの限界と可能性――政策と実態の狭間で」『年報村落社会研究』43：四三-九三頁。

吉田行宏、二〇〇七、「過疎山村における地域開発事業の展開と地域環境の改変――石川県白峰村西山地区の事例から」『村落社会研究ジャーナル』14（1）：二三―三四頁。

第8章　コミュニティに敵産家屋を取り入れる

——韓国・大邱の北城路における生活実践の履歴の可視化

松井理恵

1　韓国における日本式家屋の保全

日本の近代の幕開けとともに植民者たちは朝鮮半島に渡り、暮らしの根を下ろしてきた。そのほとんどは一九四五年の日本の敗戦前後、朝鮮半島から去っていった。植民者によって建てられ、使われてきた多くの建物は敵の財産、すなわち「敵産（적산）」と呼ばれるようになる。解放後の混乱のなか、日本語の看板や商標は「倭色（왜색）」と称され、撤去されていった(1)。こうして日本による植民地時代を直接的に想起させる部分が取り除いたうえで、敵産は解放後の社会に位置づけなおされた。

しかし一九九〇年代に入ると、一部の敵産が日本による植民地支配の象徴として撤去された(2)。とくに、旧朝鮮総督府の取りこわしをめぐる一連の動きは非常に示唆的である。歴史的に価値の高い洋風建築として保存すべきであるという運動が一部で展開されたが、「国レベルの広がりをもった地域社会の政治的・社会的・文化的自立と成熟の過程で生じた決断」（鳥越 1997：253）によって、旧朝鮮総督府は取りこわされた。

一方、さまざまに形を変えつつも、植民者に代わり主となった現地の人びとによって使われ続けてきた建物がある。近年、韓国の地方都市では、このような今も残る敵産、とくに日本式家屋を保全して、観光スポットとする動きがいくつかみられる(3)。どうやらこれらの敵産は歴史的に価値の高い建築物として保全されているのでも、植民地支配の象徴として保全されているわけでもないようである。ここで、国とは異なるレベルの「地域社会」において、日本式家屋の保全が決断された事実に注目しなければならない。

韓国の地方都市、大邱の北城路は、工具や機械を扱う店舗や町工場が集まる商業地区である。植民地時代や一九五〇～六〇年代の建物に手を加え、使い続けてきたこの地区において、老朽化が進む建物を復元する試みがはじまった。これまで北城路では、すでにあった木造建築に合板やセメント、タイル、サンドイッチパネルといったさまざまな層をかぶせ、大きな看板をかけ、そのまま工具や機械を扱う店舗や町工場として使ってきた（グォンほか 2014）。その結果、建物の原型が外観からはまったくわからない状態になっていた。建物の復元とは、これらの覆いや看板を外して、建築された当初の姿を推測しつつ、新たな用途のためにリノベーションすることである。こうして、北城路の路地のところどころに、木造の日本式家屋や近代建築物が現れることとなった。

本章では北城路の歴史的環境保全のなかでもとくに、敵産家屋と呼ばれる日本式家屋の保全に着目する。現在の北城路とは一見ふつりあいであり、かつ植民地時代に歴史的定点をおく歴史的環境保全がなぜおこなわれているのか。ここでポイントとなるのは、歴史的環境保全運動の本質が豊かさの形成運動であるならば（鳥越 1997）、苦渋に満ちた植民地支配の面影を残す日本式家屋が、かつて統治される側であった人びとのいまの生活を豊かにするのはなぜかという点である。

北城路にいま求められている豊かさを、人びとの生活の立場から考えてみたい。そのためには、北城路で人びとが土地や店舗、住居を使いこなしてきた経験を手がかりとして、日本式家屋の保全を位置づける必要がある。したがって本章では、植民地支配からの解放後、北城路で商売を営んできた工具商たちの生活実践に注目する。はたして、敵産家屋（他者）を取り入れることはコミュニティ（われわれ意識）にとっていかなる豊かさを形成する営みであるのだろうか。

2　韓国におけるまちづくりの文脈と位置づけ

「マウル」と「ドンネ」

韓国のコミュニティを理解するうえで鍵となるふたつの言葉がある。「マウル（마을）」と「ドンネ（동네）」である。どちらも「ムラ」を意味する韓国語だが、微妙にニュアンスが異なる。文化人類学者の嶋陸奥彦はフィールドワークから「マウル」を社会的単位、「ドンネ」を地縁的単位と説明し、このふたつのズレこそが韓国のムラのユニークさであると指摘する（嶋 1984, 1990）。この節では、この「マウル」と「ドンネ」の語源から、韓国のコミュニティを理解するポイントを提示する。

「マウル」という言葉はムラの集会所の名称に由来する。[4] 集会所という人びとを結びつける場所が語源であることを考えると、嶋が「マウル」のポイントを「個人を結ぶ紐帯」（嶋 1984：14）と指摘するのもうなずける。

一方の「ドンネ」についてである韓国の方に尋ねると、一瞬考え込み次のように答えた。「ドンネのドン（洞）[5]という漢字は水を同じくする、という意味です。だから、同じ水を使うということから派生したのではないでしょうか」。たしかに、「ドンネ」の語源が水の共同利用であれば、嶋が指摘するように「ドンネ」は地縁的単位とならざるを得ない。[6]

韓国のまちづくりの展開

現代的な用法においても「マウル」と「ドンネ」には大きな違いがある。「マウル」は農村部（非都市部）にしか使えないが、「ドンネ」は都市部、農村部を問わず使われる。実際、韓国の都市部をフィールドとしてきた私は、住民の口から「マウル」という言葉を聞いたことがない。住民は自分が住む地域を「ドンネ」と言う。

だが、一九九〇年代後半、日本の「まちづくり」という概念を翻訳する際、「まち」の翻訳語として選ばれたのは「マウル」であった（金 2002）。当時の韓国のまちづくりは、主に都市部で市民運動家を中心として展開された。つまり、都市的な試みであったにもかかわらず、農村部のみに使われる「マウル」が選択されたのである。これはなぜだろうか。

ふたつの言葉の違いを嶋の議論や語源から推測すると、ネットワークにポイントをおく「マウル」と、資源の共有にポイントをおく「ドンネ」と整理できるだろう。急激な都市化が進むなかで、市民運動家たちが都市におけるネットワーク形成を喫緊の課題と認識した結果、ネットワークにポイントをおく「マウル」という言葉が「まち」の翻訳語として選択されたのではないだろうか。

歴史的環境保全を支えるドンネの「われわれ意識」

この、「マウル」という訳語の選択に表れているように、韓国では人びととの生活においてネットワークが重視される傾向にある、とされている。(7) しかしながら、この章では資源の共有にポイントをおいて、つまり「ドンネ」を手がかりとして事例を分析する。なぜならば、敵産家屋と呼ばれる日本式家屋は、北城路の人びと、とくに工具商たちが使い続けてきた資源であり、北城路で生きてきた人びとの生活に欠かせない存在だったからである。

この、工具商たちが使い続けてきた北城路の建物こそが、歴史的環境保全の対象である。韓国のまちづくりの文脈に北城路の歴史的環境保全を位置づけるならば、北城路という具体的な場（地縁的単位）を離れては成立しえない、「ドンネ」にもとづくあたらしいまちづくりの提起といえる。

以下の節では、北城路の工具商たちが既存の建物という資源をいかに共同で利用してきたのかをあきらかにする。そして、結論を先取りするならば、この資源の共有に裏づけられたドンネの「われわれ意識」が、工具・機械関連の商業地区とは似つかわしくない歴史的環境保全を支え、かつ北城路の今後のあり方を規定しているのではないかと考えている。

3　事例地の概要

事例地の概要

大邱広域市は人口約二五〇万人、面積約八八〇平方キロメートルの韓（朝鮮）半島の東南に位置する内陸都市である。ソウル特別市、釜山広域市に次ぐ、韓国第三の都市とされる。高速鉄道を利用すれば、ソウルまで一時間五〇分、釜山までは約五〇分の距離にある。大邱には一六〇一年から一八九四年まで道の長官である監司（観察使）が職務を執る官庁、慶尚監営が設置され、嶺南地域における行政・経済・文化の中心地として栄えた。[8]

北城路とは、大邱広域市中区の城内二洞と城内三洞というふたつの行政洞にまたがって工具や機械を扱う店舗や町工場が集まる商業地区一帯を指す地名である。中区は古くから大邱の中心地であったため、大邱の他地域と比較すると古い建物が多いが、[9]北城路も例外ではない。

日本による植民地時代

大邱では一九〇五年の大邱駅開業を契機として、日本人の入植が本格化する。[10]一九〇六年には、朝鮮時代を通じて都市の中心的な役割を果してきた大邱邑城の城壁が「大邱の発展のため」という名目で撤去された（河井［1931］1995：大邱府教育会［1937］1995）。[11]城壁が撤去されるのを知った人びとのなかには、いち早く城壁周辺の土地を買って資産を増やす者もいた（河井［1931］1995）。[12]北側の城壁の跡地は元町通りと呼ばれる道となる。この元町が現在の北城路一帯であり、北城路という地名の由来はここから来ている。大邱駅と遥拝殿（のちの大邱神社）を結ぶ目抜き通りとして栄えた元町は、大邱でも有数の繁華街となった（図8-1・図8-2）。

元町は、大邱駅開業、大邱邑城撤去、大邱神社建立といった、大邱における日本人の入植を象徴する出来事が集積した「植えつけられた都市」（Home 1996=2001）であった。

図８－１　1930年代の北城路入口

出所：社団法人 時間と空間研究所所蔵。

図８－２　北城路入口

出所：筆者撮影（2015年９月14日）。

解放後

「建造物は人間のように移動することはできず、その地にとどまり続ける。それがゆえに、新たな持ち主によってその意味を読み替えられる」（谷川 2008：62）。朝鮮半島北部における水豊ダムの建設とその後の変遷を描いた谷川竜一は、植民地支配からの解放により建造物をめぐって起きた現象をこのように表現する。元町もまた、新たな持ち主のもとで北城路としての新たなスタートを切った。すなわち、大邱有数の繁華街から、機械の音が響き、油の匂いが漂う工具と機械、そして町工場のまちへとがらりと変身を遂げたのである。

解放前後の北城路では、日本人から財産の権利をもらい受けたり、米軍政から払い下げを受けたりしながら、人びとは敵産を手に入れ、あたらしい商圏をつくりはじめた。現在の北城路の基礎を築いたのは、韓国（朝鮮）戦争期（一九五〇～五三年）に米軍から流れてきた軍需物資の工具を扱う露天商たちであった。都市インフラが整っていなかった当時、都市の中心部であり、また大邱駅に近いため鉄道によるアクセスが容易であった北城路には、工具の販売所を中心として注文制作、再生、加工、修理等の町工場が位置するようになったのである。

北城路には全国から工具や機械を求める人がやってきた。農業の機械化が進められた時期にはポンプや脱穀機といった農業機械が、セマウル運動[13]によって生活環境改善事業が進められた時期には道路整備事業と住宅改良事業等に必要な資材が、八〇年代には大邱で盛んであった繊維産業に必要な部品や工具が、九〇年代以降は自動車関連の機械や部品がよく売れた。このように、大邱の産業化に必要な物資はその時代ごとに北城路から調達されてきた。換言するならば、産業化の流れに柔軟に対応することによって北城路は成長してきたのである。業種によってズレがあると思われるが、全体的には一九八〇～一九九〇年代が北城路の好況期だった[14]。

北城路には植民地時代に建てられた一階が店舗、二階が畳敷きの住居という木造の店舗併用住宅が多く、解放後も北城路に住みながら商売を営む人びとが多かった。しかし都市の発展とともに郊外化が進むなかで、東の郊外に住居を構え、北城路の職場に通う人が増えてきた。聞き取りによると、二〇年くらい前から北城路に住む人が少なくなってきており、二〇一五年現在、ここで働く人の一〇％くらいしか住んでいないとのことだった[15]。

このように、工具や機械の流通のまちとして栄えた北城路であったが、一九八〇～一九九〇年代の好況期が過ぎ去ったちょうどそのころ、職住分離が進み、北城路の多くの建物は店舗や倉庫としてのみ使われるようになっていったのである。

一九九〇年代以降

一九九〇年代以降、北城路で商売を営む人びとにとって厳しい状況が続く。大邱の基幹産業である繊維産業の停滞[16]、韓国経済全体に大きな打撃を与えたＩＭＦ危機に加え、北城路の店舗や町工場に影響を与えたのは、一九九〇年代に郊外に造成された大邱総合流通団地であった。

一九八〇年代に入ると道路網の整備、自動車の普及が進み、工具や機械の流通もトラックや自動車、オートバイといった車両中心になった。すると、北城路では車両の増加による駐車場不足等、さまざまな交通問題が生じるようになる。つまり、都市の中心部という立地や鉄道によるアクセスのよさといった北城路の強みが、時代の流れとともに裏目に出るようになったのである。これに対し、行政は工具や機械の流通の中心を大邱駅前の北城路から北の郊外に移すため流通団地を造成した。北城路の工具商たちは郊外への移転を迫られることになったのだが、郊外の流通団地に移転するか、北城路にとどまるか、あるいは北城路にも流通団地の双方に店舗を構えるか、といった判断は個人に任された。当然、北城路を離れるという選択をする人びともいた。[17] すでに職住分離が進んでいた北城路において、郊外の流通団地への移転は職場の場所が変わることに過ぎなかった。結果的に、徐々に空き店舗が増え、建物の老朽化が進んでいくこととなる。

4　北城路における資源の共有の諸相

これまで北城路の歴史を概観してきたが、ここでひとつの疑問が生じる。解放直後や韓国（朝鮮）戦争の混乱のさなかであれば、北城路の人びとが当座をしのぐために日本式家屋を使っていたことは想像に難くない。しかしながら、高度経済成長を経て、好況期を迎えた北城路はなぜ、日本式家屋を撤去して、鉄道から車両へという時代の変化に沿った「ドンネ」に一新するという選択をしなかったのであろうか。[18] 次に、「ドンネ」を特徴づける資源の共有という観点から、日本式家屋が使われ続けてきた理由をあきらかにしたい。

物理的水準における資源の共有

老朽化が進む日本式家屋が北城路で使い続けられてきた背景には、その独特の区画がある。北城路に面する区画の幅は非常に狭く、奥行きが広い。幅が三～三・五メートル、面積は一〇～一五坪程度の区画が大部分である。これは、通りに面した区画の幅によって税金を賦課する植民地時代の税法に対応して開発された結果である。このように、一区画が狭く、建物が密集しているうえ、隣り合った建物が壁を共有していたり、別々に建てられた建物同士がのちに繋げられたりする場合も多く、たとえ土地や建物の所有者であっても、自由に撤去、再築することはむずかしい（グォンほか 2014）。つまり、登記上は私有財産の集合からなる北城路であるが、物理的な水準においては土地や建物が人びとの間で共有あるいは分有されていることも多いのである。

これまで多くの日本式家屋が現状維持されてきた理由のひとつとして、このような北城路独特の区画の特徴と土地および建物の権利関係の複雑さがある。そして、この特徴が北城路の再開発を事実上不可能にしている[19]。

使用の水準における資源の共有

次に、工具商たちの生活実践に目を向けてみると、使用の水準においてもさまざまな資源の共有がみられる。一九六二年に北城路にやってきたSさんは、北城路の草創期の様子について、次のように語る。

店舗も小さく、同じような品物を扱っていたから、お互い自分の店の裏に倉庫があると言って、隣りの店に行って買って、それを転売したりしたものだ。あのころが一番楽しかったよ。あの時期はみなそうしていました。いまのように必要な数だけお金を払って品物を買えなかったし。ルートが確実じゃなかったし。……私たちは誰の店になにがあるかをよく知っていたから、お客さんが来たら「ここにあります。いくらです」と言って、品物を出しに倉庫に行くと隣りの店に行って買って（お客さんに）売ったものだ。（慶北大学校博物館 2011：83-84）

草創期の北城路には、自らの在庫がなくても、あたかも北城路全体を倉庫として使うことによって、柔軟な対応ができる仕組みがあった。店舗や倉庫をもたない露天商も、「ナカマ」と呼ばれる中間商人の介在によって、北城路で工具を商ってきた。店舗や倉庫がないことは財産をもたないことであると同時に、つねに変動する産業の流れに柔軟な対応をしなければならない工具商にとって、強みでもあった。

しかし、交通問題の深刻化を受けて移転した郊外の流通団地では、このような北城路の工具商たちの商売は不可能であった。

うちはここの土地が五五坪で二階まで合わせると一〇〇坪。それでも一〇〇坪では足りなくて倉庫を借りていたのですが、流通団地は一八坪しかないじゃないですか。サンプルだけ陳列すればいいとそう言うけれど。そうしたら倉庫はというと、地下だと言う。市ではそうやって、そういうつもりで一八坪程度の分譲をしたのでしょうが、私たちはどうやっても規模を小さくすることができなくて完全に（流通団地への移転を）あきらめて…。（慶北大学校博物館 2011：151）

原則として一事業者に対して一区画の分譲であり、しかも「百貨店のコーナーみたいに」（慶北大学校博物館 2011：85）店舗の規模が一律で決められている流通団地への移転は、それまで北城路で培われてきた、時勢へ柔軟に対応できる商いを、流通団地の条件に適合するように変えなければならないことを意味した。そのため、北城路に残るという選択をした工具商もいたし、流通団地の分譲を受けてもそこを手放す、あるいは他の工具商に貸し出すといった形で北城路に戻ってきた工具商もいた。彼らにとって、北城路は代替可能な土地や建物ではなかったのである。また、工具商から話を聞くと、北城路内では店舗の移動が非常に多いという。北城路内での店舗の移動は、時代状況に応じた事業規模の拡大、縮小を可能とし、これまで培ってきた工具商のネットワークを維持したまま、事業を柔軟に展開するための工夫であったと考えられる。

現在も北城路に残る工具商たちの口からは、状況に応じて商品を融通しあったり、北城路内で店舗を移動したり、店舗や倉庫を借りたりする、すなわち北城路全体をひとつの単位とみなして工具を商うという営みが語られる。こうして工具商たちの生活実践に着目すると、一区画が狭く、建物が密集しているうえ、隣り合った建物と壁を共有していたり、別々に建てられた建物同士が繋がっていたりする場合が多い北城路の、私有財産を自由に処分できない不便さよりもむしろ、工具商たちの創意工夫を実現する豊かさが浮かびあがってくる。

ここで着目すべきは、使用の水準において資源が共有されることを通じて、北城路が私有財産の集合を超えた「われわれのもの」として位置づけられている点である。「われわれのもの」としての北城路は、北城路の「われわれ意識」の源泉と考えられる。次に、北城路において敵産家屋と呼ばれる日本式家屋の保全がどのように位置づけられているのか、この「われわれ意識」からとらえ返してみる。

5　「われわれのもの」としての新たな展開

近代建築物リノベーション事業

先述したように、北城路では多くの日本式家屋が工具商たちの創意工夫により「われわれのもの」の一部として使われてきた。つまり、偶然日本式家屋が残されてきたのではなく、工具商たちの生活実践の積み重ねがあったからこそ、日本式家屋は残されてきたのである。しかし、郊外の流通団地が造成され、移転する店舗が出てくると、北城路には空き店舗が徐々に増えはじめる。つまり、「われわれのもの」として北城路のほころびが目につくようになってきたのである。このような状況において始まったのが、植民地時代から一九六〇年代までに建てられた建物を復元して活用する北城路近代建築物リノベーション事業であった。

大邱では二〇〇一年から市民団体を中心として、現存する物理的な都市空間にもとづいた歴史を調査し、その歴史を共有する「大邱の再発見」という活動が展開されてきた[20]。北城路のリノベーションはこの活動の延長線上に位置し、二〇〇八年から市民運動家や建築学者等によって企画され、その後、中区によって進められてきた。二〇一一年には中区の「大邱邑城象徴通り造成事業（二〇一二～二〇一五）」が地域発展委員会[21]の創造地域事業に選定され、二〇一五年現在、リノベーションはこの国費事業の一環として実施されている[22]。

工具や機械のまちであった北城路には、リノベーションによってカフェやゲストハウスなど、新たな業種が流入することになった。もちろん、北城路には以前から小型スーパーや喫茶店、食堂といった異業種が店舗を構えていた。しかし、北城路で働く人びとを主な客としてきたこれらの店に対して、リノベーションで流入してきた店は必ずしも北城路で働く人びとを主な客としているわけではない。

また、同じ北城路の建物を使った商売とはいえ、工具商とリノベーションではその内実が大きく異なる。たとえば、工具や機械を扱う店舗あるいは町工場の場合、看板をかけ、建物内部を整理し、必要な機材や商品を運びこめば、比較的簡単に開業できる。一方、リノベーションの場合、不動産探し、売買あるいは賃貸契約のほかにも、専門家による考証、設計、工事など多くの段階を経る必要があり、開業するまでに時間的にも金銭的にも大きな負担がかかる。

こうしてみると、工具や機械の流通のまちとしての北城路とリノベーションの間には接点がほとんどないようにみえる。しかし、北城路のリノベーションは、工具商たちの「われわれのもの」としての北城路を白紙化したうえで、外部からの流入を受け入れるのではない。つまり、復元した建物という「点」を現在の北城路という「面」へと接続するしかけが随所にみられるのである。

時代に乗り遅れた「ドンネ」から歴史のある「ドンネ」へ

解放後七〇年以上が経った韓国において、植民地時代の状況を理解し、当時の建物を復元する手がかりは非常に少ない。したがって、当時の建物に住み続けてきた、あるいは当時の建物を使い続けてきた人びとの語りは重要である。「地域についての記憶を視覚化するために口述を土台とした空間化の戦略が必要である」（グォンほか 2014：72）と述べられているように、北城路で現在も工具、機械を扱う店舗や町工場を営む人びとの語りが、リノベーションの出発点となっているのである。(23)

たとえば、一九三〇年生まれで一九四〇年代に北城路にやってきた工具商の男性は「植民地時代はこの場所が元町通りで、現在の中央通りは本町通りと呼ばれていたのだよ。最初にできたのが元町で、その次が本町なのだが、その後に中央路、南城路、北城路、西城路、東城路と道が拓かれてしまって。その前は元町通りと中央通りしかなかったのだよ」と一九〇〇年代初頭の都市開発について、当時と現在の地名を行ったり来たりしながら語る（慶北大学校博物館 2011：109）。

また計量器販売店を営む一九四一年生まれの男性は、現在店舗として使っている建物について「そうだよ、日本の建物だよ。当時、日本人がここで計量器販売店を開いていたんだ。そうだったんだけど、うちがこれを引き受けたんだ。うちの親が、うちの亡くなった父親が」（慶北大学校博物館 2011：80）と、説明する。彼の父親は植民地時代、日本人が営む計量器販売店で働いていた。そして、引き揚げる日本人店主から店を引き継ぎ、一九四八年に同じ場所で計量器販売店を創業したのである。[24]

解放後に生まれた世代[25]も、植民地時代、すなわち繁華街だったころの北城路の象徴である三中井百貨店の建物について「今の大宇駐車場、ドンイルペイントの近所に三中井百貨店の建物があったのですよ。私が幼い頃は軍部隊がいて、その次は西大邱税務署が、大宇が引き取って、その後撤去してしまったのです」とその変遷を語っている（慶北大学校博物館 2011：43）。

このように草分けの話を聞くと、北城路が敵産によって成り立つドンネであるがゆえに生まれたエピソードが豊かに語られる。つまり、草分けたちにとって「われわれのもの」であり、「われわれ意識」の源泉であった北城路のもうひとつの顔がそこに現れているのである。

図8-3　北城路工具博物館

出所：筆者撮影（2016年8月27日）。

リノベーションをした一部の建物には、このような工具商たちの経験が刻まれている。たとえば、北城路で最初のリノベーションによってオープンしたカフェは日本式家屋であるが、『三徳商会』という、以前その建物で営まれていた工具店の名前を引き継いでいる。また工具博物館は、復元した日本式家屋の中に解放後の北城路を象徴する工具を展示することを通じて、北城路の歴史の重層性を表現している（図8-3）。

空洞化によってほころびが目につくようになった「われわれのもの」としての北城路であったが、リノベーションはそのほころびを歴史的環境保全の対象とすることによって「われわれのもの」を再構成した。とりもなおさず、それはコミュニティを肯定する試みだったのである。

北城路を使いこなし続ける

しかし、リノベーションは北城路を歴史の中に閉じ込めようとしているわけではない。工具商たちはよく「ここに来ればすべての問題を同時に解決できる」と言って北城路を自慢するが、実際、リノベーションと関連する具体的な作業を進めるにあたって、しばしば周囲の工具商たちの助けを借りることになる人は多い。「このようなことがしたいのだが」と相談すると、工具商たちは「それだったら、あそこに行ってみろ」「それだったら、こうすればよい」と、解決方法を次々に教えてくれる。もちろん、工具商たちがリノベーションに対して理解を示しているからではない。「なんでこんなことをするのかまったくわからない」と言いながら、リノベーションを契機として北城路に入ってきた新参者を、北城路の流儀でもてなすのである。[26]

「われわれのもの」である北城路の使いこなし方をリノベーションに関わる人びとに教えるのは、工具商たちの「われわれ意識」の表出である。と同時に、解放以来、さまざまな状況の変化に対応することによって成長してきた北城路が、リノベーションという新しい状況にも対応していることを示している。こうして、リノベーションを通じて、北城路がもつ「豊かさ」が過去のものではなく、現在進行形のものであることが、新たに経験されていくのである。

6　コミュニティに敵産家屋を取り入れる——生活実践の履歴の可視化

現在の北城路とは一見ふつりあいであり、かつ植民地時代に歴史的定点をおく歴史的環境保全がなぜおこなわれているのか、という冒頭の問いに立ち戻るならば、それはリノベーションが北城路の建物をめぐる工具商たちの生活実践の履歴を可視化させる役割を果しているからだといえる。北城路のリノベーションは、建物の原型を復元するにとどまらない。むしろ、これまで建物がどのように使われてきたのかをあきらかにする過程ともいえる。日本の植民地時代に開発され、繁華街として栄えた後、解放を経て、長い年月をかけ工具や機械の流通のまちとなっていく一連の流れに焦点を当てて歴史的環境を保全することは、工具商たちが北城路を「われわれのもの」として使いこなしてきた生活実践と不可分なものとして成立しているのである。

このように、コミュニティに敵産家屋を取り込む実践は、敵産家屋そのものをコミュニティが領有するためのものではない。そうではなく、コミュニティの歴史をつねに意識化させ、コミュニティの現在を問い直す営みと表裏一体の実践である。言い換えるならば、「われわれのもの」としての北城路を支えてきた生活実践に根ざし、コミュニティを肯定する「われわれ意識」の更新から、コミュニティの今後のあり方を模索する試みなのである。

北城路では、既存の建物を撤去して、新たなビルあるいはマンションを建てようとする再開発計画が浮かんでは消え、浮かんでは消えを繰り返している[27]。つまり、北城路という物理的空間に刻まれた生活実践の履歴を消去しようとする動きとつねに隣り合わせといえる。再開発の圧力にさらされ続ける北城路において歴史的環境保全が成立する背景には、「ドンネ」としてのあり方、すなわち資源を共有し、コミュニティを肯定する「われわれ意識」がある。この「われわれ意識」を北城路の人びとと更新してゆくかぎりにおいて、歴史的環境保全は豊かさを形成していくのではないか。さらにつけ加えるならば、この豊かさこそが既存の人びとの営みを破壊し、新たな都市を築くという、実際に北城路が経験した植民地支配の暴力に対する痛烈な批判になりうる。

注

（1）戦後韓国の「倭色（왜색）」をめぐるポリティクスについては、金成玟（2014）が参考になる。

（2）一方で、植民地支配の象徴として保存された敵産もある。たとえば、一九〇八年に開所した西大門刑務所である。一九八七年に刑務所が郊外に移転されたのちも建物は残され、一九九八年、独立運動家の歴史を後世に伝える西大門刑務所歴史館が開館した。

（3）全羅北道群山市、慶尚北道浦項市の九龍浦などが有名である。

（4）集会を意味する「モウル（모을）」「モドゥル（모들）」が集会所という意味の「マウル（마을：原著では古ハングルの旧字表記、アレア）」「モウル（모을）」「モル（모르）」に転訛し、集会所を中心とするひとつの共同体（村落）までも同じように呼ぶようになったと考えられる（李丙燾 1956）。

（5）中国や日本にはない韓国特有の使われ方であるが、「洞」という漢字自体に「マウル」や「ドンネ」という意味が含まれている。また、「洞」は市や区の下に置かれる地方行政区域の単位として使われている。

（6）嶋陸奥彦は、全羅南道青山洞の四つの「ムラの契」（契とは一般的に複数の個人が共通目的のために平等に出資して構成する組織）のうち、例外的な契として泉契を挙げている。一定の地域内に転入転出する際、同時に契に加入脱退するという点において、泉契は他の「ムラの契」とは異なる。この契が共同井戸の管理補修の機能を果たしているという指摘は、水の共同利用と地縁的単位を考えるうえで興味深い（嶋 1990）。

（7）たとえば伊藤亞人は、日本と比較した場合、個人の任意によって構成される組織が韓国では重要な位置を占めていると指摘している（伊藤 2002）。

（8）朝鮮八道における慶尚道を指す地名。なお、大邱広域市は慶尚北道に位置するが、行政区画としては慶尚北道の管轄から外れている。したがって、この章では地名と行政区画の混乱を避けるため、「嶺南」という地名を用いた。

（9）『2020 大邱広域市 都市・住居環境整備基本計画』によると、二〇一〇年末現在、中区の建築物のうちの四五・三％が一九七〇年以前の建築物である。大邱広域市全体（一三・〇％）と比べると、中区に古い建築物が集中していることがわかる（大邱広域市 2013：38）。

（10）植民地時代前後の大邱の人口の推移と日本人人口の推移については拙稿（松井 2008）を参照のこと。当時の大邱における植民者の暮らしについては森崎和江を参照のこと（森崎 2006）。

（11）『朝鮮を知る事典』によると、邑とは郡の中心集落で、地方官の支配拠点である郡衙、郷吏の執務所である作庁、両班組織の事務所である郷庁などが集中する地方政治の中心であった。通常、邑は城壁（邑城）に囲まれ、外部からの出入りは数ヶ所の城門にかぎられていた（伊藤ほか監修 2000）。

（12）三輪如鐵によると、邑城の城壁撤去と道路建設の経緯は以下の通りである。「……城壁跡の大道路は明治三九年一一月、時の観察使署理朴重陽氏が岡本副理事官、影山民長等の希望を容れ、京城政府の許可なきに、破天荒の英断を以て城壁城門の全部を破壊したれども、朴氏平壌の観察使となりて、赴任すると共に久しく其儘になりしを、明治四一年六月大邱に観察使として帰るや、直ちに改修に着手し、四二年の秋を以て竣工したるもの、是れ韓国政府の国庫支弁なり（三輪[1912]1995：99-100　なお、本文中の旧漢字は引用者が新字体に改めている）。」また、河井朝雄の『大邱物語』にも詳しい経緯が記されている（河井［1931］1995）。

(13) セマウル運動は、一九七〇年に朴正熙大統領の指示にもとづいて始められたとされる、農村の貧困克服を目的とし、経済水準の向上をめざした政府主導の運動である。セマウルは「新しい村」という意味の韓国語である。

(14) 時間と空間研究所理事Gさんによると、北城路の地価がもっとも高かったのは、ソウルオリンピック（一九八八年）ころとのことだった（二〇一五年三月一〇日のGさんへの聞き取り）。また、慶北大学校博物館が二〇一一年六月一六日～一八日に、北城路一帯の工具商および町工場一五七ヶ所を対象として実施した北城路産業工具路地全数調査によると、現営業店の好況期は一九八〇年代という回答が六六（三五％）でもっとも多く、その次に一九九〇年代という回答が六〇（三二％）であった。

(15) 二〇一五年三月一一日のKJさんへの聞き取り。また、二〇一一年四月、大邱広域市中区都市づくり支援センターが実施した「『大邱邑城象徴通り造成事業』北城路住民・商人意識調査」によると、北城路に住みながら、北城路で働く割合は約一五％であった。

(16) 大邱の織物業の発展過程とその構造については、安倍誠を参照のこと（安倍 2001）。

(17) しかし、北城路のすべての店舗が、経営が成り立たないほど景気が悪い、というわけではない。約四〇年前から北城路で店舗を構えているKYさんによると、「景気が悪くても新しい次の一手を打たずにただ店を開いているのは、それでもどうにか商売が成り立っているから」と言う（二〇一四年九月一三日KYさんへの聞き取り）。また、慶北大学校博物館の調査結果よると、一五七ヶ所中五五ヶ所が営業年数一〇年未満、つまり二〇〇〇年代以降に営業を開始した店舗が三分の一程度と意外に多い（慶北大学校博物館 2011）。北城路で工業関連の部品を加工、販売する店舗を営むAさんは「一二年前からここで仕事をしていて、一〇年くらい前から景気が悪くなり始めた。自分は来た当初から状況があまり変わっていないから大丈夫だが、昔からここで商売している人たちは景気が悪くなったと感じるのではないか」と言う（二〇一四年九月一三日Sさんへの聞き取り）。つまり、好況期が過ぎた後も、新たに工具や機械を扱う店舗や町工場を構える人びとが北城路に流入し続け、商売を営んでいるのである。

(18) もちろん、北城路を新たな「ドンネ」にする再開発計画がこれまでなかったわけではない。約六〇年前から北城路で工具の商売を続ける北城路の顔役であり、また再開発推進委員会の委員長であるＫＪさんによると、再開発の話は一〇年ほど前、建設会社から持ち込まれ、それを受けて住民が法令によって定められた再開発推進委員会を結成した。当初、一階に店舗、二階以上をマンションにする計画であったが、具体的な調査をしてみたところ、予想よりも利益が出ないことがわかり、再開発の話は立ち消えとなった。しかし、その際は条件が折り合わなかっただけで、再開発推進委員会はまだ市に登録してある状態である。いまからでも条件さえ合えば、再開発する可能性はあるとのことだった（二〇一五年三月一一日のＫＪさんへの聞き取り）。

(19) 再開発を難しくするもう一つの理由として、不在地主の多さが挙げられる。北城路の地主や建物の所有主のなかには、ソウルや海外といった遠方に在住する者も多い。

(20) 詳細は拙稿（松井 2008）を参照のこと。

(21) 大統領直属の諮問機関である。

(22) 北城路近代建築物リノベーション事業の詳細は拙稿（松井 2017）を参照のこと。

(23) 本章4節で引用した工具商たちの生活実践に関する語りもまた、リノベーション事業と関連して聞き取られた生活史の一部である。

(24) ただし、このように家屋や店舗を日本人から直接引き継いだケースは珍しい。北城路の草分けは大邱出身者のみならず、大邱以外の嶺南地方出身者も多い。韓国（朝鮮）戦争期の混乱やその後の産業化の進展によって、嶺南地方の中心である大邱には周辺地域から多くの人口が流入したが、北城路の草分けもまた例外ではない。

(25) この語りは、一九四七年生まれの男性のものである。

(26) 二〇一五年九月一三日リノベーション中の建物で展示会を開催していたAさんからの聞き取りによる。

(27) 二〇一五年三月の調査中にも、再開発を目的とする住民総会への参加を呼びかける横断幕がみられた。

文献

（日本語）

安倍誠、二〇〇一、「韓国地方都市における産業集積——大邱織物業の発展と構造」関満博編『アジアの産業集積——その発展過程と構造』日本貿易振興会アジア経済研究所、九三―一二二頁。

Home, Robert K., 1996, *Of Planting and Planning: The making of British colonial cities*, Taylor & Francis.（＝二〇〇一、布野修司・安藤正雄監訳・アジア都市建築研究会訳『植えつけられた都市――英国植民都市の形成』京都大学学術出版会。）

伊藤亜人、二〇〇二、「韓国における任意参加の組織――地方出身者の結社を中心として」伊藤亜人・韓敬九編『韓日社会組織の比較』慶應義塾大学出版会、一八五―二一一頁。

伊藤亜人・大村益夫・梶村秀樹・武田幸男・高崎宗司監修、二〇〇〇、『新訂増補　朝鮮を知る事典』平凡社。

河井朝雄、一九三一、『大邱物語』朝鮮民報社。（＝一九九五、『韓国地理風俗誌叢書58　大邱物語／大邱府勢一班』景仁文化社影印。）

金成玟、二〇一四、『戦後韓国と日本文化――「倭色」禁止から「韓流」まで』岩波書店。

松井理恵、二〇〇八、「韓国における日本式家屋保全の論理――歴史的環境の創出と地域形成」『年報社会学論集』21：一一九―一三〇頁。

松井理恵、二〇一七、「景観を通じた都市の継承――韓国・大邱の近代建築物リノベーションを事例として」『現代社会学研究』30：二七―四三頁。

三輪如鐵、一九一二、『訂正増補大邱一斑』玉村書店。（＝一九九五、『韓国地理風俗誌叢書262　増補改正大邱一班』景仁文化社影印。）

森崎和江、二〇〇六、『慶州は母の呼び声――わが原郷』洋泉社。

嶋陸奥彦、一九八四、「韓国のムラ――トンネとマウル」『日本民俗文化大系月報』7：一一―一四頁。

嶋陸奥彦、一九九〇、「契とムラ社会」阿部年晴・伊藤亜人・荻原真子編『民族文化の世界――社会の統合と動態』（下）小学館、七六―九二頁。

大邱府教育会、一九三七、『大邱讀本』。（＝一九九五、『韓国地理風俗誌叢書67　慶北沿線發展誌／大邱讀本』景仁文化社影印。）

谷川竜一、二〇〇八、「流転する人々、転生する建造物――朝鮮半島北部における水豊ダムの建設とその再生」『思想』1005：六一―八一頁。

鳥越皓之、一九九七、『環境社会学の理論と実践――生活環境主義の立場から』有斐閣。

（韓国語）

大邱広域市中区、二〇一一、『大邱産業工具路地』（パンフレット）。

大邱広域市中区都市づくり支援センター、二〇一二、『北城路寄贈工具目録化報告書』。

大邱広域市、二〇一三、「2020 大邱広域市　都市・住居環境整備基本計画」。

大邱広域市中区都市再生支援センター、二〇一五、『北城路時間旅行』（パンフレット）。

グォン サング・リュ テヒ・バン テゴン・チョン ユジン・オフィスアーキテクトン、二〇一四、『URBAN ARCHAVES 都市アーカイブ――創造的都市再生のための場所の記録と記憶の再構成』国土研究院。

李丙燾、一九五六、『國史大觀』普文閣。

金賛鎬、二〇〇二、『都市はメディアだ』チェクセサン。

慶北大学校博物館、二〇一一、『北城路産業工具路地の文化と人びと』。

第9章　オーダーメイドの復興まちづくり
——東日本大震災の被災沿岸における大規模集団移転の事例から

金菱　清

1　なぜ災害後まとまりのあるコミュニティが必要なのか

災害後のまちづくりは、行政の青写真に則ったレディーメイドのまちづくりになっている地域が少なくない。とりわけ、大災害後に平等原則のもと抽選方式により幾度も社会的紐帯が細断されると、剝き出しの個が生み出されやすい。その個はたいへんか弱い存在である。それに対して、本章では、東日本大震災の被災沿岸における大規模集団移転を事例に、なぜ被災住民たちはバラバラにされながらもわれわれ意識という枠組みを保持しながら自分たちによる〝オーダーメイド〟のまちづくりができたのかをあきらかにする。このことをあきらかにすることで、災害後性急に求められる上からの復興のあり方とは異なる、あるべきコミュニティの姿を提示する。

では災害後なぜコミュニティは必要とされるのだろうか。災害というインパクトは、もともと潜在的にもっていた社会の脆弱性を顕在化させるだけでなく、それをもっとも弱い個に負わせる性質をつよくもつ。そのため、普段はコミュニティを意識していなくても、個への過度な負担を和らげる被膜としての役割をコミュニティは社会的に期待されている。

しかしながら、つねにコミュニティを分断する力がコミュニティ内外から強力に働く。不公平のない形で復興を推進したい行政側は、仮設住宅や災害復興住宅への入居を「平等」にするため抽選をし高齢者や障がい者を優先させた(1)。その負の結果として、社会的紐帯を弱体化させ、集合住宅の個室での孤独死やアルコール依存症を次々に生み出した。つまり、建物は集約的に建設されてひとかたまりのコミュニティの形はとっていても、問題把握もされず、それゆえ解決の糸口さえ見通せずに被災者が孤立している被災地は少なくない。

社会学者の森反章夫は、東日本大震災をふまえてもなお、仮設住宅入居には日常生活の定常状態を「仮設的」に再現し、維持する試みがなされる一方で、入居者選定においてはそれまでの居住様態と無関係に被災者として抽象され、ランダムに入居されるため、従前の日常的な相互関係そのものが切断・分断される。そしてこのことが津波にまして大きな二次的な被災であると述べている（森反 2015）。

ふつうならばじっくり熟議を重ね人びとの民意が通うようなコミュニティベースのまちづくりが、現場レベルで大切であることはわかっている。しかし、災害後の行政計画と復興期間の限定のなかで下からのまちづくりは選択肢として消えざるをえないのが被災地における復興の現実である。

というのも、行政の中心的課題は、一刻も早い仮設住宅や災害復興住宅建設などの建設自体にあるので、災害の復旧過程においてはハード面に関心を払わざるをえない。結果として、コミュニティに配慮したソフトな政策は後手に回らざるをえない。そのため、本来的には被災者のためであったものが計画ありきとなり、被災者の望むものからはかけ離れたものになる。

ではどうすれば、被災者が望むようなまちづくりに転換できるのか。もちろん、数十世帯規模の小さなコミュニティであればなにかのまとまりをもって集団移転するケースは被災地でも確認することができる。本章ではそのようなまとまりを最初から期待できるようなコミュニティを調査対象地として選ぶことはあえて避けておきたい。というのも、小さなコミュニティレベルでは小回りが利くので行政も例外的に扱い、その例外をもってコミュニティのまとまりを測っても、それはある意味当然のことだといえるからである。

それに対して、本章での対象地は、移転人口一八〇〇人を超える被災地でも最大規模の集団移転地である宮城県東松島市のあおい地区をとりあげる。しかも、当該地は仮設住宅やみなし仮設など他所からの流入が多く、顔見知りや隣近所の地縁が期待できるような集住地区ではない。これだけの大きな規模では、行政効率からいっても、あるいは復興過程の制約からいっても、トップダウン型のまちづくりが現実的のようにも見える。

しかしながら、あおい地区は、コミュニティのまとまりをもってオーダーメイド型のまちづくりを実現できている地域である。このことがなぜ実現できたのかを順におってあきらかにしてみたい。

2　復興コミュニティの黎明期――自己役割、他者承認と潜在的自立のまちづくり

あおい地区の概要

あおい地区が所在する宮城県東松島市は、二〇〇五年に矢本町と鳴瀬町の合併により誕生した新しい市で、宮城県石巻市に隣接し、仙台への通勤圏にもなっている。二〇一一年三月一一日に起こったM9・0の巨大地震にともなう大津波によって、松島側の野蒜《のびる》地区では浸水高が一〇メートルを超え、大曲地区でも五・七七メートルに達した。平野部が市の面積をほとんど占めるため、一一三四人にものぼる死者・行方不明者を出した。市全体の実に約七四％の世帯が全半壊以上の被害を受け、多くの人びとが従来のコミュニティや家屋を失うこととなった。

市内の甚大な津波被害を受けて、東松島市は、防災集団移転事業計画に則って、七地域を整備地区に選定した。そのうちのひとつであるあおい地区は、JR仙石線東矢本駅のすぐ北側に位置し、コンパクトシティとして集約するねらいをもった地区であり、元々は広大な田園が拡がっているため買収交渉は山間地や都市部などの地権が複雑に絡み合うような地域よりは進めやすかったといえる。約二二ヘクタールの田圃であった土地に全部で五八〇世帯、約一八〇〇人が入居するという被災地全体を見渡したなかでも最大規模の集団移転事業（災害公営住宅三〇七戸、移転用宅地二七三区画の五八〇戸分）が新たに整備された。

地域のまとまりを拒む分断と住民主体のたちあげ

通常のまちづくりと異なり、災害後のまちづくりでは、復興予算の期限と早期の復旧復興という政治的命題のもと、性急なまでにトップダウン型のまちづくりが進められるケースが少なくない。しかも、避難所、仮設住宅、集団移転へと復興の段階を経るにしたがって、関与主体がその都度異なるので、固定のメンバーシップのまま、腰を据えた住民主体によるボトムアップのまちづくりは通常多くの被災地域では困難である。

このような条件のもとであおい地区は住民主体のまちづくりを3節でみるようにかなり進んだ形でおこなっているが、それは急に立ち現れたのではなく、仮設時代や避難所時代に培われた住民参加の仕組みが分断の働きを超えて継続しているからである。住民参加のしかけをまずみてみよう。

避難所では、災害発生の一〇〇時間後から一〇〇〇時間後にみられる「災害ユートピア」（Solnit 2009＝2010）によって、全員が一致団結して協力的なコミュニティが緊急避難的な保護膜としての役割を期待される。その一方で、物資の配布や掃除などでは「不平不満」が充満していた。

ところが、この不平不満を契機にのちの住民主体につながる萌芽が生まれた。それは子どもの笑顔には大人が元気を取り戻す力があるという発見である。たとえば、物資の配布を当初おこなっていたころは、物資不足からひとり一個の支援物資の配布が困難であるので、人数にかかわらず世帯ごとに同数を配布したところ、逆に不公平だということで不満や苦情が燻っていた。そこで自主的に運営に携わっていた子どもたちに配布する役割を担ってもらい、「ルールや規律を守る姿を子どもたちにも見せましょう」と呼びかけると、子どもの手前、大人たちとしてのふるまいを子どもに対して見せざるをえず、スムーズに避難所運営をおこなうことができるようになった。

つまり、住民たちが経験的に気づいたことは、通常時であればまちづくりの中心となる生産年齢人口の大人が、非常時においてはうまく機能しなかったという事実を元に、非生産年齢人口である子どもたちを主体に据えることでまちが機能することであった。

このことから、同じく非生産年齢人口である高齢者のかかわり方にも拡げられている。避難所が閉鎖され次の

「矢本運動公園仮設住宅」へと移ると、住民参加の催しや取り組みが次々と実施されていく。イベントカレンダーをみても予定が密に埋まり、震災から四年経過した二〇一五年時点でも三日に一度のペースでイベントが実施されるほどの過密スケジュールである。では、なぜこれほどまでにイベントを催し続けなければならないのか。

東松島市では、地域ごとの仮設住宅への入居ではなく、バラバラの入居であり、当初挨拶を交わすことすら覚束ず入居者の気持ちは沈んでいた。互いの素性がわからず、夫婦だけで入居しているので子どもは仙台など市外にいるものだろうと推測していたところ、実は子どもが津波で亡くなっていたことが後からわかったということもあった。このように互いが初めて顔を会わすような状態と、誰がどのように暮らしているのかがわかる避難所の状況とは異なっている。空間的に一ヶ所に集められてはいるが、隣人に気軽に声をかけるには憚られ、コミュニケーションを深めることが困難で孤立しやすい状況が生まれていた。この社会的孤立を防ぎ、互いが意志疎通できるしかけがイベントだった。

一部の人が企画したイベントでは、受け身的な参加を促しているだけに思えるが、この仮設での工夫は、それぞれに役割を与えることで半ばみんなが総出で参加できるしかけを作っていくところにある。たとえば花見の際には、ギネスに挑戦ということで、一二三人もの大人数で輪になって腕組をして一斉に立ち上がるイベントを催した。三回挑戦したが転んだりなかなかうまくいかず失敗に終わった。しかしこの失敗がクスクスと笑いを誘い、あえてできそうでできない挑戦を通して、住民のかかわりと笑いを創出し、寂しい気持ちを払拭するねらいがあった。半強制的だが、いつのまにか共有と連帯を自然にもたせるしかけであった(2)。

あるいは、一〇〇メートルの海苔巻きを作ってギネスに挑戦するという、一見派手なイベントでも、回を重ねるうちに、高齢の男性や女性が「私が作ってくるから」という形で自らご飯を炊いてもってくる。全体の状況をみながら自分ができることはなにかを自主的に判断できる感性を育てていたことになる。共同作業での自分の役割が「〇〇さん今日も手伝ってくれている」という形で外に向かっても発信され本人自身にも見えるようになっていることが大きい。イベントは交流して互いに役割を補完する機能を、仮設住宅の空間に生み出した。

イベントにはボランティア団体から参加の申し出があり、それは受け入れるが、ボランティア団体には必ず少額でも被災者から謝礼をもらってくださいというお願いをしている。無料で受け入れると、つねに受け身としてそれが当たり前の感覚となり住民の「主体性」が失われるという理由からである。

自己役割の確認、他者からの承認と潜在的自立

以上の住民参加のかかわり方をまとめてみよう。一部の自治会役員だけが行政的な下請けとなり形骸化されたまちづくりをおこなっている地域は少なくない。しかし、当該地域では、子どもや高齢者といった非生産年齢人口つまり社会的弱者がまちづくりを担う主体として中心的課題に適切に位置付けられる点にまず特徴がある。それは被災して故郷や愛する家族が亡くなり、この世に生の実感を得ることができない人に対して、自己役割と他者承認という人間存在にとって大切な人格をコミュニティが醸成することである。

次に、ボランティアとのつきあい方も、けっして無料化せずに少しでもお金を払うのは、将来的に復興住宅に移り住んだときに、誰からの援助も期待できない「自立」の状態が待っているからである。ボランティアが来てくれるうちはそれでいいという依存的な考えから早く脱して、通常の暮らしに早く戻れるしかけを仮設住宅時代から徐々に雰囲気として作り出していた。

というのも、ボランティアへの依存状態に今回のように長期間さらされ続けると、いつでも行政やボランティアにおんぶに抱っこという意識が生まれ、自らが積極的にやっていく機運を削いでしまう可能性があるからである。それは住民の主体性の阻害要因となる。あえてボランティアに謝礼を支払うことで潜在的自立の力が養われていたのである。集団移転時の自立再建に向けて仮設住宅時代から身体を慣らす工夫であった。

これら三つの住民参加（自己役割の確認、他者からの承認と潜在的自立）が住民主体のまちづくりを作り出す下地となっていたことをこの節では押さえておきたい。次節では、集団移転時のまちづくりに着目しながら、一八〇〇人という大規模になってもコミュニティのまとまりを維持しながらどのようにオーダーメイドのまちづくりを運営できるのかをみてみよう。

3　行政のいいなりにならない〝オーダーメイド〟の復興まちづくり

あおい地区の集団移転の場合、二〇一五年度末の最初の災害公営住宅への入居予定から実に三年以上も前の時点（二〇一二年一一月）で、有志一同という形で、東矢本駅北地区まちづくり整備協議会を立ち上げている。それは、自分たちがこれから住むまちは、ただ住まされるだけのまちではなくて、自分たちがどのようにすれば暮らしやすいまちになるのかという思いからである。復興住宅は鍵を渡された後には住民同士で集まって勝手に自治会を作ってくださいという形をとる場合が少なくない。

しかし、行政のために自分たちが動くのではないという意識があおい地区住民には強くある。こういう生活があるという未来図を描いて移転できるのとそうでないのとでは天と地ほどの違いがある。あおい地区住民がよいまちにこだわる動機として、生きている人たちだけでなく、東松島の沿岸の浜で無念にも亡くなった人びとの魂が、災害危険区域指定によってお盆などの際にも帰着する場所が失われたこともある。「自分たちがこれから創るまちをふるさととして思って安心して帰ってもらえる素晴らしいまちにしたい」(3)との想いがある。生きているこちら側が真剣に呼応しないと亡くなった人びとが魂の行き場所を失ってしまうと彼らは考えた。まちづくりにはそのような魂の道標となる受け皿の意味合いも含まれる。

そのため、手間暇をかけてまちづくりをおこなっていく。移転が開始されるまでに年間一二〇回以上の「ワークショップ（井戸端会議）」の会合を開いてきた。まちづくり協議会は、三一人で構成される役員会を九つの専門部会（「街並み検討部会」「宅地・公共施設計画検討部会」「災害公営住宅部会」「コミュニティ推進部会」「区画決定ルール検討部会」「広報部会」「研修・イベント部会」「自治連絡部会」「ペット部会」）に分けた。いずれの部会もユニークなアイデアで充たされている。専門部会での議論を五つにわけてオーダーメイドのまちづくりをくわしく紹介してみよう。

（1）自分たちのまちの名前

当初行政によって名付けられた東矢本駅北地区という素っ気ない名称を変え、現在あおい地区と名付けられている。これは広報部会のもとにあたらしいまちの名称選考委員会を作って全国から募集し、やがてこの地区を引き継ぐ中高校生にも参画してもらい、各世帯一票ではなく一人一票ずつ投票をして決めることにした。空と田んぼ、大曲浜の青をイメージできるものとして「あおい」と命名されたが、名称はいわば空間を自分たちのものとして場所化するうえで欠かせない作業である。

そして、単なる通称ではなく、行政上の「住所表示」として認めてもらうように行政に働きかけた。当初担当課長はこれを渋り、できない理由をいくつか挙げてきた。しかし、行政の考えは役所のなかだけでやってくれと言って突っぱね、できないのであれば行政の論理ではなく民間人を納得させる理由が必要だと伝えた。交渉の末、市議会の審議を経て正式な住所表示として認められることになった。

（2）「くじ引き無し」の区画整理

集団移転先で自主再建する際にどの土地に住むのかを決めるにあたっては、行政の公平性の原則に則って、くじ引きの方式を多くの自治体では選択している。しかし、あおい地区では、二四五所帯の大人数の集団移転にもかかわらずくじ引きは最後の手段として後に回された。

前節でみた仮設住宅などでのコミュニティづくりによって緊密になった人間関係が、再び集合的な空間に移動するとはいえ、同じ空間の端から端までが数百メートル離れてしまっては隣近所の交流も再びやり直しを迫られる危険があった。そこで、交流会を人びとが住む二年前よりもちはじめ、協議会では「区画決定ルール検討部会」を作って、できるかぎり親子や親戚や震災前の隣組などの顔見知り同士が隣になる仕組みを模索し始める。

ひとつの区画は大体二〇世帯ほどの回覧板を回しやすいまとまりと位置づけ全体を一五のブロックに分け移転先の希望を聞いた。複数世帯のグループで希望ブロックにエントリーできるようにし、好きな人同士でどのブロックにするのかを聞いた。細かく区分されているので、同じブロックであれば、離れていても二～三軒の範囲なので住民も納得がいく。

抽選でどこにあたってもよいように、通常土地の面積は均等に割り付けしてある。しかし事前の調査で、土地の区画が大きいところを希望する人もいれば、小さくて手ごろなサイズを希望する人もいる。このような個々の事情（オーダー）に応じて宅地の大きさにバリエーションをもたせることで、競合率をあらかじめ制約できるようにした。

そして、さらなる工夫は、完全に元の仲間同士で固まってしまうと、多くは大曲浜など同じ沿岸の地域の出身、同じ仮設住宅の仲間が多くなり、縁あって新たにあおい地区に入る人びとを浮かせてしまう。これを避けるためにも、緩やかなブロック制を採用した。

そして、誰も競合グループがいない場所から土地取得者が随時決まり、検討部会の方で、こちらが空いているけどもどうですかという形で希望者に促したり交換をしたりを四回程度繰り返すことで、区画が決まった。さらに、家族・親戚ならば、隣接するふたつの土地の区画に申し込めることをあらかじめアンケートで把握したうえで二区画の区割りを設定した。こうして、個別に家を建てる二四五世帯の区画は二〇一三年一一月に決まった。

このように手間暇かけたのは、これから長いお付き合いをしていく相手でもあるので、一〇〇％ではないが、ある程度の満足度をあげるというねらいもあった。

（3）地区計画から地区条例へ

自分たちがこれから長く住むまちをよくするために、街並みなどの景観にも配慮しようということになった。それが「街並み検討部会」の設置である。さまざまなまちのルールを住民自らが決めていく。建物は隣との境界線から一・五メートルを離すことや、柵は透明性のある一・二メートル以下のものにすること、セミパブリックゾーンとして道路から一メートルは植栽に使い緑地帯にすることなど厳密に決められた。

プライベートな空間とパブリックな空間を融合させることで、垣根を低くして互いが見守れるような縁側的な街並みを形成したり、敷地の角を削ることで子どもが道路に出ている際に車から見通せるよう配慮し、安全・安心の努力を共有していく。屋根から落ちてくる雪が隣にかからない距離として建物を二メートル離すことが提案されたが、話し合いのなかで一・五メートルに落ち着いた。自分たちがこの距離なら妥当だというポイントを、一方的に行政が決めていくのではなく互いに議論して決めていった。

この街並み検討の取り組みがユニークな点は、住民みんなによって決められているので、あおい地区だけでの地区計画で終わるのではなく、市の憲法ともいえる地区条例という強制力を伴ったものに深化したところにある。地区計画はもちろん自分たちで決め、自分たちで守るものだが、二〜三〇年後に移り住んできた人に対しても拘束力を持つ。規制は束縛という考え方から自分たちを守るための保護膜であるという考え方へと転換することになったのである。

(4)機能が異なる公園

あおい地区では四つの公園を作ることになっているが、行政論理からいえば、ブランコ・滑り台・砂場など同じ機能を持ったいわゆる定番の公園が四つできる。他方あおい地区では、四つの機能をそれぞれ地区の「物語」に合わせて、創りかえていった。

桜や紅葉を植樹して、花見や祭りをするための多目的な機能を持たせた公園、ケヤキ並木にして冬には街を明るくするイルミネーションが点灯する駅前の公園、高齢者が多いことから外で体を動かせる二十種類のさまざまな健康器具を設置した公園、子どもたちが安心して遊ぶための公園と、「公共施設検討部会」は住民からの意見を吸い上げ、要望書を市に提出した。

(5)ペット入居の公営住宅

災害時の移転先では人間のことをまず考えるので、ペットのことは後回しになるが、しかしペットも家族の一員だという考え方がこの地区では支配的である。津波襲来時にペットを助けるために犠牲になった家族がある人にとっては、ペットは家族の代わりあるいはそれ以上の存在という意味合いをも含んでいるため、ペットの存在を無視したまちづくりは住民を無視することになる。

災害公営住宅ではペットを飼ってはいけないという行政のルールに対して、「家族を津波で亡くしているのに、今回ペットと入居できないことはもう一度死なせてこいということになる。それが役所の考え方なのか」と反論する。

そこで、専門部会のなかに「あおいペットクラブ」を作って、もちろん動物が好きではないという住民の意見も聞き、そのなかでどのようにお互いが心地よく暮らせるようにするのかというルール形成を促した。頭数や子どもの公園にはペットは入らないなどのルールをつくったり、登録制をとったりした。やみくもに公営住宅で飼うことを主張するだけでなく、飼う以上お互いが気持ちよく暮らすためのルール作りがあってはじめて行政へ主張をすることもできる。

以上五つの創意工夫をみてきた。復興のまちづくりにおいては通常行政のペースに乗せられるが、そこは自分たちで手綱を引き締め、等身大で物事をひとつひとつ決めていった。住民によるまちづくりでなければいけないというコミュニティの意志は、田圃の跡地であった空間を場所化させる力をもつことになる。

ただし、オーダーメイドのまちづくりには、ともすれば住民によるエゴイスティックな要求が先行しているようにもみえるが、そこは住民の要望をよく聞いて、十二分に検討し、それを行政と交渉し、まちづくりの方向性を決定し、さらにそれを広報として伝えるといった住民と行政の間で共的なセクターとして部会を束ねる（東矢本駅北地区）まちづくり整備協議会が十全に機能していることがわかってくる。

もちろん、これらの共的な中間組織の存在は、通常のまちづくりであればなにも特別なことではない。しかし、災害期のまちづくりとなればがらりとその条件は異なってくる。すなわち、従前のコミュニティをベースにじっくり時間をかけてその結果がよいまちづくりであるならば次の新たなまちへと移行すれば済む。しかし、災害の場合、従前のコミュニティは破壊的な状況にあり、まったく新たな住むべきまちが先行して存在し、予算も資源も期間もすべて制約を受けたなかでの性急なまちづくりが求められる。しかも新たなまちは、被災という条件からの出発のために先立つ個人的資産も乏しく、平均年齢も被災時から七年以上経過するなかで高齢化していき、将来的に縮小するまちになる宿命にある。いわば前向きのまちづくりではなく、追い込まれたなかでの後ろ向きのまちづくりといった性格をつよくもつ。

したがって、あおい地区がいかに特殊なのかをあきらかにするために、次節では、隣接する被災自治体のまちづくりの事例を比較検討して、最後にもう一度あおい地区のまちづくりの特徴を考えてみたい。

4　住民不在のレディーメイドのまちづくり

形だけの復興コミュニティ

被災地の現状として、集団移転地に移り住んだ後にまちづくりをゼロからスタートせざるをえず、顔合わせから始まって自治会も〝後から〟設立されるというケースがほとんどである。行政の方も、仮設住宅の場合と異なって、集団移転のハード面の完成が復興に向けてのゴール地点とみて、あとは自立してくださいという突き放し方をする。

二〇〇世帯の大規模な集合住宅が建てられ、抽選方式でバラバラに入居してから一年半経つ、三陸沿岸のある町でコミュニティ調査をおこなった。行政から委託されて区長（自治会長）は決められていたが、ひとりで頑張っている状態で、一見したところ建物は建築賞を受賞するなど高く評価された立派な建物で、草刈りやイベントなどをおこなっていることから、コミュニティの形式的なものも整ってみえる。

しかし、役場の関心も、ハードな建物に集中し、コミュニティなどのソフトな面はなおざりにされていた。そのハードも、「自立」の名の元に住民がただ建物のなかに入れられているだけの箱（形骸化したコミュニティ）になりつつある。

住民に戸別訪問で聞き取り調査をおこなったところ、この集団移転を評価する声としては、狭小な仮設住宅から開放され隣近所とも良好な関係で、鍵を外出の際には預けるという人もいた。その一方で見過ごせないのは孤立した人びとで、社会福祉協議会が辛うじて把握するものの見守りもされずに取り残されている実態が浮かび上がってきた。

たとえば、「溶け込もうとするけれども、自分一人が浮いている気がして、みんなにじろじろ見られている。夜の一〇時になれば本当に気持ちがゆっくりできて、早く夜になればいいなあと思うの(4)」、「(集合住宅は)静かなんだもん、ドア閉めると。だからね、仮設よりもこういう災害公営住宅に入ったほうが、心配なほうが多くなってくる。隣近所わかんないし、ドアほんとに厚いんですもん。パッンと閉めると(話声や外の音が)聞こえないだもん(5)」といった意見が聞かれた。

このような状況のなかで、自治会による対応も個人間の関係性や努力にとどまっていて、そこから抜け落ちてしまう社会的弱者が一定程度存在している。孤独死などの潜在的なリスクはこの集合住宅の場合高い状況にあると判定できる。

住民ひとりひとりは親切でよい人なのであるが、復興住宅に入居して「自立」するといったときに、行政は住民に任せればよいと考える。他方、住民は自治会の方に任せればよいと考える。自治会長もひとりで頑張ってしまいなかなか住民に役割を振ろうとしない。調査をおこなっていたときに住民に聞いても自治会役員の方をみつけることが困難だったことにも端的に表れるように、住民も自治会長以外のコミュニティの代表が誰であるか知らない状態であった。このように行政・コミュニティ・住民が三竦みの状態で相互依存のない自立が歪な形で実現されていた。

社会的惰性に抗する物語

あおい地区の取り組みを「図」とすると、その背景となる「地」が「形だけの復興コミュニティ」でみた形骸化したコミュニティである。自分たちの暮らすまちとは思えない空間が次々に震災後立ち上がっていった。外見は立派な公営住宅であるが、聞き取りからは重い言葉が口をついてでてくる。これらの語りは、住民が、隣近所と打ち解けたくないということを志向しているというよりはむしろ逆で、従前のコミュニティのようなつきあいをしたいと考えていても、抽選による公平性の担保や建物の近代的構造など行政の仕組みや制度に縛られていることを意味している。

長らくまちづくりや被災地を継続的に支援している延藤安弘は、現代社会における社会的惰性化を作り出している私たちの心の習慣について、次の四つの側面が相互に強く規定しあって悪循環を生み出していると指摘する（延藤 2013）。すなわち、「行政・住民の在来的関係（制度主義・予算主義・議会偏重主義）」「参加の不十分さ」「空間デザインの欠如」「マネジメントの不在」である。これによって行政だけでなく、住民の無関心と受動的な姿勢がバラバラな人間関係、話し合いのなさ、合意形成のなさの惰性を生み出し、かかわりの機会と住民力を養うソフト不在のハコモノを作り出す。

それでは、幾重にもわたる震災時におけるマネジメントの不在やデザインの欠如を変化させることができる力とはなんだろうか。それは、次々と住民主体の発想を実現していった夢と現実を語るワークショップ（井戸端会議）ではないだろうか。世界の災害を長年研究してきた室﨑益輝は、一九八九年のサンフランシスコ地震後のサンタクルーズというまちの復興過程をとりあげて「物語復興」と名付けている（室﨑 2015：453）。子どもも含む被災者のひとりひとりが「恋人と一緒にお茶を飲む場所がほしい」「まち全体を明るい花で飾ってほしい」「私の愛犬が思い切り遊べる広場がほしい」という願いを語り、まちの復興像をつくりあげていった例である。室﨑が、高台か集団移転かといった形が先にあるのではなく、願いや思いが紡ぎだす内容が先になければならず、被災地の夢を叶える復興は、上から与えるレディーメイドではなく、被災者に合わせるオーダーメイドでなければならないとしていることは、本章での事例地と重なりをもつといえるだろう。

最後にふたたび、オーダーメイドの復興まちづくりを条件づけているしかけを考えてみよう。

5　オーダーメイドの復興まちづくりを支える三つの社会的条件

本章では、東日本大震災の被災沿岸における大規模集団移転を事例に、なぜ被災住民たちはバラバラにされながらもわれわれ意識という枠組みを保持しながら自分たちのための〝オーダーメイド〟のまちづくりができたのかをみてきた。

ここで大きな疑問が残る。というのは、パッケージ化されたレディーメイドの移転ありきの町づくりではなく、自分たちで一から作るオーダーメイドのまちづくりは、たしかに行政のいいなりにならない、手間暇をかけたコミュニティづくりである。しかし、住民主体が立ち上がって物語を中心にしたまちづくりが進んだとしても、それを受け入れる行政が聞く耳をもたなければ住民主体の復興まちづくりはそもそも動かない。現に被災自治体では住民の具体的な提案をなしの礫でまったく無視するケースも目立った。つまり、住民主体のまちづくりを支えるには行政側の推進が欠かせないが、その推進力を作り出すものは、震災後急に勃興してきたというよりは、震災以前からの市民参画への方針転換のあり方が小さくない。

震災以前からの市民協働パートナーシップ

あおい地区のある東松島市の場合、二〇〇五年に初当選した阿部秀保市長（当時）が「市民協働のまちづくり」を推進し、二〇〇八年にまちづくり協議会が設置された矢先に大震災に遭遇しており、他市町村とは異なって下からのまちづくりをおこなうことを元々推奨していた（辻 2013）(6)。

二〇〇五年の市の合併を機に、行政肥大化や市民ニーズとのすれ違いを理由として、順次市民協働によるパートナーシップへと移行させていた。パートナーシップは、市民の考え方を大事にするというより、行政側の理屈として、合併により市民サービスの質量が落ちることが想定され財政難で地方行政の役割を縮小してできるだけ市民に権限を委譲してしまおうとする合理化の一環としてとらえる方が理解しやすい。こうした市民への権限委譲のあり方が震災を契機とした内実の伴った市民協働という本来の姿へと変化したのである。

具体的には、あおい地区で三日に一度開かれる部会の会合には毎回行政職員が必ず出席し、災害時マンパワーがかぎられる中で、グループ担当制という仕組みを採用した。(7) これは集団移転の対象地が七地域あった場合、仮に住宅問題の部署がすべて対応するとなると一週間まるごと拘束されてしまう。

それに対してグループ制は、必ずしも専門性を有していなくても職員が会議に出席し、住民の意見を吸い上げて、行政に持ち帰って部署で報告することで、行政縦割り的な発想と行政マン自身の疲弊を防ぎ、それぞれの部署がリアルタイムでかつ総合的に把握できるようにした。行政と市民が対等の立場にたってまちづくりを進める姿勢は、オーダーメイドのコミュニティを作るうえで大きかったと分析できる。

被災者の分断を繋ぎ留めるソーシャル・キャピタル

なぜ被災民はバラバラにされながらもわれわれ意識という枠組みを保持しながら自分たちによるオーダーメイドのまちづくりができたのか。まず、①「市民協働のパートナーシップの仕組み」を採用することで行政と住民双方が成熟したことがある。というのも、一方的に住民から要望を出すだけなく、協議会でいったん決めたことは行政に代わって各住民が責任をもって引き受けるために、過剰な要望から身の丈にあった現実的な要望へと変化させることをも促したのである。

そのうえに、震災後集団移転するまでの地道な②「三つの住民参加（自己役割の確認、他者からの承認と潜在的自立）」が住民主体のまちづくりを作り出す下地となったこと。そして最後に、専門部会のもとで綿密な井戸端会議によって③住民の権利と責任にもとづく「復興物語」が自らの手で描かれ、それを支えるルールづくりが進められたこと。これら三つの社会的条件が揃ってバラバラな状況のなかで大規模な集団移転が住民主体による復興コミュニティを創ることができたと結論づけられる。

復興過程期では、仮設住宅の後、災害公営住宅や防災集団移転で、即座に「自立」が求められる。しかし、あおい地区と他の地区との対比で言うならば、仮設住宅の時代からしっかりとした社会関係資本が形づくられたうえで、はじめて自立といえるような状態を迎えることができる。突然集団移転した後に自立はできない。

社会関係資本としてのコミュニティの二面性について『災害復興におけるソーシャル・キャピタルの役割とは何か』の著者アルドリッチは、基本的にはソーシャル・キャピタルの高さは災害復興過程において不可欠な要素であるが、地域の組織に属さない人びとに対してマイナスの影響を与えることを実証している（Aldrich 2012＝2015）。そのうえで彼女は、中央集権的な復興政策の計画の大半がうまくいかない背景に、地域がもつソーシャル・キャピタルの機能を軽視している点をあげて、公的および民間部門の意思決定者は災害前後の各段階においてソーシャル・キャピタルを高めるような政策を構築・適用していく必要性を説いている。

つまり、右にみたオーダーメイドの復興コミュニティの考え方は、市民協働のパートナーシップをベースにしつつも、本来まちづくりの中心からは外れているような子どもや高齢者といった非生産年齢人口や社会的弱者にも自己の役割を与え、人びとがソーシャル・キャピタルである専門部会、協議会や交流会に参画し、物語を語り合い、相互依存しながら自立していくことで、被災者の自立までの回復力（レジリエンス）が他のまちの復興のあり方と異なってきたことを示しているといえるだろう。

生活環境主義は、当該地域に価値と道徳の所在を置くコミュニタリアンの系譜をひいているが、震災の事例を通してより明確に見えてきたことは、在来や従前にある地域社会にのみあてはまる考えではなく、制度的に従来の地縁関係が切断・分断されてもそれでもなお、創発的にコミュニティを作り上げている実例を射程に収めることができる。ただし、東日本大震災は私たちにそれだけで十分でないことも突き付けている。たとえば、在宅避難者やみなし仮設など、集合化・顕在化されないコミュニティが看過されている可能性も忘れてはならないだろう。(8)

付記

本章は、拙著『震災学入門』所収の「オーダーメイドのまちづくり」に大幅な加筆修正をし再編したものである。

注

(1) 阪神・淡路大震災では，地区ごとの仮設・復興住宅入居ではなく，高齢者や障害者などの生活弱者を郊外のニュータウンや人工島に優先して入居（全市・優先入居制）させたことが，居住環境の変化による故郷と人間関係の喪失につながり，孤独死を多く生み出すことになった。この教訓から，新潟・中越地震の際には，居住環境に配慮した仮設住宅づくりが進められた。また，義援金支給，住宅解体助成制度等の実益のある生活支援策を実行した。ただし，阪神・淡路大震災の経験をふまえた仮設住宅運営であったにもかかわらず，すべての仮設住宅が地区ごとの入居とはいかず，新潟・中越地震でも関連死が五二人にのぼり，必ずしもこの問題が解決されたわけではない。

(2) 二〇一六年八月二〇日あおい地区副会長Aさんへの聞き取りのなかでもイベントの重要性を指摘している。

(3) 二〇一五年一〇月八日あおい地区まちづくり整備協議会会長小野竹一氏への聞き取り。

(4) 宮城県D町F災害公営住宅にて二〇一五年一一月八日Bさんへの聞き取り。

(5) 宮城県D町F災害公営住宅にて二〇一五年一二月二〇日Cさんへの聞き取り。

(6) 行政区は壊滅的な津波被害を受け機能停止してしまったが，被災した大曲浜地区の住民の多くが特定の仮設住宅に入居したことが功を奏し，緊急／応急期に大曲まちづくり協議会・大曲市民センターによって仮設住宅自治会を立ち上げることができ，大曲浜復興委員会が行政区・避難所より均等に選出した委員による協議，アンケートの実施を通じて，コミュニティが住民の方針に関する要望をまとめ，利害調整を果たすことができた（辻 2013：18-19）。

(7) 二〇一六年二月一七日東松島市移転対策部・難波和弘氏へのインタビューより。

(8) 仮設住宅などの集合的なコミュニティは，マスメディアをはじめ，行政・研究者・ボランティアの支援が集中的に行き届きやすいために手厚いケアとなりやすいことを指摘できる。つまりプレハブ型のコミュニティはつねに復興過程において可視化されやすい。そのため集会所に支援物資が届き，行政やボランティアによる支援の対象となりやすい。東日本大震災では，みなし仮設といわれる民間住宅を借り上げて，一定期間国や地方自治体が賃貸を負担する制度が採用された。みなし仮設は震災前に暮らしていた地域から離れ，必要な情報や支援物資も届きにくく，また行政からの情報も支援団体に個人情報保護の問題の関係上あげられず，外からはまったく普通の生活をしているために支援も届かず孤立化しやすい傾向にある（金菱 2016）。

文献

延藤安弘、二〇一三、『まち再生の術語集』岩波新書。

Aldrich, D. P., 2012, *Building Resilience: SocialCapital in Post-Disaster Recovery*, The University of Chicago Press.（＝二〇一五、石田祐・藤澤由和訳『災害復興におけるソーシャル・キャピタルの役割とは何か――地域再建とレジリエンスの構築』ミネルヴァ書房。）

金菱清、二〇一六、『震災学入門――死生観からの社会構想』ちくま新書。

川島秀一、二〇一二、『津波のまちに生きて』冨山房インターナショナル。

森反章夫、二〇一五、「「仮設市街地」による協働復興――陸前高田市長洞集落の住民組織活動の考察」似田貝香門・吉原直樹編『震災と市民――連帯経済とコミュニティ再生』東京大学出版会、一八三－一九七頁。

室崎益輝、二〇一五、「21世紀社会を展望した復興まちづくり」公益財団法人ひょうご震災記念21世紀研究機構編『「国難」となる巨大災害に備える――東日本大震災から得た教訓と知見』ぎょうせい、四五三頁。

Solnit, Rebecca, 2009, *A Paradise Built in Hell: The Extraordinary Communities that Arise in Disaster*, Penguin Books.（＝二〇一〇、高月園子訳『災害ユートピア――なぜそのとき特別な共同体が立ち上がるのか』亜紀書房。）

辻岳史、二〇一三、「仙台平野混住地域におけるコミュニティの再編と機能回復――東日本大震災・宮城県東松島市の事例から」『名古屋大学社会学論集』34：一－三二頁。

第Ⅲ部　コミュニティはなぜ分け合うのか

かつて、われわれの社会は貧しかった。そんななか、人びとは土地を共有し、ともに働き、自然の恵み、作物、食べ物、お金などを分け・譲り合って、お互いに助け合わなければならなかった。そうやってコミュニティは、ひとりひとりの生存を保障した。現代の豊かな社会におけるコミュニティの〝分かち合い〟は、かつての貧しさの名残なのかもしれない。

周知の通り、東日本大震災での原発災害は、広範囲に放射能被害をもたらした。3・11以前、ちょっとした山の恵みは地元住民に楽しみを与え、顔の見える人間関係を豊かにした。ところが災害後、山の恵みを贈ることは〝迷惑〟となった。ここに見られるのは、コミュニティ内外での「食卓の分断」である。第10章では、福島県川内村での山の恵みの交換不可能性から、コミュニティの日常的な分かち合いがいかに重要であったかを照射している。

続く第11章では、岐阜県・郡上八幡の事例から、親しい間柄でなされる頼母子講が、経済的な便益をもたらすだけでなく、人間関係をより緊密かつ円滑にし、さらに講員個々人のライフイベントを引き受けるコミュニティになる様相があきらかにされている。なかでも、同級生を中心とした頼母子講は、自治会の力を上回って、講員の葬儀を中心的に取り仕切る組織になっていた。ここから、「同輩原理」にもとづく秩序が見出されよう。

コミュニティの分かち合いは、モノやお金だけでなく、それらを生み出す前の労働にもおよぶ。少子高齢化によって各地の農村では放棄された農地の管理が深刻な問題になっている。だが、第12章の事例地である滋賀県野洲市須原地区は、農業組合がすべての水田作業を管理し、フルタイムで農業に従事できる住民も、そうでない住民も、全員で耕作を請け負って、地区の田んぼを守っていた。

第13章は、縁もゆかりもないコミュニティへとIターンした「移住者」の現代的な事例が中心である。山梨県北杜市大泉町に暮らす住民は、自然に惹かれ、既存のしがらみから自由であろうとする移住者と〝住み分けた〟。こう述べると両者の間に冷たい関係が潜んでいるかのようであるが、実は適度な距離を保つことでお互いが利益を得るという新たなコミュニティが徐々に形成されていった。

第Ⅲ部全体を概観すると、現代のコミュニティが分け合う理由として、かつての生存保障というよりも、成員個々人の〝やすらぎ〟といった生活の意味の保障が前景化していると言えよう。

（足立重和）

第10章　放射能汚染が生む交換不可能性と帰村コミュニティ
――福島県川内村における自然利用と生活互助のいま

金子祥之

1　放射能に汚染されたコミュニティからの応答

本章では、原発災害による被災を受けながらも、いち早く帰村を果たしたコミュニティにおいて、放射能リスクの低減策がなされているにもかかわらず、なにゆえに人びとは不安を抱え続けているのかを、食生活に注目しあきらかにする。

結論を先取りするならば、帰村住民の抱える生活不安から交換不可能性という事態があきらかになるだろう。そこからコミュニティ内外で「分かち合うこと」が困難になったことが、農山村に生活してきた人びとにとって、どれほど重大な問題であるのかを指摘することになろう。

つまり、本章では、〝コミュニティはなぜ分け合うのか〟という問いに対して、「分かち合うこと」が困難になったコミュニティの事例研究を通じて応答することになる。

放射能汚染による生活不安

東日本大震災から七年が経過し、原発災害の影響を受けた地域でも、ようやく明るいニュースが聞かれるようになってきた。本章で扱う福島県川内村でも除染作業によるリスク低減策や、道路・上下水道・電気・買い物施設などといったインフラ整備がすすみ、さらには雇用の場も確保されつつある。長い間、避難生活を経て帰村した人びとは、いま生活再建にとりかかっている。

だが、低線量被ばく下で生活を営むことは、たやすいことではなさそうである。帰村した人びとと話をしていると、次のような心情を吐露する場面にたびたび出くわした。

帰村してみんな元気になった。（…少しの沈黙…）元気になったようだって、心の底まで朗らかになった人は居ねぇみてぇ。帰ってきたから良いべなんて〔ニュースを耳にしたよその人は〕思ってっかも知れないけど、〔実際に放射能のリスクを抱えた場で生活するのは〕大変だど(1)

帰村を果たし、何事も無かったかのように暮らしている人であっても、ふとした瞬間に、そうではない姿が垣間見える。このように帰村した人びとのなかには、息苦しさを抱えながら暮らしている人も少なくない。

しかも放射能汚染をめぐっては、いまだにその影響評価が二分したままである。低線量被ばくが人体や環境にどういった影響を与えるのか、議論は平行線をたどっており、専門家同士の対立は住民たちに不安を与えている。島薗進が、「専門家の対立する見解を前にして、比較的汚染度の高い地域の住民たちは、何を信じてよいか分からず長期にわたって悩み続けざるを得なかった」（島薗 2013：42）と指摘する通りである。

だが激しく対立するこのふたつの立場の間にも、ただひとつだけ共通する事実認識がある。それはすなわち、放射能汚染を受けたコミュニティに暮らす人びとが、つよいストレス環境におかれるということである。言い換えれば、日常的に大きなストレスを抱えたまま生活しなければならないことを、いずれの立場をとるにせよ認めている

のである。(2)

ストレスと不安との関係について、成元哲は次のように指摘している。原発事故では「放射能被ばくの不可視性、長期持続性、社会的差別を伴うといった特徴があり、特有のストレス反応メカニズム」（成 2015：26）を呈することになる。事故後の被災者は経済的な要因にとどまらず、「怨恨感情、情報不信・不安、健康不安、差別不安」（成 2015：29）といった心理社会的要因によって継続的な不安を感じ、複合的なストレス反応を引き起こしているという（成 2015：249）。

こうした多様な不安のなかで、本章では、健康不安、とりわけ食の問題をとりあげよう。なぜ食を扱うのかといえば、食を介して放射性物質を体内に取り入れてしまう内部被ばくの危険性があり、それが放射能汚染を受けた地域では大きな課題となってきたからである。「チェルノブイリから読み取れる大きな教訓のひとつは、いかにして内部被曝の増大をさけるかということであり、食品の安全性は重要な課題」（綿貫編 2012：158）なのである。

食物の汚染とマイナー・サブシステンス

放射能汚染と食の問題については、三・一一後の日本社会においても、すでに多くの議論がなされている。既存の研究では、〈生産〉と〈消費〉のふたつの場面をとりあげ、いずれかに力点をおいた検討がなされている。それらの内容をふまえ、本章の分析視角をあきらかにしておこう。

〈生産〉場面の研究では、放射能汚染の被害を抑えつつ、いかにして農業を復興させていくかという観点の議論がなされてきた（たとえば小山・小松編 2013：野中 2012：濱田・小山・早尻編 2015など）。その代表的論者である濱田武士は、被災した土地を利用してきた農林業従事者が「地元にとどまって農林業を営み、生きていく権利」（濱田 2015：305）を擁護すべきだという。(3) つまり、これらの研究群では、被害を受けた生産者の権利回復を軸とし、風評被害の克服と農業生産の回復を展開している。

一方、〈消費〉場面の研究では、放射能汚染が各家庭においてどのような問題として立ち現われているのかをとらえようとしてきた（たとえば、伊藤 2012；大木 2013；コープふくしま 2016；三浦 2014など）。これらの研究群では生活協同組合に代表されるように、消費者の健康被害を防止する実践的研究をおこなっている（大木 2013；コープふくしま 2016）。消費者を中心に据えるこの研究群は、「風評被害」にも再考を迫る。三浦耕吉郎は、放射性物質が検出されているなかで風評被害をもちだすことは、「消費者側の被害をみえなくさせている」（三浦 2014：63）と指摘する。つまり、これらの研究群では食卓への影響や健康被害にかかわる議論を軸とし、消費者の権利を擁護しようとしてきたといえる。

しかしながら、〈生産〉〈消費〉というふたつの場面に注目した研究群はいずれも、本章で対象とする放射能汚染地域に帰村した人びとの食生活は、対象化してこなかった。というのも、〈生産〉〈消費〉の枠組みは、地元の食生活とその課題をとらえるに不向きな枠組みだからである。その理由は、次の三点に整理できる。

第一に、〈生産〉〈消費〉ともに、流通する食品・食物の問題だけを検討している。つまり、これらが問題としているのは、経済的な価値の高い商品作物にかぎられており、帰村した人びとの日常的な食生活は視野の外におかれてしまっている。

第二に、第一の点と深く関わるが、これらの枠組みで扱われていない自給的な食物や資源は、地域生活を考える際に欠かすことが出来ない存在である。この事実はマイナー・サブシステンス研究があきらかにしてきた。その代表的論者である松井健は、村落社会において経済的な価値の高いメジャー・サブシステンス（major subsistence：主生業）より、むしろ狩猟・採集・漁撈といった多様なマイナー・サブシステンス（minor subsistence：副次的生業）が日常生活を構成するうえで重要であると指摘する（松井 1998）。

第三に、〈生産〉〈消費〉という枠組みは、狩猟採集活動から得られる食物に放射性物質の影響が色濃く見られることを見逃している。チェルノブイリ（Stephens 1995）や、アメリカの核実験場となったマーシャル諸島（中原 2012；竹峰 2015；Johnston and Barker 2008）、さらにはソ連のプルトニウム生産工場から廃棄された核物質に汚染されたレナ川流域（コマロバ 2002；Komarova 2001；Edelstein and Tysiachniouk 2007）がその代表例である。これらの地域の人びとは放射性物質を、狩猟・採集活動を通じて、すなわちマイナー・サブシステンスを通じて取り込んでしまった。

以上をふまえるならば、ここで検討すべきは、帰村した人びととの食生活のうち、〈生産〉〈消費〉の視角からは外れてしまっているマイナー・サブシステンスである。そこで本章では、人びとの日常的な食生活を支えてきた狩猟・採集活動を中心にすえて、食をめぐる生活不安を分析していくことにしたい。

2　山に生き／生かされてきた川内村

本章で対象とする川内村は、福島県の浜通りに位置する山村である。川内村の総面積（一万九七三八ヘクタール）のうち、林地は一万七〇二三ヘクタールで、全体の八六％を占めている。農地は五％（九七〇ヘクタール）にすぎず、いかに山の領域が広いかがわかる。山の恵みが、この村の生活を豊かなものにしてきた。たしかに水稲耕作や養蚕、葉タバコの栽培など、田畑を使って商品作物生産もおこなわれたが、とくに高い収益をあげたのは山仕事であった。

大正中期から昭和三〇年代にかけて、山林を伐採し加工する木炭業が村の基幹産業であり、川内村は「木炭王国」を築いていたからである。戦前に川内村の林業調査をおこなった山口弥一郎は、山村とは思えないほど発展した村だと指摘している（山口 1938：337）。山口が川内村を訪れた時期に、川内村は、「五十万俵と称するほどの〈木炭〉生産量をほこり全国第一位」（川内村史編纂委員会編 1992：710）となっていた。

しかしながら、「木炭王国」としての繁栄は、急速に終わりのときを迎えた。資源の過剰利用が進んだことと、エネルギー転換が起きたからである（川内村史編纂委員会編 1992：896）。戦後（一九六〇年）、福島県では、エネルギー転換の遅れを危惧し、原発誘致活動を開始した。折しも原子力が新たなエネルギーとして注目を集めはじめた時期であった。それを受け、ふたつの原子力発電所が浜通り地方に建設された。これにより、川内村の木炭生産は急激に衰退した。それと同時に、若者世代は浜通り地方のあたらしいエネルギー産業に新たな職場を求めていった。

山は木炭生産を中心とする山仕事（メジャー・サブシステンス）の場としてのみあったわけではない。人びとは四季の移ろいに合わせ山に入り、狩猟採集活動をおこなってきた。春は山菜採り、夏はイワナを中心とした漁撈、秋はキノコ採りがあり、冬は鉄砲ブチ（鉄砲撃ち）を主とした狩猟がおこなわれていた。これらの活動を概観しておこう。

春の山菜採りでは、フキ、フキノトウ、ワラビ、ゼンマイ、ウコギ、カワゼンマイ、クズフジ、タラッポ（タラノメ）、コシアブラ、モミジガサなどを採集する。このうち、とくに盛んに採られたのは、ワラビであった。フキ、ゼンマイ、モミジガサは気候条件が合わないといわれ、他の地域にくらべて採集量が少ない。これらの山菜類は、春に食するだけでなく、多くは漬物にして一年中食されていた。

夏には川漁がおこなわれた。カチカ（カジカ）、エビ、ドジョウ、ウグイ、フナ、コイ、イワナ、ヤマメ、アユなどを獲ることができた。川内で多く獲られた魚はイワナ、続いてカチカ、ウグイであった。イワナは釣漁を中心とし、ヨヅキ（夜突き）といわれる銛突き漁も盛んであった。ホッパ（産卵期）に入ったイワナを、夜中に明かりを灯して突き獲る。小魚を獲る漁法として、ド（胴）といわれる竹製の漁具を使う漁もあった。ドは二種類あり、大型のものは口径が二〇センチ、全長が一メートルほどでウグイを獲るために川に設置し用いられた。小型のものは全長が三〇センチほどで、堀や田んぼにしかけてドジョウを獲った。

秋になると、キノコ採りがはじまる。川内で採られた主なキノコは三〇種類を超え、マメダゴ・アミタケ・チタケ・ロクショ・ホンシメジ・センボンシメジ・カキシメジ・サクラシメジ・クサシメジ・ムラサキシメジ・マツタケ・マイタケ・ナラノキモダシ・クリノキモダシ・イノハナ（シシタケ）・コガネタケ・ホウキダケ・ムキタケ・シイタケ・ウスタケ・ウシコダケ・ユキノシタなどがあった。秋にはあわせてトチノミ、クリ、クルミ、アケビなど木の実の採集もおこなわれる。

冬は狩猟の季節であり、ヤマドリ、ツグミ、キジ、イノシシ、シカ、ヤマウサギが獲られた。かつて川内で炭焼きが盛んであった時代には、山に入るときにワナ（ヤマドリワナ・ウサギワナ）をかけ、下りてくる際にかかった獲物をとった。ヤマドリ・キジ・ウサギなどは、正月のご馳走としても重要な意味をもった。やがて鳥類が禁猟となったため、近年続けられていたのはイノシシ猟である。川内全体で最盛期には猟師が一九〇名ほどおり、震災前でも一五〇名がイノシシ猟をおこなっていた。

このように四季の移ろいに合わせ狩猟採集活動があり、そこで得られた食物が日々の食卓に彩りを添えてきた。つまり、マイナー・サブシステンス研究が指摘してきたように、狩猟採集活動は日常生活を営むうえで欠かすことのできないものであったのである。

3　降り注いだ放射性物質と住民の対応

原発災害と川内村

このような自然利用を一変させたのが、東日本大震災にともなう福島第一原子力発電所の事故である。東日本大震災による川内村の被害は、地震にかぎれば比較的軽微であった。地震の揺れは震度六弱、家屋の被害が全壊八棟・半壊五二棟・一部損壊一六〇棟であった。インフラにも目立った被害はなかったため、三月一一・一二日の時点では、富岡町など原発立地自治体からの避難者を受け入れる余裕があった。

けれども、原発事故により事態は急転する。川内村は原発から二〇キロ圏内に村内の約三分の一が入っており、三〇キロ圏内にはほぼ全域が含まれる原発周辺自治体なのである。それゆえ川内村の住民たちは、避難者を受け入れるどころが、今度は自分たちが被災者として逃げ出さねばならなくなった。原子炉建屋の水素爆発を受け、二〇一一年三月一六日以降は全村避難を強いられた。自らの故郷に立ち入ることを法的に禁止された人びとは、散り散りに避難をしていった。役場機能は郡山市に移り、住民の中にも郡山市で避難生活を送った人が少なくない。

ただ、川内村の住民にとって「不幸中の幸い」(4)ともいえることは、風が北西方向に吹いていたことである。原発の立地するハマ〔浜通り地方〕からの風は、田植え時期には川内方面に吹きつける。住民の中には、化学の高校教

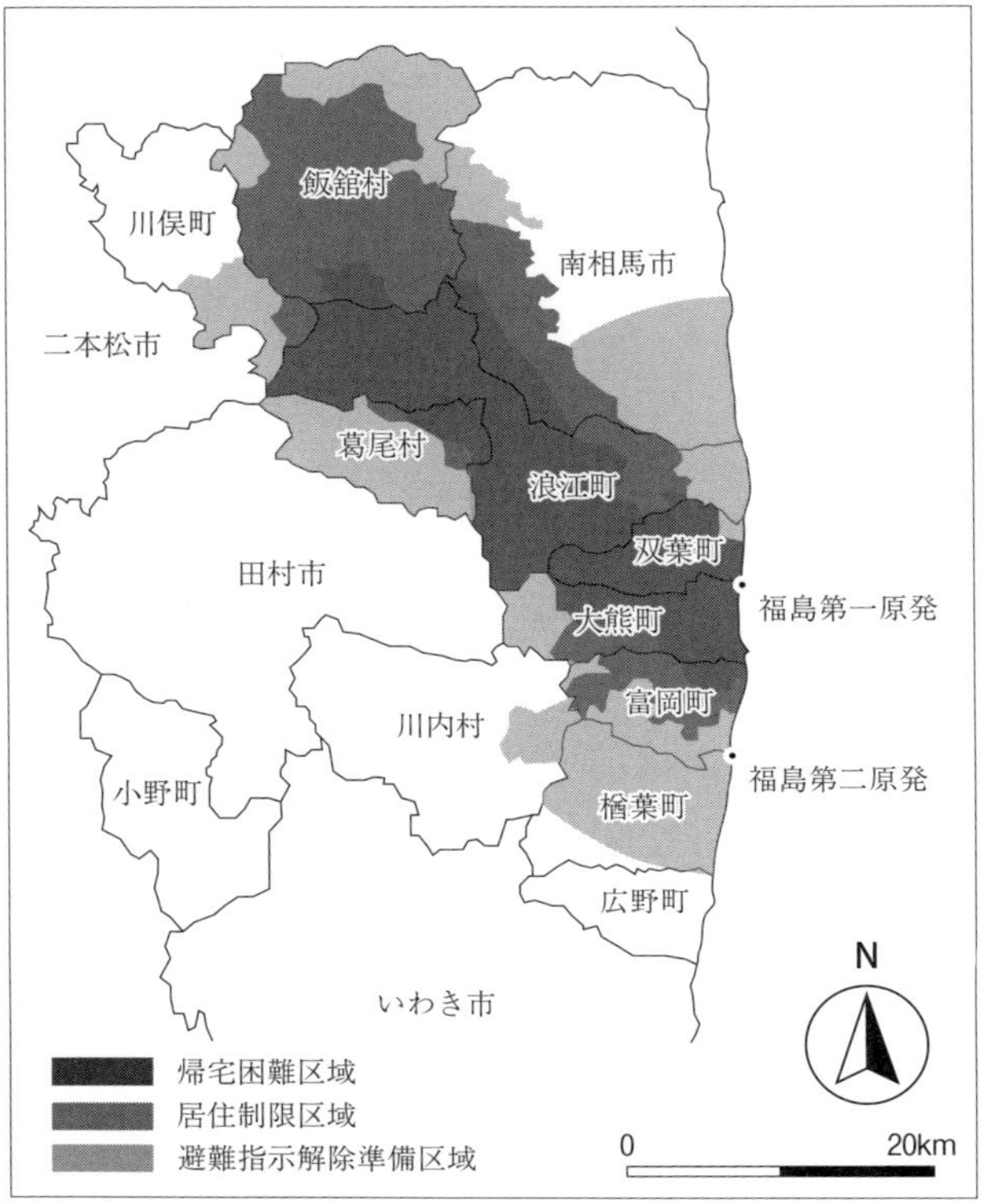

図10－1　2014年10月～2016年6月時点での避難区域

出所：経済産業省公表の概念図をもとに筆者作成。

諭から、「もし原発で事故が起きたら、放射能は川内村に降り注ぐ」と教わった人もいた。この女性は、もし事故が西向きの風が吹く田植え時期であったならば、「自分たちは川内に戻ることはできなかったろう」と語っている[5]。

原発周辺自治体の中で、比較的低線量の汚染で済んだことがあきらかになったため（図10－1）、川内村は〝帰村の先駆け〟となる。川内村が世間の注目を集めたのは、村行政がいち早く帰村の姿勢を打ち出したことによる。除染作業を二〇一一年一一月に開始し、二〇一二年一月三一日には帰村宣言をおこなった。実際に住民の帰村が始まったのは、震災から一年が経過した二〇一二年四月であった。二〇一八年一月時点で、人口約三〇〇〇人のうち、二二〇〇人が帰村をはたしている。ただし、帰村者の九割を五〇歳以上が占めている。子育て世代を中心に避難を続けている家族も少なくない。

こうして迅速な帰村を果たしてきた川内村は、いま原発災害からの〝復興の旗手〟となろうとしている。冒頭に述べたように、宅地・農地の除染が完了し、インフラの整備が進むとともに、工場や福祉施設の誘致により雇用環

表10－1　2014年時点での食品汚染

地区	野菜		山菜･キノコ		果物		川魚		狩猟対象		穀物		その他		合計	
	対象	超過	対象	超過	対象	超過	対象	超過	対象	超過	対象	超過	対象	超過	対象	超過
1区（高田島）	346	1	179	63	41	2	3	3	17	12	12	0	23	7	621	88
2区（西郷）	222	0	41	9	31	0	0	0	6	2	5	0	14	1	319	12
3区（東郷）	150	0	67	31	32	0	0	0	15	11	5	0	12	3	281	45
4区（持留）	174	2	100	26	40	1	1	1	4	3	8	0	15	3	342	36
5区（坂シ内）	138	0	148	85	31	0	0	0	30	12	3	0	15	2	365	99
6区（西山）	215	1	95	36	53	1	2	2	28	25	14	0	18	6	425	71
7区（東山）	111	1	98	53	26	0	4	2	12	7	7	0	24	6	282	69
8区（毛戸）	2	0	9	4	2	1	—	—	—	—	—	—	6	1	19	5
合　計	1358	5	737	307	256	4	10	8	112	72	54	0	127	29	2654	425
超過率（%）	0.004		41.655		0.016		80.0		64.286		0.0		22.834		16.013	
最大値（Bq/kg）	299		9305		163		1440		5457		30		2048			

注：アミ部分はヤマから得られる産物を示す。
出所：Taira et al.（2014）をもとに筆者作成。

境も改善しつつある。

　では、川内村に暮らす人びとの日常的な生活、とりわけ食生活はどのようになっているのだろうか。

“山の恵み”の汚染と住民の対応

　まずあきらかにしておく必要があることは、川内村での食品汚染の状況である。放射性物質が降り注いだといっても、すべての食品が均等に汚染されているわけではないことである。つまり、食品ごとにきわめて大きな違いがある。表10－1は、川内村で生産・採取された食品の汚染をあきらかにしたものである（Taira et al. 2014）。これによると、のべ二五六四もの食品の放射能汚染を調べた結果、四二五種類で国の食品基準値（一〇〇Bq／kg）を超える放射性セシウムが検出された。

　一見してわかるように、田畑の農作物が基準値内に収まっているのに対し、塗りつぶし部分の山の領域で得られる産物に高濃度の汚染がみられる。山菜・キノコは全体の四〇％、狩猟の対象となるイノシシやキジは六四％、イワナなどの川魚はサンプルが少ないものの八〇％が基準値を超えている。

　とりわけキノコの汚染は深刻で、基準値を大幅に超えるものが存在している。最大値は九三〇五Bq／kgであり、とくに高い値を示している。この結果は、別の調査でも確認された。シイタケなどは比較的低い数値であるものの、採集した一五〇のキノコのうち八八％が基準値を超えており、なかでも最大値は、ムラサキアブラシメジモドキの一二万四九〇〇Bq／kgで、「凄まじい放射能汚染」としてセンセーショナルな報道がなされた(6)。

地元の人びとも放射能汚染の現実に直面する。川内村では二〇一二年五月一一日以降、一〇Bq／kg以上の汚染を検知できる食品放射能簡易検査機が各地区に順次設置された。これにより生産者（採集者）が、村内で採れた食物を簡易検査に持ち込む仕組みが出来上がる。このとき田畑の作物に比べて、山で採れた作物が高い数値を示すことが、人びとの間で実感をもって確認されていった。

おそらく読者の多くは、科学的な手法にもとづいて山の汚染があきらかになったのならば、人びとはこの領域の自然資源の利用をあきらめたのではないか、と考えるのではないだろうか。たしかに食事を通じて体内に放射性物質を取り入れることは、外部被ばくよりも、ずっと危険性の高い行為である。

しかし現実はそう単純ではない。山の恵みで生きてきた住民にとって、山野の産物一切を除いて生活を組み立てることは困難である。こうした状況は、国内外の放射能汚染地域でもあきらかにされている（コマロバ 2002：佐治 2015）。ロシアの放射能汚染地域の調査からコマロバは、放射性物質に汚染されたからといって、住民たちは「一晩で伝統的な生活スタイルを変えることは不可能」（コマロバ 2002：289）であると指摘する。

川内村の住民たち独自の対策として、ふたつの対応方法が採られている。ひとつは、これまでの食品検査の蓄積から、「高い種類」と「低い種類」を選り分けることである。同じ時期に採取できる山菜やキノコであっても、種ごとの成育方法の違いによって、汚染濃度はまったく違ってくる。そこで「高い種類」を避け、「低い種類」を採っている(7)。

そしてもうひとつは、とくに山菜や果物に見られる方法であるが、山から畑に移植する方法である。ウド・ウルイ・葉ワサビ・フキ・タラの芽などの山菜類は、田の畔や畑に植えておいても育つ。そのため、山のものを採取するのではなく、放射能汚染が少ない田畑の周りに移植し採取している。その結果、田畑で採れた山菜類は、ＮＤ

（測定機器の検出限界〔一〇Bq／kg〕以下）ないし基準値以下に収まっている。こうして食品の不足を賄っている現状がある。(8)

4　対処しえない壁――食卓の分断

前節までの記述によって、放射能汚染という見えないリスクと、それにもかかわらず身の回りの自然環境を利用しなければ生きられない／利用しつつ生活を営みたいという板挟みのなかで、川内村に帰村した人びとは、独自の対応方法をとりながら日々の生活を支えていることがわかった。

しかし、放射能という厄介な存在は、村びとひとりひとりの、あるいは共同の努力では対処できない問題も引き起しているようである。生活不安を考える本章では、こうした村びとの生活実践では対処しえない課題こそ検討しておく必要があろう。

その課題とは、汚染されてなお山の恵みを食べ続けるか否かである。マイナー・サブシステンスは、本来、食べるための活動であり、汚染されたものをどのように受け止めるかを検討しておかなくてはならないだろう。山から得られるものを食べるかどうか、帰村した人たちの間でも見解が分かれている。

高齢者であるCさんは、これまで食べて来たように食べたいと考えている。一言で言えば、いままでのように好きなものを食べて、最期を迎えたいと考えている。

帰宅した年の冬だから、「キノコは食べられないぞ」って役場から言われたのは。イノハナ（コウタケ）、これが一番（放射能が）あるっていうわけで。「食わんねぇぞ」って。自分で毎年とって来たものだから、放射能があるっていっても、「投げる（棄てる）のがもったいないんだよな」。そいつを冷凍にしておいて、一回か二回食べたね。いまでも気にせず食べる。年が年だ。放射能であれしたってかまわねぇ。食うんだわ。(9)

Cさんは「ヤマの楽しみ」に惹かれて帰村した人であり、かつてのように日常的に食べることはできなくとも、数値が高いものは避け、放射性物質を減らすためよく水洗いや湯通しをするなどして食べているのだという。Cさんのように食べている人がいるのに対し、Aさんとその家族は、ほとんど食べることはない。食品基準値を下回っていても、食べようとは思わないという。

年寄りは、ほれ、「おれ、先がねぇ」なんてみんな食う。風評だ風評だっていうけど、地元の人だって気を付けて食わねばしゃあねぇからな。なんぼ測っただなんて言ったたって、なぁ。やっぱり食い心は悪ぃわ。ねぇって言っても〔食品基準値一〇〇Bq／kg以下で食べてよいと言っても〕、なんぼでも汚染されていると思ったら嫌だ。(10)

食品基準値を下回っていたとしても、気持ちよく、おいしく食べることはできないから、Aさん家族は食べないようにしている。このようにマイナー・サブシステンスにより得られたものを、「食品」と見るかどうかは、家庭ごとの判断にゆだねられている。家族の間でも一様ではなく、異なった判断をしなければならない。Cさんは家族から、「じいちゃんな、孫に送ったらだめだ、困っちゃうからな」と言われており、自分が食べるためだけに採っている。(11)年老いた自分たちは食べても、家族を巻き込むわけにはいかないとの判断からである。

つまり食をめぐる問題は、個々の家庭で判断すべき事柄となっている。しかも個々の家庭内においても、その家族構成によって、食べる／食べないという判断は分かれてくる。跡継ぎや孫のいる家庭では、高齢者の食べるものと若者たちの食べるものを分けざるをえない。すなわち、放射能汚染によって、「食卓の分断」というべき事柄が起きている。

5　「食卓の分断」と交換不可能性

新たな食の個別化

ところで、私たちの食生活は、近代化の中で絶えず個別化してきたことが知られている。近代化における食の個別化をとらえたのは、この時期の生活変容を描き出した民俗学的研究である。とくに柳田国男は、近代化が駆動しつつあった明治・大正期の日本社会を分析し、そこに見られた食の変化から、食の個別化を見出している（柳田 [1931]1998）。

柳田は明治・大正期における食の個別化を、「火の分裂」「小鍋の独立」という観点から説明する。前近代社会では「共同の飲食」が重んじられており、小鍋を利用して各自個別に料理を用意する小鍋立はタブーであった（柳田 [1931]1998：370-371）。しかし、近代を迎えてからは温かな食事が重んじられ、「小鍋の独立」はむしろ、「主婦の気働き」として肯定的な評価を受けるという「驚くべき変化」をとげた（柳田 [1931]1998：372）。

私たちの価値観が変わった背後には、住環境の変化もあった。すなわち、「火の分裂」である。炉火だけにかぎられていた火が「火鉢」などの導入によって分裂し、囲炉裏がもはや共同の場ではなくなり、食の個別化を促す住環境の変化があったのだった（柳田 [1931]1998：402-403）。

では、柳田の指摘と、本章でみてきた「食卓の分断」とはどのような関係にあるだろうか。たしかに、近代化によって生じた変化も、本章で示してきた事実のどちらも、食事の場が個別化する現象である点で共通している。しかしながら、両者は次の三つの点において大きく相違している。

第一に、近代化において食の個別化が生じたことは、柳田があきらかにしたように、私たちにとって積極的な意味があった。すなわち、この変化は「生活の要求」（柳田 [1931]1998：401）にもとづいており、私たちは能動的にそれを選択していった。より温かな食事、そして温かで明るい食事の場を求めた私たちの要求が、食の個別化を推し進めてきた。

しかし、「食卓の分断」は、そうした積極性をもたない、消極的な選択の結果である。放射能に汚染された食品を避けようとする選択をおこなうと、食事の場を分裂させていかざるを得ない。もちろん、ここでの変化もそれぞれの選択の結果であるが、それは強いられた選択である。本来ならば、同じものを食べたいという希望をもっている家族でも、食事の場や内容を個別化せざるを得なくなっているのである。

そして第二に、食事の場に対立が持ち込まれることになるという大きな変化がある。近代における食の個別化は、たしかに食卓を個別的な営みに変化させた。だが、食事そのものに価値の対立が含まれていたわけではなかった。空間や道具が個別化しても、食という営みは、あくまで同じものを食べる協調的な営みであった。

ところが、「食卓の分断」では、リスクの認知や許容の仕方によって食べるものを変えざるを得ない状況が生まれている。食卓という共同の場に価値的対立が生じてしまい、共に食するという当たり前の行為がむずかしくなってしまうのである。しかも「食卓の分断」は、個々の家庭内の問題だけにとどまらない。

忌避される「おすそ分け」

第三として、食に関する葛藤は、家庭内のみならず、コミュニティ内における他者とのコミュニケーションをも困難にしている。たとえばAさんは、汚染の値が食品基準値をみたしていても、ではそれを隣家が食べてくれるかといったら、そう単純なものではないと言う。

「くれっか（あげようか）」っていったって、「いんねぇ」っていうからな、おっかながって。灰がついたみてぇに洗えば落ちるっていうわけではねぇから。洗えば落ちるっていうならいいが、目に見えねぇんだ。「おっかながることはねぇ」なんて言われたって、やっぱり気持ち悪い。(12)

村落社会においては、山がもたらす恵みは私的に閉じたものではなく、独り占めすべきでないと考えられてきた。実際に、キノコにしても山菜にしても、その収穫物の大半が〝おすそ分け〟だと答える人が多数を占めていた。その理由は、村の土地から得られたものであるという気持ちや、採ってくる量を調整できないという現実的な意味もあった。

すなわち、マイナー・サブシステンスを通じて得られた産物は、他者に分け与えることが当然だと考えられてきた。水田稲作などメジャー・サブシステンスの産物が、その家に帰属する資源であるのとは対照的である。分け与えることが当然であるため、川内村に住むものであれば、誰しもが山野の四季を食卓で楽しむことができた。家族や親せき、そして村人に開かれた活動がマイナー・サブシステンスであった[13]。

ところが汚染が生じたことにより、そこに転倒が生じた。山の恵みを得ようとすることは、評価の対象どころか、ときには、汚染されたものに関わる「おかしなことをする人」とさえ言われるようになってしまった[14]。マイナー・サブシステンスはいまや、それに親しむ人だけの孤立した活動とならざるを得なくなってしまった。おすそ分けは社会関係を円滑化するどころか、むしろ混乱や対立を引き起こしかねないからである。そのため対立が起こることを避けるように、山の恵みをおすそ分けすることは避けられつつある[15]。すなわち、山の恵みは交換不可能な性質を帯びたのである。

6　身近な資源を分かち合えない困難

本章では、原発災害による放射能汚染を受けた村で、除染をはじめとする放射能リスクの低減策がなされているにもかかわらず、なにゆえに人びとは不安を抱え続けているのかを、食生活に注目してあきらかにしてきた。

とりわけ本章では、山の恵みを対象とした検討をおこなった。田畑から得られる産物が食品基準値以下の汚染であるのに対し、山から得られるものには、いまなお高い汚染が続いているものが少なくないことがわかった。ただここで強調しておきたいことは、食品が汚染されている事実だけによって、人びとが不安にさらされているわけではないことである。日々の食卓が息苦しさに満ちたものになっている理由は、次の通りであった。

すなわち、分析の結果あきらかになったのは、「食卓の分断」という事態であった。家庭内においてさえ、年齢や性別によってリスクやリスクへの認知が異なるため、食を介した人間関係の構築が困難にならざるを得ない状況におかれていた。食品汚染は、家庭内での食の共有を困難にしていた。

そしてそれは、おすそ分けの場面でより先鋭化して立ち現れていた。これまで山の恵みは、おすそ分けを通じて、他者と交換されてきた資源であった。ところがいまやそれは、むしろ対立を生みかねない存在に転化した。山の恵みは交換不可能性を帯びてしまっている。つまり食をめぐる不安とは、食という日常的な生活行為のなかに、いくつもの社会関係の断絶が生じたことにより引き起こされているのである。

すなわち、「食卓の分断」は家庭内の問題にとどまらず、家々の間の問題となって立ち現れていることが、より深刻な課題であると考えられる。なぜならそれは、農山漁村に生きた人びとが作ってきた、村落社会の強みを揺るがすものであるからだ。

近代化過程にあって、柳田は、中央にはみられない農山漁村の三つの強みを指摘している（柳田［1928］1998）。それはすなわち、①「生存を安定にする道」、②「勤労を快楽に化する術、即ち豊熟の歓喜とも名くべきもの」、③「天然の恩沢を、人間の幸福と結び付ける方法」（柳田［1928］1998：239）である。

これらの三つの強みは、現代社会においても農山漁村の魅力であり、そしてこれらの要素はとりわけマイナー・サブシステンスに色濃く見られる。なぜならマイナー・サブシステンスは、①生業の組み合わせにより生存を安定化させる生業である（柳田［1929］1998：291）。しかもそれは、②「一種の行楽と結び付いて……野山に遊んで採」（柳田［1931］1998：380）った遊び仕事であったこと。そして、③これらの活動の結果得られた物は、「こつそりとは食はぬことが人情と言ふよりは寧ろ作法であつた」（柳田［1931］1998：369）というように、山の恵みを分け合うことによって、「幸福」(16)が作られてきたのである。

しかしいま、放射能汚染によって山の資源が、交換をはばかられる存在に転化した。放射能汚染によりマイナー・サブシステンスは躊躇されるものとなった。この変化は、直接的には、それに携わってきた人たちの生きがいの喪失である（佐治 2015：184）。だが、この問題が根深いのは、食を介して作られてきた農山漁村の強みが揺るがされていることである。すなわち山の恵みの交換が作り出してきた「歓喜・快楽」「安定」「幸福」が喪失されようとしているのである。

付記

本章は、「低線量被ばく下における『食の不安』への文化論的アプローチ」『生協総研賞・第13回助成事業研究論文集』九〇−一〇七頁をベースに、「分かち合い」という視点から、大幅な修正を加えたものである。

注

（1）筆者がおこなったAさんおよび家族の聞き書きから。二〇一五年六月六日。以下〔　〕は筆者補足。
（2）もっとも低線量被ばくでの健康被害を認めない立場の場合には、被ばくによる影響の一切を、ストレスに還元する傾向があるのも事実である（たとえば重松 2006）。
（3）放射性物質の影響を緩和するうえでも農業が効果をもつという議論もある。野中昌法は、「農の営みの継続によって放射性物質の影響を低減できること」（野中 2012：150）を、放射性セシウムの含有量調査からあきらかにした。
（4）筆者がおこなったBさんへの聞き書きから。二〇一四年一一月二三日。この言葉に続けて、「飯舘方面の人たちの苦労を考えると素直には喜べない」と語った。
（5）筆者がおこなったBさんへの聞き書きから。二〇一四年一一月二三日。
（6）『福島民友』二〇一四年八月六日。
（7）筆者がおこなった食品検査場での聞き書きから。二〇一六年五月一六日。
（8）筆者がおこなった食品検査場での聞き書きから。二〇一六年五月一六日。
（9）筆者がおこなったCさんへの聞き書きから。二〇一四年八月九日。

(10) 筆者がおこなったAさんおよび家族の聞き書きから。二〇一五年六月六日。

(11) 筆者がおこなったCさんへの聞き書きから。二〇一四年八月九日。

(12) 筆者がおこなったAさんおよび家族への聞き書きから。二〇一五年四月一八日。

(13) マイナー・サブシステンスが他者に高く評価され、それに親しむ人たちにとって「誇りの源泉」（松井 1998：145）となっていたのは、おすそ分けを通じた成果の共有があってこそのことである。

(14) 筆者がおこなったDさんへの聞き書きから。二〇一四年一一月二三日。

(15) 私自身、川内村の調査でそうした経験をたびたびすることになった。食品検査場でND（測定機器の検出限界〔一〇Bq／kg〕以下）となった野菜を漬物にしていたある人は、私に申し訳なさそうにお茶請けとして漬物を出してきたことがあった。「あなたは若いから、気持ち悪かったら食べなくていいよ」と言いながら漬物を差出されたとき、この地域の食に起きている問題の一端が目の前で生起していることに気づいた。たとえNDであったとしても、自分以外の他者に食べさせることが躊躇されている。

(16) 川田牧人は、宮本常一の民俗誌から、民俗学の言う幸福を次のようにとらえた。すなわち、「『村民一同が同様の生活と感情に生きて孤独を感じないこと』、ある種の共同性を生きること」（川田 2008：303）である。共同性をつくる仕組みとしてのマイナー・サブシステンスが蝕まれていることが理解されよう。

文献

コープふくしま、二〇一六、「二〇一五年度　陰膳方式による放射性物質測定調査結果（二〇一六年三月八日更新）」（http://www.fukushima.coop/kagezen/2015.html）。

Edelstein, Michael R. and Maria Tysiachniouk, 2007, "Psycho-Social Consequences due to Radioactive Contamination in the Techa River Region of Russia," Michael R. Edelstein, Maria Tysiachniouk, Lyudmila V. Smirnova eds. *Cultures of Contamination: Legacies of Pollution in Russia and the U. S.* (Research in Social Problems and Public Policy), Oxford: Elsevier JAI, 185–204.

濱田武士・小山良太・早尻正宏編、二〇一五、『福島に農林漁業をとり戻す』みすず書房。

伊藤雅之、二〇一二、「東日本大震災後における食品の放射能汚染に関する消費者意識と夕食メニューの変化」『農村研究』

115：一─一二頁。

Johnston, Barbara Rose and Holly M. Barker, 2008, *Consequential Damages of Nuclear War: The Rongelap Report*, Routledge.

川田牧人、二〇〇八、「環境民俗学のこれから／これからの（ための）環境民俗学」山泰幸・川田牧人・古川彰編『環境民俗学――新しいフィールド学へ』昭和堂、二八九─三一一頁。

川内村史編纂委員会編、一九九二、『川内村史第一巻通史篇』川内村。

Komarova, Galina A., 2001, "Musliumovo Syndrome: To be Alive on the Dead River"『国立民族学博物館研究報告』26（2）：三一五─三五四頁。

コマロバ、ガリーナ A、二〇〇二、「シベリア・テチャ川流域の放射能汚染と生業」秋道智彌・岸上伸啓編『紛争の海――水産資源管理の人類学』人文書院、二七三─二九四頁。

小山良太・小松知未編、二〇一三、『農の再生と食の安全――原発事故と福島の2年』新日本出版社。

松井健、一九九八、『文化学の脱＝構築――琉球弧からの視座』榕樹書林。

三浦耕吉郎、二〇一四、「風評被害のポリティクス――名づけの〈傲慢さ〉をめぐって」『環境社会学研究』20：五四─七六頁。

中原聖乃、二〇一二、『放射能難民から生活圏再生へ――マーシャルからフクシマへの伝言』法律文化社。

野中昌法、二〇一二、「農の営みで放射能に克つ」菅野正寿・長谷川浩編『放射能に克つ農の営み――ふくしまから希望の復興へ』コモンズ、一二三─一五三頁。

大木茂、二〇一三、「流通業者による食品の放射性物質汚染への対応」『農業経済研究』85（3）：一五一─一六三頁。

佐治靖、二〇一五、「町へ帰る、蜜蜂を飼う〝楽しみ〟――避難指示解除の広野町におけるニホンミツバチの伝統養蜂の再開と受難」関礼子編『〝生きる〟時間のパラダイム――被災現地から描く原発事故後の世界』日本評論社、一六四─一八五頁。

重松逸造、二〇〇六、『日本の疫学――放射線の健康影響の研究の歴史と教訓』医療科学社。

島薗進、二〇一三、『つくられた放射線「安全」論――科学が道を踏みはずすとき』河出書房新社。

Stephens, Sharon, 1995, "The "Cultural Fallout" of Chernobyl Radiation in Norwegian Sami Regions: Implications for Children," Sharon Stephens ed., *Children and the Politics of Culture*, Princeton University Press, 292-318.

成元哲編、二〇一五、『終わらない被災の時間――原発事故が福島県中通りの親子に与える影響』石風社。

Taira, Yasuyuki and Naomi Hayashida et al., 2014, "Evaluation of Environmental Contamination and Estimated Exposure

Doses after Residents Return Home in Kawauchi Village, Fukushima Prefecture," *Environmental Science & Technology*, 48 (8): 4556-4563.

竹峰誠一郎、二〇一五、『マーシャル諸島――終わりなき核被害を生きる』新泉社。

綿貫礼子編、二〇一二、『放射能汚染が未来世代に及ぼすもの――「科学」を問い、脱原発の思想を紡ぐ』新評論。

山口弥一郎、一九三八、「阿武隈山地に於ける縁故下戻の公有林に依存する山村の経済地理――福島県双葉郡川内村（其三）」『地学雑誌』50(7)：三三三―三三八頁。

柳田国男、［一九二八］一九九八、『青年と学問』『柳田國男全集4』筑摩書房、三―一七四頁。

柳田国男、［一九二九］一九九八、『都市と農村』『柳田國男全集4』筑摩書房、一八一―三二四頁。

柳田国男、［一九三一］一九九八、『明治大正史世相篇』『柳田國男全集5』筑摩書房、三三一―六〇九頁。

第11章　同輩による頼母子講の相互扶助

——岐阜県郡上市八幡町の事例から

足立重和

1　現代における頼母子講の相互扶助とは

いま、日本各地において、地域コミュニティの再興が急務だと言われている。とくに少子高齢化の影響から、介護、福祉、環境、地域、災害の各分野において、地域コミュニティの見直しが進んでいる。だが、平時において地域コミュニティを再興するとなると、「なにを、どうやって」というきっかけを見出すことがむずかしい。この課題に応えていくためには、現代の地域のそれぞれにおいて、どのような主体によって、どのようなつきあいが大切に、頻繁になされているのか、を突き止める必要があるだろう。

かつて、地域コミュニティを構成する最小単位は、「家」であった。家々が寄り集まる関係のなかで、地域コミュニティは機能していた。とくに、かつてのムラでは、各家々の生業・生活上の関心がひいてはムラ全体の共通の関心であり、家々の間には協同関係がみられたのである。ところが、共通の生業・生活上の関心が向きにくい現代の地域コミュニティにおいては、家がやや後ろに退いて、その代わりに「個人」が前景化しているのではないだろうか。ただし、ここでいう個人とは、当然ながら、〝真空〟のなかにポツンとあるのではなく、なんらかの先行する人間関係のなかに取り込まれた存在である。その先行する関係とはなにか。

以上のような問題関心から、地域コミュニティを比較的強固に保持してきた岐阜県郡上市八幡町（以下、郡上八幡）を眺めてみると、そこでは、少額の掛け金を出し合う個人を単位とした「頼母子講」がいまもなお盛んにおこなわれていることに気づく。頼母子講とは、地域によっては「無尽講」「模合講」とも呼ばれ、金融機関が未発達なところには、まとまった生活資金の急な入り用に対応するために、仲間内でお金を出し合って融通し合ってきた民間金融組織である。だが、現在の郡上八幡の頼母子講は、飲食店の常連、職場、同業者、趣味サークル、自治会、同級生などが相互の親睦をより深めるために結成されている。郡上八幡の人々の多くは、さまざまな頼母子講に複数加入しているが、なかでもとくに同級生を中心とした「同輩」(1)の集まりは、地元住民にとって欠かせないものであり、特別な位置にある。そこで、本章では、郡上八幡を事例にしながら、同級生を中核とする同輩をきっかけにした頼母子講がいったいどのような類の相互扶助をおこなっているのかをあきらかにしたい。これによって、現代的な地域コミュニティを再興するヒントを得ようと試みたい。

ここで事例を先取りすれば、本章でいう相互扶助とは、事例となる頼母子講の講員の家に不幸があった場合、葬式を互いに手伝い合うことをいうが、葬式の手伝いに至る論理をあきらかにすることが、ここでのポイントとなろう。

2　頼母子講での精神的な贈与への着目

まず、これまでの頼母子講研究をおさえておこう。頼母子講はムラを母胎としてきたので、農村社会学の成果を追ってみよう。だが結論からいえば、家-村論を主軸とした、オーソドックスな農村社会学においては、まとまった頼母子講研究はあまりなされていない。たとえば、鈴木榮太郎は、自然村の集団累積のひとつとして頼母子講についても概略的にふれている程度である（鈴木 [1940]1968：345-349, 353-354）。また、竹内利美も、ムラの互助と合力のひとつとしての概略的な紹介にとどまっている（竹内［1984］1990：39-41）。つまり、農村社会学における頼母子講研究は、意外に少ないと言ってよい。

その後、まとまった頼母子講研究は、以下のふたつの大きな成果の出現を待たなければならなかった。ひとつは、民俗学者の桜井徳太郎による『講集団成立過程の研究』（桜井 1962）である。桜井は、講全般への関心から、講を「宗教的機能をもつ講」「社会的機能をもつ講」「経済的機能をもつ講」と三つに分類し、頼母子講を「経済的機能をもつ講」と位置づけた。そのうえで桜井は、農村社会学の頼母子講研究に比べ、講員間での実際のお金や物資の分配や回り方に踏み込んだ記述をしている。ただし、桜井の著書は約六〇〇頁にもわたる大部であるにもかかわらず、頼母子講の記述はわずか一九頁しかない（桜井 1962：390-408）。その理由は、桜井が庚申講などに現れる「氏神祭祀における日本人の基本的な考え方」や「日本在来の祭祀観や神観念」（桜井 1962：174）という日本民俗学的な関心をもっていたためである。

もうひとつの本格的な研究は、社会経済史家の森嘉兵衛による『無尽金融史論』（森 1982）である。森は、東北地方を中心とした各地の古文書から詳細なお金の回り方や流れを実証史学的におさえつつ、中世から明治にかけての経済構造の変動に沿った無尽・頼母子講の歴史的展開を究明した。なかでも興味深いのは、無尽・頼母子講がムラでの相互扶助の組織であると同時に、ムラを越えて、近世では射幸性を利用して富籤になったり、近代まで続いて近代的な相互銀行に発展したりする点である。

以上のような偉大な成果を前に、この小論でいったいなにが言えるのか。上記の先行研究に対して、現代の頼母子講の実態把握にもとづいて地域コミュニティの再興に向かう本章の関心から、次の二点が指摘できよう。まずひとつめは、これらの先行研究が、金融機関が未発達のころの頼母子講を扱っているため、どうしても「経済目的」に限定されてしまい、現在の親睦目的を主軸とした頼母子講をうまくとらえられないという点である。ただし、この点を強調しすぎると、時代的な制約を受けた先行研究の挙げ足を取るような批判になりかねない。とはいえ、ふたつめに指摘しておきたいのは、これらの研究が文書史料を中心にした頼母子講分析であるため、記録に残りやすいお金の分配や回り方にのみ記述を集中させている点である。というのも、いつの時代であっても頼母子講が「共同飲食」や「酒宴」をともなっていたという意味では、頼母子講を開くこと自体が自己目的化する、けっして記録には残らない〝楽しみ〟を有していたのではなかったか（足立 2012）。はたして頼母子講は、講員に対して経済（＝講金や利息）以外にどのような利得をもたらすのか。

桜井や森の古典的な先行研究の後、散発的ではあるが、頼母子講研究は、個々の研究者の関心に沿って続くこととなる。たとえば、社会人類学者の大本憲夫は、沖縄・宮古島の村落・経済構造との関連をにらみながら、模合《もやい》集団の機能に着目するなかで、模合集団を「①救済型」と「②親睦型」のふたつに分類し、「……現在は、成員の親睦を兼ねた模合集団が数の上では卓越し、①型であっても……親睦的役割は重要なものである」（大本 1978：219）と指摘している。また、民俗学者の佐治靖は、都市の民俗研究のひとつとして会津若松の無尽講を取り上げ、集まりに使われる飲食店（宿）の側から無尽講の実態に迫った（佐治 1989）。そのまとめのひとつとして、佐治は、講員間で集めたお金を「徐々にセルという様相が薄れつつあり、親睦、人のつながり、情報の入手といった面が強調されるようになりつつある」（佐治 1989：156）と論じた。さらに、同じく民俗学者の松崎かおりは、これまでの日本民俗学では信仰的講集団に比べ経済的講集団の研究が乏しかったと指摘しながら、輪島の漆器業者による頼母子講を取り上げ、綿密なお金の動きを民俗誌的に記述したうえで、「昭和二〇年代後半頃から……経済的余裕が生まれたことで、この頃から親睦的性格の頼母子講も増えていった」（松崎 1993：99）と述べている。

これらの人類学的・民俗学的研究は、実際のフィールドデータにもとづく講員の間での詳細なお金の分配や回り方をふまえながら、頼母子講の経済的機能から親睦的機能へという変化に目配せすることが特徴となっている。だが、これらの研究は、頼母子講の機能を、ただ「親睦」と指摘するに留まり、その親睦がどのようなものであるか、には深く踏み込んではいない。

そんななか、家‐村論とは異なった視角をもつ農村社会学から、本章と問題関心を同じくする頼母子講研究が出始めた。秋津元輝は、つきあい論の視点から施設園芸という産地発展を支える渥美半島の「オツキアイ」という集団に注目する。このオツキアイは、後にふれる郡上八幡の頼母子講と同じように、毎月掛け金を持ち寄って集まるだけでなく、掛け金の一部をプールして旅行に出かけるなど、情報伝達や娯楽の機能をもつインフォーマル・グループである。秋津はいう。「産地は基本的に農業社会であり、そこでは地縁的生活関係と経済関係がさしあたり相互に影響しあうと思われる……事例の場合、従来はそれらの間にオツキアイの相があり、それがいわば潤滑油的役割を果たしてきた」（秋津 1998：182）、と。また、徳野貞雄は、縮小型社会システムのもとでの地域づくりを論ずるなかで、宮崎県えびの市の「モエ」（模合）集団に注目する。このモエも、頼母子講と同じく、金融的機能をもっているだけでなく、講員が月一回か二ヶ月に一回集まって会食をおこなったり、掛け金の一部を積み立てて旅行に行ったりする。とくに、ここでの「会食は、単に懇親の場だけでなく、様々な悩みや生活の課題を相談したりして解決策を見つける機能を多く持っている」（徳野 2010：22）という。

つまり、オツキアイやモエといった頼母子講は、「気の合った仲間が任意的に組織化された集団」であり、「共同体的集団とアソシエーション的組織の現代的な合体組織と見なすこと」（徳野 2010：23）ができ、そのようなインフォーマル・グループが地域コミュニティの形成にとって有効なのだと、これらの研究は指摘している(2)。

以上の先行研究の検討から、本章では、秋津や徳野の農村社会学的な研究と問題関心を同じくしつつも、これまであまり踏み込めていなかった頼母子講の親睦とはどのような社会的なしかけをもつものなのか、に注目してみたい。より具体的に言えば、記録に残りやすいお金の回し方や流れだけでなく、記録には残らない、あいまいではあるが、頼母子講を長く続かせる〝ソフト〟な利得（たとえば、〝楽しみ〟など）に筆者は着目したいのである。

そこで本章では、頼母子講の親睦面を全面展開するにあたって、民俗学者であり社会学者でもある山泰幸の幸運論をヒントにしてみたい。山は、昔話を対象として、その物語の構造分析から幸せのめぐり方を論じている。そのなかで彼は、主人公の超人的な力量に注目するのではなく、主人公と援助者の間での、「感謝」や「救済」といった「純粋な気持ちの贈与」（山 2015：110‒112）をきっかけとして主人公に「幸運」がもたらされることを突き止めている。このような幸運論を敷衍するならば、頼母子講に参加する講員個々人も、「共同飲食」や「酒宴」からもたらされる、目に見えない精神的な「贈与」（山 2015：162-163）を受けているのではないか。この贈与を受け続けることによって、講員自らが頼母子講全体に対して「反対贈与のサイクルを回転させる」（山 2015：163）のである。このことは、今日の社会科学で注目を集めている、「個人間のつながり、すなわち社会的ネットワーク、およびそこから生じる互酬性と信頼の規範」（Putnam 2000＝2006：14）と定義づけられる「社会関係資本」（＝ソーシャル・キャピタル）の形成に通じるものであろう。

以下において、本章でいう頼母子講がもたらす精神的な贈与から現代の頼母子講の相互扶助がどのような類のものとみえるのか、に迫ってみることにしよう。

3　同輩結合がささえる相互扶助

郡上八幡の概要

郡上八幡は、東経一三六度・北緯三五度、岐阜県のほぼ中央に位置する。木曽三川の長良川の河口からおよそ一〇〇キロ上流、長良川と吉田川の合流地点に位置しており、車で行けば岐阜市内から東海北陸自動車道で北へ約一時間のところにある。八幡町全体の人口は一万三八五二人、世帯数は五四一五であり（二〇一七年時点）、筆者が主に調査した八幡町市街地区の人口は、およそ一万人ほどである。観光などで全国的に有名ないわゆる「郡上八幡」とは、この市街地区を指しており、四方を山で囲まれた狭小な盆地に、主に大正時代に建てられた町屋が密集し、街を二分する形で吉田川が流れる、「小盆地宇宙」（米山 1989）と呼ばれるまとまりをもっている。二〇〇四年三月、いわゆる平成の大合併において郡上八幡は近隣する市町村と合併し、二〇一七年現在で四万二八二四人、一万五三五六世帯を有する「郡上市」の一部に組み込まれた。二〇一五年の国勢調査では、六五歳以上の人口が三四・七％となっている。

この地域は、四方を山に囲まれているため、あちこちで湧水がわき出、吉田川から取水した用水路網が市街地に張り巡らされ、また天然河川が身近にあることから釣りも盛んなため、「水の町」としても全国的に有名である。また、もうひとつの観光資源としては、七月上旬から九月上旬の間の三二日間にわたって夜間に開催される盆踊り「郡上おどり」があり、一シーズン約三〇万人の観光客が訪れる(3)。

かつての頼母子とその崩壊

郡上八幡の頼母子（地元では頼母子講のことを「頼母子」と呼ぶ）が現在のように親睦目的を主にする以前は、ほぼ古典的な研究通りの姿であった。特定の個人や家に生じる、災難、建て替え、商売の資金繰りといったまとまったお金の入り用に、その本人あるいは救済を申し出る者が〝親〟（＝講長）となって、仲間を募る。親を含めた仲間は、一定金額の掛け金を出し合い、その総額（これを「講金」という）を、まずは優先的にお金に困っている本人に取得させる。その後は、毎月一回会合がもたれ（これを「月例会」と呼ぶ）、第一回目に助けられた本人や家は、宿として自宅を提供するか、飲食店を借りて、そこで皆の飲食の接待・手配をおこなう。

二回目以降の月例会では、皆が毎月掛け金を出し合い、集まった講金をセリにかける。なぜセリをするかといえば、当該月の講金取得者を決めるためであり、セリでは当然、すでに講金を取得した者以外に参加する権利がある。セリの方式は、事前にある程度の金額を書いた紙を伏せて、その日の当番（＝世話役）に渡す「中札」と、一定の時間が来て各人の名前を呼び、呼ばれた人が値段を言う「外札」との合計額で順位が決まる。このような中札と外札の合計でおこなうセリは、まるでゲームのように講員たちの射幸心を煽る。

郡上八幡でのセリのルールでは、一番高値をつけた者が当該月の取得者になれるが、講金を〝買う〟ために実際に支払う金額（これを「買代金」と呼ぶ）は、次点の者の入札額でよい。このことは、基本的に頼母子が相互扶助の組織であるから、その月に一番お金に困っている者の負担を多少なりとも軽減してやるという意味がある。その月の取得者が講金を得るために支払った買代金は、いまだ講金を取得せずに待たされている者全員に均等割りされる。これは、買代金が講金取得者から未取得者に支払われる利息の役割を果たしているのだ。こうして月例会を重ねるにつれて、講金未取得者にも徐々に講金と利息が行き渡り、全員に講金が行き渡った月で晴れて満会となり、頼母子は終了する。(4)

つまり、最初のほうに講金を受け取った者にすれば、講金は借金であり、毎月の掛け金はその返済にあたるが、最後のほうに講金を受け取った者にすれば、講金は貯蓄であり、毎月の掛け金は預金となる。その意味で、かつての頼母子は、講集団のなかでも「経済的な機能をもつ講」（桜井 1962：390）として分類される、個々人の家の生計にかかわる生活資金を融通する組織なのである。

このようにうまくお金を回すしくみは、講員の間の高度な信頼のうえに成り立っていた。ところが、高度経済成長期にさしかかる昭和三〇年代ころ、多額の講金を手にしたものの、その後の掛け金（返済）が支払えず、講金を持ち逃げする者が続出し、頼母子が相次いで潰れ出した。これ以降、町じゅうに「頼母子には気をつけろ」という噂が広まって、住民たちは頼母子の加入に躊躇するようになり、生活資金を得るために頼母子を結成することがめっきり減り、頼母子は一時期衰退した。

遊びに遊びを重ねる

この衰退は一見すると、他人を信頼できない＝相互扶助の大きな後退を意味するかもしれない。しかし、郡上八幡の人びとは、気の合う仲間が一堂に会して共同飲食するという頼母子のもつ親睦・娯楽的な機能を忘れることができなかった。彼らは、頼母子が崩壊するという轍を踏まないよう、掛け金を少額化して、あくまでも親睦・娯楽目的に切り替えることで、昭和四〇年代ころからふたたび頼母子を結成しはじめる。声をかけるきっかけは、同級生、地域自治会、職場、同業者組合、ロータリークラブ、飲食店常連、趣味サークルなどが同じであること、それらの既存の集団や組織のなかでも、とくに〝気の合う〟者同士が、よりいっそう親睦を深めるために頼母子を結成することがほとんどである。

親睦目的の頼母子なので、取得できる講金は少額であり、あくまでも個々人のお小遣い程度のものである。それでも講金を順々に取得していかないと、郡上八幡の人々は、「ハリがない」という。このような親睦を目的とする頼母子は、生活資金を得る頼母子とは違って、講員全員に講金が行き渡った後にいったん満会を迎えるが、その後も引き続いてほぼ同じメンバーで頼母子が続けられる。筆者が調査したなかでもっとも古い頼母子は、途中講員を入れ替えながらも、約五〇年続いている。

お金に困っている特定の個人や家を救済する頼母子ではないので、〝親〟はない。頼母子の結成を呼びかけた人物が名目上の「講長」になるだけである。したがって、講金の取得に関しては、第一回目からセリか、くじ引きか、順番か、話し合いかで決めていく。これら四つの取得方法のどれかは、そのとき集まった講員の顔ぶれを見て、皆で話し合った「キメ」(＝決まり、規則)によって決定されるという。

ここでフィールドワーカーを悩ませるのは、この「キメ」の存在である。というのも、「セリをするか、くじ引きするか、順番にするか、話し合いかは、そのときのキメやで……」と地元住民が述べるように、四つの取得方法の決定には、なんらかの規則性や意味はなく、そのときどきの偶然のように見えるからである。

ただ、聞き取りを重ねると、同級生を契機とした頼母子では、講金を回すときにセリはおこなわず、くじ引きか順番か話し合いかで決めることがわかってきた。決定的なのは、セリをおこなわないということは、買代金が発生しないわけだから、先の月で取ろうが、後の月で取ろうが、同級生の間では利息を取らないことを意味する。この方法では、後の月で取る者が、頼母子が潰れて講金が取れないかもしれないリスクを背負うという「不公平・不安感」(足立 2012：152) がある。それでも、同級生の頼母子に属している講員たちは、「セリをして儲けるのではなく、純粋な親睦やで……」「友人同士の親睦や助け合いだからしない」と同級生へのゆるぎない信頼を語る。ときに、かつての頼母子のように、同級生の間にセリを持ち込んでも、「(他人のセリ方の) 手口がわかってしまってもしろくない」と止めてしまうことが多いという。途中でセリを止めてしまっても、同級生の間では、頼母子で寄り集まっているときは、「会話がもつ」のだという。とにかく、同級生の頼母子は、セリを導入しなくても、「気楽で楽しい」「情報交換の場」であるのだ。

その一方で、セリを実施するときは、異なる年齢や顔見知りでない人と頼母子を組むときが多い。それはどうしてかというと、セリによって会話の糸口を見つけたり、セリを通してその人の性格を知ったりするために実施するからだという。つまり、セリの意味は、かつての「リスクへの金銭的代償＝利子を得る」ことから、現代の「遊びとしての自己目的化」へと完全に変容している。

こうしてみると、同級生の頼母子に入っている人だけが勝手に楽しんでいるように見えるかもしれないが、実はそうではない。同級生の頼母子には、個々人の「家」を巻き込むしかけがある。それは、各自が毎月持ち寄った掛け金の一部を頼母子全体として毎月プールし、それを資金にしてさまざまなイベントを実施することである。たとえば、ある同級生の男性ばかりの頼母子は、新年を迎えると必ず新年宴会を開くのだが、そのときだけは必ず夫婦同伴とし、ふだん頼母子に参加していない妻の分のお膳代と飲み代を頼母子全体でプールした会の財布から支出する。それと同じように、皆が子どもをもつころになると、子どもたちのために、家族ぐるみで河原で「お好み焼きパーティ」をしたりする。また、とくにおもしろいのは、講員とその妻の誕生日をあらかじめケーキ屋に伝えておいて、その日が来たら自宅にケーキが届くようにするしかけである。これなら、妻の誕生日を絶対に忘れない。もちろん、ケーキ代も会の財布から支出する。(5) これら講員の「家」をも巻き込むしかけは、講員ひとりではできなくとも皆で寄り集まることによってできる、まさしく竹内利美のいう「合力」（竹内 1990）にほかならない。ある地元住民は言う。「これ不思議なのは、お金回しとるだけで、いったい誰が払っとるんよ！」(6) と。

このようなお金を介した合力は、頼母子の講員全体で旅行に行くときにも発揮される。「坊貴会」という頼母子は、ある地区の同輩の男性ばかり二〇名で、約四〇年前結成された（現在八名）。名前の由来は、地区が町のはずれにあることを郡上弁で「ボウ」というところから命名された。(7) 掛け金は、毎月一万四〇〇〇円で、そのうちの一万円分の講金をめぐって発生する買代金を会全体の旅行積立にしている。(8) 年代不明なのだが、この会があるとき、旅行積立を使って福井県・東尋坊に皆で旅行に出かけたときのことを、次のようにある講員は語った。

いい旅館の一番いい食事をとり、ドンペリで乾杯していたら、会の誰かが「おい、地元の芸者を呼んでも安いぞ」となって、芸者をあげて派手に遊んでいた。すると、会の名前から高貴なお坊様の会かしらんと思った、旅館の主人がわざわざ挨拶に来て、丁重にもてなしてくれた。翌日も日中から芸者を引き連れて観光していると、観光客が道を空けてくれる。この旅行で本当に（郡上弁でいう）〝遊びからかいた〟[9]。

ここには、いくつかの小さな僥倖が積み重なっている。というのも、まず、彼らの旅行積立は、「ドンペリで乾杯」や「芸者遊び」といった、ふだんではできないことを可能にさせているからである。そのような遊びを実行に移したうえで、彼らが遊び心で付けた会の名前と彼らの行動が、旅館の主人の特別なもてなしを引き出させた。そのような宿での特別待遇を受けていると、今度は観光名所でもまた特別待遇を受け続けることになった。このような経験が、地元に帰ったときの〝武勇伝〟としてまた語り継がれ、会は盛り上がる。つまり、講員の合力によってできた頼母子は、講員皆に個々人での旅行では味わえない〝楽しみ〟を提供している。

同輩結合がささえる葬式

だが、このような頼母子は、講員に〝楽しみ〟を与えるだけでなく、ともに〝悲しみ〟をも共有する。郡上八幡では、「頼母子が葬式を手伝う」という習俗がある。講員の家に不幸があると、その人（あるいは、亡くなった人）が所属する複数の頼母子が講として手伝いを申し出る。喪主は手伝いのために集まった複数の頼母子のなかからとくに大事にしている頼母子に葬式の手伝いを依頼するか、集まった頼母子どうしで相談して主に葬式を仕切る団体を決定する。ここで頼りにされるのは、同級生、同輩の頼母子であり、彼らは受付・司会進行・お返し・集計・支払いといった主要部分を担当する。自分たちで「葬式のプロ」[10]と言わしめるほど、同級生・同輩の頼母子は、数多くの葬式を仕切ってきた。

その一方で、町内＝班はというと、まかない（地元では「オトキ」と呼ぶ）とお茶出しを担当する程度である。一般的に地縁が葬式の世話をすると言われるように、かつては郡上八幡でも町内＝班が中心的に葬式を仕切っていた。たとえば、地元住民のＢ氏が高校生だったころ、約六〇年前の葬式は、町内が中心であった。(11)

ところが、親睦目的の頼母子が流行りだす昭和四〇年代ころから、同輩の頼母子が葬式を仕切りだすようになる。ある地元の男性（八〇歳代）によれば、自身の父が亡くなった昭和四八年の葬式の際、葬式をどの団体が仕切るかで、地元町内と同輩の頼母子の間で小競り合いまであったという。そのとき、この男性は、喪主の判断で頼母子のほうに葬式の主要部分を任せた。その理由として彼は、「頼母子がなんでもできると思った」からだという。(12) すなわち、同輩の頼母子が葬式を手伝うことは、比較的に新しい習俗だと言えよう。比較的に新しい習俗なのだが、これ以降、頼母子のなかでも、同級生、同輩のものは必ず葬式を手伝うのが当たり前になっていく（その一方で、それ以外の頼母子は、必ずしも葬式を手伝うとはかぎらない）。

では、どうして同級生、同輩でなければならないのか。地元住民によれば、とにかく楽で（＝心安く）、日頃からつきあいがあり、いつも仲良くしているから、葬式の手伝いを頼みやすいのだという。また、頼まれるほうも、勝手を知っているので動きやすいし、効率がよいというわけだ。そのように考えると、葬式の手伝いは、必ずしも血縁、地縁である必要はなく、つきあいがあるから「テッタイ（手伝い）に行く」（山田 2007：123 補足は引用者による）という理由も成り立つ。だが、これが理由ならば、数ある頼母子のうち、どうして同輩の頼母子でなければならないのかという説明にはならない。つまり、ここには、なんらかの文化的な〝基盤〟が影響していると考えられる。

先に示した、町内から同輩の頼母子へという一連の担い手の変化を俯瞰すると、昭和四〇年代以降の郡上八幡では、同輩の頼母子という「同輩集団」（竹田 1989）のちからが、町内＝班での規範的なちからを上回っていったと言えよう。逆に言えば、この地方の結合原理としての「同輩結合」が、頼母子というしかけを使って、インフォーマルな同輩集団を立ち上げたのである。

民俗学者の竹田旦は、日本社会をとらえるうえで、これまでの親分子分といったタテ社会論だけでなく、ヨコ社会論の重要性を指摘した。そこで注目したのが、各地方にある「同輩集団」とその様態である「同輩結合」であった。竹田によれば、同輩集団とは、①だいたい同い年で、場合によっては一歳か二歳程度しか年が違わないこと、②近隣に住んでいること、③年齢階梯制とは異なって、一生のつきあいに持ち越されること、④若者組に比べて、インフォーマルで同志的な結合をもつこと、⑤「意気投合」という同心性が集団結成のポイントになること、を特徴としてあげている（竹田 1989：107-108, 120, 208）。

ここで興味深いのは、これらの特徴をもつ同輩集団は、「仲間の死亡に際しては、進んでこれに参画し、慰霊の役目を果たそうとする」（竹田 1989：113）という。この点からいえば、郡上八幡における同輩の頼母子の場合は、講員だけでなく、講員の家族の死亡にまで参画し、慰霊しようとするのである。現在、郡上八幡の人びとは、少子高齢化の影響からか、親睦という目的以上に、葬式の手伝いを確保するために同級生の頼母子に入ったり、自分から頼母子を結成したりする。たとえば、夜な夜な頼母子に出かける夫を見て「また飲み歩いて……」と皮肉を言う妻に対して、「これは葬式のために行くんやで」と口実をつける。[13] また、地元住民のなかでも、複数の頼母子に入っていたが、なんらかの事情で数を減らさなければならなくなっても、葬式の手伝い確保のため、同級生・同輩の頼母子だけは辞めない。さらに、この地域の同輩結合は、頼母子講のメンバーシップの外にも広がる可能性をもっている。たとえば、郡上八幡における同級生の頼母子は、通常時は、学年全体の同窓会の幹事会となって学年全体の親睦を図る一方、非常時は、他出した同級生の親が地元に残っていた場合、その親の葬式を手伝う、あるいは、他出した同級生が葬式の手伝いの依頼のためにすがってくるので、手伝うのだという。[14]

ここまでを少しまとめよう。これまで論じてきた「遊び」と「葬式の手伝い」はいったいどういう関係にあるのだろうか。ふつうわれわれは、葬儀の手伝いのみが「相互扶助」で、ふだんの遊びは葬式の手伝いの前提条件になっていると考えがちである（山田 2007：162）。たしかにそうともいえるかもしれないが、それだけではなく、遊びも手伝いも実は同じ「相互扶助」なのではないか。どういうことかといえば、すでに論じてきたように、両者とも互酬的・合力的に成し遂げられるものであり、遊びの〝楽しみ〟のような精神的な贈与が短期的であるの対し、葬式のような〝慰霊〟や〝慰め〟といった精神的な贈与が長期的なものという違いでしかないと言えよう。図のよう

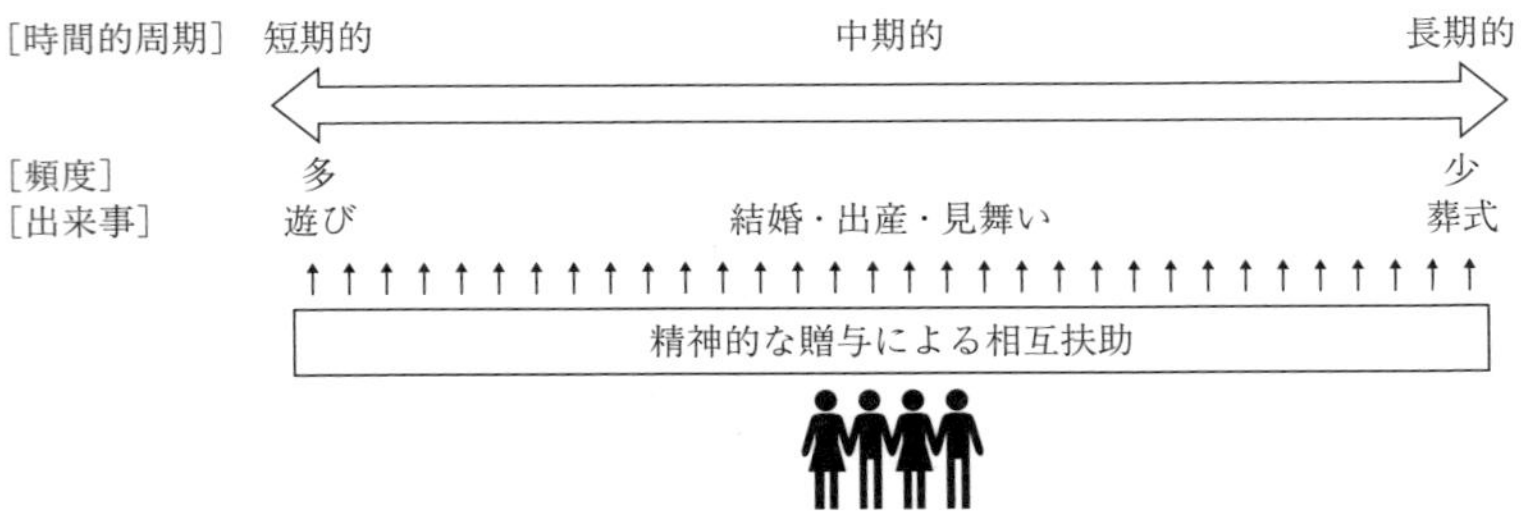

図11－1　同輩の頼母子が関わる各講員のライフ・イベント

出所：筆者作成。

に、この地域の同輩結合を背景にすれば、遊びと葬式の相互扶助はひとつの連続体をなしており、その中間に、結婚、出産、病気見舞いが位置づけられる（図11－1を参照のこと）。つまり、頼母子でやりとりされているのは、〝楽しみ〟や〝慰め〟といった精神的な贈与による相互扶助だということになるだろう。[15]

4　頼母子講型の地域コミュニティ

本章では、郡上八幡を事例にしながら、同級生、同輩をきっかけにした頼母子講がいったいどのような類の相互扶助をおこなっているのか、をあきらかにしてきた。事例研究からうかがえる現代の頼母子講の相互扶助とは、家の生業・生計に関わる経済的な支え合いというよりも、家を巻き込んだ個々人の楽しみ、不安の解消、慰めといった精神的な支え合いであった。本章の立場からすれば、これも立派な地域コミュニティの「生活保障」と言うことができる。これを可能にしたのが、文化の型としての郡上八幡特有の結合原理である同輩結合であった。

このような知見から先行研究をふりかえると、これまでの頼母子講研究は、経済的機能、とくにお金の分配・流れに目を奪われて、お金をめぐる講内での精神的な贈与を、主目的たる経済的側面の付随物・副産物とするか、単なる「親睦」と一括りにしてきたのではないだろうか。[16] 経済的な意味においては、たしかに全国各地の頼母子講は衰退しているとみなすことができよう。しかし、現代の頼母子講の実態をつぶさに見ると、本章で述べたような地域コミュニティの再興の萌芽となる、相互扶助としての親睦が見えてくるのである。

地域コミュニティの再興という実践的な側面から頼母子講を眺めて、ただ頼母子講を〝やってみよう〟というのではない。事例において、同級生の頼母子が核となる同輩結合は、頼母子講のメンバーシップを越える論理を秘めていた。たとえば、前述したように、頼母子に加入していない同級生であっても、ある種のつきあいさえあれば、その家の葬式を手伝ったり、同窓会の幹事会として学年全体の同窓会を企画したりしていた。そのような頼母子に、郡上八幡の人々は、複数加入することで、頼母子どうしが個人を介して橋渡しされて「多層的共同体」（内山 2010：76）としての地域コミュニティが形成されている。

そのような個々の頼母子が可能になる同輩結合は、「想像以上に全国的に広く分布している」（竹田 1989：108）という(17)。そうであるならば、同級生を基本とする同輩の集まりが、地域コミュニティ再興の鍵となるのではないか。徳野は、「地域づくりとは、個体識別された人々（その核は家族や近隣住民）の人間関係資源を様々な集団や組織の中から具体的・機能的に引き出すことだと考えられる」（徳野 2010：23）という。そのような人間関係資源の有力候補として、本章で紹介した同級生、同輩による頼母子のようなインフォーマル・グループが、少子高齢化し、低成長期を迎える現代日本社会にとって重要となるのではないだろうか。

注

（1） 本章において「同級生」とは、地元の小学校・中学校・高校の学年が同じであることをさす。他方、必ずしも学校を介してではないが、たとえば近所などで同い年ないし二〜三歳程度までの幅を「同輩」（竹田 1989：50）と呼ぶことにする。

（2） これ以外にも、各地のモヤイから互助社会システムを構想する恩田守雄の社会学的な研究（恩田 2006）や、無尽講の思想を現代社会にまで歴史的に位置づけるテツオ・ナジタの民衆思想史研究（Najita 2009＝2015）がある。そういった意味で、頼母子講研究は、社会科学において〝静かに〟注目されつつあると言ってよい。

（3） 詳しくは、足立（2010：27-60）を参照のこと。

（4） 資料的には現代であるが、頼母子のセリの基本原理については、足立（2012：150-158）を参照のこと。

（5） 二〇〇九年三月一〇日に実施した地元住民A氏（男性、七〇歳代前半）への聞き取りによる。

（6）二〇〇九年三月一〇日の地元住民B氏（女性、七〇歳代後半）の語りによる。
（7）また、この地方では、「男の子」のことを郡上弁で「ボウ」（坊）と呼ぶ。会の名前は、この意味と掛けたと考えられる。
（8）より正確に言うと、毎月の掛け金一万四〇〇〇円のうち、一万円分が講金となる。会発足当時は二〇名いたので、講金の毎月の総額は二〇万円になる。この二〇万円を二〇人でセルわけだが、この会では、買代金を最低一万円と設定しておいて、それ以上の札を入れるようにするという（たとえば、一万二〇〇〇円で落札というふうに）。その毎月の各自から出された買代金を皆に利子として分配しないで会全体の旅行積立にしていた。
（9）二〇一四年九月一日に実施した地元住民C氏（男性、七〇歳代後半）への聞き取りによる。なお、「坊貴会」の事例についても、C氏から聞き取った。
（10）二〇〇九年八月一日に実施した地元住民D氏（男性、七〇歳代前半）への聞き取りによる。
（11）二〇一五年三月二三日に実施したB氏への聞き取りによる。
（12）二〇一五年二月二三日に実施した地元住民E氏（男性）への聞き取りによる。
（13）二〇〇六年八月九日実施の地元住民F氏（男性、七〇歳代前半）への聞き取りと、二〇〇六年九月一八日実施の地元住民G氏（男性、七〇歳代後半）への聞き取りによる。
（14）二〇〇九年三月一〇日に実施した地元住民A氏への聞き取りによる。
（15）実は、二〇〇二年に町はずれにセレモニーホールができてから、それまで個人宅で催された葬式がホールでなされることとなった。これにより、頼母子全般による葬式の手伝いにも変化の兆しが見られるようになった。具体的に言えば、セレモニーにお金ですべてまかせれば、近所にも迷惑をかけずに、頼母子の手伝いも少なくて済む。
（16）お金のやりとりから頼母子独特の遊びが助ける－助けられる関係をうまく偽装するメカニズムについては、足立（2012）を参照のこと。
（17）同輩集団は、竹田が調査した津軽、知多半島、西海地方、南西諸島にかぎらず、伊勢志摩（足高 1992）、渥美半島（秋津 1998：153-184）、新潟県巻町角田浜（佐藤 2002）などにも見られる。ただ、村落構造としての同輩結合を認めるとき、同輩集団の特徴としてあげた、つきあいが一生にわたるのであれば、葬式に関わる習俗がひとつの目安として重要になってくるのではないか、と筆者は考えている。また、竹田の同輩研究で疑問なのは、同輩どうしのつながり・あつまりの特徴はわかるのだが、村落構造からみた場合、年代の異なった同輩集団どうしはどのような関係になっているのかがわからないままである。この点において本章も課題を残すが、郡上八幡の別事例でいえば、筆者は、現代的な環境運動が伝統的な「町衆システム」によって意思決定がなされていることを突き止めた。このシステムは、年配者と若手という同輩集団を〝層〟とみて、それらの層と層の垂直的コミュニケーションを繰り返すものであった。詳しくは、足立（2010：247–262）を参照のこと。この研究と本章の頼母子講研究を突き合わせることによって、郡上八幡の構造的特質をえがくことができるではないか、と筆者は考えている。

文献

足立重和、二〇一〇、『郡上八幡 伝統を生きる――地域社会の語りとリアリティ』新曜社。

足立重和、二〇一二、「頼母子講――なぜお金の貸し借りと飲み会がセットなのか？」山泰幸・足立重和編『現代文化のフィールドワーク入門――日常と出会う、生活を見つめる』ミネルヴァ書房、一四九–一七一頁。

足高壱夫、一九九二、「志摩漁村の『同輩集団』の基本的性格――三重県鳥羽市Ｉ町の『茶飲み友達』を通して」『関西学院大学社会学部紀要』65：九一–一〇五頁。

秋津元輝、一九九八、『農業生活とネットワーク――つきあいの視点から』御茶の水書房。

松崎かおり、一九九三、「経済的講の再検討――『輪島塗り』漆器業者の頼母子講分析を通して」『日本民俗学』193：六三–一〇四頁。

森嘉兵衛、一九八二、『森嘉兵衛著作集２ 無尽金融史論』法政大学出版局。

Najita, Tetsuo, 2009, *Ordinary Economies in Japan: A Historical Perspective, 1750–1950*, The University of California Press.（＝二〇一五、五十嵐暁郎監訳・福井昌子訳『相互扶助の経済――無尽講・報徳の民衆史』みすず書房。）

恩田守雄、二〇〇六、『互助社会論――ユイ、モヤイ、テツダイの民俗社会学』世界思想社。

大本憲夫、一九七八、「宮古島における模合集団――平良市松原の事例から」『社会人類学年報』４：二〇七–二二一頁。

Putnam, Robert D., 2000, *Bowling Alone: The Collapse and Revival of American Community*, Simon & Schuster.（＝二〇〇六、柴内康文訳『孤独なボウリング――米国コミュニティの崩壊と再生』柏書房。）

佐治靖、一九八九、「『無尽講』の成立と展開――都市の民俗研究をめぐって」『福島県立博物館学術調査報告19 町の歴史と民俗』福島県立博物館、一三七–一五八頁。

桜井徳太郎、一九六二、『講集団成立過程の研究』吉川弘文館。

佐藤康行、二〇〇二、『毒消し売りの社会史――女性・家・村』日本経済評論社。

鈴木榮太郎、［一九四〇］一九六八、『鈴木榮太郎著作集1　日本農村社会学原理（上）』未来社。

竹田旦、一九八九、『兄弟分の民俗』人文書院。

竹内利美、［一九八四］一九九〇、「『ムラ』の自治と協同」『竹内利美著作集1　村落社会と協同慣行』名著出版、一―五〇頁。

竹内利美、一九九〇、『竹内利美著作集1　村落社会と協同慣行』名著出版。

徳野貞雄、二〇一〇、「ブラックボックス化する『地域づくり』と『モエ』集団」『季刊 中国総研』14(4)：一五―二三頁。

内山節、二〇一〇、『共同体の基礎理論――自然と人間の基底から』農山漁村文化協会。

山泰幸、二〇一五、『だれが幸運をつかむのか――昔話に描かれた「贈与」の秘密』筑摩書房。

山田慎也、二〇〇七、『現代日本の死と葬儀――葬祭業の展開と死生観の変容』東京大学出版会。

米山俊直、一九八九、『小盆地宇宙と日本文化』岩波書店。

第12章　農村コミュニティにおける農地管理と労働分担

——滋賀県野洲市須原地区の事例から

川田美紀

1　農村コミュニティにとって農地管理労働とは

日本の農村では、農業の後継者不足、農業者の高齢化が深刻になっている。これにより、耕作されなくなっている土地も増加している。その傾向は、ここ数十年の間に顕著になってきており、一九八五年に約一三万ヘクタールであった耕作放棄地の面積は、二〇一五年には四二万三〇〇〇ヘクタールとなっている。

農地の維持ができなくなるということは、どのような問題なのか。日本社会全体からとらえるとすれば、食料自給率の低下、土砂流出や土砂崩壊のリスク上昇などを挙げることができるだろう。一方で、これまで共同で水路を管理したり、農作業用の機械を共同購入・利用してきた地域コミュニティレベルでとらえるとすれば、水路や機械の維持に必要なコストを少人数あるいは個人で負担しなければならなくなったり、隣接する農地が荒廃することで、雑草の管理などの労働負担が増すなどの問題が出てくることが予想される。

このような地域コミュニティレベルの問題の背景には、日本の農業が多数の小規模農家によって担われてきたことがあると考えられる。そして、農業の後継者が減少し続けている現在、多数の小規模農家から、少数の大規模農家に農業の担い手を移して農業経営の合理化を進めることができれば、地域コミュニティレベルの問題は一見解消するように思われる。

実際、行政の政策の方向性はそのようになっているし、全国各地で農地の集積は進んでいる。ただ、私がフィールドワークに入っている滋賀県の一農村では、人びとは、地域内にある農地を「地域住民」が維持し続けることにつよいこだわりをもっている。つまり、「誰が」農地を管理するのかという、農地管理労働の主体をめぐる問題が、地域コミュニティには存在しているようなのである。では、地域コミュニティは農地とどのように関係していて、農地を管理するための労働は地域コミュニティにとってどのような意味をもっているのだろうか。

人びとと土地との関わりについては、農村社会学や農業経済学の研究者らによってふたつの側面から論じられてきた。ひとつは、「家」としての関わりである。渡辺兵力は、「家」は、世代を超えて存続するために「家制度」を形成し、さらに、土地所有と結びついて「家産」を継承することで実際の存続を可能にしたと論じている（渡辺 1978）。

もうひとつは、ムラ（地域コミュニティ）としての関わりである。川本彰は、ムラの運営は「人間保全」「作物保全」「領土保全」の三つの機能が充足されることによって成り立つと論じている（川本 1972）。農地は、これら三つの機能の観点からみれば「作物保全」の作物を生産する場であり、「領土保全」の対象である。さらに、川本彰はムラの人びととムラの領土である土地との関わりについて、タテの社会関係とヨコの社会関係を生じさせていると論じている。タテの社会関係とは、所有する土地の面積の大小によって決まる社会関係であり、ヨコの社会関係とはムラの人びとが等しくもっているムラの領土に対する権利＝総有意識である（川本 1978）。

この総有意識を、鳥越皓之は土地所有形態の二重性として、図12-1の(1)と(2)のように整理している（鳥越 1997）。(1)は法的な土地所有であり、(2)はムラの人びとの土地に対する所有観である。そこに土地に対する労働の意味づけを加えたのが図12-1の(3)である。〝オレの土地〟に対する労働は「家産保全」であり、「イエ仕事」と意味づけられよう。一方、〝オレ達の土地〟に対する労働は先に述べた「領土保全」に該当し、「ムラ仕事」と意味づ

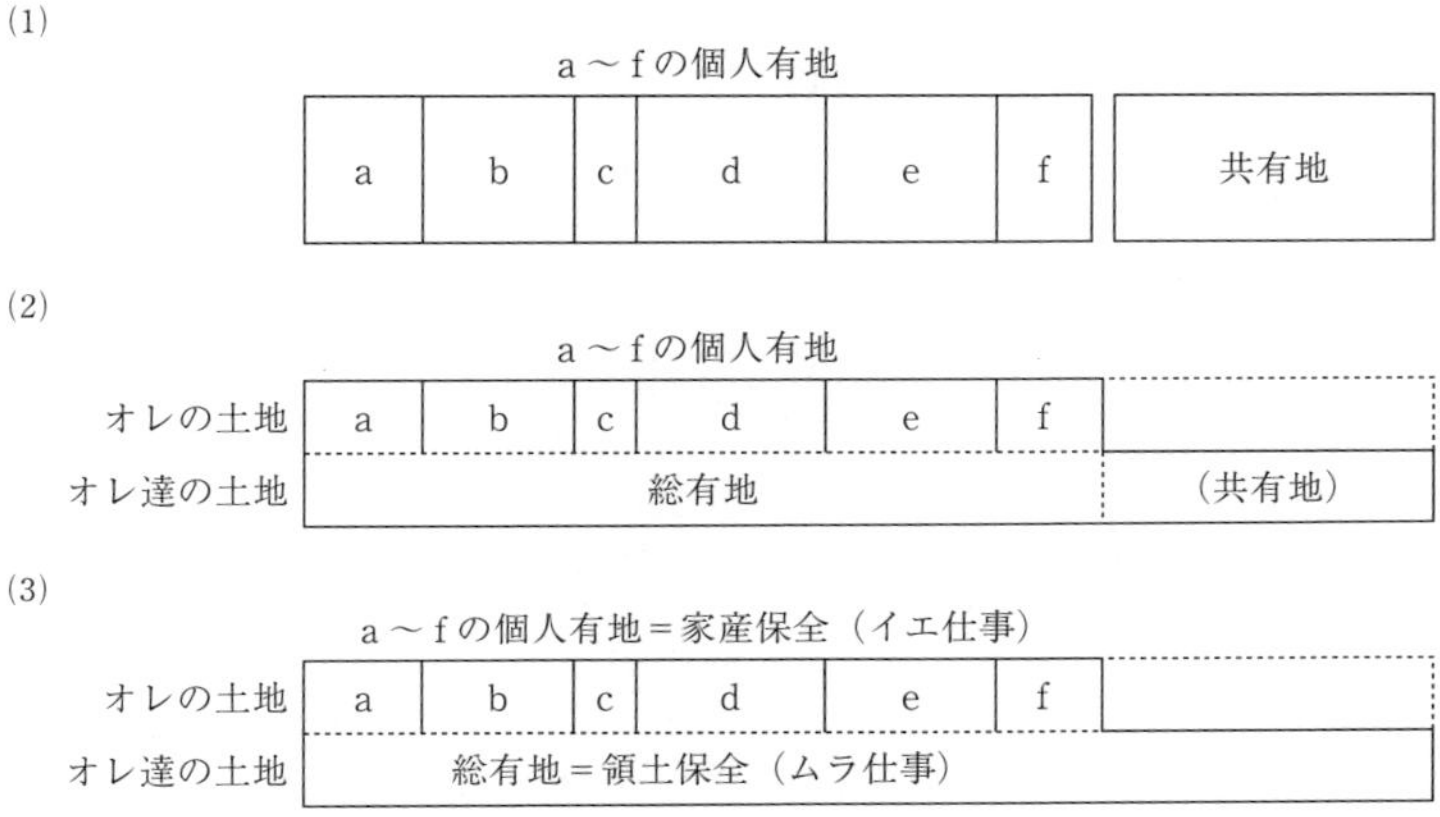

図12－1　土地所有のあり方と労働の意味づけ

出所：(1)と(2)は鳥越（1997）より，(3)は筆者作成。

けられる[1]。つまり、農地を維持するための労働は、土地所有形態の二重性をふまえると、「イエ仕事」と「ムラ仕事」というふたつの側面をもった労働だと考えられる。

　ところが、長谷川昭彦は、村落における土地利用秩序が、村落の変貌過程において変化していったと論じている。その変化とは、村落の土地は、かつては農地のように私的に所有されている土地であっても村落の共同管理下にある（村落の総有である）という考え方であったのが、商品経済が浸透するにつれて私的所有意識が強まり、共有地までもが私的所有に分割され、売買されるに至ったというものである（長谷川 1987）。

　たしかに、農村で聞き取り調査をしていると、農業に機械が導入されるにつれ、地域の人びとが協力しておこなう作業が減り、長谷川が指摘するような、農地に対する私的所有意識が強まったという語りにはしばしば遭遇する。

　けれども、大都市近郊の稲作農家の農地集積形態を社会関係の側面からとらえようと試みた吉田国光らの研究をみると、少なくとも農地の貸借をおこなう段階では、商品経済がさらに浸透したと考えられる現在においても、経済的条件よりも社会関係を契機として契約が成立しているケースがあることがわかる。

　吉田らは、貸借関係が成立している経営農家を「血縁限定型」「血縁中心型」「間接縁型」の三つに類型化している。借地件数は、

「血縁限定型」がもっとも少なく、「間接縁型」がもっとも多く、「血縁限定型」は「家産としての農地」維持の意味合いがつよく、谷津田など作業効率が悪い農地もあわせて貸借契約を結ぶ傾向があるという。一方で、「間接縁型」の貸借関係は貸し手を選択することが可能な側面もあるが、貸し手の都合で契約解消されやすい。「間接縁型」の借地農家は積極的な農業経営をおこなっており、農地面積減少のリスクを極力回避するために、できるだけ貸借契約が解消されにくい近しい社会関係にある相手と貸借関係を結ぶ戦略をとっていると分析している（吉田ほか 2010）。

吉田らの研究は、家あるいは個人の間にある社会関係に注目することで、農地の貸借契約がなにを契機としているかを把握しようとしており、その試みは、一定程度成功していると思われる。つまり、農地は農家にとって経済活動をおこなう「生産空間」というだけではなく、人間関係とも切り離すことができない「社会的空間」であることを、吉田らの研究は示している。ただ、「社会的空間」としてとらえられているのは「家産」の側面のみである。農村社会学の研究蓄積からみれば、農地は「家産」であると同時に地域コミュニティの「総有財産」でもある。したがって「社会的空間」としての農地をとらえようとするのであれば、「家産」と「総有財産」のふたつの意味づけに注目して分析をする必要があるのではないだろうか。

以上をまとめると、農地とは、家産と地域コミュニティの総有財産という二重の意味づけがされている土地である。したがって、その管理労働は、「イエ仕事」であり「ムラ仕事」でもある。地域コミュニティにとって農地管理は、このようなふたつの側面をもつ労働の折り合いをいかにつけるのかという問題を内包していると考えられる。このことをふまえて、本章では農地管理のための労働を誰がどのような理屈で担うべきなのか、地域住民がその労働を担うことにつよいこだわりをもっている野洲市須原地区の事例から検討する。

2　滋賀県野洲市須原地区の農業

本章の事例地、須原地区がある滋賀県は、日本最大の湖面積である琵琶湖を有する、農業が盛んな地域である。須原地区は、滋賀県野洲市に位置する、人口二七〇人、世帯数八一の小さな集落である。かつてはほとんどの世帯が農業に従事していたが、二〇一八年度現在、農業を続けているのは集落全世帯数の約三割、二三世帯のみである。田舟での往来にも利用していた地区内を流れる小川の整理、琵琶湖から水田への揚水システムの整備、湿田の乾田化、水田の形状を整えるなどの基盤整備事業が実施された後、徐々に農家世帯が減少していった。

須原地区で基盤整備事業が実施されたのは、一九七三から一九八一年にかけてのことである。基盤整備事業後、農作業の機械化が進み農作業自体は楽になったが、けっして安価ではないさまざまな農業機械が必要になった。このことによって、小規模経営の農家ばかりであった須原地区では個々の家が農業を続けていくモチベーションが下がってしまったという。そこで、個々の家が農業機械を所有しなくても農業を続けることができる環境を整えなければ、地域の農業者が減ってしまうと考えた須原の農業者たちは、「須原の田んぼは須原で守る」というスローガンを掲げ、一九九〇年に須原農業組合を設立した。会員数は二〇一七年度では二五人で、組合員の平均年齢はおよそ七〇歳である。

須原農業組合の取り組み内容は大きく分けて五つある。①農業機械の共同所有・共同利用、②農作業の協働、③減反の割り当てと減反作物栽培、④農地や用排水施設のメンテナンス、⑤耕作請負の仲介である。以下、それぞれについて詳しくみていく(2)。

農業機械の共同所有・共同利用

農業の機械化が進み、農作業用機械が高価になっていくにつれ、小規模経営農家は、機械の購入や維持にかかる費用が生産による収益を上回ってしまうことから、単独でそれらの農業機械をもつことが困難になった。そこで、農業組合で機械を購入し、組合員が共同で利用している。

現在、農業組合が保有している機械は、トラクター、田植え機、コンバイン、管理機、溝切り機である。田植えや稲刈りは、稲の生育に関わってくるので、「適期」とされる二〜三週間の期間中におこなわなければならない。そこで、田植え機とコンバインの利用に関しては、農業組合による作業請負方式をとっている。自分の水田の作業を各自がおこなうのではなく、組合員全員の水田の作業スケジュールを農業組合が一括して決定し、各組合員は、農業組合が決めた日時・場所で作業を担当する。このような方式を取ることによって、耕作者間のスケジュール調整をする必要がなくなり、農業組合が地区全体の水田の状況や位置関係を考慮しながら、もっとも効率的な順番で限られた期間内に作業を終えることが可能となっている。

農作業の協働

田植えと稲刈りについては、作業を農業組合が請け負う形にして、請け負った水田の作業を組合員がおこなっている。たとえば、二〇一五年の田植え作業は、五月二日から五月二三日の間に実施された。作業者数はのべ四四人で、総作業面積は一八二八・九アールであった。組合員のほとんどはコシヒカリを作っているので、田植えをしたい時期が重なってしまうのだが、なかには一部別の品種を作っている組合員もいて、その品種をコシヒカリよりも先に植えることで田植えの時期を分散させるなどの工夫をしている。

作業は朝八時半ごろからはじめて、早ければ昼ごろ、遅いときには自宅で昼食を取ってふたたび集合し、さらに数時間作業をする。平日の作業は会社を退職して農業に専念している六〇歳以上の組合員が中心になっておこない、土日の作業は会社勤めをしながら耕作をしている兼業の組合員が出てくる。会社勤めをしながら耕作をしている組合員にとっては、会社や子どもの学校行事などで作業に出られないことも多いが、都合のつく日時に出てくればよく、また出てきたときには先輩農業者から作業を教えてもらえるので、耕作を続けやすいそうである。逆に言えば、このような農業組合の取り組みがなければ、会社勤めをしながら耕作するのはかなり難しいと、実際に会社勤めをしながら耕作している四〇～五〇歳代の組合員は話す(3)。

減反の割り当てと減反作物栽培

地区に割り当てられている減反は、農業組合で「今年はこの一帯を減反にする」と決める、集団転作方式である。基本的に地区内の水田すべてを対象にして、おおよそ三年に一回のペースで減反が回ってくる。減反になった耕作地では、麦や大豆の栽培をするが、その作業も農業組合が請け負っている。請け負うと言っても、ほとんどの作業をＪＡに委託する。たとえば、小麦は短期間に刈らなければ品質が落ちてしまうのだが、農業組合のコンバインで刈ると、一週間近くかかってしまう。ＪＡに頼むと、コンバイン五～六台で、一～二日で刈るという。刈った小麦の乾燥も、農業組合には乾燥機がないので、やはりＪＡのカントリーでしてもらうことになる。

農地や用排水設備のメンテナンス

各農地を区切っているブロックや畔の補修は農業組合で実施しているが、農業用排水の施設整備は野洲川下流域（野洲市と守山市）の土地改良区がおこなっている。

施設整備に関わる費用は、地域が負担する分を所有している農地の面積に応じて農地所有者に請求するのだが、この徴収を農業組合がおこなっている。かつては、組合長を自治会副会長が兼任していて、自治会が徴収するという形になっていたが、一〇年ほど前に自治会と農業組合の組織を分けることにして、農地所有者への費用徴収は農業組合が引き継いだそうだ。

一方、用水費は耕作者が負担することになっていて、須原地区全体の水田面積に対する請求が来る。これも、耕作面積に応じて負担することになっており、農業組合が各耕作者の費用負担を計算し、請求している。いずれもかつては自治会館に窓口を設けて集金していたが、現在は口座引き落としになっている。

耕作請負の仲介

農業の後継者を確保できない家では、農地を売却するか、自分たちに代わって水田を耕作してくれる人を見つけるかしなければならない。後者の方法は、主に三つある。ひとつは、地区外の農業法人などに耕作を委託する方法であり、もうひとつは、親戚や親しく付き合っている農業者に直接作業を依頼する方法、そして最後のひとつは農業組合を通じて地域内の農業者に委託する方法である。

近年、須原地区では、高齢になり耕作できないけれども子どもは当面農業をする気持ちはないというケースが多く出ている。そのような事態が生じたとき、須原地区の住民の多くが選択するのは、先述した三つの方法のうちの三つめに挙げた選択肢、農業組合を通じて耕作者を見つけるというものである。

なぜ農業組合を通すのかといえば、そもそも農業組合がそうしてほしいと呼びかけているということがある。農業組合からすれば、営農に関する協力、意思決定、そして先ほど述べたような費用徴収などさまざまな面で、地区内の耕作地は地域住民が耕作しているほうが都合がよい。農地を所有する住民からすれば、地区外の農業法人などよりも、同じ地区に住んでいて日頃から顔を合わせる機会の多い農業組合の役職者のほうが相談がしやすいこと、農業組合が掲げている「須原の田んぼは須原で守る」という考えが須原地区の人びとの間にかなり浸透していることによると考えられる。しかし、須原地区でも農業人口の減少、農業者の高齢化は進んでおり、水田耕作を引き受ける農業者を須原地区内で見つけることは、そう遠くない将来に困難になると考えられている。

3　地区内の耕作請負の状況

では、実際に、須原地区ではここ一〇年の間に、何人（何軒）くらいが離農し、彼らが耕作していた農地はどうなっているのだろうか。図12‐2は二〇〇五年度、図12‐3は二〇一五年度の須原地区内の自治会加入世帯数、農地所有者数、耕作者数である。

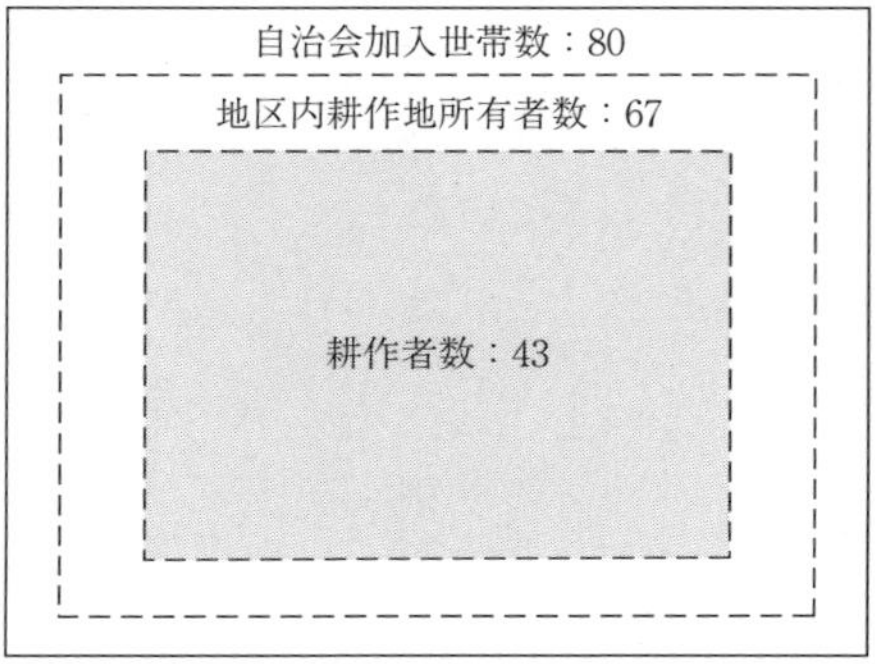

図12－2　須原地区内の世帯数，農地所有者数，耕作者数（2005年度）

出所：須原地区自治会，農業組合への聞き取り調査をもとに筆者作成。

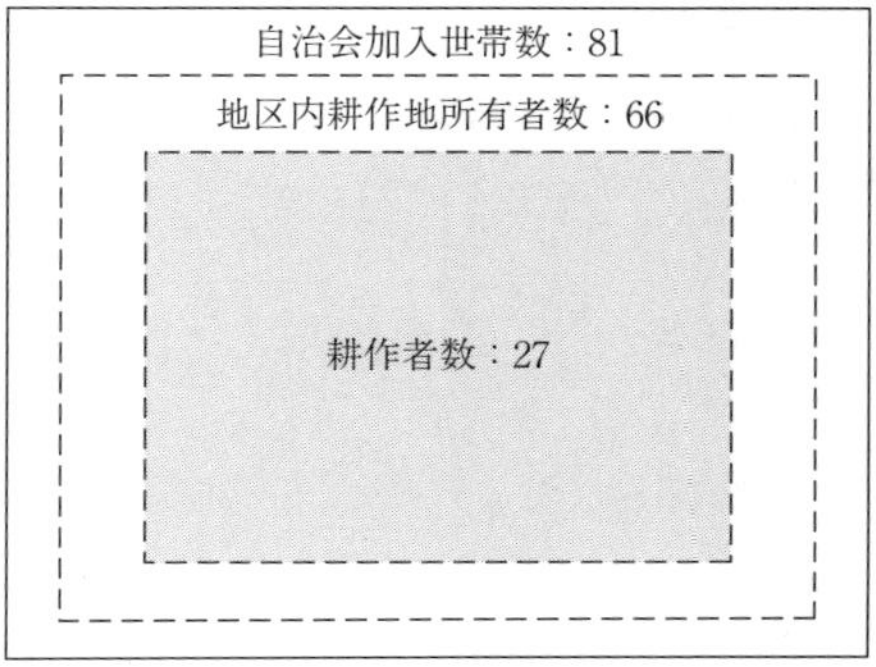

図12－3　須原地区内の世帯数，農地所有者数，耕作者数（2015年度）

出所：須原地区自治会，農業組合への聞き取り調査をもとに筆者作成。

須原地区自治会長経験者によると須原地区の世帯数は、数軒の他出あるいは不在があるものの、ほとんど変化がない。自治会加入世帯数が、二〇〇五年度から二〇一五年度までの間に一世帯増えているが、数世帯の増減は、親が自治会に加入していて、子が結婚するなどで地区内に家を建てて親世代と別居するケースがしばしばあり、増えたり減ったりすることがあったくらいだという。

須原地区内に耕作地を所有している人の数は一名減、耕作者（須原農業組合の会員）数は一六名減（三七％減）となっている（一七名が耕作をやめて、ひとりの就農があった）。耕作をやめた人の土地はどうなっているかというと、先に述べたように地域外の農業法人に委託するケースは少なく、須原農業組合を介して須原地区内の農業者が耕作を請け負うことが多い。

二〇一五年度の耕作者（須原農業組合の会員）数は二七人で、七〇歳以上が半数近くを占めている。以下では、須原地区の農業者のなかで、ここ一〇年の間に、(1)耕作地面積が増えた農業経営規模が比較的大きい農業者、(2)耕作地面積が増えた農業経営規模が比較的小さい農業者、(3)新規に就農した農業者、(4)耕作地面積が変わっていない農業者、の四人のケースを取り上げて、彼らの耕作状況や須原地区内の農地維持に対する考え方を具体的に見ていくことにする。

（1）耕作地面積が増えた農業経営規模が比較的大きい農業者

Aさんは、農薬の使用を減らし、肥料を変えて環境に配慮した米作りに熱心に取り組んでいる農業者である。環境に配慮して生産した米を、ブランド米として消費者に直接販売しており、そのために必要な設備（乾燥機、保冷庫など）ももっている。(4)

Aさんはもともと会社勤めをしていて、会社員のころは、農業はその合間にしているような状態だったそうである。農業にあまり時間を費やすことができなかったので、必要最低限の農作業をしていただけであった。

しかし、自治会長になることを契機として五八歳で会社を退職すると（須原の自治会長は、会社勤めをしながらするのはむずかしいくらい、さまざまな仕事があるという）、農業に力を入れるようになった。環境にやさしく、なおかつ美味しいお米を作ろうと試みるようになった。営農の記録は、会社を退職後、毎年つけている。二〇〇八年には須原魚のゆりかご水田協議会を組織し、琵琶湖から水田に魚が遡上し産卵することができるよう魚道の設置や減農薬農法に継続して取り組んでいる。

自治会長と並んで須原地区で重要な役職は、農業組合長である。Aさんが二〇〇六年に農業組合長になると、地区の住民から度々農地委託の相談を受け、請負耕作が増えていったそうである（一〇年の間に増加した耕作地面積一万八五六八平方メートル、地区内でAさんが耕作している総面積に占める請負面積割合七四・七％）。

Aさんは、けっして耕作する水田の面積を増やしたいという気持ちがあったわけではなかったというが、地区外の農業法人や農業者に耕作されるよりも、地区内でなんとかしたいという気持ちがつよく、これだけの面積を請け負うことになったそうである。

しかし、二〇一四年にふたりの農業者が高齢を理由に農業をやめることになったとき、その農地を自分が請け負うのはもう無理だと思ったそうである。自分も歳をとってきて、いま、耕作している水田も、ひとりでは作業が体力的に困難になってきた。Aさんには子どもがひとりいて、最近、Aさんの母と一緒に畑仕事をするようになったそうだが、現時点では本格的に農業をするつもりはないそうである。したがって、いかに負担を小さく、効率よく作業できるかを考えなければならない状況にきているという。

(2)耕作地面積が増えた農業経営規模が比較的小さい農業者

Bさんも Aさんと同じく会社勤めをしていたが、自治会長になるのを契機に退職した[5]。農業は、若いときに父から、畑のほうは父が耕作し、田はBさんが耕作するようにと任されて以来、現在まで耕作し続けている。Aさん同様、会社勤めをしていたときは、農作業になかなか時間を費やすことができなかったそうである。それでも、若いときに農業の技術を教えてもらい、農作業をしていたから、いま、農業をすることができていると考えている。もし、高齢になって、たとえば会社を退職してからはじめて農業をするということであったら、かなりハードルが高かっただろうという。

耕作している面積は、会社勤めで自作地だけを耕していたときと比べるとかなり増えているが、農業経営的にみれば大きくない（一〇年の間に増加した耕作地面積七四〇五平方メートル、地区内でBさんが耕作している総面積に占める請負面積割合五三・一％）。もっと規模を拡大すれば利益も出るだろうが、そういう気持ちはないそうである。規模が小さいので、所有している農業機械もなく、すべての機械を農業組合から借りて作業している。須原地区外にも耕作地が複数個所あるが、そのうちのひとつは、孫とその友達の農業体験のための場として提供し、体験の準備や指導もしている。

現在は農業組合長を務めている。その須原の農業組合は、Bさんの先輩農業者たちが今後の須原の農業のことを考えて結成したが、Bさんは、自分のような小規模農家は農業組合がなかったら農業を続けることはできなかったという。なので、Bさんは、自分がいままで農業を続けることができたのは、須原地区の先輩農業者たちのおかげだと考えている。農業組合の仕事をはじめ、地域のさまざまな仕事は、いままで先輩が地域のためにしてきてくれたことなので、今度は自分の番だと思って〝させてもらっている〟のだという。

（3）新規に就農した農業者(6)

Cさんは、実家を出て会社勤めをしていたが、実家に戻ってきて兼業で農業をはじめた（地区内でCさんが耕作している総面積に占める請負耕作地の面積割合八〇・五％）。まだ農業を始めてそれほど年月が経っていないが、Aさんたちに教えてもらいながら環境に配慮した栽培方法で米作りをしている。除草剤を使わないので、草刈りは頻繁にしている。

Cさんは、現在、須原農業組合の組合員のなかでもっとも若い。須原の農業者が高齢化してきているので、農業組合の中心にいる人たちがさらに高齢になって農業ができなくなった後、地域の農業がどうなるのかが気がかりだという。自ら進んで耕作地を増やそうという気持ちはないが、今後さらに須原地区内の耕作委託は増えると予測されるので、求められれば耕作を請け負うつもりだと話す。

（4）耕作地面積が変わっていない農業者(7)

五〇歳代の兼業農家の男性Dさんも、Cさんと同じく、須原地区の農業者の高齢化を気にかけており、農業組合の作業にも積極的に参加している組合員のひとりである。けれども、所有する農地のうち、自分で耕作しているのは三割強で、残りは地域の農業者に耕作を委託している。会社勤めをしているとなかなか時間が取れず、休みの日も子どもの学校行事などが入ったりする。農作業は時期だけでなく天候にも左右されるので、農作業が負担に感じることもあるそうだ。労力がなるべくかからないほうがよいので、米作りをするうえで、環境に配慮するとか、より美味しいお米をつくるとかいうことは考えない。畔は草刈りが少なくてすむコンクリートブロックがよいし、耕作する場所は家に近ければ近い方がよい。米作りに必要な機械も個人では所有しておらず、トラクターを四軒共同でもっているほかは、農業組合の機械を借りている。

四人の組合員のうち、AさんとBさんは自ら耕作地を増やしたいとは考えていなかったが、地域のなかで責任のある役職に就いたことから、耕作請負が増えた。なお、耕作請負をする住民間に、親戚関係であったり、とくに気心が知れているといった友好関係があるかといえば、農業組合が仲介する場合には、そのようなことはないそうである。

重要なのは、請け負うことになる農地の近くに自分が耕作している農地があるかどうか、である。耕作する農地が隣接していれば、農作業が効率的におこなえるからである。一方で、水はけが良すぎるなど農作業の条件があまりよくない農地は、いくら近くに耕作している農地があっても、一般の組合員には頼みづらく、農業組合の役職者が引き受けるということもあるそうだ。

Cさんは、二〇〇五年には就農していなかったが、会社勤めのために一度他出した後、実家に戻ってきて農業を始めた。現在耕作している農地の八割以上が、他人の所有する農地である。地区内の農業者でもっとも若いが、須原地区の一員として、農地の維持に責任があると考えている。まだ農業を始めて間もないが、環境に配慮した農法を取り入れており、耕作請負についても求められれば今後も請け負うつもりであると話していて、積極的に地域に貢献しようとする姿勢が伝わってくる。

けれども、須原地区の比較的若い年齢層の農業者が皆、Cさんのような考えをもっていて、耕作請負をしているかといえば、そうではない。むしろCさんのようなケースが稀で、農業を継ぐつもりはあるが、いまは会社勤めと子育てに追われ農作業をする時間が十分に取れず、所有する農地のすべてあるいは一部を地域のほかの農業者に請け負ってもらうケースのほうが一般的である。その一例がDさんのケースである。Dさんは、農業組合の中心メンバーの人たちが地域のために尽力していることは十分にわかっていて、自らもできる限り協力しようという気持ちはあるものの、仕事や子育てと農作業を両立することはなかなか困難であると感じている。

では、Dさんのような地区内の比較的若い農業者の多くが、自分の農地の維持を農業組合に頼っていること、なかなか農業組合の作業に参加できないことをどのように考えればよいのだろうか。実は、先述したように、AさんやBさんも、若いころはDさんのような形で農業組合に頼りながら自分の農地を維持していた。そして、現在になって農業組合の中心的なメンバーとして働いていることを、若いころに自分が会社勤めをしていて手が回らなかった農業に関する労働を先輩たちが引き受けてくれていたことに対する「恩返し」と表現する。Cさんについても、一貫して地区内で農業をしてきたのではなく、一度は他出して会社勤めをしていたが、現在は地区の最若手として積極的に地域の農地を維持することに関わろうとしている。これらのケースから、須原地区における個人の農地あるいは農業組合との関わり方は、さまざまな要因、とりわけライフステージによって変化することを前提にしているところが多分にあり、Dさんのような組合員が、一〇年二〇年先に耕作面積を拡大したり、現在頼っている農業組合に対して「恩返し」をしようという気持ちから農業組合の中心メンバーになる可能性は大いにあると考えられる。

4　耕作請負を成り立たせる基盤

では、須原地区の住民はなぜ、須原地区の住民の間で耕作請負をしようとするのか。須原地区の住民が耕作することにこだわるのか。農業組合の人たちが述べる理由は、農地管理の技術面における合理性である。須原地区外の耕作者がいると、用水費の徴収などをしている組合の作業が煩雑になるということである。けれども、須原地区において農業がどのように位置づけられているのかを理解すると、耕作請負をする理由は技術的側面だけにとどまるとは思えない。

自治会長や農業組合長を務めたAさんは、須原は先祖が農地を開墾してできた集落であり、農業をする人が少なくなっても、農村のアイデンティティがあるのだという(8)。他にも、須原自治会規則には六つの自治会事業が掲げられていて、その一番目には農業振興（に関する事業）が挙げられている。また、須原自治会の会長は、自治会の運営に農業に関連することが多いため、農業者でなければつとまらないとされてきた。さらに、一〇年ほど前までは、須原農業組合の長は自治会副会長と兼任であった（現在は、そのような条件があると、農業者が減っていて就任できる人がいなくなってしまうので、農業組合長と自治会副会長は兼任ではなくなっている)。

これらのことから、須原地区にとって農業は、単なる一職業ではなく、地域の公共性を帯びた特別な生業であることがうかがえる。そして、このような地域における農業の位置づけをふまえると、地域内での耕作請負、それを推進する「須原の田んぼは須原で守る」というスローガンは、単に技術面における合理性を追求しようとするためのものではなく、田を「守りする」ことを、ムラ仕事として明確に位置づけているのだと理解することができるだろう。

5　農地管理のための労働は誰がどのような理屈で担うのか

須原地区の農業組合における農地管理労働、および個々の農業者たちの耕作状況、農地管理に対する考えを見てきた。その結果、須原地区の農地管理をめぐっては、農業組合を介した労働分担の仕組みがあるとわかった。その仕組みとは、家という枠組みを超えて、地域という枠組みで農地を維持管理しようとするものであり、世代間で労働分担をすることによって、労働の「借り」を生み出し、その「借り」を返すという発想にもとづいている。

興味深いのは、この仕組みを成り立たせているのが、冒頭に示した土地所有形態の二重性とそれをふまえた労働のふたつの意味づけだと考えられることである。須原地区では、人びとは農地に対して「家産」という意識と、村の「領土」という意識のふたつの意識をもっていて、現在会社勤めや子育てで忙しく、自らが所有する農地の維持(イエ仕事)が十分にできないDさんのような人は、AさんやBさんのような会社を退職した地域の農業者に耕作を請け負ってもらうことで家産保全のために必要な労働の一部を肩代わりしてもらっている。そこに「借り」が生じるが、農業組合を介することによって、耕作請負はイエ仕事からムラ仕事に転化し、その労働の「借り」は実際に耕作をしたAさんやBさんといった農業者個人に対する「借り」ではなく、地域に対する「借り」になる。ゆえに「借り」を返す相手は地域になっている。これは、近年、会社を退職して農業組合の役職を引き受けたり、耕作が困難になった地域の農業者の農地の耕作請負をしているBさんが、そのような労働（ムラ仕事）を引き受ける理由をかつて自分が地域の先輩たちに世話になった恩返しだと言っていることが示している通りである。

フランスの哲学者ナタリー・サルトゥー・ラジュは、『借りの哲学』のなかで、相互信頼にもとづいて、「貸し借り」をつくりながら関係を続けていく社会をめざすべきだと主張する。さらに、人は社会と関わることによって自分が受けた「借り」を返し、主体性を獲得することができるとも述べている（Sarthou-Lajus 2012＝2014）。須原地区における農地管理をめぐる労働は、地域住民間の耕作請負という形をとることで、地域社会のなかに「借り」を生みだしている。住民は地域社会に「借り」をつくることで地域社会とつながり続けている。そして、自らに可能なタイミングで、可能なムラ仕事を引き受けることによって、地域に対する「恩返し」をし、地域社会のなかで主体性を獲得することができているととらえることができるのではないだろうか。

事例地において農業の後継者が減っているのは事実であり、農業組合を介した耕作請負はその根本的な解決策にはなっていないかもしれない。しかし、地域コミュニティにおける労働分担という観点から、地区内の農地を地区内の住民が耕作することにこだわる理由は十分に理解できる。地区外の者が耕作をすれば「生産空間」としての農地は維持されるが、住民と地域社会をつなぐ「社会空間」としての農地は希薄化してしまうだろう。

付記

本章は、環境省環境研究総合推進費（課題番号：D-0906　代表 夏原由博）、およびＪＳＰＳ科学研究費補助金・若手研究Ｂ（課題番号：26780294）の研究成果の一部である。

注

（1）　領域保全とムラ仕事を結びつける議論は、すでに川本彰が「領域保全の具体的表現がムラ仕事である」と述べて、展開している（川本 1979）。しかし、川本の議論では、耕作地ではなく道路や水路の維持管理のための共同作業が取り上げられている。

（2）二〇一五年一月二二日、須原農業組合長への聞き取り調査。
（3）二〇一二年二月五日、聞き取り調査。
（4）二〇一二年一月一六日、二〇一五年六月一三日、聞き取り調査。
（5）二〇一四年一〇月九日、聞き取り調査。
（6）二〇一二年一月一六日、聞き取り調査。
（7）二〇一二年二月五日、聞き取り調査。
（8）二〇〇九年一〇月二〇日、聞き取り調査。

文献

長谷川昭彦、一九八七、「村落の変貌と土地利用体系の展開」『村落社会研究』23：九一―一二二頁。

川本彰、一九七二、『日本農村の論理』龍溪書舎。

川本彰、一九七八、「村落領域とその規制諸要因」渡辺兵力編著『農業集落論』龍溪書舎、九七―一三三頁。

川本彰、一九七九、「農業生産とムラの機能――ムラ仕事をめぐる問題」『農林統計調査』29（7）：二―七頁。

Sarthou-Lajus, Nathalie, 2012, *Eloge de la dette*, Presses Universitaires de France.（＝二〇一四、高野優監訳、小林重裕訳『借りの哲学』太田出版。）

鳥越皓之、一九九七、「コモンズの利用権を享受する者」『環境社会学研究』3：五―一四頁。

渡辺兵力、一九七八、「村落の理解」渡辺兵力編著『農業集落論』龍溪書舎、一三―五〇頁。

吉田国光・市川康夫・花木宏直・栗林賢・武田周一郎・田林明、二〇一〇、「大都市近郊における社会関係からみた稲作農家の農地集積形態」『地学雑誌』119（5）：八一〇―八二五頁。

第13章　「住み分け」による移住者のコミュニティ参加
——山梨県北杜市大泉町の事例から

箕浦一哉

1　都市部からの移住者と農村コミュニティ

田舎暮らしを志向する人びと

いわゆる「田舎暮らし」を志向して都市から農村部への移住を希望することは、いまや一部の特別な人びとにかぎられたものではなくなった。ある調査によれば「農山漁村地域に定住してみたいという願望がある」と答えた人の割合は約三二％で、二〇〇五年の調査と比較して約一一ポイントの増加であった（内閣府大臣官房政府広報室 2014）。実際に移住を実行する人も少なくなく、こうした移住者を新たな地域の担い手として期待する考え方もある。総務省が二〇〇九年度から実施している「地域おこし協力隊」の制度も地域支援だけでなく移住促進を視野に入れた政策であるし、多くの自治体が移住定住促進を施策として実施している。

だが、いざ移住者が地域で生活する際には、先住者との間で問題が生じることがある。典型的には、先住者コミュニティの慣習や人間関係等に移住者がなじむことができず、相互に「溝」が生じてしまうことが挙げられる。移住する側に農村部での社会関係についての理解が不足していたり、移住先の地域社会に来住者を受け入れる仕組みが整っていなかったりすることにその原因があるだろう。そしてそのような状況のなかで、地域コミュニティに加入しない新規来住者が増えることが地域の課題になる場合もある。

本章が事例とする山梨県北西部の八ヶ岳南麓地域は、その立地条件や環境条件によって都市部からの移住者が多い地域である。北杜市大泉町ではこの三〇年で居住世帯が倍増したが、その大部分が都市部からの移住者である。こうした移住者の地域コミュニティとの関わりはさまざまであり、コミュニティ組織に加入しない者が少なくない一方、移住者による新しいコミュニティが形成されたケースもある。本章では、新規来住者が先住者とのどのような関係性のなかでコミュニティ参加を果たしているのかに注目していく。

地方移住による混住化

農村社会学は、近代化・都市化の過程で農村社会の同質性が変容することを「混住化」の語で表現してきた。「混住化」概念を、徳野貞雄は「高度経済成長期以降主として就業構造の変動と人口移入による急激な構成員の変動とによって、従来の村落社会の構造的枠組が変容過程にある地域社会」（徳野 1988）と定義している。また橋本和幸は「理念型的には同質性と閉鎖性とを維持していた農村（むら）が、来住者や転職者によって異質的で開放的な地域へと変化してきている、という事態」（橋本 1991）と表現している。

混住化には、農村居住者の生業や生活様式の変化によるものと、住宅開発などによる来住者の増加によるものがある。これらを徳野は「内からの混住化」「外からの混住化」、橋本は「転職混住型」「転入混住型」と表現している。この分類によれば、都市からの移住者による混住化は「外からの混住化」「転入混住型」に該当する。だが橋本が、転入混住型の典型が都市近郊農村であり、転職混住型の典型が都市圏域から離れた農業主生産地域であると述べていることをふまえれば、立地条件の面では地方移住による混住化はむしろ転職型が典型的にみられるとされた地域に顕著であろう。このように地方移住による混住化は従来の混住化研究が想定してきたものと性格が異なるところがある。

一方、菅康弘は「ストレンジャー」としてのIターン移住者について論じている（菅 1995, 1998）。ここで菅は、ライフスタイルにおける志向性と問題解決方法における志向性において、移住者と地元住民の間にズレがあることを指摘している。Iターン者はライフスタイルにおいて伝統回帰的志向をもっているのに対して、地元住民はむしろそれを脱して都市的ライフスタイルへ移行することを志向している。また問題解決過程においてはIターン者は個人主義的であるのに対して、地元住民は共同体主義である。その両面におけるズレが「問題」を生じさせる原因となっており、地元住民の共同性のもとで移住者は単なる「見知らぬ者」という意味の「ストレンジャー」ではなく、共同体の外の存在として「よそ者」という意味の「ストレンジャー」となっていると指摘している。

以上のように、混住化論は伝統的農村の社会構造をベースと考えてその変容を問題とし、一方ストレンジャー論は都市からの移住者の意識のありように注目して問題をとらえようとしたが、都市から地方への移住が増加するなかでのコミュニティのあり方について検討はなされていない。そこで本章では、旧住民コミュニティと新住民コミュニティの両者の関係性について事例を通して論じていく。北杜市大泉町では、一部の移住者が先住者との関係性のなかで独自のコミュニティを形成しているケースがある。これは、先住者と移住者の間の相互の「溝」を前提としつつ住み分ける組織上の工夫と考えられる。このことを本章では「周辺的参加」の概念から説明していく。

2 北杜市大泉町と「新住民」

北杜市大泉町の概要

北杜市は山梨県北西部に位置する自治体で、二〇〇四年に七町村が合併して発足し、二〇〇六年にさらに一町が編入合併された。本章が事例とする北杜市大泉町は、合併前の北巨摩郡大泉村にあたる。二〇一五年の国勢調査によれば、北杜市には四万五一一一人、一万八四〇八世帯が居住し、そのうち大泉町に居住するのは四六二一人、一九九〇世帯である。

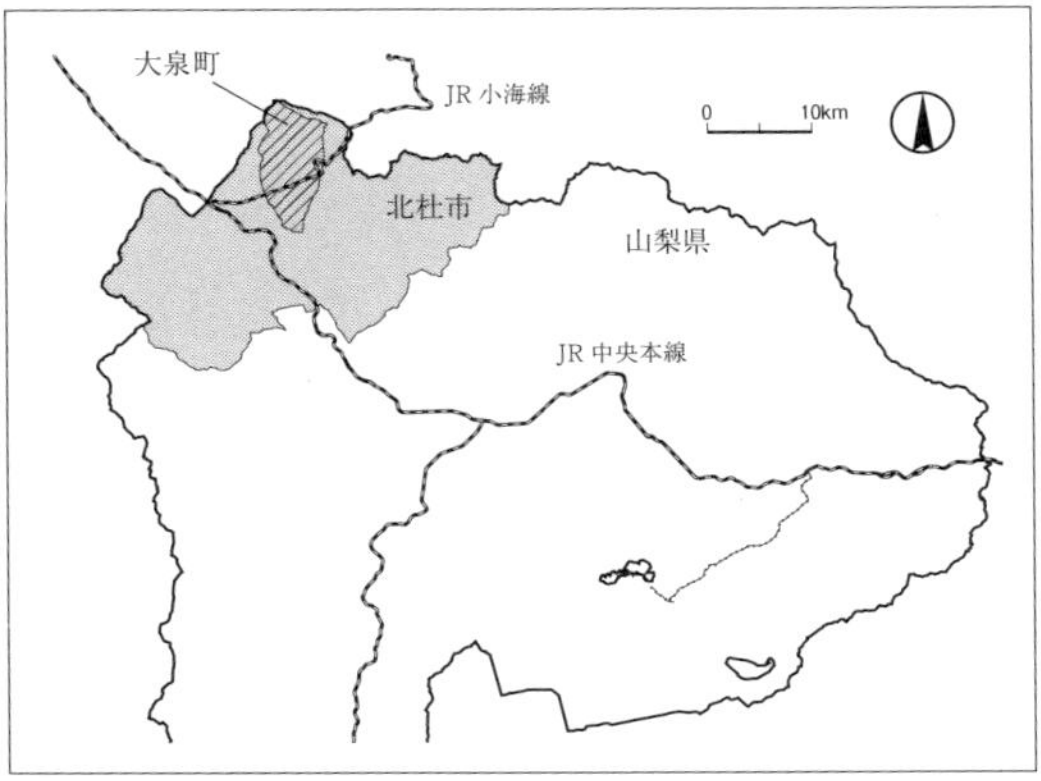

図13－1　北杜市大泉町の位置

出所：地理情報分析支援システム「MANDARA」により筆者作成。

大泉町は八ヶ岳南麓の傾斜地に立地し、標高は南端の七六〇メートルから山頂の二八九九メートルにおよんでいる（図13－1）。古くからの集落はおおむね標高九五〇メートル以下の南部に位置し、その北側に開拓地や別荘地があり、標高およそ一二〇〇メートル以上は山林である。JR小海線が町域の標高一一〇〇メートル前後を通っている。大泉町を含む八ヶ岳南麓地域は山梨県内有数の観光地であり、山岳景観や農村景観などの景観資源に恵まれていることが観光客や移住者を惹きつける大きな要因となっている（大泉村 1989）。

現在の大泉町でのコミュニティ活動の単位は「地区」と呼ばれる自治組織であり、町内には二八の地区がある。行政上はこれらを大泉一区から一一区までの「行政区」に分けている。市は支所に地域市民課をおいて行政区に関する業務をおこない、地域づくりと美化・清掃活動などの名目により各行政区に補助金を支出している。

北杜市大泉町における来住の状況

この地域には、戦後を中心とした時期には開拓者が、昭和後期から平成にかけては都市からの移住者が来住してきた。村内北部を通る国鉄小海線が一九三三年（昭和八）に開通した後、それまで山林・原野であった線路周辺地域が開拓されて新しい集落ができた。また一九四五年から四七年にかけては戦後開拓事業によって七つの開拓地に一三九戸が入植した。その後一九八〇年ごろからは別荘や宿泊施設などが開拓地周辺で増加し、都市住民の避暑地としての性格を強めるようになった。『大泉村誌』には一九八四年の村内別荘戸数が一二四三戸と記されている。

こうした別荘開発が進むなかで、この地を永住地に選んで移住する人々も増加した。その結果として図13－2に示すように人口は増加し、世帯数は一九八〇年の一〇〇三世帯から二〇一五年の一九九〇世帯と倍増した。

こうした来住者と在来住民との関係は必ずしも良好ではなかった。自らもこの地への移住者である歴史学者の色川大吉は、来住者に対して地元の「先住民」が差別感情をもっていることを次のように書いた。

> 先住民の高年者たちは依然、同じ日本人である彼らを「あれは開拓だから」と、どこか腹の底で区別している。ましてごく最近、ここに家を建て、都会から移住してきた者、移住はしないが別荘住まいの者などは、「来たり者」といわれてよそ者あつかいされている。（色川 2001：304）

図13－2　北杜市大泉町の人口変動

出所：国勢調査結果をもとに筆者作成。

ここに述べられているような「よそ者あつかい」は、都市からの来住者がしばしば口にする話題である。移住して二〇年、三〇年がたっても「新住民」「来たり者」として区別されていると述べる者もいる。

来住者と先住者との間の典型的なコンフリクトとしてごみ問題がある。先住者からは、来住者がごみ出しのルールを守らないという形で語られる。来住者からみると、ごみ集積場が各地区によって管理されているため、地区に所属しない来住者がごみを出せず、本来受けられるはずの住民サービスが受けられない、という問題として認識されている。

また、開発行為とそれにともなう環境・景観破壊の問題が生じたとき、来住者が鋭敏に反応するのに対し、先住者は比較的寛容であることから、対立的な状況が生まれる場合もある。近年では、道路建設計画や太陽光発電施設の開発による景観破壊が問題となってきた。

移住者のコミュニティへの参加については、北杜市役所が転入手続きの際に地区への加入を推奨し、地区長の連絡先を知らせている。市からの情報伝達やごみ集積場の管理を地区が担っていることがその理由である。転入者の受け入れ可否については地区の主体的判断に任せている。地区に所属しない者は基本的に地区のごみ集積所を利用できないが、そうした居住者のごみは市役所大泉支所のごみステーションで持ち込みを受け付けている(1)。

二八地区の二〇一五年度の加入数の合計は一一三〇世帯である。一方、二八地区の領域内に住民登録のある世帯数は二二一三世帯である。これらの数の比率が地区の組織率を直接示すものではないが、地区加入世帯数が住民登録世帯数の約半数であるという事実から、近年の移住者の多くが地区に所属していない状況がわかる(2)。

そのような中で、ある地区では移住者の加入を制度的に明確にしているため、地区に所属する移住者が増えている。また別のところでは移住者のみで新規に地区が結成された。次節以降ではこれらの地区の状況から、移住者のコミュニティ意識を見ていくことにする。

3　「新住民」と住み分けるコミュニティ

「新住民」を受け入れる決定

X地区は大泉町の最南部に位置する地区のひとつである。この地区では、移住者を地区のメンバーとして受け入れることを比較的早い時期に制度化した。その過程を見ていこう(3)。

X地区で移住者の地区加入が議論されたのは一九九八年のことであった。前述のように、大泉町内で移住者が多いのは標高の高い北部地域であったが、既存集落のある南部地域においても点々と移住者が見られるようになっていた。X地区においても数世帯の移住者が見られるようになった状況の中で、地区の長老的存在のA氏らが発議し、地区への新規加入の制度化が議論されることとなった。まず役員による素案の検討会をおこない、移住者との話し合いを経て、地区総会にて地区加入の方針が承認された。

話し合いの中でもっとも問題となったのは「X研修センター」への出資についてであった。一九八〇年に建設された同センターは大泉公民館の分館として利用されている地区の拠点施設で、建設に当たって各戸が費用を拠出したものである。したがって施設を利用するのであれば新規加入者にも同等の負担を求めるべきとの意見があった。だが最終的には、そのようなことを言っていてはあたらしい人を受け入れることはできない、との意見が支持され、運営・維持の費用を負担するだけで利用可能とした。

総会で承認された受け入れ方針は一二項目にまとめられていた。それを整理すると以下の通りである。(4)

①従来の五つの組に加えて「新住民」による組を新たに設ける。あたらしい組の中には責任者（連絡員）をおく。

②X研修センターは建設に当たり各戸一二万円を拠出したが、新規加入者には拠出金を強制せず、毎年の運営管理費の負担によって使用を認める。

③青少年の育成のための「育成会」への加入と負担、道路・河川等の清掃活動、防犯・防火活動への協力を義務づける。

④老人会、文化・スポーツ活動へは希望により加入できることとする。

⑤神社の祭典への参加は自由とし、奉納金は義務づけない。

このように地区の運営上必須と考えられる教育・環境・防犯・防災等の活動には参加を義務づけ、他の文化活動等については義務づけないことで、移住者が参加するうえでの経済的・心理的負担を軽減している。

新規加入者はこの時点では、組の責任者となる「連絡員」以外の地区役職を免除されていた。X地区の役員は、分館長、地区長、主事、会計、連絡員（各組）から構成されている。「分館」とは大泉公民館の分館のことであり、大泉町では分館ごとに分館長と分館主事をおき、「分館活動」と称する文化活動をおこなっている。分館長、主事、会計は大泉公民館の系統の役職であり、地区長、連絡員は行政系統の役職であるが、X地区内では一体的に運用されている。連絡員を除く役員は年齢順の輪番制で年度ごとに交代し、会計の翌年度に主事、地区長の翌年度に分館長を務めることとなっている。新規加入者はこの輪番に加えないこととして、移住者の側の負担感を軽減するとともに、あたらしい者を地区に入れることへの先住者側の抵抗感も軽減されたものと考えられる。

その後、移住者の地区加入が定着したことから、二〇一一年度の地区総会において規約を改定し、新規加入者を地区役員の輪番に加えることとなった。住民の高齢化にともなって輪番の維持が難しくなったことが理由であった。移住者を受け入れることを早期に制度化したことが結果としてコミュニティの維持につながっている。

移住者で構成する組

この地区が移住者を受け入れる仕組みの最大のポイントは、移住者のみの組をつくり、先住者と住み分ける形をとっているところであろう。もともと移住者たちの居住場所が空間的に近接していたことから発想されたが、近接しない場所への移住者であってもこの組に加入する形とされた。一九九八年に新規加入が制度化されたときには五世帯で発足し、二〇一五年時点では二〇世帯となり、地区の世帯数の約二割を占めるまで増加した。その多くは退職後に移住してきた高齢世代であるが、農業を志して移住した若い世代の者もいる。

既存の五つの組では月に一回の寄り合いをもっている。それに対し、新規加入者の組では正式な集まりは年一度の会合のみであるという。このように先住者・移住者がそれぞれの考え方に合った組のつきあいをできる体制ができている。

住民によれば移住者と先住者との関係は良好であるという。移住者は地区の清掃活動や文化活動を通じて先住者と自然にコミュニケーションをとる機会ができたことで、地域生活を豊かなものにすることができている。またそのようなことが、移住者が地域になじもうとしている姿として先住者にとらえられている。

ある移住者は、こうして組を分けていることによってほどよい距離感が実現していると述べている。地域の濃密な人間関係に移住者が息苦しさを感じる場合があるし、先住者どうしのコミュニケーションに移住者が立ち入らないほうがよい場合もあるからだという。

4 「新住民」が形成するコミュニティ

移住者のみの地区

X地区の事例では、先住者コミュニティ内における「住み分け」によって新しい秩序を形成していた。それに対し、次に述べるY地区は移住者のみで形成された地区であり、別の形の「住み分け」の事例であるといえる。移住者の多い大泉町内でも移住者のみで構成された地区はこのひとつしか存在しない。本節ではY地区の活動内容や形成の経緯を検討する。(5)

Y地区は二〇〇一年に三二世帯で発足し、二〇一五年現在は五四世帯で構成されている。区域内の住民登録数は九三世帯なので、単純計算では六割弱の住民が地区に参加している。現在のY地区は、環境活動、防災活動、親睦活動を定例的な地区行事としている。二〇一四年度を例にとると、道路・河川清掃を三回、避難訓練を一回、食事会を一回実施している。そのほかに地区員はごみ集積場の収集日ごとの清掃を当番制でおこなっている。また、地区ではA４判一ページの広報紙を月一回制作し各戸に配付している。こうした地区全体の活動の他に、月一回の役員会で地区運営に関わる協議をおこなっている。

地区役員は三つの班からそれぞれ輪番で選出し、二年間務める。一年目は班長を、二年目は地区の会長・副会長・総務の三役を務め、一年目の役員と二年目の役員の六名で地区を運営している。班長は、広報、環境、防犯・交通安全、文化・福利厚生の職務を分担する。会長は、行政区としての「一一区長」と、行政上の地区としての「地区長」を兼務する。(6)また、大泉公民館の「分館長」も担当する。そのほかに、地域環境委員、交通安全協会役員を地区役員が兼務している。地区運営に携わる役員以外に、「分館主事」を定め、前述の分館活動をおこなっている。

こうした通常の活動のほかに、地区内の自然環境・生活環境を保全するための活動を随時おこなっている。近年では高速道路建設計画への反対運動（二〇一二年度）、電波塔建設計画への対応（二〇一三年度）、太陽光発電所建設計画への対応（二〇一三年度）など、地区内における開発計画に対する組織的な対応をおこなっている。また、地区員有志による「水と緑を守る会」「環境保全委員会」の活動がおこなわれてきた。

地区の環境保全活動の最初の契機となったのが禁猟区指定問題であった。これは地区設立から間もない二〇〇三〜〇四年度に持ち上がった問題である。Y地区はもともと林野だった場所で、猟区と移住者の生活行動圏が重なっており、猟期には居住者が危険を感じることがしばしばあった。そこでY地区が主体となって、署名活動、ポスター建植、村役場や猟友会との協議、危険体験の集約、県への陳情などをおこなった。その結果、Y地区を含む周辺地域は銃猟禁止区域に指定されるに至った。この取り組みは新地区をつくった移住者たちにとって、地区活動が生活環境を守るうえで力をもつことを経験する機会となった。

地区発足の経緯

ここで見たように、Y地区は地域コミュニティとして活発な活動をしている。とくに環境保全活動に関しては既存の地区をしのぐ活動に取り組んでいると言ってよい。この地区におけるコミュニティ意識を、地区発足の経緯にさかのぼって検討していこう。

現在Y地区となっている場所はもともと既存コミュニティのZ地区の領域だったが、標高が高く住む者のない林野であった。そこに一九八〇年代から移住者が増えてきたが、Z地区に加入する者は少数であった。そのような中、一九九〇年代後半から一部の住民の間で地区への未加入者問題が話題に上るようになった。このときZ地区の集落と移住者の住む地域が空間的に分離しているうえに未加入者の人数が多いことから、地区未加入者が独立して自治組織をつくる方向で話が進んだ。二〇〇〇年度に地区設立準備会が発足して検討を重ね、二〇〇一年四月にY地区会が発足した。

Y地区会の最初の会長を四年間務めたB氏によれば、呼びかけがあって地区設立の話し合いに参加したが、その時点ではB氏を含めた多くの人が地区というものの認識もあまりなく、また集まった住民同士の面識もほとんどなかったという。

そのような中で共通の関心事はごみ集積所であった。というのは、地区未加入者は既存地区が管理するごみ集積所を利用することができないため、個別でごみ処理業者と契約するなどの対処をしなければいけなかったからである。地区を設立すれば行政からの助成を受けてごみ集積所を設置することができる、というところが議論の出発点となった。

同時に彼らが問題としたのは、既存の地区のあり方であった。葬儀をコミュニティが取り仕切るような地元の慣習は移住者たちにとって受け入れがたかった。また、村行政と一体となった地区の行事・事業を負担に感じる者が多かった。

一三回の地区設立準備会と二回の行政との意見交換会を経て、新地区の活動方針は七項目にまとめられた。それを要約すると以下の通りである(7)。

①地区会を住民が主体となった自治組織として位置づける。行政の末端組織に位置づけている現在の地区制度を改めるよう村に働きかける。また、村議会の活動に関心をもつ。
②地域で発生するさまざまな問題・ニーズを、そのことに関心をもつ会員の自主参加によるグループ活動によって解決するよう努めていく。
③会員からの意見、提案、要望等は常時受け付けて適切に対処する。
④会員同士の交流を積極的に進める。
⑤行政区や村が主催する行事・事業には地区会としては参加せず、役員の負担を軽減する。

⑥役員の選任は、輪番制はとらず適任者を互選する。行政の末端組織としての役員は自治会役員が兼務する。会費は負担のかからない額とし、飲食等の予算は計上しない。

⑦広報委員会をおき、つねに適切な情報を収集し、会員に提供していく。

ここには移住者たちの考えるコミュニティのあり方が示されており、従来の地区のあり方への違和感が表現されている点で興味深い。生活を守るための自治組織としての活動を重視し、行政の末端機構としての役割などには消極的な態度が示されている。

数年後、ある年度のY地区の地区長はその就任の挨拶文の中で、「私を含め、この地へ来た方々の多くはそれまでの規律や束縛からの解放や時間的をも含めた『自由』を求めておいでになったのではと思います」と書き、「私たちが生活する『まち環境』は、因習と慣習が巾を利かす（私たちが求めるものとは）真反対の性格を持っています」「共有の資産を持たず、また共同体としての歴史や生活をも共有しない私たちとしては、同じ価値観を持つこと、これもまた難しい事と考えます」と述べている。ここには移住者と先住者では価値観が異なっているという認識が示されている。先住者コミュニティの生活形態について、移住者の求める「自由」を妨げるものとみなしている。発足時に議論されたことと考え合わせても、このような認識は移住者に広く共有されてきたものと考えることができそうである。

なお、地区発足当初の活動方針はその後の経緯の中で変更されたものもある。たとえば地区役員の選出が難航するようになったことから輪番制の導入が検討され、二〇〇八年度の通常総会ではいったん導入が見送られるも、臨時総会で承認され、二〇〇九年度から輪番制による選出がおこなわれている。また、二〇〇六年度から地区長が行政区長（一一区長）を兼任するようになり、行政主催行事への一定の協力をおこなっている。このような方針転換がなされたことで地区を脱退する者も一部いたということである。

5　住み分けと周辺的参加

住み分けという手法

ここまでで示したX地区やY地区の事例からは、適切な受け皿があれば一定数の移住者がコミュニティ活動に参加することがわかる。これらの事例の組織上の特徴は、移住者のみによって構成される区や組を設けて先住者と住み分けることによって、移住者のコミュニティ参入における負担やストレスを軽減しているところにある。相互に認識が異なる集団を同化させるのではなく、住み分けによってゆるやかな関係性を保つことで安定的なコミュニティを形成している。

このような組織形態がとられたひとつの理由としては、移住者の住居が空間的に集積していることが挙げられる。X地区では旧集落の周縁部に移住者の住宅が立地したことによって、Y地区では標高が高く住宅や農地として使用されていなかった地域にあたらしい住宅が立地したことによって、それぞれ既存の集落から空間的に離れて移住者の住居が固まっていた。そこで互いに別のコミュニティを形成することが自然に発想されたのであろう。

だが、より重要な理由は、先住者と移住者の間でコミュニティに関する考え方に大きな隔たりがあることだろう。前述したY地区の移住者の言にもあきらかなように、移住者は自らの意志によって居住する環境を選択した人たちであり、自由意志を重視する傾向にある。このことは秋津元輝が農業Iターン者について「自分の生活のすべてを自分でコントロールしたいという欲求」が典型的にみられると述べていることと類似している（秋津 2002）。そのような人びとにとって、コミュニティ活動への参加は自由意志を妨げる要素として否定的にとらえられがちである。先住者からみれば、それは非協力的な態度として映るであろう。このようにコミュニティ参加意識が異なる者同士が共存するための知恵として、組織的な住み分けが選ばれたと考えることができる。

未加入はなぜ問題となるのか

X地区、Y地区の事例のいずれにおいても、ほとんどの移住者たちは当初、コミュニティへの帰属の必要性を感じていなかった。そもそも、地区に所属しないままで移住者が暮らしていればそれ自体が住み分けであり、実際にそのようにして多数の移住者が暮らしている。しかし行政や先住者コミュニティは地区に未加入の移住者が多数居住している状態を解決すべき問題としてとらえる。なぜそれは解決が必要な問題なのだろうか。

結論から言えば、生活の保全のためといえるだろう。人びとが犯罪・災害・環境破壊などから身を守り、地域社会で安定的に生活するためには、一定の社会的秩序が必要である。その点で、あたらしい移住者の存在は先住者からみて地域社会における秩序に変動を与えるリスク要因である。そこで通常は、既存の社会秩序が正統なものとされ、移住者にその受容を迫ることになる。だが移住者はそうした既存秩序を必ずしも受け入れない。その結果として、地域の正統的秩序に位置づけられない新規移住者の集団が生じてしまう。このようにして生じた「結果としての住み分け」は、先住者たちにとって安定的な秩序とは見なされず、リスクの解消が保留された不安定な状況であるととらえられる。それに対してX地区とY地区の事例はいわば「正統化された住み分け」であり、結果としてリスクを回避するための方策として機能したものと考えられる。

この議論は「コミュニティはなぜ分け合うのか」という問いと関連している。コミュニティに加入するしないにかかわらず、移住者は安全性や自然などの生活環境資源を先住者と「分け合っている」。コミュニティへの未加入が問題となるのは、環境資源の分かち合いが秩序化されていないことが問題となっているためと考えられる。一方、コミュニティに加入しない移住者は、こうした環境資源を共同で利用し保全する必要を感じないのであろう。こうして考えると、「コミュニティはなぜ分け合うのか」という問いに対しては、むしろ逆に「環境資源の分かち合いを共同的に秩序化しようという意識がコミュニティを成立させている」とみることができるように思われる。

正統的周辺参加としての「住み分け」

本事例で移住者と先住者が「住み分け」によってコミュニティを維持していることは、一見すると人びとを区別し分断する態度であって、コミュニティのあり方としては望ましくないものととらえられなくもない。だが実際のところは移住者のコミュニティ参加を促し、地域社会を豊かにする結果をもたらしているといえる。この「住み分け」の有効性を「周辺的参加」の概念を用いてさらに論じていこう。

レイヴとウェンガーは徒弟制における学習過程を「正統的周辺参加」という概念によって論じている（Lave and Wenger 1991＝1993）。徒弟制においては、知識や技術を体系的な教授によって学ぶのではなく、新参者が実践の場に参加することを通じて学んでいく。この実践の場を「実践共同体」と呼んでいる。この学習過程において、新参者はまずごく限定的な役割を与えられ、そこから徐々に共同体への関わりを深めていく。この新参者の状態を「正統的周辺参加」と呼び、「共同体」の成員として実践の現場にアクセスできること（正統性）と、「共同体」の活動への関わりが限定されていること（周辺性）の両者が重要であることを示した。鳥越皓之はこの考え方を応用し、コミュニティが文化を保持すること、コミュニティへの参加者はその受益者であることを示している（鳥越 2008）。

伝統的な農村社会においては、そこに住む者がコミュニティにおけるふるまいを習得する機会が存在した。日常の生活や生業を通じて年長者のふるまいを見聞するほか、青年団など若者がコミュニティのなかで果たす役割が設定されていた。これは徒弟制における正統的周辺参加による学習過程によく似ている。それに対して、都市からの移住者は、農村コミュニティにおけるふるまいを習得する機会がないままコミュニティ活動に参加せざるをえない。にもかかわらず、移住者がひとたびコミュニティ組織に加入すれば、形式的には世帯の代表者として相応の役割が期待される。このことは移住者にとって大きな負担となりかねない。

これに対し本事例の「住み分け」は正統的周辺参加を保証する仕組みであるといえる。すなわち、まず移住者を地域コミュニティの正規メンバーとして受け入れることで参加の正統性を確保している。同時にこの参加は周辺的なものであり、先住者が保持してきたコミュニティの関わりに限定が設けられている。過去に作った施設の建設費の出資、葬儀等の相互扶助、神事などの宗教行事、文化活動や親睦活動など、移住者にとって負担感や抵抗感が生じる活動への参加義務を軽減している。

このように本事例における「住み分け」によって移住者は、地域コミュニティに正統的に加入しながら、成員としての義務や権利が限定されることで周辺的な参加を果たし、コミュニティのありようを学習する機会を得ている。(8) 先住者との間に一定の距離を保つことで、無用な衝突を避けつつ、段階的に関係を築くことができる。また、活動への参加を通じ、コミュニティの存在が自身の生活の充実や環境の保全に有効なものであることを移住者が認識することにつながっている。

コミュニティへの正統的周辺参加において、参加するコミュニティの大きさは重要である。参加するコミュニティが大きすぎると、周辺的役割が固定化されてしまい、十全的参加へのプロセスとならない。したがって、活動や行事を通じてメンバーのふるまいを見聞できる程度に小さいコミュニティである必要がある。本事例においてはX地区、Y地区とも数十から一〇〇世帯程度で自律した活動をおこなっていて、コミュニティに新規加入した住民も容易にコミュニティの全体にアクセスできる環境であったと言える。

この正統的周辺参加としての「住み分け」は、移住者にとっての学習機会を保証するだけでなく、先住者を含む地域全体に利益をもたらすものである。X地区は当初移住者を除外して役員の輪番をまわしていたが、ある時期から移住者もその輪番に加えた。これは一定期間の周辺的参加の過程を経て、地区を運営する担い手を育成することに成功し、先住者コミュニティがもっていた課題を解決する資源を獲得したとみることができる。またY地区において環境保全に熱心な住民が活動に取り組んでいることは、より広い地域の環境保全に資する可能性がある。このようにして、本事例の「住み分け」による正統的周辺参加は、地域を持続的に運営するための手法としても有効であると考えられる。

現代のコミュニティへの示唆

本章で述べてきたことをまとめたい。都市からの移住者は一般にコミュニティへの参加意識が低いとみられがちであり、そのことは先住者コミュニティからみると地域の社会秩序を脅かすリスク要因である。だが本事例では、適切な参加の仕組みをつくることによって移住者の参加を促し、地域の安定的な社会秩序と持続可能性を高めていた。本事例でとられていたのは移住者と先住者の間でコミュニティの組織を分ける方法であった。この社会的な「住み分け」は、移住者のコミュニティの参加を正統的に位置づけつつ負担や抵抗を軽減する「正統的周辺参加」として機能し、移住者がコミュニティを学ぶ機会となっていた。これは伝統的な社会のなかで人びとがコミュニティの文化を学ぶあり方を、新しい状況に応じて作り替えたものととらえることができるだろう。このような小さなコミュニティへの正統的周辺参加の仕組みは移住者と先住者の双方に利益をもたらしていた。

本事例において「住み分け」が成立したのは、まとまった人数の移住者がいるという社会的・地理的な特殊性を背景としている。だが、正統的周辺参加の過程を設けることが移住者のコミュニティ参加を促すために有効であるという知見は、異なる状況においても広く応用可能であると考えられる。さらに、現代のコミュニティがライフスタイルの多様化によって多かれ少なかれ混住的な状況となっていることを考えれば、移住というシチュエーション以外でも本章の知見を活用することができるのではないだろうか。

注

（1）　北杜市地域市民課への聞き取り（二〇一五年九月八日、九月九日、九月一〇日）による。
（2）　地区加入世帯数は北杜市役所提供資料（二〇一五年九月九日入手）による。
（3）　本節の記述は、以下のX地区住民各氏への聞き取りにもとづく。A氏（二〇一五年三月二七日）、C氏夫妻（同三月一〇日）、D氏（同三月二三日）、E氏（同三月二七日）。
（4）　X地区総会資料（A氏提供）による。
（5）　本節の記述は、B氏への聞き取り（二〇一五年八月三〇日、同九月二七日）およびB氏から提供された地区文書（総会資料、広報紙等）にもとづく。

（6）市の行政区である「一一区」はY地区のみが所属しているため、Y地区会長がつねに行政区長を兼ねる。Y地区が二〇〇一年に発足した当初は既存の二地区とともに別の行政区に所属していたが、Y地区の強い希望で二〇〇六年に「一一区」が新設された。

（7）二〇〇二年度に地区員向けに発行された『Y地区の栞』に掲載された地区の活動方針を要約したものである

（8）本事例では権利の制限の側面はあきらかではないが、一般にはたとえば共有財産に関する権利を認めないことで新規加入を受け入れるという形などが考えられる。

文献

秋津元輝、二〇〇二、「多様化する農業者のかたち」桝潟俊子・松村和則編『食・農・からだの社会学』新曜社、一二四—一四一頁。

橋本和幸、一九九一、「地域（2）——混住化」遠藤惣一・光吉利之・中田実編『現代日本の構造変動——1970年以降』世界思想社、一〇—一二二頁。

色川大吉、二〇〇一、「ムラに来た新住民と先住民」『日の沈む国へ——歴史に学ばない者たちよ』小学館、二〇四—二〇七頁。

Lave, Jean and Etienne Wenger, 1991, *Situated Learning: Legitimate Peripheral Participation*, Cambridge University Press.（＝一九九三、佐伯胖訳『状況に埋め込まれた学習——正統的周辺参加』産業図書。）

内閣府大臣官房政府広報室、二〇一四、「調査農山漁村に関する世論調査」（世論調査報告書・平成二六年六月）（http://survey.gov-online.go.jp/h26/h26-nousan/index.html, 2016.2.29）。

大泉村、一九八九、『大泉村誌』。

菅康弘、一九九五、「ストレンジャーとネイティブ——『離都向村』をめぐるライフスタイルと問題解決過程への都市社会論的アプローチ」『大阪学院大学人文自然論叢』31：四三—六〇頁。

菅康弘、一九九八、「交わることと混じること——地域活性化と移り住む者」間場寿一編『地方文化の社会学』世界思想社、一五〇—一七五頁。

徳野貞雄、一九八八、「混住化社会の基本的分析枠組とその適用——壱岐南校区における混住化社会形成の過程分析」『社会分析』17、三八三‐四一六頁。
鳥越皓之、二〇〇八、『「サザエさん」的コミュニティの法則』日本放送出版協会。

第Ⅳ部　コミュニティはなぜ存続しなければならないのか

持続的に資源を利活用できずに資源が枯渇してしまうのは、明確な責任主体が存在しないことによる乱開発の結果である。責任主体が個人でも国家でもないとすれば、想定しうる主体はＮＰＯや地域社会のコミュニティである。ではどのようにすれば責任主体となるコミュニティは存続できるのか。コミュニティの存続によって責任が果たされる関係性について考えてみたい。

第14章では、選択と集中にもとづく政府の撤退論に対抗してでも山村が存続すべき意味について論じる。生まれ育った場所で最後まで暮らし続けたいという心理や、山村の住民が担ってきた外部効果の積極的な評価、そしてなによりも責任感をもって対処される山村のルールや慣習によって豊かな世界が享受できることを教えてくれる。

第15章は、ブラジルの採鉱集落の事例である。違法な開発を続ける住民は州政府から出された優遇措置を拒否してまでなぜコミュニティを維持し続けるのかを問う。小野は、法的ないし経済的な安心感にもましてコミュニティがもたらす心地よさの方を優先させた結果、すなわち人間的生を全うするためのセキュリティの問題として読み解く。

第16章では、承継者もなくともすれば放置され朽ちていく血縁者に閉じられがちな墓の管理問題について、沖縄県竹富町波照間の無縁墓を例に、小さなコミュニティが関わり続けていく意味を論じている。藤井は預かり墓への働きかけが空いた土地に対する利用を正当化するための理屈とセットになっていることを見い出す。死者への関与を強めることで地域生活の秩序そのものを「守り」として再秩序化させているのである。

第17章では、持続的なコミュニティへの転換を住民のスペクトラム的思考と名づけて分析している。二分法によるカテゴリー化は、敵対関係をわかりやすくする一方で、複合的な課題に直面したばあい行き詰まる。原子力施設立地点住民によるスペクトラム的思考の実践によって住民と施設との関係性が再構築される例である。

第18章では、雲仙普賢岳の災害現場の事例から、下流のためという大義名分にもとづいて、住民合意のうえでコミュニティを解散せざるをえなかった様子を描く。被災から二〇年経たいま自然科学的根拠にもとづくゾーニングに対して疑義が生じている。これは、地域コミュニティの領土観念を考慮しなかったために生じた問題で、復興政策のなかで看過されやすい時間の問題について見直す契機を与えている。

現代では、ともすれば効率や機能でのみ人間を測る経済合理的な価値による代替可能な生へと、ひとりひとりの人間が置き換えられていく。これに対して、良き（善き）生を全うするための社会的装置としてコミュニティは今後も存続していく。

（金菱　清）

第14章　暮らしが生み出すルール
——九州の山村の事例から

藤村美穂

1　存続の危機にあるコミュニティ

山村の存続への関心

いまから半世紀以上前、高度経済成長期に入る前の山里を歩いた宮本常一は、「山中の民」と平地農村の生活の違いについて、山中であるがゆえに文化的におくれていたのではなく「生活のたて方そのものが違っていたとみるべきである」（宮本［1964a］2011）と述べ、「山に生きる人々」の生業の成り立ちについて読み解いている。宮本が描いた山村固有の生業やそれに関連した生活文化などは、交通や経済のグローバル化にともなって変化したであろうが、現在でも山間部では、平野部に比べるとはるかに自然環境に規定された経済生活が続けられている。

近年、このような山里での生活や自然の利用技術が大きな社会的関心を集めている。Iターンや Uターンの増加、あるいは「田園回帰」や「里山暮らし」という言葉に象徴されるように、単に森林の保護や観光という関心にとどまらず、山の自然と関わった暮らし方そのものが見直されるようになっているのである。

しかしその一方で、過疎化・高齢化のすすんだコミュニティ、とくに山村や離島のなかには、外部からの支援なしには生活基盤の維持さえ困難になりつつあるところも少なくない。そして、日本全体が人口減少社会を意識しはじめた近年、これらのコミュニティの存続の是非さえ議論されるようになっている。

本章の目的は、山村の存続に関するそれらの議論について、現実の山村コミュニティでおこなわれている生活実践と照らし合わせて再考することである。議論をわかりやすくするために、山村の「撤退」論と総称される一連の議論とそれに対するいくつかの反論を検討し、山間部のローカルコミュニティが存在することの意義、そして、存続の危機にあるとされる山村の小さなコミュニティからみえるものとはなにか、ということについて、それらとは異なった視点からの評価を試みる。

山村の困難

「撤退」論の説明をする前に、山村コミュニティの現状についてみておきたい。日本の山村が直面する問題として、過度の人口減少、すなわち過疎が注目されるようになったのは、一九六〇年代後半のことである。山村の過疎問題を研究してきた小田切徳美は、高度経済成長期に若者を中心に激しい人口流出が生じて「人の空洞化」が生じ、しばらくたった八〇年代には、残った親世代の高齢化により地域内で農林業が担えなくなって農林地が荒廃するという「土地の空洞化」が生じたとする。そして、高齢化や世帯数減少によってさらに過疎化が進むと、水害や地震、鳥獣害などの外部インパクトが引きがねになって集落の寄合や共同作業も消滅する「むらの空洞化」がはじまった、と論じている（小田切 2015a）。

これらの現象は、それぞれ過疎問題、中山間地問題、限界集落問題として政策的な課題として位置づけられ、山村振興法（一九六五年～）、過疎法（一九七〇年～）、過疎地域自立促進特別措置法（二〇〇〇年～）などを通して経済や福祉の向上、地域格差の是正がめざされてきた。にもかかわらず人口減少には歯止めがかからず、現在、振興山村に指定されている山村は、面積では国土全体の約五割を占めるのに対して、居住人口は〇・三割にすぎず、しかもその割合は一九六五年から半減している。

ただ、このように人口からみると山間地のコミュニティではおしなべて過疎化が続いているのであるが、生業の形や生産構造、社会組織のありかた、直面する問題などは、地域によって多様である。近代から現在にかけての九州の山村地域をみてもこの多様性は明白である。

たとえば、今でも九州の大林業地帯である大分県の日田地方の（旧）前津江村では、すでに昭和初期には一部の原野や峠をのぞいて全村がスギでおおわれ、五百町を超える大山林地主が複数存在した一方で、多くの住民は自分の山林をもたず、スギの伐採、下刈、植樹などの労務に携わったり、加工をおこなったりして生計をたてていたことが記録されている。

一方、江戸時代から水田・麦畑の開発に力がそそがれてきた佐賀県の（旧）富士町は、山間地で水田をつくるためには肥料となる大量の草が必要であったため、江戸時代から昭和の前半までは植林を奨励する為政者の努力もむなしく、山の多くの部分が草山の状態であった。日田の林業地とは異なり、山は農地と結びついた生産領域であった。

また、九州脊梁山地の山中にある宮崎県の諸塚村では、山が深く急峻な地形で米や麦を作る平地がほとんどなく、「住みついたときから米にたよろうとしない人びと」（宮本 1964a[2011]：23）が暮らしていたとされる。ここでは比較的遅くまで狩猟や焼畑、木工などを中心とした生活が続けられ、焼畑がなくなったのは、一九六〇年代に水田の開墾がすすんでからであった。

このように長い間生業の形も景観も異なっていた三つの山村は、いずれも一九五〇年代以降、全国で一斉に進められたスギ・ヒノキの育成林業が導入された結果、針葉樹が目立つ景観になり、林業の動向が経済のうえで大きな影響をもつようになっていった。

佐賀の富士町では、入会地として厳格な権利と義務のもとに管理されていた原野（草山）は、一九五〇年代になって肥料や農業機械の普及で採草地が不要になると、多くが個人に私有地として払い下げられ、残りは生産森林組合や記名共有の山として、植林がすすめられた。戦前まで焼畑を営んできた宮崎の諸塚村でも、家ごと、あるいは親戚や兄弟、小集落、大字に相当する自治公民館（行政単位）など多様な単位での共有でスギやクヌギの植林がはじまっていった（藤村 2009）。

限界集落論を唱えた大野晃は、過疎化が著しいのは、戦後になって林業がはじまった林業後進地帯であり、なかでも林業不振にあえいでいるのは零細な耕地（農地）しかもたない小規模林家であることを指摘している（大野 2005）。本章でとりあげるのは、この双方にあてはまるであろう、諸塚村の事例である。

2　住み続ける意欲

選択と集中の論理――山村の「撤退」論

先に述べたように、山村に対しては、一九六五年以降次々と振興政策が施され、国費の投入が続けられてきた。ところが近年になって、これらの山村振興策の方向転換を迫るような論調が現れている。たとえば二〇一四年に発表された「増田レポート」は、「山間部を含めたすべての地域に人口減抑制のエネルギーをつぎ込む」という現行の山村政策の見直しをせまるものであり、定住人口の構成から導き出した「消滅可能性自治体」のシミュレーションは、存続すべき山村の選択と集中という発想を現実化に導くものだとして議論を呼んだ。

増田レポートの背景にある「政策的な過疎地域の撤退」という発想（以下、「撤退」論）は、これが発表される少し前から研究者の間にも見られるようになったものである。その代表が、行政投資の効率化と暮らしの合理化（秋津 2013：43）という基準から政策提言を試みた『撤退の農村計画』（2010）を著したグループである。

その中心的な論客である林直樹は、Iターン〈1〉やUターン、都市との交流などによる方法で過疎地域を活性化することが正攻法であり、田園回帰の風潮などの明るいきざしもみとめられるが、「それですべてを救えるわけではない」と述べる。そして最悪のシナリオである自然消滅を避けるためには、まだ余力のあるうちに集団移転（積極的な撤退）を決断するように誘導する戦略も必要だと主張する（林ほか 2010）。公表された林の議論を総合すると、

「国全体の人口が減少し国の収入も減少すると、『山間の小集落』に対する『手厚い支援』が困難になると考えられるため、それに備えて将来像に関する多種多様な選択肢を提示し、当事者による建設的な議論を加速することが必要である」、ということになる。そして、それを実現するために「人口がn人以下になった場合は、集落移転を検討する」など、存続と撤退の具体的な政策基準の例も提示し、地域社会全体の再編成を検討すべきだとする（林 2015）。

第一の反論

当然ながら、この、山村の小さなコミュニティの存続を政策の前提にしないという主張に対しては、反論もある。本章では三つの反論を順にとりあげたい。

最初のふたつの反論は、「撤退」論でも想定され議論されているものである。まずひとつは、生まれ育った土地を離れて移転することになる住民たちの心理的抵抗である。これについて林は、すでに計画的に撤退したいくつかの集落で聞き取りやアンケート調査をおこない、移転後の生活の満足度が高いことを確認している（林ほか 2010）。

山間地から平地へ移転した者の満足感については、村の生活が大きく変化した戦後の山村の姿をいくつも目にした宮本常一も記録に残している。宮本は、一九六〇年代に、ダムで沈む村の人たちが絶対に移転をこばんできたにもかかわらず、あたらしい地に落ち着いてみると、「わずかばかりの畑を耕し、山林労務にしたがっているよりも移住してよかったという感慨をもたらしていることを報告している。これは災害によってふるさとをすてた者も同様で、それをみてあとに残っている者も徐々にふるさとをすてはじめているという（宮本 1964a[2011]：201）。

他方、小田切徳美は、宮本の時代から半世紀を経た現在でも山村に人が住み続けていることを強調する。そして、増田レポートの背景にある選択と集中の論理は、農山村に踏みとどまって生活している人やIターンをしようとする人びとの意欲をそぐものとなりかねない、と異議をとなえる（小田切 2015b）。

政策の方向性がそこに住む人たちの心情に大きな影響を与えることを示すエピソードをいくつかみておこう。

宮崎県の諸塚村で林業を守るために奔走し続けてきた男性（ＹＴ氏、六〇歳代、二〇一五年当時）が、「自分たちがこの集落の最後になるかもしれないと、ときどき思うようになった」と弱音をはいたことがある。(2) ＹＴ氏は、山仕事を中心とした暮らしや生まれ育った集落を思う気持ちがたいへん強く、それを維持するために地域にも村政にも積極的に働きかけ続けてきた。だが、林業にシイタケ栽培や畜産や茶、日稼ぎなどを加えながら真面目に働いても、経済的な状況は悪くなるばかりで、高校進学を機に村から出た息子を呼び戻すこともできない。彼がいうには、同じ山間地であっても、奥地の集落ほど生活は厳しい。公共交通機関のある村の中心部からも遠い集落では、もとより「年金や福利厚生が保証された仕事」との兼業のチャンスは少なく、農林業を中心に身体が動く限り働き続けないと、役場や商店、小中学校や病院への送迎に必要なガソリン代を稼ぐこともむずかしくなるからである。

しかし、住み続けようという気持ちに影響を与えるのは、必ずしも人口や収入や生活の利便性の問題だけではない。学校や役場などが統廃合され、奥地の集落で農林業を営む世帯と、村の中心部に住み役場やＪＡなどの職員として働く世帯の間には教育機会や経済での格差が広がると、子どもの教育費（村に高校がないため下宿費も必要）に投資できる中心部集落の子どもは大学に進み、ふたたび役場職員として村に戻ることが多くなる。

このようにして再生産された農林業を知らない役場職員が、生活の糧を山に依存せざるをえない奥地の集落での生活や、その基盤である山の産業を理解し思いを共有することはむずかしい。ＹＴ氏は、格差そのものに加えて、身近な生活圏のなかに入り込んでくるこのようなすれ違いが、奥地の集落で農林業を営む人の気持ちをいっそう滅入らせるという。効率を重視した選択と集中の論理はまさに、政策の次元で、このようなすれ違いを肯定するものであるともいえよう。

「撤退」論に対して、「行政投資の効率化という論理を金科玉条とした行政施策が過疎を加速させ」たにもかかわらず、「財政逼迫という危機意識の共有を迫りながら、……再び行政投資の効率化という論理に則り、集落の『撤退』という処方によって解決しようとする構図」（秋津 2013：43）であるとする批判は、奥地の集落の人びとの、やるせない心情の背景をよくあらわしている。

最近の林業をめぐるコミュニティの実践

ＹＴ氏らをはじめとする山元の林家たちは、一九五〇年代以降、国の政策にしたがって拡大造林をおこない、場合によっては森林組合に委託しながら間伐や伐採を計画的におこなう林業を営んできた。そこでは、Ａ材と呼ばれる優良材（建築用材）の生産を中心に、副産物としてのＢ材（合板用）やＣ材（チップ）をあわせて収入源とした林業が営まれてきた。

ところが近年、このような林業が大きく変化しつつある。ここでは、自らも山林の所有者で耳川森林組合（流域の森林組合が広域合併）や村の林業研究会にも所属するＹＴ氏らが、林業のあり方をめぐって奔走していることについて紹介したい。

耳川の下流、日向市の沿岸部には、ＦＩＴ制度(3)がはじまった二〇一二年以降、次々と木質バイオマスの発電工場が建設されている。代表的なものとして、大手総合木材企業である中国木材が運営する日向工場（二〇一四年稼働）があり、国産と外国産木材の製材から乾燥・加工までを一貫処理すると同時に、その過程で出た残材から木質チップを製造して発電に利用している。また、同じ沿岸部には、二〇一二年から延岡で稼働開始した旭化成ケミカルズのほか、宮崎森林発電所、さらに南部にある王子製紙の工場にも木質バイオマス発電設備が導入（いずれも二〇一五年稼働）されている。ほかにも大小いくつかの工場が沿岸部で稼働・計画されている。

木質バイオマスは、「環境にやさしい自然エネルギー」であることに加えて、これまでは放置されていた未利用材（搬出されない根元や枝葉）も利用できることから、生産者にとっても、売電や操業エネルギーの自給ができる企業にとっても、新たな雇用を生み出す救済主となるはずであった。

しかし、この事業については当初から不安材料もあった。バイオマス発電（とくに直接燃焼）は規模が大きいほど発電コストが下がるため、大規模な事業が計画される傾向にある。大規模な工場が乱立すれば、短い期間に膨大な木質バイオマス需要が生まれることになる。木材の生産者の側からみれば、発電の材料とされる林地残材等はそもそも搬出コストが木材販売価格よりも高くなるなどのために未利用だったもので、それを大量かつ安定的に収集するためには、搬出のための整備をする必要がある。これらのことを勘案して、多くの自治体では工場に対して搬出補助金を支払っているが、この補助金がなくなると搬出量が一挙に減る可能性があるうえ、すでにパルプ材との競合も生じている（NPO法人バイオマス産業社会ネットワーク 2016）。

これらの課題は、林業の現場を知るYT氏らにとっては、森林組合と発電所が契約をかわす前から自明のことであり、契約に先立って森林組合でおこなわれた地元勉強会（二〇一四年）においても、材が不足し工場の需要に応えられないことが、自分たち「山側」の責任にされかねないことが真剣に議論されてきた。ところが、企業にとってそのような心配は無用であった。

稼働をはじめたばかりのこれらの企業は、「ご祝儀価格」で木材を高く買い取っていると同時に、原料確保の工夫をはじめている。たとえば、ひとやま（山）の単位で木を買い、それを自社で伐採、搬出、製材までおこなっているバイオマス工場のひとつは、最近（二〇一六年）、「未利用材」に位置付けられる根元部分が大きくなるように、すなわち従来は利用材としていた部分の一部まで未利用材に含めるように製材方法を変化させた。

よい木材を育てることを励みとして山の手入れを続けてきた山元の生産者がこの話を聞くと、意欲や張りあいが奪われるうえに、材の質を問わない需要は、良材生産のための間伐をとおりこして、一気に大面積の皆伐へと、山林地主たちの気持ちを誘いかねない。そうして、そのあとの地拵えや造林というもっとも厳しい作業だけが山元の地域に残されることになる。生産者の側は、こうした状況をみて、資力も情報収集能力も大きく、補助金も材料の調達も操作できる企業のみがバイオマス発電の利益を追求できる形であり、当初いわれた「山村への利益還元」ではあり得ないと感じている。

YT氏らを含む六〇～七〇歳代の現在の地域の担い手は、子どものころに、焼畑として使われてきた山に父親らが造林する姿を見て育った世代である。その木が伐期を迎える現在、立木価格の急落のなかで、新たなサイクルを考える必要に直面している。そこに沸き起こったのがバイオマス発電なのである。

木材価格の低迷が続く中、苦労して植林してきた山からできるだけ元を取りたいという思いや、息子世代が帰村して生活できるようにしたいという気持ちと同時に、政策に協力しようという思いもある。しかし企業の効率やコスト優先の姿勢は、山の地形や性質から所有者の事情までを理解したうえでの細かい配慮とは反対のものである。

高齢化がすすむなか、山林地主の経済的・肉体的な体力は以前よりも低下している。ご祝儀価格につられるようにして大規模な皆伐が進行し、再造林をする体力や資力がない所有者によって放置された山も出始めているという。効率（大規模化・機械化）を重視した林業政策やバイオマス事業が、このような状況を打開する救済者にならないことを感じたYT氏らは、研究会や書籍、学会などを通じて林業に関する情報収集をしはじめている。そして、効率や利益だけではなく、「現実的な」方法、すなわち搬出のコストがかからずかつ伐採の規模やスピードが生産の場における現実にあわせられるような、小規模の村単位の発電所を山元（上流部）につくる方法を模索しているという。

さらに、森林組合では、林業の条件が悪い山を徐々に自然林にもどしていく試みをはじめた。ここにもまた、全体計画の立案者やいつでも引きあげることができる企業が依拠する「効率」という基準と、その地から動くことができない人たちが依拠する基準の違いが明白にみえる。

3　山村コミュニティが生み出す公益的機能

第二の反論

「撤退」論が想定するもうひとつの反論は、山村の住民が担ってきた農林業の外部効果に関するものである。

農山村の主たる生業としておこなわれてきた農業や林業は、国民の食糧生産のほか、景観や生態系の維持、山の保水、災害防止などの外部効果も同時に生み出してきた。環境白書では、農地、ため池、二次林や人工林、草原などの里地里山の環境について、「農業、林業などの人間の活動が、地域で培われてきた知識や技術を生かしながら風土に根ざした形で繰り返し持続的かつ安定的に行われてきた結果として形成され、維持されてきた」（環境省

2014：30）と述べられ、居住者たちの働きかけが評価されている。
こうした環境保全や生態系の維持と農山村のコミュニティを関連づけて考えてきた主張のひとつに、コモンズ研究がある。たとえば住民不在の自然開発（森林伐採など）や自然保護政策、資源管理政策などが地域社会へ負荷をもたらすことへの疑問から研究をはじめた論者たちは、地域社会による資源管理や民俗が、生態学的な見地からも資源管理の面からも合理的であることを発見し、事例研究によってそれを実証してきた（井上 2004）。これらの研究がとくに関心をよせてきたのは、日本の伝統的なコミュニティにみられる里山の入会利用や地先の漁業権など、コミュニティによる環境管理のシステムであった。

近年のコモンズ研究には、農林業の不振や高齢化などによって農山村が環境管理機能を十分に果たせておらず、むしろ地元住民たちのもつ権利が、土地の売買による大規模な開発や、耕作放棄や造林放棄などの形で環境保全を阻む要因にもなりかねない状況が生じてきたこと（飯國 2012）こそ、現在の研究課題とすべきだという認識も生まれている。「過少利用問題」とも称されるこうした状況に対して、多くの研究者たちは、ひとつは伝統的な地域の紐帯の強化によるコモンズの再強化、もうひとつはコモンズを開く、すなわち地縁を越えた結びつきを強化していくというふたつの方向性に可能性を見出そうとしている（山本 2014：6）。

「撤退」論でも同じように、山村コミュニティの果たしてきた公益的機能と、山村に人がいなくなることによるそれへの影響は検討されている。その検討結果は、次の通りである。

日本の耕地面積の四割が中山間地に位置するとはいえ、万が一の食糧不足に備えようとするのであれば、減反田の活用などを考慮に入れると山間部の水田が使えなくなっても生産力（とくに米）は問題ではないし、農林業そのものは、山村に人が住み続けなくても継続する方法はある。優良な農地跡には牛を放牧していつでも農地として使えるようにすることも可能である。

木材についても、需要と供給を計算すると、現在日本にあるすべての人工林が必要なわけではない。管理する人がいなくなった後の環境変化については、前もって対策をたてれば最低限の粗放的な管理（間引きや土壌崩壊防止措置）のみで対応が可能である。農地の保水（洪水防止）機能は、放置された田畑がいずれ森にもどることを考えればそれほど低下しない。

全体としてみれば、ある程度生物多様性は低下するが、将来、草地や畑、水路、水田やため池などがなくなって森林（極相林）に移行することは、そもそもの自然に戻ることでもあるから、生態系として大きな問題はないはずである。すべての山村を維持し続けるためのコストに比べれば、遷移の過程が落ち着くまでの間に生じる諸問題に対して、適度に、計画的に対処するほうが合理的である。

「撤退」論にとって、山村コミュニティがなくなることの唯一の問題点は、農山村が育んできた自然を利用する知恵が失われることである。林は、このことだけは、万が一の事態に備えた保険という面から考えても重大な問題であり、山間に留まる「種火集落」をつくって「国民の生活が圧迫されない程度の『保険料』」（林 2014：23）でそこを徹底的に支援する必要がある。

さて、ここまで見てくると、ローカルコミュニティの存続に関する立場は異なるが、「撤退」論と生態系の保全に関心をもつコモンズ研究の間には、共通点もあることがわかる。それは、コミュニティのとらえ方についてである。生態系の保全や環境管理という機能そのものに関心をもつ多くのコモンズ研究は、過剰利用と過少利用のどちらを考察するにせよ、主な関心を、そこに生活する人間よりも森林保全や資源管理という機能においているという点である。(4)

コミュニティと機能

もう少し説明するために、今度はコミュニティの研究史をふり返っておきたい。コミュニティを考える際に無視できないのは、二〇世紀初頭の変動期のアメリカで、人間の意図（利害や目的）を超えた集団の在り方を追求した社会学者、R・M・マッキーヴァーである。マッキーヴァーはコミュニティを、「一定の地域において営まれる共同生活（common life）」であると同時に、共同生活によっておのずから、社会的類似性や共通の社会的思考、慣習、帰属感情などの社会的特徴が共有される包括的な一定の地域のことでもあると説明している[5]（MacIver 1917＝1975）。

以上のようなマッキーヴァーの定義から考えるなら、コミュニティは、時代をえらばず人が集まって生活する場所にはどこにでも、農村から国家まで多様な範囲で成り立つのであり、人が共存している場があるかぎり「コミュニティはある」ということになる。言い換えればコミュニティそのものには特定の目的や機能がないがゆえに、どこにでも存在し、その解体や意図的な生成を論じることすら難しいということにもなる。

日本の農村研究の流れはこのことをよく示している。たとえば一九七〇年代には、近代以前の農村のコミュニティが変容していくさまを、いわゆる「共同体」としてのムラを前提として、その解体論や農民層分解論としてとらえようとする努力がなされてきた[6]。

当時の議論について根津らは、「専業的農家集団としての機能集団が生成し、本来の村落共同体とは無関係に集団が形成される」という農民層分解の論理と、「日本の高度成長を逆手に新しい農業機能集団を中心とした近代的農村の形成を目指す論理」が対極にあった（根津ほか 2006：70）とまとめている。また松岡は、イエとムラの解体をめざしつつ、地域社会の「崩壊」を検証してきた戦後の地域研究に対して、「もう一度農村社会を定住空間として再構築する方向から研究を進めることが必要」（松岡 2007：63）と述べている。

これらからは、「本来の村落共同体」が崩壊・解体したと論じられたあとにも農山村には人が住み続け、機能集団（アソシエーション）であれなんであれ、つねにそこに新たな動きが繰り広げられているという認識、あるいは「それでも人が住み続けている地域をどう説明するのか」という問題提起が出され、ふたたびムラ（コミュニティ）が議論され続けてきたことがわかる。このような研究史の流れは、共同生活を営むことでおのずからそこにできてしまう（あるいは存続し続ける）というコミュニティの性質をよくあらわしているといえるだろう。

このように考えると、「コミュニティはなぜ存続しなければならないのか」「コミュニティはなぜ解体せねばならないか」という問いがあるとすれば、それそのものに「本来のコミュニティ」として期待される機能、または政策であれば期待される価値（森林保全など）の存在が前提されていることになる。

ただ、複雑で多元的なコミュニティの実態を表現することはたいへん困難である。さらに、「コミュニティとはなにか」ということが問われれるのは、現在の日本における地域資源の過少利用問題のように、それまでコミュニティが果たしてきた機能が大きく変化しつつあるとき、あるいは、社会や個人とコミュニティの関係が問題だと感じられるようになったときである。そのため、コミュニティ研究の多くが、実証可能な要素（機能）に分けてコミュニティを分析的にとらえる方向へと向かってきたことも事実である。[7]

しかし、社会のなかで果たすある特定の機能（や外部機能）に準拠して具体的なコミュニティの存続について論じることは、期待概念や規範概念と実体概念の混同、あるいは、マッキーヴァーの用語でいえば、コミュニティとアソシエーションの危険な混同になりかねない。ＹＴ氏の主張を代弁して言い換えるなら、身体をもつ人（山村で暮らす人たち）の活動を「機能」に抽象化してとらえてしまうことにもなる。

4　コミュニティとルール

第三の反論

さて、ＹＴ氏には、村のさまざまなことについて議論し、相談してきた先輩（ＳＫ氏＝八〇歳代、男性）がいる。ＳＫ氏は、集落や村の先頭にたって道路整備から教育、農林業の体制に至るまで戦後の村の生活基盤づくりに尽力してきたひとりであるが、近年（二〇一五年ころ）になって、山村を維持していくためにもっとも重要なのは「思いやり」や「忍耐」である、と繰り返し語るようになった。

親しい仲間の集まりの中でＳＫ氏が口にするようになった言葉は、一線からはなれた古老だから発することのできる人生哲学として受け取ることもできる。ＳＫ氏自身も言うように、東日本大震災の被災地の映像を日々目にする時期であったこともあるだろう。しかし、山村の魅力や強さとして、同じようなことを感じている人は現在でも多くいる。三〇歳代になって都市部から諸塚村にＵターンしてきた男性は、別の言葉で、帰村理由のひとつについて「ここはひとりひとりの重みが違う」(8)と述べている。

「撤退」論に対する三つめの反論としてとりあげるのは、コミュニティのなかの人と人との距離やかかわり方に関連したものであり、調査をきっかけに山村の人間関係や山村での生活を目の当たりにしてきた若い学生によって書かれたものである。

森俊貴は、「撤退」論とは「日本全体の立場から公共政策の立案に貢献するという明確な意図」のもとに、「集落が存続することにより生み出される機能を、合理的経済人仮説に基づいて貨幣価値として算定」する功利主義の政策規範をもつ立場であるとする（森 2014）。

公共政策規範という点からそれと対話する試みとして、森は、京都市北部の山村を事例に、コミュニティの内在的価値を示そうとする。論考では、山村住民の生き方や人間関係が紹介され、自然と対峙しながら少ない人数で共に生きて来た小さなコミュニティでは個性がそのまま認められ、ひとりひとりの存在価値が高いこと、それが他人やムラ全体を思いやるという倫理（徳）も生み出すことを示している。そして、このようなコミュニティは、おのずから「民主主義的な徳の涵養」、「善き生」をはぐくむ機能をもつとする（森 2014）。

森が着目した人間関係は、コモンズ研究の中心的な関心のひとつでもある「ルール」と結びつけて考えると興味深い。生活環境主義を唱えた鳥越皓之は、小さなコミュニティにおいてルールが守られるのは、生活上の便利さや快適さとともに拘束性ももつ「互酬的な感情の交換」が生じるからで、それが「一般的互酬性」すなわち「愛他的行為」を生み出すと述べている（鳥越 2012：59）。

森林や生態系の保全にとって重要なのは、このようなルールがなにに準拠しているかという点であろう。

本章では、最後に、このルールという側面から、「撤退」論をめぐる議論、そして山村コミュニティの存続について考えておきたい。

ルールをなりたたせるもの

YT氏と山の関係をみると、YT氏らがいくつかの「コミュニティ」の層のなかで生きていることがわかる。たとえば、年に一〇回近くの祀りをともにとりおこない、家族のようにつきあってきた小集落、近隣のいくつかの小集落のまとまり、生活道や産業に関する役場との交渉や村行事の単位としての自治公民館、同級生、猟仲間、村や広域合併された森林組合などである。前節で述べた富士町の共有林（入会）がメンバーシップや利用に関するさまざまなルールで維持されてきたのと同様に、これらの小集団にも、それぞれに濃淡はありながらも、責任感をもって対処されているルールや慣習がある。例をあげよう。

数年前から、YT氏は、近隣の集落に住む仲間であるYM氏（五〇歳代、男性）とニホンミツバチの蜜の採集をおこなっている。いくつかの谷をまたいだ巣箱の設置に同行すると、巣箱は周囲の人家の配置などをみて、往来する人の生業や生活と競合しそうな場所を避けて設置されている。山をどのような人がどのように利用しようとしているかについて、経験をもって想像することができるからである。逆に、だれかがしかけた巣箱には、関心をもちつつも手を出さない。

また、筆者はかつて、諸塚村の人たちとクヌギが多い大分県にハチの子（スズメバチの幼虫）とりに出かけたことがある。「蜜を吸っていた樹木から飛び立った蜂の行方を追うためには、地上の障害物などおかまいなしで走っていかねば姿を見失ってしまう。追う人は、おどろいたことに……家敷地内も平気で通り過ぎてゆくのである。……ある感覚を共有した『田舎のモン』には、入っても許される場合と許されない場合の区別ができるのである」（藤村 2009：157-158）

ここで示したハチをめぐるふたつの事例は、大きな経済活動に関わるものではないし、現在では「趣味」ともいえる程度の活動のなかでのゆるやかなしきたりである。しかし重要なのは、これと同様の「田舎のモンにはわかる」ルールが、道の草刈りなどの共同作業や行事の準備から迷い犬（猟犬であることが多い）の処遇や道に落ちた枯葉や山菜の取り扱い、そしてさまざまなところにいる神への対処や祀りのしかたに至るまで、日常の生活の随所にみられるということである。山という単位でみると、いくつもの尾根や谷を含み、ときには県を超える広い範囲で、ルールを共有する世界が広がっているということもできる。このような互酬性と配慮の感覚を共有する地層が、山で生活を続けてきた地域や人びとの間には広がっているのである。

さらに、このような感覚は、同時代の人間関係だけではなく、時間や世代をこえたムラの先祖たちにまで広げて考えることもできる。山に木を植えてくれた親おやへの感謝の気持ち（ＳＫ氏）や、「先祖に申し訳がたたないから」という理由で、居住地や山や田畑を守ろうとする人たちの責任感をともなった行動は、九州の山村にかぎられたことではない。

鳥越は、本居宣長の「手振り」という概念を説明するなかで、「人びとが賢しらをもたず自然のままに生きてきたとしたら、そこには変化の少ない繰り返しが見られる」とし、その繰り返しが「手振り」であるという（鳥越 2002b：5）。このような繰り返しが、地域資源のあり方や周囲のむらとの関係の中で土地や自然に対して「誰もが共通に持っているルール」（鳥越 2002a：13）や作法をも形づくってゆくことになる。それは、生活の便利さや快適さや資源の持続的利用や生物多様性の保全に結びつくものであるかもしれないが、長い時間をかけて練り上げられてきたものであり、身体のなかに深くしみ付いた行為や感覚でもある。それゆえ、人間関係のわずらわしさや重苦しさの感覚と結びつくこともあるだろう。そして、時代への対応や新しい変化を求める参入者たちとぶつかることもあるだろう。

宮本常一は、直接的に身をつきあわせてくるなかで生まれたこれらの慣習を積極的に評価し、コミュニティのもつ力であると記している。

宮本は、町や村のなりたちを記した書物のあとがきで、日本の民衆は貧しいにもかかわらずそのことをそれほど苦にしなかったのは、村の人たちの協同があったからで、その協同の力を生み出していったのが慣習であったと述べている。その慣習については、「法律でつくられたものではなく人が共同して生きていくために、自然的に考えだした人間の知恵であり、しかもそれを持ちつたえて来たものであった」、そうした慣習や行事は、ときにはたいへん大切にされ、逆に消してしまおうと努力されることもあるが、「生活の中にしみこんでいるものとして日常のなんでもない行為や物の考え方の中に生きていることが多い。それが時にはわれわれの生活文化を守り発展させるためのエネルギーにもなる。ほんとの生産的なエネルギーというものは命令されて出て来るものではない」（宮本1964b[2012]：258）と述べている。

山村コミュニティのような、人間どうし、あるいは人間と自然の具体的な交流のある場のなかには、このような「生活のなかにしみこんでいるもの」が多くある。コモンズのルールは、アソシエーションとしてのルールではなく、そして、林がいうよりももっと広い意味での「生活の技術」に由来しているがゆえに、すぐには変化しにくい側面ももつが、逆に、だからこそつよいのだともいえるだろう。

しかし、YT氏が問題としていたのは、農林業を知らない人が現れるなかで、これらのルールが通じなくなりつつあること、すなわち、農山村内部にも村のなかにも心が通じないことが増えてきたということである。さらに、車道が整備された山間部では、自動車やインターネットを介した情報の普及、あるいは里山への社会的関心の高まりによって、山菜採りやハチの巣箱設置をおこなう人が押し寄せ、利用の競合を減じるために行政が規則を定めねばならない事態も生じている。これは、渓流釣りや狩猟についても同様である。ここに、従来からのコミュニティのルールだけでは対応できない、山の自然環境をめぐる現代的な課題も見えてくる。

しかしその一方で、Iターン者や本章でとりあげた若い学生のような人たちが、里山の自然そのものだけではなく山村の人と人のかかわりも含めた暮らしに惹き付けられるという事実は、人間や自然と丁寧につきあい続けてきたコミュニティのもつ力に感応する心が、山村に住んだ経験のない人にも共有されていることを示しているともいえる。現代の山村コミュニティがかかえる問題を考えるときに、「効率」や「機能」という、数値化しやすい明快な発想に加えて重要なのは、人が暮らしてきた場であるコミュニティがもつこのような力と可能性であろう。

注

（1）内閣府の二〇一四年の発表では、都市から農山漁村への定住願望は、子育て世代など若い世代や女性の増加が目立つという。
（2）二〇一二年一一月聞き取り。
（3）再生可能エネルギーで発電された電気を一定期間、固定価格で買い取ることを電力会社に義務づけた制度。
（4）便宜的に分けているが、実際に調査のなかで生活全体の姿を目の当たりにする論者たちは、機能のみを見ているわけではない。
（5）MacIver and Page（1950）によると、コミュニティを成り立たせる要件として、地域性（locality）とコミュニティ感情（community sentiment）――われわれ感情、役割意識、コミュニティ内の他者に対する心理的な依存感情――がある。
（6）一九六四年村落社会研究会での共通テーマ「むらの解体」はそれを示している。
（7）倉田和四男によると、マッキーヴァー以降の地域コミュニティの研究は、近代の変化しつつあるアメリカのコミュニティの実態を表現するために、コミュニティを構成要素に分けて構造的な側面や相互作用を描こうとする研究からはじまり、コミュニティを何らかの機能をはたすシステムとしてとらえようとする方向へとつながった（倉田 1987）。
（8）二〇〇一年から二〇一〇年にかけて折に触れて男性が語っていた言葉である。

文献

秋津元輝、二〇一三、「『撤退』しない農村を支える論理」『農業と経済』79（1）：三六‒四五頁。

藤村美穂、二〇〇九、「暮らしの本願と景観――山村の伝統芸能」鳥越皓之・家中茂・藤村美穂『景観形成と地域コミュニティ――地域資本を増やす景観政策』農山漁村文化協会、二一四‒二六一頁。

林直樹・齋藤晋・江原朗、二〇一〇、『撤退の農村計画――過疎地域からはじまる戦略的再編』学芸出版社。

林直樹、二〇一四、「過疎緩和のための集落移転は現実的な選択肢か」『人と国土』21：二〇‒二三頁。

林直樹、二〇一五、「山間地の集落移転――活性化でも放棄でもない『第三の選択肢』」（http://synodos.jp/society/14608（2015.05））。

飯國芳明、二〇一二、「三瓶草原の史的展開と過少利用問題」新保輝幸・松本充郎編『変容するコモンズ――フィールドと理論のはざまから』ナカニシヤ出版、一二三─一四二頁。

井上真、二〇〇四、『コモンズの思想を求めて──カリマンタンの森で考える』岩波書店。

環境省、二〇一四、『環境白書』。

倉田和四男、一九八七、「コミュニティ研究とシステム論──都市的生活様式論序説」鈴木広他編著『都市化の社会理論──シカゴ学派からの展開』ミネルヴァ書房、二七七─二八三頁。

MacIver, Robert M., 1917, *Community: A Sociological Study*, London: Macmillan.（＝一九七五、中久郎・松本通晴監訳『コミュニティ──社会学的研究：社会生活の性質と基本法則に関する一試論』ミネルヴァ書房。）

MacIver, Robert M. and Charles H. Page, 1950, *Society*, Macmillan.

松岡昌則、二〇〇七、「村落と農村社会の変容」蓮見音彦編『講座社会学3　村落と地域』東京大学出版会、六三─九一頁。

松山利夫、一九八六、『山村の文化地理学的研究──日本における山村文化の生態と地域の構造』古今書院。

宮本常一、［一九六四a］二〇一一、『山に生きる人びと』河出書房新社。

宮本常一、［一九六四b］二〇一二、『民俗のふるさと』河出文庫。

森俊貴、二〇一四、「限界集落と生きる人々」京都大学公共政策大学院リサーチペーパー（http://www.sg.kyoto-u.ac.jp/jp/programme/research_paper.html（2016.04））。

諸塚村史編纂委員会編、一九八九、『諸塚村史』諸塚村。

根津基和・杉野卓也・黒瀧秀・宮林茂幸、二〇〇六、「農民層分解による集落変容と都市との連携の一視点」『東京農大農学集報』51(2)：六九─七九頁。

NPO法人バイオマス産業社会ネットワーク、二〇一六、『バイオマス白書』。

小田切徳美、二〇一五a、「『人の空洞化』・『土地の空洞化』・『むらの空洞化』へ」農業共同組合新聞（電子版）（http://www.jacom.or.jp/nousei/proposal/2015/150119-26294.php（2016.01））。

小田切徳美、二〇一五b、「農山村は消滅しない──『田園回帰』にみる都市と農村の共生の姿」（http://www.meiji.net/opinion/population/vol58_tokumi-odagiri（2015.05））。

大野晃、二〇〇五、『山村環境社会学序説──現代山村の限界集落化と流域共同管理』農山漁村文化協会。

佐賀県、一九九〇、『佐賀県林業史』。

鈴木広・倉沢進・秋元律郎編、一九八七、『都市化の社会学理論──シカゴ学派からの展開』ミネルヴァ書房。

鳥越皓之、二〇〇二a、『柳田民俗学のフィロソフィー』東京大学出版会。

鳥越皓之、二〇〇二b、「本居宣長と柳田民俗学」『UP』360：一-五頁。

鳥越皓之、二〇一二、『水と日本人』岩波書店。

山本信次、二〇一四、「社会運動としての森林ボランティア活動──都市と農山村は森林をコモンズとして共有できるか？」『大原社会問題研究所雑誌』671・672、三-一六頁。

第15章　コミュニティの〝心地よさ〟を求めて

――ブラジルミナス・ジェライス州の採鉱集落の事例から

小野奈々

1　コミュニティがもたらす〝心地よさ〟とは

本章でとりあげるのは、あるアフリカ系ブラジル人のコミュニティである(1)。筆者が、このコミュニティに関心をもったきっかけは、ミナス・ジェライス州（Estado de Minas Gerais）が、ポルトガル植民地時代の特徴を色濃く残す場所だったからである。そして、その時代を負の歴史として背負うアフリカ系ブラジル人の子孫のコミュニティが、地元の環境NGOによる自然保護活動を受け入れたり受け入れなかったりしていたことを知ったためである。人間の大規模な移動の歴史の中で生まれたコミュニティが自然保護活動を受け入れたり受け入れなかったりする論理をあきらかにできれば、昨今の自然保護活動の可能性や限界を文化面からより鮮明に描けるのではないかという期待があった(2)。だが、ここでは、そのような問いはひとまず置いておいて、「コミュニティはなぜ存続しなければならないか」を大きなテーマとして関連するデータを検討する。具体的には、事例集落の住民が、法的・経済的な安心の獲得よりもコミュニティがもたらすある種の〝心地よさ〟の維持を優先させたことについてデータにもとづき検討していく予定である。

ブラジルは、奴隷制度や移民の受け入れを経て大規模に人が流入した歴史をもつ。人口は、原住民（インディオ）、ポルトガル人、イタリア人、ドイツ人、日本人、中国人など、出自の異なる人びとで構成されている。植民地主義の奴隷制度の下、各地に離散（ディアスポラ）させられた人びとは離散先でコミュニティをつくった。ブラジルにもそのようなコミュニティが点在しており、ポルトガル語でアフリカ系ブラジル人の集落は「キロンボ（quilombo）」と総称されている。世界的にみればそれは、「ブラック・ディアスポラ」（Segal 1995＝1999）と呼ばれる離散形態のひとつである。

アフリカ系の人びとはそこで多くの困難に直面した。ミナス・ジェライス州のジェキチニョーニャ谷（Vale do Jequitinhonha）周辺では、一八世紀にダイヤモンド鉱脈が発見され、アフリカ系の人びとがその採掘の労働者として連行された。劣悪な食事や雇用主による暴力、残忍な処罰などが彼らを待っていた。非衛生的な環境の下で多大な疲労をともなう肉体労働に従事したのである。一九世紀半ばにポルトガル王家によるダイヤモンド採掘事業が終了してからは、ジェキチニョーニャ谷周辺地はダイヤモンドの鉱脈が掘り尽くされた低開発地帯――そのほとんどの地域において自然が破壊され生活の糧になる農林漁業のような別の収入源も欠いてしまった地帯――に取り残された。

離散したアフリカ系の人々はしばしば拡大家族を主要な相互扶助原理にして生活の難しい局面を切り抜けてきた（Martin and Martin 1985）。だが、そのようなコミュニティの存在やその土地の権利が公的に認められるにはブラジルでもかなりの年月を要した。法でその権利が認められてからも、政府や白人がキロンボの所有地を強奪するケースなどが頻発していた（Lyons 2011）。このようにアフリカ系ブラジル人の人びとは、歴史的に、社会・経済的に不利な条件におかれながら、他の人種や民族と隣り合わせに生きなければならず、奴隷制廃止後も国家に対する「正当な国民」としての権利獲得の戦いを強いられたのである。そのような人びとにとって、なによりも大切なことは、法的・経済的な安心の獲得であるように思う。だが、本章でとりあげるアフリカ系ブラジル人のコミュニティの住民は、法的・経済的な安心の獲得よりも、コミュニティが住民にもたらすある種の〝心地よさ〟の維持の方を優先させた。ここには、人間にとってコミュニティとはなにかを理解するヒントがあるように思う。

本章では、事例から、人間が法的・経済的な安心よりもコミュニティがもたらす〝心地よさ〟を選択することがあることを示す。そしてこの〝心地よさ〟をもたらすコミュニティの仕組みをあきらかにすることで、人間（＝コミュニティの構成員）にとってなぜコミュニティが存続しなければならないのかを考える。

2　調査地の概要

事例地概要

事例にとりあげるのは、ブラジル連邦共和国のミナス・ジェライス州のジェキチニョーニャ谷から少し離れた場所に位置する小規模集落である。ビリーア農園（Engenho da Bilia）と呼ばれるこの集落は、およそ七〇世帯三五〇名で構成されている。最寄りの市街地から車で四〇分程度だが、山間地にあり、集落までは車一台の通行を想定した未舗装の細道しかない。公共交通は二〇〇四年ごろから平日の朝昼一便のみ市街地まで往復するスクールバスが運行されるようになったが、それ以前には皆無だった。現在も交通がたいへん不便な地域である。

一帯は、珪岩と片岩で構成された透水性土の不毛な地質からなる。一八世紀に現在のディアマンティーナ地方にダイヤモンドの鉱脈が発見され、ポルトガル王家がダイヤモンド採掘事業に着手した。この採掘労働力としてアフリカ大陸から大勢の奴隷労働者が連行されてきた。ジェキチニョーニャ谷周辺には彼らの子孫の集落が点在している。地元では、ビリーア農園もそのひとつとみなされている。

一方で、集落にはもうひとつの歴史（物語）がある。ビリーア農園は四世代前にビリーア・ダ・シルバ（Bilia da Silva）という女性が荒野に出現して、そこで結ばれた夫と農園を開きそれが集落になった歴史である。夫は早世したがビリーアは八人の子どもを育てあげ、その子孫が現在のビリーア農園の住民になっている。彼ら自身のこの物語によって歴史を理解するならば、ビリーア農園はビリーアという出自不明の女性を開祖とする血族で構成された

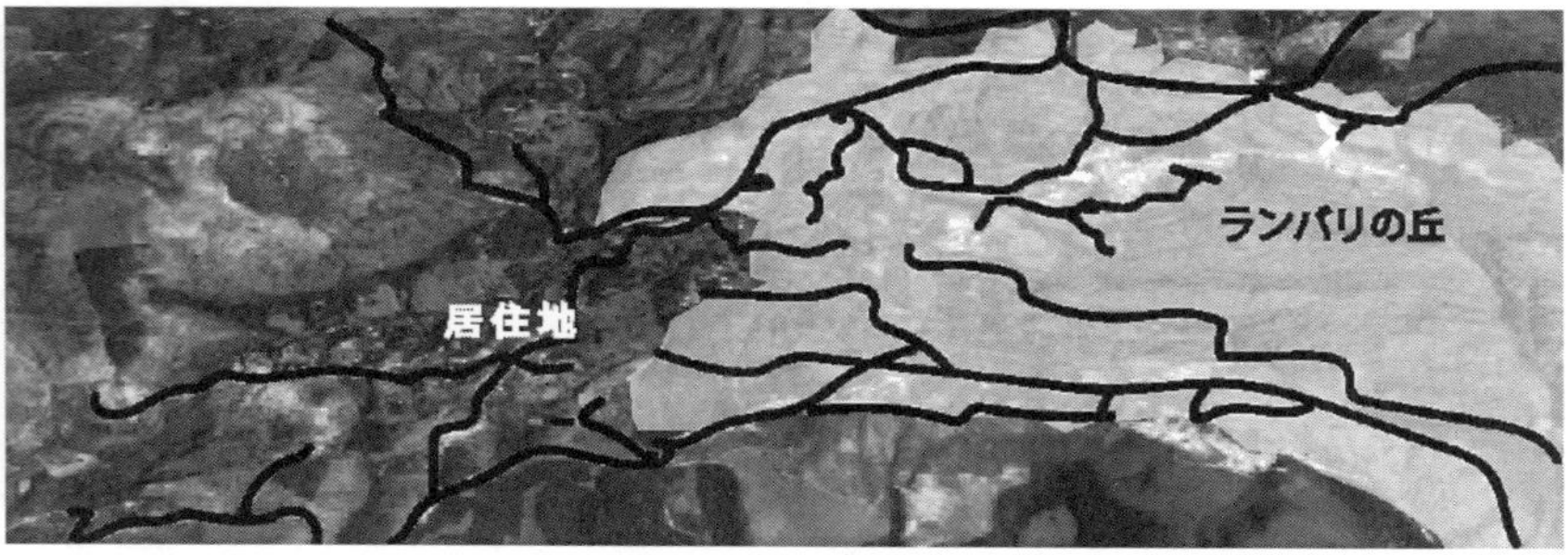

図15－1　ビリーア農園の居住地とランバリの丘の地図

出所：google map をもとに筆者作成。黒線は道路である。

コミュニティである。

集落の産業史

ビリーア農園は当初は文字通り農園だったが、現在は集落名にその名が残るだけである。彼らの物語で産業史をたどれば、以下のようになる。ビリーア夫婦が荒野を開拓してその地にサトウキビ農園を開いたが、世代を重ねるにつれて人口が増え、サトウキビ生産では生計を維持できなくなった。製糖機器をいち早く導入して周辺一帯のサトウキビの製糖作業を請け負うことで集落の生計を維持しようとした者もいたが、その試みも経営不振に終わり、生産年齢期の男性は家計維持のために出稼ぎに出るようになった。周辺の農園や採鉱現場で臨時的に雇用を得る者よりも、数百キロ離れた大都市に出る者が多かった。

ところが、一九七九年に状況を一変させる出来事が生じた。集落の共有地ランバリの丘（Morro de Lambari）（図15－1）でアルミニウムの精製に必要な石英を採掘したいという企業が現れ、集落がこれに同意したのである。このアルミニウム精製企業は、採掘現場の作業員として集落住民を雇用することを約束した。採掘作業は軽作業で女性を含む住民のほとんどが雇用されるようになった。この事業をきっかけに、出稼ぎをしていた住民の多くも戻ってきたのである。

ところが、開発事業をランバリの丘に受け入れたことで、事例集落は周囲から非難される。環境保全意識が高まるなか、自然破壊的な鉱物採掘事業に依存したためである。こうして集落に住み続けようとする彼らの判断の是非が問われ始めたのである。とくに、ランバリの丘でのこの開発事業が違法のために操業停止処分となり、是非を問う声は強まっていった。

3　違法採石を続けるビリーア農園の住民

事業終了後も鉱物資源開発に依存する集落の対応

石英採掘事業は一九七九年から二〇年続いた。その間にビリーア農園の住民は世代を重ね、人口を増やした。事業終了後、住民はあらためて、世帯収入をどう得るかを考えなければならなくなった。選択肢は、周辺地でアルバイト雇用を得るか、大都市に出稼ぎに行くかの二択と思われた。だが、ビリーア農園の住民の多くは、ランバリの丘の鉱物開発に依存し続けるという第三の選択肢を選んだのである。

石英採掘事業が終了した状況で、住民はどのようにランバリの丘での鉱物開発に依存できるのだろうか。方法はふたつあった。ひとつは住民が個人事業主になり自分で開発する方法だった。図15－2の区画Aの採石場でおよそ二〇名がこの方法を選択した。もうひとつは、隣接集落の所有地にまたがり広がるランバリの丘の裾野エリアの採石場（図15－2の区画B）で珪岩採掘事業会社が着手した珪岩採掘事業の作業員になって歩合制で収入を得る方法だった。ただし、これは小規模な事業だったので住民全員に開かれた選択肢ではなかった。およそ四〇名がこの方法を選んだ。

ところが、二〇〇四年に区画Aと区画Bの両方の開発行為がそれぞれ違法採掘として検挙され、ともに無期限の操業停止処分を受けた。登記上、Ａ・Ｂ区画のいずれにも鉱業権に違反があったのである。ランバリの丘は事例集

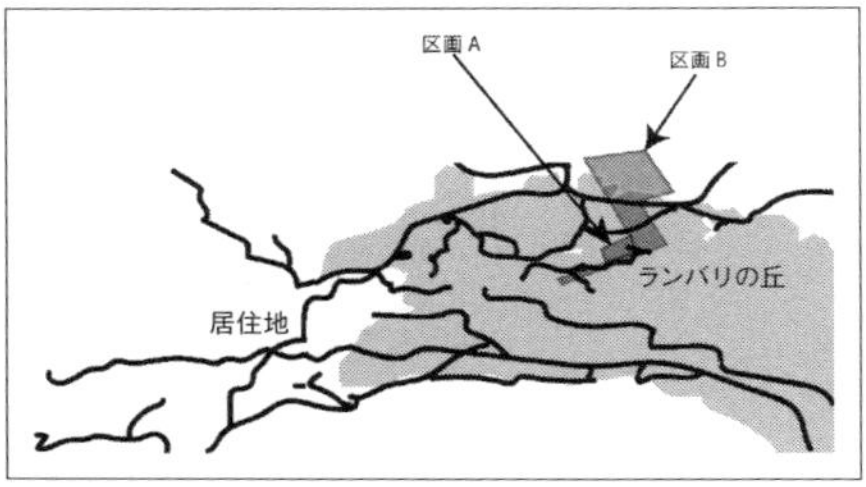

図15－2　ランバリの丘の採石場Ａ・Ｂの位置

出所：ブラジルの鉱山動力省地質鉱山局（DNPM：Departamento Nacional Producao Mineral）HPの鉱業権登記プロセスを示す地理情報データ（http://www.dnpm.gov.br/assuntos/ao-minerador/sigmine　2015年4月30日取得）を参考に筆者作成。黒線は道路。

落の共有地であり土地の所有権は集落にあった。だが、地下資源の開発には鉱業権が必要になる。区画Ａの鉱業権は第三者が二〇〇一年に取得済であり住民の開発行為はその人物の鉱業権を侵害する違法行為だった。区画Ｂの鉱業権は、区画Ｂで事業を実施していた珪岩採掘事業会社の事業主が同区画の鉱業権を取得しておらず、そこでの開発行為が別の第三者の鉱業権を侵害する違法行為になっていた(3)。これらの違法行為が検挙されたために、ランバリの丘での鉱物開発に収入を依存していた住民は、全員同時にその手段を失った。

ランバリの丘の開発にこだわる住民

ランバリの丘の鉱物資源開発で収入を得られなくなったビリーア農園の住民たちは、周辺地域で臨時の雇用を得たり、大都市に出稼ぎに行くことでさしあたっての経済的困窮を凌いだ。数十キロ程度離れた地方都市の日雇い労働で働きながら、行政処分が解かれることを期待して様子を見守る者が多かった。だが、処分は簡単には解かれなかった。

そのうち、大都市に出た住民も、周辺の地方都市に出た住民も、日雇いで働きに出ていた住民も、それほど時が経たないうちに仕事をやめて集落に戻ってきた。理由は、「遠いから」「仕事がキツイから」「仕事の内容が好きじゃないから」などさまざまだった。戻った住民は、操業停止処分下にあるランバリの丘の区画Ａに無断で立ち入り、環境軍警察や行政機関の監視の目をかわしながら石英を採り販売し始めた。環境軍警察や行政機関は車両で現場を巡回するものの、その車両はビリーア農園に続く細い山間地の一本道を通るので、注意してみていれば遠くから接近を確認できる。巡回車両が近づいたら区画Ａを離れ、車両が去れば区画Ａに戻る。そして、直接買い付けにきた業者に石英を販売するのである。このような生計の立て方が内部で徐々に定着していった。

州の環境政策審議会の支援案に対する住民の反応

その後、ビリーア農園には州の環境政策審議会から特別な優遇措置が提示されることになる。それは、区画Aの鉱業権を格安で譲り受けるという案だった。

提案者は事例集落で自然保護活動をしていた市街地の環境NGOだった。この団体は、市街地で有力なNGOのひとつであると同時に州の環境政策審議会の一員だった。事例集落での自然保護活動を通じて、住民のランバリの丘での採掘が違法行為であること、そのために法で規定されている環境保護の対応がなされていないことを問題視していた。この環境NGOは、植生保護のためにランバリの丘の事業を合法化させ、そこでの開発行為を法の監視下においた方がよいと考えていた。提案された優遇措置は、自然保護につなげる手段として事業の合法化を期待していた環境NGOが州の環境政策審議会にかけあった成果だった。

この優遇措置は、周囲の目には受け入れやすい内容のものだった。区画Aの鉱業権は、相場では三〇万～四〇万レアル（当時の為替レートで、一一一〇万～一四八〇万円）かかる。それを三万レアル（当時の為替レートで一一一万円）で集落に譲渡しようという措置だった。さらに、住民の経済状況に配慮して分割での支払いも認めた。区画Aで収入を得ている世帯の月収入が三〇〇～四〇〇レアル（当時の為替レートで一万一一〇〇～一万四八〇〇円）と低所得であることを踏まえ、資金を積み立てる等の対応をとることで支払い可能な額だった。譲渡の交渉は州の環境政策審議会が代行し、譲渡にかかる煩雑な行政手続きは環境NGOがサポートしておこなうことになっていた。つまり、集落住民が優遇措置を承諾して鉱業権取得に必要な費用を支払いさえすれば、区画Aの鉱業権が集落に安価で移譲され、住民が合法的に区画Aで事業を再開できるよう段取りが整えられたのである。環境NGOや州の環境政策審議会からみて、事例集落の住民がこの優遇措置を断ることは想定し得ないものだった。実際住民も当初はこの措置を歓迎する姿勢をみせた。

ところが、住民が次にとった行動は関係者には意外なものだった。それは、譲渡金支払いを延期して区画Aの鉱業権所有者との交渉を決裂させたうえ、環境警察と行政機関の監視の目を逃れながら区画Aで違法に石英を採り続けるというものだったのである。

優遇措置をなぜ受け入れなかったのか

集落の住民はなぜ優遇措置を受け入れず、区画Aで違法に石英を採り続けることを選択したのだろうか。州の環境政策審議会のメンバーによれば、ビリーア農園には当時、優遇措置とは別の提案も示されていた。それは、同時期に操業停止処分を受けた区画Bの元事業主からの提案だった。この元事業主は、州の環境政策審議会が集落住民に優遇措置を示したことを知り、区画Aの鉱業権をその価格で自分が取得したいと考えた。そのために、集落住民で構成される労働者組合を設立して自分がその組合代表者になりたいと交渉していたのである。組合代表者になれば、集落の住民を代表する者として、区画Aの鉱業権を優遇措置で示された価格で譲り受けることができると見込んだからだった。その際、この元事業主が住民に提示した案は、区画Aの鉱業権取得にかかる譲渡金をすべて自らが負担すること、鉱業権取得後の区画Aにおける採石事業では集落住民をその作業員として歩合制で雇用することだった。住民からみればそれは譲渡金の負担を回避できるうえにその後の雇用まで保障されている好都合な措置だった。だが最終交渉でこの元事業主から示された歩合の手数料設定がたいへん割高になることが判明して、住民はこの案を断念することになる。さらに悪いことに、この案の受け入れを州の環境政策審議会の優遇措置の受け入れと同時に検討していたために、最終段階まできていた区画Aの鉱業権所有者との交渉も決裂してしまったのである。

交渉決裂後、住民が違法な採石活動を続けたために、区画Aの採鉱事業は二〇〇六年に二度目の操業停止処分を受けた。二度目の処分では、一度目のようにビリーア農園に対して州の環境政策審議会から優遇措置が示されることはなく、示されたのは違反にかかる罰金の支払い命令だけだった。住民はこのときになってようやく、区画Aの鉱業権所有者に対して、二〇〇四年に州の環境政策審議会が示した優遇措置の価格で自分たちに鉱業権を譲って欲しいと直接交渉を始めた。だが、区画Aの鉱業権所有者は集落住民との直接交渉にもはや応じることはなかった。

このような経緯があり、州の環境政策審議会が示した優遇措置を受け入れなかった事例集落の住民は、罰金の支払い能力も、鉱業権譲渡の具体策もないなかで、監視の目を逃れながら引続き区画Aで違法に石を採り続けるしかなかったのである。

自己利益の最大化のためなのか？

優遇措置を受け入れず、区画Aで違法な開発行為を続けるビリーア農園住民への周囲の反応は冷たかった。州の環境政策審議会のメンバー（当時）は「もう彼らに関わりたくない」と語り、(4) 行政機関の関係者は「違法行為を続ければ摘発するだけだ。罰金がかさむだけだ。彼らは自分で自分の首をしめている」と語った。(5) 一度目の操業停止処分の際に集落のために尽力した環境NGOの代表も怒りを感じていた。

優遇措置を受ければよかったのに。自分たちにとって一番得になる支援者が誰なのか、彼らは見定めようとしていた。塀の上に立って、われわれと区画Bの（元）事業主を比べて、どちらの側に降りるべきか見定めていたのだ。譲渡金を支払わないのなら採石は違法で許されない。罰金も支払わなくてはならない。そうしなければ採石場はいつまでも閉鎖されたままだ。それで生計が立たないならどこへでも行けばいい。仕事がみつからないならみんなそうしている。(6)

集落で暮らすことの〝心地のよさ〟

違法な開発行為を続ければ、集落住民は摘発されやがて多額の賠償金を請求されることになるだろう。将来のリスクを考えれば、ランバリの丘の採石事業で稼ぐことを断念して、出稼ぎに行くことが現実的な選択肢のようにみえる。だが、違法に採石を続けた住民は、鉱物資源が枯渇するまで区画Aで採石しながら集落の中で暮らしたいと考えていた。そのようなリスクを負ってまでなぜ、彼らはランバリの丘の鉱物開発事業に依存して集落に住み続けようとするのだろうか。

調査では、集落に住み続けたい理由を、集落の外よりも集落の中で暮らす方が心地よいからだと答えていた。典型的には、次のような理由だった。

　私の幸せは、この場所に私が生み落とされたことです。好きな土地に暮らすことができる幸せを感じています。ここは、われわれにとって、安心できる場所です。どこよりも静かです。若いころ、外でたくさん働きましたが、年老いてここで暮らすようになりました。[7]（七〇代男性）

　家族と一緒にいられて、安心できる。十分に食べることができるし、好きなときに食べられる。サンパウロに居たときは、飯がまずかった。すぐに戻ってきた。外には自由がないよ。素敵なものがたくさんあるから時々ならいい。でも、好きになれないものがたくさんある。よく知らないと危険が一杯で、知るにも複雑だ。窮屈だよ。ここは違う。ここならどこにでも行けるし、危険もない。ここの方がずっといい。僕らが暮らすには、他の場所よりも、ここの方がずっといい。[8]（二〇代男性）

　ここは静かで最高です。家族と一緒に過ごせるし、週末には子どもを滝に連れて遊ばせることもできます。自然が豊かです。危険もありません。集落の中はもともとひとつの家族です。全員が知り合いです。[9]（三〇代男性）

このように、住民は、集落の外での暮らしと比べて集落の中での暮らしは「自由」と「安心」があることをつよく意識している。その「自由」と「安心」とは、住民の発話から整理するならば「食べることができる」「時間の拘束がない」「危険がない」「よく知った場所である」「自然が豊かだ」「家族がいる」「集落全体が大家族で顔見知りである」といった生活環境によってもたらされるものだろう。

　ではこれらの生活環境は、どのように築かれてきたのだろうか。

住民の暮らしに目を向けると、「食べることができる」は、「キンタウ（quintal）」と呼ばれる菜園によって可能になっている。小規模でも〇・五アール程度以上の菜園が各世帯にあり、住民はそこで自家消費用作物を栽培している。

「時間の拘束がない」は、集落の主要産業である農業と採石業で可能になっている。たとえば、区画Aの採石作業では組織だった作業はおこなわれていないため、働く時間を自由に設定できる。労働に関わる時間の拘束は少ない[10]。

「危険がない」「よく知った場所である」「家族がいる」「集落全体が大家族で顔見知りである」は、集落内の居住のあり方によって実現されている。「危険がない」「よく知った場所である」という表現には、都市と比べて交通事故や犯罪が少ない（ほぼ皆無である）、幼少期から慣れ親しんだ居住地だ、という意味合いも含まれるだろう。だがそれ以上に、親戚がまとまって屋敷を構える集落独自の居住形態をつよく意識した表現でもあるはずだ。たとえば、図15－3は、Vという二〇代女性からみた近隣の屋敷の配置図である。このように集落では、近親者が隣接してまとまって居を構えている。また家系的には、集落はビリーアの血筋とその婚姻者で構成されており、総体として親戚関係である。集落の中では住民同士が相互依存するネットワークを築いている。金銭の貸借、病気になったときの薬剤の調達、集落外に出るときの交通手段の共有など、相互依存は日常のあらゆる場面に及んでいる。住民はこの相互依存のネットワークに支えられた「安心」を享受しているのである。

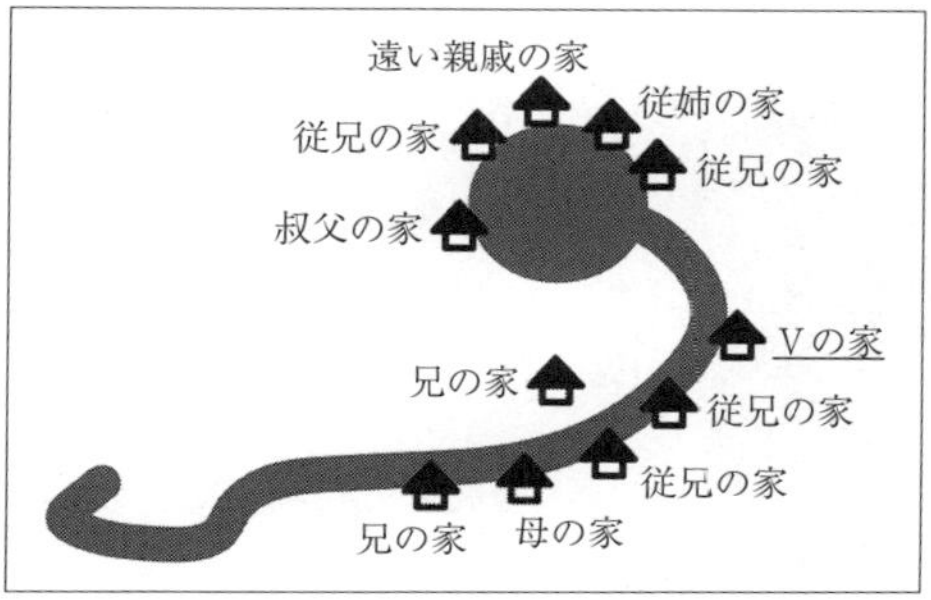

図15－3　住民Vからみた屋敷の配置図

出所：住民への聞き取りにもとづき筆者作成。

また、集落は自然環境に恵まれている。環境NGOはランバリの丘の希少な高山植物の植生保護を目的に集落を訪れていた。一帯は行政の公共事業から取り残されており、集落の中の道路は未舗装で緑に溢れ周辺はうっそうとした植物で覆われている。一帯は湧水にも恵まれており水質のよい小川があちこちを流れている。上水道が未整備のため、住民は小川からゴムホースで家屋に導水して上水にしていた。水浴びに適した小さな滝壺もあり、住民の憩いの場になっていた。

食糧の確保、相互扶助ネットワーク、豊かな自然が生活の基盤になっており、住民にとって集落は「安心」できる居住空間になっていた。回避すべき危険がないので心身にストレスを感じることがなく労働による時間の拘束もないため「自由」を得ていたのである。

4　共有財産をもつ「顔のみえる」コミュニティが実現する福利システム

ビリーア農園における共有財産

住民にこのような「安心」と「自由」をもたらすコミュニティは、どのような仕組みを備えたものなのだろうか。事例集落の場合、共有財産をもつ「顔のみえる」コミュニティであることを基盤にその福利システムを独自に構築してきたといえる。

まず、集落の共有財産について確認する。それは事例集落の土地そのものである。図15－1にあったように、集落には居住地とランバリの丘がある。

居住地には住宅、個人経営の店舗、畑、小学校、教会、未舗装の道などがある。ランバリの丘には採石場と未利用地がある。

未利用地以外はいずれも多様に利用されているが、登記上は、居住地もランバリの丘もビリーア農園という名称のコミュニティの所有地である(11)。個人ではなくコミュニティの所有地として登記された経緯は不明だが、ブラジルは一九八八年に連邦憲法でキロンボの占有地の権利をコミュニティ名義で登記することを認めており、ビリーア農園もビリーア夫妻が占有していた土地を一九八八年以降コミュニティ名義で登記した可能性が高い。

一方、集落には独自の相続ルールがある。そのルールでは、土地の所有権は売買してはならず相続でのみ移譲されること、所有権の生前贈与もなく若い世代の住民は世帯の屋敷地を利用権の取得によって確保することが決まっている。利用権は通常自分の親や祖父母から与えられる。その結果、図15－3のように、祖父母や親の屋敷の近くに親族がまとまって居を構えることになる。またビリーアは、子らの相続地のいずれにも一定規模の水源があるよう土地を分配した。若い世代からみた祖父母や親はその土地の相続者であり、彼らの所有地の利用権を得て居を構えるので、その水源を共用できている。

以上のように、住民に「安心」と「自由」を感じさせる要素のうち「食べることができる」「危険がない」「よく知った場所である」「自然が豊かである」「家族がいる」「集落全体が大家族で顔見知りである」は、土地の所有権と利用権について定めた集落内部のルールによって構築された環境であることがわかる。土地所有権の売買と生前贈与を認めず、土地所有権の相続と利用権の付与をビリーアの直系の血族にかぎってきたことで、親族が近接して居住する空間が形作られた。結果的にそこは住民にとって「よく知った場所」であり「家族がいる」生活環境になった。また、ビリーアの直系の血族にかぎって土地の所有権が相続されるので、集落全体が親戚関係で構成された。そこでの人間関係は近しいため、相互扶助関係や信頼関係が成立しやすく、住民からみてそれは「危険がない」コミュニティになる。また、ビリーアが子らに水源などの自然資源の面で不足がないように土地を相続させたので、住民は、祖父母や親の所有地の利用権を得ることでその「自然の豊かさ」の恩恵を受け取れる仕組みになっている。

共有財産としての土地と運用のルール

さらに、集落の内部ルールでは、自分に所有権や利用権が認められている土地であっても個人の判断でそれらを外部に譲渡することを認めていない。だがこれまでに例外もあった。

それは、集落でオゾーリオ事件と呼ばれている。オゾーリオ（Osorio）という名の住民が、母親の所有地で利用権を得て養豚を営んでいた。ある日よそから人がやってきてその区画を柵で囲い込んだため「オゾーリオが土地をよそ者に売った」と大問題になった。住民が問題視していたのは、その土地はオゾーリオのものではないので、囲い込んで勝手に売買することは許されないという点だった。ところが、集落のための小学校の建設予定地を市役所が探しておりその申し出を受けてオゾーリオが無償の譲渡に応じたためだと判明すると、住民は一転して彼の行為を賞賛した。オゾーリオ事件のエピソードからは、集落の内部ルールでは、土地利用について「集落全体の利益になるならば、外部に土地を譲渡しても構わない」という基準があることがうかがえる。

一方で、集落の共有地であるランバリの丘には、集落の年配者の利用権が入り組んで存在しているものの、居住地にみられた厳密な運用ルールがない。住民はランバリの丘を住民ならば誰でも自由に利用できる共有地とみなしている。たとえば、操業停止処分の間も、区画Ａをその利用権保有者である親族だけで占有していたわけではない。すべての住民に、区画Ａへの自由な立ち入りと利用が許されていた。区画Ａでの採石だけで生計を立てる者もあれば、周辺地での臨時の雇用からの収入を得ている者もいた。区画Ａには経済状況の違いで住民の利用権を区別したり制限するルールもなかった。ランバリの丘は、住民すべてに開かれた場所だからである。

だが、利用にあたりルールがまったく存在しないわけではない。たとえば、ランバリの丘の区画Ａにアルミニウム精製企業の事業を受け入れるかどうかは、区画Ａの利用権をもつ住民が判断した。大規模事業の受け入れなど住民生活への影響が大きい土地利用の申し出については、その区画の利用権をもつ住民――ランバリの丘の場合、集落の年配者の誰か――が判断することになっていた。そして、その判断基準は、集落全体の利益になるかどうかにあった。石英採掘事業の受け入れは、それが住民全体に十分な雇用をもたらすという見込みにもとづく判断だった。

つまり、事例集落の土地では、内部ルールによって住民個人に対して土地の所有権や利用権が与えられていたが、それらは同時に、集落の共有財産として住民全体の利益のために用いるというルールの下で運用されてきたのである。

住民からみた集落の存続意義

集落の土地の運用実態を踏まえたうえで、住民がなぜ違法開発を続けながらその集落に住み続けるのかを考えてみたい。調査の結果を総合すると、住民は、ビリーア農園という「顔のみえる」コミュニティが住民にもたらす〝心地よさ〟を重視しているからだと考えられる。すなわち、「食べることができる」「危険がない」「よく知った場所である」「自然が豊かである」「家族がいる」「集落全体が大家族で顔見知りである」といった快適さを住民は重視していたのである。また、この〝心地よさ〟は偶発的にもたらされたものというよりも、集落内部の公的な仕組みによって創出されたものである。生存を保障する相続地の分配、直系血族に限定された土地所有権の相続などの結果、親族がまとまって屋敷を構え、集落内部の社会はすべて親戚関係で構成された。そのために、身近に相互扶助を見込める人間関係が築かれた。これらは、住民に「安心」と「自由」という快適さをもたらす集落独自の福利システムとして機能している。

この独自の福利システムを代々維持するには、集落の土地を共有財産とみなして内部ルールで運用する住民意識の涵養と実際の実践の持続が条件になる。なぜなら、集落の土地利用の内部ルールは明文化されておらず、住民の営みそのものによって構築され・認識され・維持されてきたものだからである。

このように考えると、ビリーアが集落の共有財産として直系血族の子孫らに遺したランバリの丘はこのような集落独自の福利システムを成立・維持させる基盤になっているといえる。アルミニウム精製企業の事業を二〇年間受け入れたことで、集落は人口を増やし、そこでは独自の土地利用ルールの実践が維持・継続された。人口増加によってそのような実践を日々更新することはこの福利システムの基礎となりそれをより強固にしたはずである。このような見方をすれば、国家が鉱業権にもとづきランバリの丘の地下資源を利用規制することが集落の住民にとって理不尽に映ることを理解できるだろう。区画Aで違法に採石していた住民は、最初の操業停止処分時に次のような違和感を述べていた。

〔区画Aの利用に関わり、これまで〕誰もなにも払っていない。なんにも払っていない。本人が決めた部分ならそれで問題ない。別の人が失業してきたら、「ならここをとれよ」って。また別の人がきたら、「じゃあここをとれよ」って。集落の土地だ。問題ないさ。(12)

彼らは、集落独自の福利システムを構築・維持する基盤としてビリーアが自分たちにランバリの丘を与えたと理解している。その土地の利用の仕組みは祖先が築き、独自の福利とともに代々受け継いできたものなので、外部のルールでその土地の利用に多額の費用がかかることや違反金を課されることに違和感をもっているのである。その費用を軽減するという州の環境政策審議会が示した優遇措置は、周囲の関係者が想像するよりも集落住民にとって受け入れがたいことだったと考えられる。そして、住民の最終判断は、外部ルールにのっとった利用にかかる費用の支払いを受け入れたうえで経済的な優遇措置を受けることよりも、内部ルールを優先させて集落独自の福利システムをできるかぎり維持してそのシステムがもたらす幸福と利益を受け続けることだったと考えられる。優遇措置を受け入れれば区画Aの利用にかかる個々人の費用の支払いが軽減されるという経済的な便益がもたらされたはずだ。また、事業が合法化されれば法的に認められている安心感を得られたはずである。だが彼らはそれらよりも、コミュニティが彼らにもたらす〝心地よさ〟の享受と、それを住民にもたらす福利システムを維持することを優先させる判断をしたと考えられるのである。

5　コミュニティがもたらす〝心地よさ〟

以上のように、人間が法的・経済的な安心感よりもコミュニティがもたらす〝心地よさ〟を優先させた事例を示した。本章の問いにひきつけてこの事例の意味を解釈するならば、人間にとってコミュニティが存続しなければならない理由とは、コミュニティが構成員にある種の〝心地よさ〟をもたらすことがあるからだ、と回答できるのではないだろうか。その〝心地よさ〟とは、直接的には、親族のネットワーク、友人関係、共通の職業、共通利害と密接な構造などのコミュニティの成り立ちによってその構成員の食や安全、雇用などが保障される「安心」や「自由」に由来するものだろう。だが、事例にはそれだけではない〝心地よさ〟までが保障されていた。それはどのようなものだっただろうか。

公共機関や民間団体による福祉的なサービスが充実した社会では、「安心」や「自由」は税金や利用料金の支払いによってある程度保障されている。経済的な財でそれは手に入れることができる。ビリーア農園に経済的な優遇措置を提案した行政機関の職員や環境ＮＧＯなどは、そのような見解の上にたって集落住民の福利システムに配慮を示していたはずである。

だが、ビリーア農園の住民にとって彼らのコミュニティがもたらす〝心地よさ〟は、そのような経済的な財で保障される「安心」や「自由」とは少々質の違うものなのである。たとえば、区画Ａで違法に採石していた住民が、区画Ａの利用は条件なしに住民全員に当たり前に開かれているべきだということにこだわった発言をしていることからもその質の違いをうかがうことができる。事例地集落のコミュニティが構成員に与える「安心」や「自由」の基盤はなんの見返りもなく「当たり前に」与えられるもの、つまり贈与的な財であるべきものなのである。もちろんそれが与えられる人間を限定する資格条件がある。それは、コミュニティにメンバーシップを認められた存在だということである。その条件を満たせば、住民はコミュニティから無償で、食や安全、雇用が保障される「安心」「自由」を得ることができる。それだけでなく、そのような「安心」「自由」の基盤が贈与的な財として与えられるための資格条件を満たしていることをその財の利用から日々実感して自己存在を肯定する〝心地よさ〟を感じているのである。彼らにとってそのようなコミュニティは、自身の生が強く肯定される圧倒的な〝心地よさ〟をもたらす社会として存在している。「生まれてきたこと」「そこに在ること」が社会的に祝福される〝心地よさ〟といいかえることもできるだろう。それは、法的な保護や経済的な財で充実した福祉的なサービスを受けられる社会にあってもなかなか得られないものであり、事例集落の住民にとっても簡単に手放すことができない代替不可能な〝心地よさ〟だったと考えられる。[13]

6　コミュニティの存続と豊かな生のあり方が守られる社会

コミュニティ概念についての議論を整理したデランティによれば、今日みられるコミュニティへの高い関心は、グローバリゼーションによって引き起こされた帰属意識の悪化と危機に対するひとつの反応だという（Delanty 2003＝2006：4）。私たちがいまこのようにコミュニティのこれからを考えようとしているのも、そのような反応のひとつなのだろう。対話を通じたヴァーチャルな集まりまでもがコミュニティ概念の一部に含みこまれるようになったいま、帰属や連帯を求める人間の心はいっそう強まっているようにみえる。

そのようないまの社会に対して、本章で紹介したブラジルの事例はひとつの範を示したのではないだろうか。それは、連帯や帰属を求める人間の心が強まっているなか、歴史上、物理的・経済的にもっとも不利益を被ってきた人びとの集まりであるブラジルのブラック・ディアスポラには、連帯・帰属意識を保障するコミュニティ機能が備わっており、構成員の存在を強く肯定していたということである。そのような連帯・帰属意識によってもたらされる〝心地よさ〟は、コミュニティの外側にいる人びとからみれば、法的・経済的安心さえあれば「なくても生きていける」ものだろう。そして、法律に違反して、経済的な優遇措置の受け入れまで拒んで、その〝心地よさ〟の享受を第一に考えようとする集落住民の選択は、「わがまま」「贅沢な願い」あるいは「時代遅れ」なものに映りその思いを一蹴してしまうだろう。そのような安穏とした〝心地よさ〟なしでも人間が生きていけることは、連帯や帰属の不安定な現代社会を生きる私たちの誰もが身をもって知っているからだ。だが、私たちの見方を次のように変えることはできないだろうか。連帯や帰属を求める現代の私たちにとって、そのような〝心地よさ〟は、心の底で強く求めていることでもある。それは別になくても支障のないものだが、あればより望ましい。それならば、そのような機能をもつコミュニティは、人間にとって存続する方がよいのではないかと。

このように見方を変えれば、集落住民の行為をただ咎めるのではなく、むしろ社会秩序を乱してまで存続させたいと願う彼らのコミュニティはいったいどのようなものなのかという疑問が生じるだろう。また、その実態を知れば、構成員の存在を強く肯定する独特の「安心」と「自由」をもたらすことができるこの希有なコミュニティを私たちの社会はどうにか守り抜けないのだろうかと思案し始めるかもしれない。そのようなコミュニティを失うことはそこで実現されてきた人間の幸福な生き方のひとつが私たちの社会全体から失われることに他ならない。私たちがより豊かな生のあり方を考えるために、贅沢に映る幸福な生のあり方を社会の内部に存続させ、包蔵していく選択肢もありうるだろう。そして、人間社会にとってそれは前向きな意義をもつ選択になるはずである。

注

（1）本章のデータは二〇〇五年三月六日～三月二一日、八月二二日～一〇月一日、二〇〇九年二月一一日～三月一〇日に実施したフィールド調査にもとづく。
（2）この問いとデータについては小野（2015）に詳細を記した。
（3）事例地周辺では、将来的な事業利用を見込んで地下資源に恵まれた区画の鉱業権を事前取得しておく行為が日常的にみられる。またそのさい、事業着手まで区画を放置することが常態化している。区画AとBのケースも同様である。鉱業権取得者が、権利取得後、数年にわたり事業を実施せず区画AとBを放置していた。そこに、ビリーア農園の住民と区画Bの事業主が侵入し、地下資源を違法に採取して利益を得ていたのである。
（4）ミナス・ジェライス州の環境政策審議会の元委員への聞き取りにもとづく。二〇〇九年三月五日実施。
（5）ミナス・ジェライス州環境官庁職員への聞き取りにもとづく。二〇〇九年三月五日実施。
（6）環境NGOへの聞き取りにもとづく。二〇〇五年一〇月一日実施。
（7）住民への聞き取りにもとづく。二〇〇九年三月六日実施。
（8）住民への聞き取りにもとづく。二〇〇九年三月一日実施。
（9）住民への聞き取りにもとづく。二〇〇九年三月一日実施。
（10）地層に沿って板状の珪岩を切り出す作業であり、二人一組で取り組むが、組み合わせは固定されていない。作業をする者同士でそのつど誘い合う。週に三〜四日ほど定期的に働く者もいれば、金銭が尽きたら働くという者もいる。行政機関による巡回の少ない早朝から昼前までの時間帯を中心に、四〜六時間程度作業をする者が多いが、決まりはない。

（11）それゆえ、集落の各家には「ビリーア農園」以下に続く住所が存在していない。

（12）住民への聞き取りにもとづく。二〇〇五年九月二五日実施。

（13）だがたとえば、戦前日本の地域社会にみられたようなコミュニティについては、構成員に対して〝心地よさ〟とともに〝息苦しさ〟ももたらしていたことが指摘されている（宮本 1984）。本章で論じてきたようなコミュニティがもたらす〝心地よさ〟とあわせて、その〝息苦しさ〟については、慎重に議論を重ねる必要があるだろう。

文献

Delanty, Gerard, 2003, *Community: key ideas,* Routledge.（＝二〇〇六、山之内靖・伊藤茂訳『コミュニティ――グローバル化と社会理論の変容』ＮＴＴ出版。）

Lyons, Colleen and M. Scanlan, 2011, "Spaces of Silence and Efforts toward Voice: Negotiation and Power Among "Quilombo" Communities in Southern Bahia Brazil," *Afro-Hispanic Review,* 30, November 2, 115-132.

Martin, Joanne, Mitchell and Elmer P. Martin, 1985, *The Helping Tradition in the Black Family and Community, Silver Spring,* MD: National Association of Social Workers.

宮本常一、一九八四、『忘れられた日本人』岩波書店。

小野奈々、二〇一五、「環境ガバナンスにおける環境正義の問題点――アフリカ系ブラジル人の鉱山コミュニティに対する環境保全と開発支援の事例研究」『環境社会学研究』21：七四-八一頁。

Segal, Ronald, 1995, *The black diaspora: Five centuries of the black experience outside Africa,* Macmillan.（＝一九九九、富田虎男監訳『ブラック・ディアスポラ――世界の黒人がつくる歴史・社会・文化』明石書店。）

第16章　地域コミュニティと無縁墓の守りの方法

——沖縄県竹富町波照間の事例から

藤井紘司

1　地域生活の課題と墓地行政

近年、無縁墳墓（葬られた死者を弔うべき縁故者が不在となった墳墓）の数が増加しているという。少子高齢化や過疎化、ライフスタイルや家族観の変化により、民法上の祭祀財産である墳墓の承継者を確保することができなくなっているからである。虫食い状に草木に覆われた無縁墳墓が増えることで墓地が荒廃し、それらの撤去費用による財政圧迫、はては墓石の不法投棄などが、新たな政策課題にのぼっている。

これらの問題に対し、近年の墓地行政の基本的な方針は、墓地の区域化・集約化と無縁墓の合葬式共同墓（無縁塔）への改葬を軸としている。一九九九年の「墓地、埋葬等に関する法律施行規則」の改正により、墓前に連絡を求める立札を立て、官報公告から一年間の猶予期間に縁者が名乗り出ない場合、無縁墳墓と認定されるようになった。こうした改葬の手続きの簡素化により、無縁墳墓を合葬式共同墓などへ改葬し、空いた墓地を新たに貸し出すという〝墓地の循環〟が企図されているのである。

本章でとりあげる沖縄県の例では、公共事業や宅地開発による無縁墳墓の改葬が全県でもっとも高いという（森

2005：18-19)。もとより散在する傾向にある沖縄の墓制に加えて、公共事業への高い依存率や、戦災や過疎によって死者を弔うべき縁故者が不在となってきたことがより拍車をかけてきたからである。

現在、八重山郡でも墓地用地の集約化を図る墓地基本計画の策定が進んでいる。(1) たとえば、石垣市では、市街地の拡大で墓が集積する区域に住宅が建つようになり、住宅地と墓地とが混在する市街地が形成されつつある。一方、墓地用地の不足から市街地周辺で墓地の拡散が進んでおり、二〇一三年、石垣市は無秩序な開発にならないように、墓地区域および墓地禁止区域を設定する墓地基本計画の素案を作成している。素案によると、少子高齢化の進展による無縁墓の増加に対し、墓地管理の代行促進や管理型墓地の利用をうながす必要があると指摘している。

また、竹富町自然環境課では、沖縄振興特別推進交付金（一括交付金）事業を活用した島々の景観形成事業の一環として墓地に関するアンケート調査や墓地実態調査を実施している。竹富町墓地基本計画（二〇一五年七月）によると、二〇一四年時点で町内には九七〇基の墳墓が点在し、そのうち、所有者不明や無縁墓などは一〇〇基近くにのぼっているという。この墓地基本計画は、墓地の散在を防ぐことや墓地の計画的な集約を図ることで生活環境の保全、観光地としての質の高い景観の保全に寄与することを目的としている。

各自治体が墓地基本計画の策定に取り組んでいるものの、無縁墳墓をめぐって課題となるもののひとつが所有権の問題である。『毎日新聞』（二〇一六年九月二三日付）によると、熊本地震で被災した市営の墓地では、墓石全体（約一万八〇〇〇基）の約六割にあたる約一万三〇〇〇基が倒壊している。しかしながら、墓石は私有財産にあたり、移動するには所有者の事前承認を取る必要があり、墓地の復旧において法の壁が立ちはだかっている。

また、民法第八九七条（祭祀に関する権利の承継）の規定によると、墳墓の所有権を承継するものは「祭祀を主宰すべき者」とゆるやかなものである。とはいえ、公営墓地の規定の多くでは、承継者の範囲を民法上の「親族」（六親等内の血族、配偶者、三親等内の姻族）にかぎっている。そのため、墓の承継者を特定する際には、こうした「親族」関係のみがクローズアップされることになり、「親族」ではないものが墓守りになるということは通常想定されてこなかったといえる。

すなわち、私的所有権の障壁や承継者を「親族」にかぎるとする規定は、無縁墓をめぐる課題を地域社会で議論するべき対象であるとする認識を希薄にさせてきたといえる。地域社会から切り離された墓は、地域として対応するための方途の不在を招いているのである。本章では、小さなコミュニティはゆりかごから墓場まですべての面倒をみる組織との指摘（Redfield 1956）を受け、小さなコミュニティがどのようにこうした問題群をかいくぐり無縁墓と向きあってきたのかをあきらかにすることを目的とする。

本章でとりあげる沖縄社会は戦争にのみ留まらず、災害、政策、過疎といった生活条件の大きな変化を被って、無縁とならざるをえない墳墓と向きあってきた地域といえる。事例をさきどりすると、本章では、沖縄県八重山郡の竹富町に位置する波照間島をフィールドとし、縁故者がいないにもかかわらず祀られている多くの墓や、行政による処分方法とは異なる小さなコミュニティによる役割を終えた無縁墓の仕舞い方をとりあげる。

2　地域の概況

波照間島は沖縄県の南端に位置する八重山諸島のなかでも最南端の島であり、石垣島の中心部から約六〇キロ南西に位置する。島名の由来は「果ての珊瑚礁（ウルマ）」であり、亜熱帯域にある面積一二・七平方キロほどの扁平な島である（国土交通省国土地理院 2016）。中央の海抜六〇メートルの高まりからゆるやかに海岸に傾斜し、第三紀層の島尻層群の泥岩（クチャ）や琉球石灰岩からなる。琉球石灰岩は化学風化で容易に溶けるので、各地にドリーネの窪地をつくり、下層の不透水層の泥岩との接点地点には湧泉が発達している。現在の行政区分では、小浜島や西表島、竹富島、黒島、鳩間島、新城島などからなる竹富町に属している。

島には五つの集落（冨嘉・名石・前・南・北）があり、もっとも古い集落の冨嘉は島のやや西部に位置し、その他の集落は島のほぼ中央部にかたまっている。島の自治組織である波照間公民館の執行部は、計一五名の代議員（集落ごとに三名の推薦）からなる。二〇一八年現在、波照間島の世帯数は二六四世帯、人口は四九六人である（竹富町

2018)。たいへん小さな島ながら、戦前は一五〇〇人以上の人口を数えていた。しかしながら、後述する戦争マラリアという戦災を被り、島民の三分の一が亡くなり、その後、慢性的な人口流出が進んでいる。

波照間島の産業は戦後しばらくまでいわゆる半農半漁であった。カツオ漁を主とする漁業は男性が受けもち、漁獲物の加工の段階で、女性が手を貸した。農業は畑作を中心とし、イモや粟、麦、サトウキビ、玉ねぎ、大豆などを栽培した。主食はイモや粟で、これらに魚や野菜を添える食事であった。昭和三〇年代に入ると、カツオ漁は衰退し、島内の田畑の多くがサトウキビ畑へと置き換わった。島の産業別就業者は、第一次産業九六人、第二次産業二五人、第三次産業一三〇人、計二七一人となっている。第一次産業の内訳は、農業九二人、漁業四人で、全農家一〇五戸のうち一〇一戸がサトウキビを栽培している（農林水産省 2011）。島内の総経営耕地面積は四万三四七五アールあり、そのすべてが畑である。

沖縄県では、明治政府による一八九九年から一九〇三年にかけての土地整理の執行により近代的な土地所有権が確立した。土地整理以前はというと、沖縄本島では、地割制により耕地の大部分は村落の共有地であり、定期的に割替えてきた。仕明地という開墾地には、私有が認められているものの、家産として相続継承すべき耕地は原則として存在しなかった。

とはいえ、こうした旧慣制度の内容は琉球王国の全域に共通しておらず（植松 1996）、先島諸島（宮古諸島・八重山諸島）では、生産力の低い低度利用の耕地が多かったので、頭数を基礎とし貢租総額を算定する人頭税方式が取られてきた。村落内での売買譲渡が許されていた屋敷地は無税であり、家産としての意味が古くから存在していた一方、耕地に関してはその実態が不明である（植松 1996：151）。ただし、各家の占有は確認することができる(Ouwehand 1985＝2004：141)。こうした土地が明治の土地整理により、私的所有の対象となった。

波照間島には、もともとまとまった墓地がなく、墓は集落の周辺や島の北部に散在している。由来のわからない墓も数多くあるが、墓の形態からある程度はその新旧を把握することができる。『波照間島民俗誌』を執筆した宮良によると、墓の新旧は古いものから順番に、第一期：崖のくぼみに放置する崖葬墓、第二期：珊瑚礁の石垣を四角に積みめぐらし、その上に簡単な茅を葺いた墓、第三期：茅葺の代わりにカチョーラ（やや曲がった形の珊瑚の板石）を置いた大型の墓、第四期：亀甲墓という四形態に分類することができるという（宮良 1972：81）。現在、祀られている墓は基本的に第三期と第四期のものであり、第二期の墓はシッパカ（捨て墓）といい、野ざらしの墳墓になっている。

3　無縁墓を祀る

本節では、無縁となった墳墓を祀っている事例をふたつとりあげる。前者は小さなコミュニティによる対応であり、後者は家単位での対応である。

「無縁墓」の新造と土地改良区

図16－1　公民館の管理する「無縁墓」

注：墓標には「無縁墓」とある。後景には土地改良区が広がる。
出所：筆者撮影（2015年８月29日）。

まず、土地改良事業の際に新造した「無縁墓」をとりあげる。「無縁墓」と刻んであるこの塔式墓は、一九九九年三月三〇日、町有地に建立したものである。「工事完成届」や「検査調書」によると、竹富町が一般財源（単費）から五〇万円を支出し、土地改良事業の工事請負業者に発注している。土地改良事業の対象となった耕地や取り壊した捨て墓など、〝あっちこっち〟から拾い集めた古骨を祀ったものであり、現在、地域コミュニティである波照間公民館が旧盆（ソーロン）後に除草し、焼香をあげている（図16－1）。

二〇一一年、町は西表島の南風見に合葬式共同墓である「竹富町納骨堂」を整備した。町内の西表島の高那や小浜島、黒島などに分散してあった複数の納骨堂の老朽化が著しかったので、それらをひとつにまとめるために、町が新たに設置したものである。各公民館の要望を聞きつつ、土地改良事業や草地畜産基盤整備事業、港湾整備事業の際に収集した遺骨や行旅《こうりょ》死亡人の遺骨など計七三柱を納めることになった。しかしながら、波照間公民館のみが好意的な提案であった行政による合葬を拒否し、「竹富町納骨堂」への改葬を望まなかったのである。

なにゆえに、改葬を拒否したのであろうか。この墓を新造する契機となったサトウキビ栽培をめぐる島ぐるみの土地改良事業の経緯をふまえつつ、以下、土地を利用することと死者供養とが結びついていることをあきらかにする。

波照間島でのサトウキビ栽培は、一九一四年に名石集落の石野伊佐・冨底宇戸らにより、石垣島から苗を移入したのが始まりである（宮良 1972：41）。その翌年、両人を中心に砂糖組（サッターグミ）を結成し、一九二四年には、冨嘉・名石・前・東（南と北）といった集落単位の砂糖組を結成している。当時の小型製糖工場では、牛を動力に搾汁し、樽詰めの黒糖を出荷していた。昭和三〇年代に入ると、エンジンや圧搾機による製糖が始まり、各工場では一日に一五トンほどの製糖をおこなった。一九五九年、琉球政府は糖業振興法を立法制定し、基幹産業としての糖業振興を図るなか、集落ごとの製糖組合の代表者の協議により、一九六三年、集落単位の工場はその役目を終え、大東製糖㈱と島民とが共同出資した中型製糖工場である波照間製糖工場が含蜜糖（黒糖）生産を開始した。

このころ、サトウキビ栽培への傾倒により天水田が消滅した。その以前はというと、大正期から戦後しばらくの間、換金のできる鰹節製造が島の基幹産業を担っていた。最盛期には八艘のカツオ船を有し、一艘につきひとつの鰹節工場を経営する盛況ぶりだった。地租改正による現金納への移行や貨幣・市場経済の浸透により、島の生活にとっては欠くことのできない貴重な現金収入の手段であった。しかしながら、昭和三〇年代に入ると、餌不足や鰹節の値下がりなどにより、カツオ漁は次第に衰退していった。島ぐるみのサトウキビ栽培への舵きりは、カツオ漁が衰退するなかでの切実な選択であったのである。

鰹節以外にきわだった現金収入の手段がなかった島では、「キビ作で生かして使え宝の天水田」「糖業で新しい時代の村おこし」「キビ作で灯そう島に文化の灯」といった立札をあちこちに立て、サトウキビ栽培の意欲を盛り立てたという（竹富町史編集委員会町史編集室編 2004：499～500）。生鮮野菜などの出荷には不利な隔絶した島は、自給自足的な農業から島内で加工のできるサトウキビ栽培に転換したのである。

島ぐるみの新しい中型製糖工場は一日に一〇〇トンの処理能力をもっており、従来の労働交換からなるユイマールによる収穫作業（キビ刈り）から賃金制を加味した形態へと改変し、工場への安定的な原料の供給を図っている（島袋 1998）。この方法による協同作業には全農家が加入し、一〇～一五戸の農家が一単位となる収穫組を編成した。現在では、一組当たり三～一〇戸に減少しているものの、この仕組み自体は四〇年間以上存続している（宮西 2005）。組長は各農家が一～二年交代で担当し、工場の指示にもとづき輪番で収穫ほ場や量を割り当てる。五分単位の時給制の賃金は、男女・年齢別の作業能力に応じた八段階に区分している。これらの収穫組と工場との連携・スケジュール調整により、品質の高い黒糖生産が図られている。

サトウキビ栽培への舵きりは、工場の新設や労働組織の改変、そして基盤整理の実施により進められてきた。現在に至るまで、波照間島では、かんがい排水事業や農道整備事業などを含め、数々の基盤整理を実施している。一九七九年に始まった島の土地改良事業は、ドリーネなどの地形や自然条件によって不定形な形をしていた耕地を、機械化を前提とした方形の耕地割へと置き換えている（島袋・渡久地 2001）。土地改良事業は二〇〇〇年に完了し、現在では、幾何学的に整備された広大な耕地が広がっている（図16－2）。

もともと島内の耕作可能な土地は狭隘であり、耕地の細分化が極度に進んでいたので、土地改良事業は難儀なものであった。くわえて、土地を耕していると出てくるミャーブルス（古骨）や由来のわからない野ざらしのシッパカ（捨て墓）が多く散在していた。畑のなかの朽ちた墓はながらく手つかずの状態にあった。効率的なサトウキビ栽培を目的とする土地改良事業に際し、これらの墳墓を取り壊していく必要があったのである。

墳墓の取り壊しは後ろめたいものであり、この作業を正当化する言い分を形成している。島の基本的な葬制をふまえた〝弔いあげの論理〟である。この地域の葬制の第一段階は墓の玄室の中央に棺を収める墓入れであり、第二

図16－2　土地改良区と公民館の関与する墳墓地

注：墓地集約区域候補地は「竹富町墓地基本計画」を参照した。基盤整理では，採掘した泥岩を土地改良区の客土とし，採掘による窪地は地表集水方式貯水池として利用している。
出所：地籍図に加筆して作成。

段階は墓入れから三～五年後に開棺し、骨を洗い清める（シィンクチィ）。第三段階は三三回忌にあたり、骨壺（クチィカミ）に納められた故人の骨を墓の奥に積み上げてある古骨に混ぜる。この三三年忌のことをウサギヌコウコーといい、この語彙は、ウサギルン（押し上げる）＋ヌ（格助詞の「の」）＋コウコー（供養）からなる（Ouwehand 1985＝2004：335）。すなわち、三三回忌は死者の魂を「カンナリィオーリタボーリ（神になってください）」と、天に押し上げる弔いあげの契機となっている。

この弔いあげのしきたりに準ずると、捨て墓の魂はすでに昇華していることになる。墳墓の取り壊しは後ろめたいものではあったものの、この弔いあげの論理を口実にすることで、工事請負業者や土地改良区の農家らはこれらの捨て墓を処分し、土地改良事業を進めることができたのである。筆者が見聞したかぎりでは、これらの墳墓の処分に対し、なにかしらの違和を唱える語り口に出くわすことはなかった。土地改良事業の際に拾い集めた捨て墓の破片は、集積場に積み上げている。

土地改良事業の対象となった耕地の〝あっちこっ

ち〟の捨て墓から拾い集めた骨や事業に必要な砂利を採取した西浜に埋まっていた大量の古骨を「そのままにはしてはいけないな」(2)と思ったことから墓を新造している。元来、無縁仏に対しては、旧盆の行事であるムシャーマでのニンブチャー（念仏踊り）やイタシィキィバラ（邪気払い）など、むら単位で処してきたので、これらの取り組みはその延長ととらえることができる。とはいえ、なにゆえに「竹富町納骨堂」への改葬を拒否したのか、その理由については「波照間から出てきたものだから」(3)といった以上の意見を聞くことはむずかしい。

次に、家単位で祀っている無縁墓、すなわち、〝預かり墓〟に対する理解を通じ、なにゆえに公民館が「無縁墓」を祀っているのか考察する。家単位で祀っている論理と「無縁墓」を祀る論理とが通底しており、家単位で祀ることがむずかしい場合に、小さなコミュニティによる守りが生じると考えられるからである。

預かり墓と焼香地

島には、家単位で代々祀っているアジィカリィパカ（預かり墓）と呼ぶものがある。ここでは、六つの墓を管理しているA家をとりあげる。この家の抱える多数の墓の情報をふまえることが、あわせて島の歴史的な経緯を追うことにつながるからである。

A家は、沖縄本島勝連半島にゆかりのある家と考えられている。首里王府下の八重山諸島では、公認の家譜を有する士族階層と平民階層とに分けられていたので、家譜の作成が禁じられていた平民階層のA家の一九世紀半ば以前の親族関係を読み取ることはむずかしい。現在の当主（一九一七年生）の祖父母には、子どもが生まれなかったため、隣家のB家の四男を養子に迎えている。この養子が現在の当主の実父である。

現在、A家では七町歩ほどのサトウキビ畑を所有するに至っている。この土地の集積は後述する島の預け預かり慣行と関連しているようである。実際に墓と関わる契機である盆行事（ソーリン）に焦点を当てると、その実態があきらかになる。島では、先祖迎えの日（シキルピン）の前に、雑草の繁茂する墓の除草や清掃をし、盆の始まりを告げる焼香をする。A家では六つの墓（ⓐ・ⓑ・ⓒ・ⓓ・ⓔ・ⓕ）を回っている（表16-1）。一日で回りきること

表16－1　A家の管理している墓

墓の名称（家名）	対になる屋敷の所在地	墓の情報 タイプ	状　態	預かった時期
ⓐ　古墓・元墓（A家）	南集落	第三期	自家の墓	——
		・現在，納められた骨で満杯の状態 ・墓の側面に早くに亡くなった子の墓室		
ⓑ　シィビラの墓（A家）	南集落	第四期	自家の墓	——
		・シィビラ道沿い（1987年，新造） ・曽祖父・父・母の遺骨を古墓（ⓐ）から改葬 改葬の選択は穀籤による（米粒をつかむ，偶数可・奇数不可）		
ⓒ　メダレーの墓（不明）	冨嘉集落	第三期	預かり墓	不明（おそらく150年以上前）
		→現在，A家が**墓**と**焼香地**を預かる →**屋敷地**には，隣家の分家が入る		
ⓓ　——（不明）	南集落	第三期	預かり墓	不明（おそらく150年以上前）
		→現在，A家が**墓**と**焼香地**を預かる →**屋敷地**には，隣家の分家が入る		
ⓔ　ターレーの墓（B家）	南集落	第三期	預かり墓	昭和30年代
		→B家の絶家により，A家が**屋敷地**と**墓**，**焼香地**を預かる		
ⓕ　——（不明）	不明（冨嘉集落？）	第三期	預かり墓	昭和30年代
		→B家の絶家により，A家が**墓**（＋焼香地？）を預かる もともとはB家の預かり墓か（おそらく150年以上前）		

出所：筆者作成。

はむずかしいので、何日かに分けて墓掃除（パカソージィ）をしている。一九八七年に新造したⓑの亀甲墓以外は、宮良の分類でいう第三期（カチョーラを置いた大型の墓）のものである。この亀甲墓は島の北部の鬱蒼とした森の中にあるA家の古墓・元墓（ⓐ）が納められた骨で満杯の状態になっていたので、車で通えるようにシィビラ道沿いに新造したものである。このふたつの墓（ⓐ・ⓑ）がA家のものであり、その他の墓は預かり墓となっている。

このうち預かりの経緯がわかっているものは、昭和三〇年代に構成員の絶えたB家から預かったⓔとⓕの墓である。B家の屋号はターレーといい、船頭の意味である。古い家らしく、敷地の南東部には屋敷神（ヤシィキィンカン）を祀っていた。このB家の衰退の背景には、戦争マラリアによる戦災があった。第二次世界大戦の末期、波照間島から西表島に疎開した住民がマラリアに集団り患し、多数の被害をもたらしたものである。当時、一日に二度死人を担ぐことがあるほど〝毎日葬式〟であった。

戦時下、B家には家長夫婦と長女、長男、四女、五女が住んでいた。ところが、昭和二〇年の初夏から夏にかけて、家長夫婦と長男、五女がマラリアにより次々に亡くなった。生き残ったのは長女と四女だけであった。戦後、長女は結婚し、B家を継いでいたものの、この長女が亡くなったので家族は島を出た。そのため、親族ら関係者が集まり、誰がB家を預かるのかを話し合った。基本的には、日常生活の基礎単位となるウトゥザマリという双系的な親族関係にある家がこうした家を預かるようである。

B家の所有地の所有権移転先をまとめると、墳墓地の所有権は移転していないものの、屋敷地や耕地の多く（面積に換算すると、田：七九％・畑：九七％）はA家へと移転している。これらの耕地をパカサリィヌピテ／タナという。この語彙の組成は、パカ（墓）＋サリィ（添える）＋ヌ（格助詞の「の」）＋ピテ（畑）／タナ（田）であり、〝墓に添えられた耕地〟を意味している。現在では、もっぱら焼香地と呼んでいる。預かる家は基本的に自家の労働力との兼ね合いから、良い耕地を選択して預かるので、集落から遠く離れた条件の悪い小耕地などは放棄されることがあるという。

すなわち、波照間島の預け預かり慣行は、構成員の絶えた家の焼香の義務を他家が承継しつつ、それらの家のもっていた耕地を焼香地として利用することができるところに特徴がある。家を預かるということは、屋敷（宅地）や墓、耕地などをセットで預かることを意味するのである。B家の処遇をめぐって話し合いを開いていた当時、島では土地改良事業を進めていた時期であり、B家の耕地を預かるためには、ある程度の資金力が求められていた。その余力があり、かつ「父の生家だから」[4]とA家がB家の世話をすることになり、以降、A家が屋敷や墓（ⓔ・ⓕ）、焼香地を預かっている。

一方、ⓒとⓓの墓を預かる経緯は不明である。とはいえ、その墓とセットになる屋敷地の情報は伝わっている。ⓓは南集落のある屋敷地に住んでいた家（家名不明）の墓である。現在、この屋敷地には隣家の分家が入っているので、A家ではⓓの墓と焼香地とを預かっていることになる。

特筆すべきは、冨嘉集落の周辺にあるⓒの墓である。この墓は冨嘉集落のメダレーという屋号の家のものであり、この屋敷地にはいつしか隣家の分家が入り、いまや、この家を預かったA家の当主のみがメダレーという古い屋号を記憶に留めている。興味深いのは、B家から家を預かった際に、B家の墓（ⓔ）と一緒に預かったⓕの墓もまた冨嘉集落の周辺に位置しているという事実である。おそらく、このふたつの預かり墓（ⓒ・ⓕ）は、一七七一年の津波とその後の寄百姓という政策に由来するものと考えられる。

一七七一年の明和大津波は先島諸島（宮古諸島・八重山諸島）に甚大な被害をもたらした。この津波の被害の大小は地域によって大きく異なっており、津波の被害状況をまとめた行政史料によると、波照間島の住民一五二八名のうち津波の被害者は、公務で石垣島に出掛けていた一四名であった（石垣市総務部市史編集室編 1998：48）。一方、石垣島の南部村落は壊滅状態に陥った。そのため、首里王府は被害の軽微な地域から甚大な地域へと、大規模な移民政策である寄百姓を実施したのである。波照間島民の多くが寄百姓の対象となり、壊滅状態にあった石垣島の南部村落（白保村へ四一八人、大浜村へ四一九人）へと移住を余儀なくされた。その結果、島の人口の半数以上（約五五％）が他島へ流出し、島内にとどまった住民は六七七名（約四五％）に過ぎなかった。新村を建設し、農産増強・人口調整を図る寄百姓は、津波前からしばしば実施されていた政策であり、波照間島からは一八世紀中に計一八一七人を他島へと輩出している。

この政策が預かり墓という形態を数多く生み出すひとつの契機であったと推察できる。とくに、冨嘉集落の住民の多くが寄百姓の対象になったという事実にかんがみると、ⓒのメダレーの墓は寄百姓の際にA家が預かることになり、一方、ⓕの墓はB家が預かった後、B家の構成員が絶えたので、A家がまた預かりをしているととらえることができる。

波照間島の御嶽集団に注目した馬淵が「石垣島南岸で多数の人命を奪った一七七一年の大津波の後、そのいわば穴埋めとして波照間島から大量の強制移民が行なわれました。他方に、西表島にも移民が強制されております。これらが波照間島での氏子集団編成にさまざまなえいきょうを与えたことは、想像にかたくありません」（馬淵

1965：4）と指摘するものの、寄百姓の実施は氏子集団の再編成のみならず、屋敷や墓、耕地などを在郷者へと託す預け預かり慣行の活発化をもたらしたと考えられるのである。

また、A家の預かった©と@の事例をみていくと、預かり墓と焼香地とがセットになる一方、屋敷地は他の家の分家が利用していることがわかる。一般的に、沖縄本島では、構成員の絶えた家の位牌を屋敷外に移し運ぶ行為や屋敷地の売買を忌避するという（村武 1975：150-158；竹田 1990：103-105；植松 1996）。位牌のある屋敷は、その空間と先祖とが結びつき特別な意味を帯びるからである。

一方、位牌を祀る習慣が一八〜一九世紀（波照間では一九世紀中葉か）にわたって後発的に入ってきた八重山諸島では、沖縄本島と比べると、位牌と屋敷との結びつきを示す観念が弱いという特徴がある（竹田 1990：105）。この事実を裏返して考えると、屋敷地の融通の利く利用がなされてきた©と@の家は、位牌を祀る習慣を導入する以前の、少なくとも一五〇年以上前から預けられていることになり、これらの預かり墓と一八世紀の寄百姓との関わりがうかがえる、もうひとつの証左となっている。

死者と土地とのからみあい

以上、ひとつの家を事例とし、預かり墓の実態とその発生について言及してきた。こうした事例は古い家になるほどよく見受けられるものであり（宮良 1972：81）、構成員の絶えた家の所有していた土地の利用権とその家の墓に対する焼香の義務とは対になっているのである。これらの土地利用をめぐる権利義務関係にかんがみると、さきに示した事例では、土地改良事業の対象となった耕地と取り壊した捨て墓や古骨の供養とが結びついていたといえる。こうした土地と死者供養との結びつきは、以下の通り、土地への働きかけを正当化する論理としてとらえることができる。

第一に、預け預かり慣行は、構成員の絶えた他家の所有していた土地の利用に、焼香の義務がともなっているものであり、この墓への働きかけが耕地のかぎられた地域における（家産を増やすことにつながる）土地利用の正当性を創出する根拠となってきたといえる。鳥越によると、村落内の土地の基底には総有という仕組みが潜在的に存在し、村落内の「空き」の土地はむらの共有地となり、社会的な「遠慮」が生じることで、いわゆる「弱者」が優先的に占有することができるという（鳥越 1997）。

むらの弱者生活権をとらえる指摘ではあるものの、本章の事例では、焼香地という呼称からわかるように、絶家により「空き」の土地になったとはいえ、これらの耕地は、死者となった先人たちが琉球石灰岩の転がる痩せた土地を切り開いてきたものであり、その意味において、〝被贈与性〟[5]を帯びたものである。ゆえに、親族関係の有無にかかわらず、土地と関わってきた死者を祀ることが土地の利用権を生み出している。預かり墓への働きかけは、「空き」の土地に対する利用を正当化する理屈として機能してきたのである。

第二に、近年のものとしてとりあげた地域コミュニティの管理する「無縁墓」は、島ぐるみのサトウキビ栽培への舵きりのなかで実施した土地改良事業によるものであった。村落内の土地を大規模に改変する土地改良事業に際し、散在していた捨て墓などを取り壊していく必要があった。改変地の〝あっちこっち〟に眠っていた古骨がその土地と直接に関係をもっていたかどうかわからないものの、すくなくとも長年にわたりその耕地にあり続けたという事実は、預け預かり慣行と同様に、土地と結びついた死者を想起させるものである。ゆえに、捨て墓を取り壊し、古骨を移し運ぶ、島ぐるみの土地への改変を正当化するためには、自らが見ず知らずの古骨を祀ることを必要としたのである。土地改良区はいわば、ひとつの大きな焼香地と位置づいたのである。

生活条件の大きな変化を被ってきたこの地域では、こうした被贈与性を帯びた土地への働きかけを正当化するために、家単位で無縁墓を祀りつつも、家単位で対処することがむずかしい場合には、小さなコミュニティがその守りをひきうけてきたといえる。見ず知らずの死者であろうとも、死者と土地とがからみあい、耕地などの生活基盤と結びついた無縁墓は、祀られることにより地域生活の秩序創出の機能を果たしてきたのである。

4　小さなコミュニティと墓場のゆくえ

最後に、朽ちつつあるコミュニティ所有の無縁墓の事例を紹介し、無縁墓のもうひとつの守りのあり方を提起する。「土地台帳」によると、一九〇三年当時、「波照間村（現在の波照間公民館に相当）」を所有権者とする墳墓地が計一二箇所ある。(6) これらのむら所有の墳墓の由来については不明であり、現存するもののほとんどが朽ちるまま自然に任せた状態になっている。一九〇三年当時、むら所有のものは基本的に、いわゆるローカル・コモンズにあたるコミュニティが管理・利用する〝みんなのもの〟であった。「土地台帳」によると、町内の各むらでは、共有入会林野にあたる「保安林」や「山林」、もしくは「池沼」などがむら所有になっているものの、波照間でのみむら所有の「墳墓地」を確認することができる。

しかしながら現在では、これらの墓のほとんどが亜熱帯域のひときわ強力な風雨や旺盛な植生の回復力により朽ちている（図16－3）。本章では、以上のなりゆきを、役割を終えた無縁墓をコミュニティが預かり、いったん〝むらごと〟にしたうえで自然に任せて朽ちるままに忘却するという、(7)柳田のいう「現世生活の最後の名残を、静かに消滅せしめる方法」（柳田 1962：131）と解釈し、地域住民の納得のいく無縁墓の捨て方（＝自然に還す方法）ではないかと提起したい。(8)

ときに行政による改葬を拒否しつつも「無縁墓」を祀り、ときに役割を終えた無縁墓を自然に還すといった地域で育んできた方法と行政による無縁墓の合葬式共同墓への改葬との差異がどこにあるのかというと、行政による改葬が縁故者の有無を基準とした機械的な処理方法である一方、小さ

図16－3　自然に還る無縁墓
注：「波照間村」所有の墳墓地（底田1323番）。
出所：筆者撮影（2015年８月25日）。

なコミュニティによる無縁墓とのつきあい方は、血縁に限定されることのない地域生活の実情に即した選択的な〝守り〟といえるものであった。

中川千草によると、守りには「かまう」と「放ったらかす」というふたつの意味があるという（中川 2008：93）。その意味において、地域生活の秩序創出のために祀ることのみならず、人為の痕跡を朽ちるまま自然に任せるというのも、〝守り〟のひとつの形といえるのではないだろうか。いわば、天為をもって墓場をも葬る術ととらえることができるのである。無縁墓をめぐる課題を地域社会で引き受けるならば、行政任せに縁故者の不在云々により画一的に改葬を進めることのみならず、小さなコミュニティの〝守り〟の発想をふまえた地域自治を構想する必要がある。

付記

本章は、『村落社会研究ジャーナル』（45）掲載の拙稿「報告：島嶼社会において無縁墓はどのようにあつかわれてきたのか」に大幅な加筆修正を加えたものである。また、A家の事例は拙稿「子孫の絶えた家の先祖祭祀――波照間島における預かり墓と焼香地」『日本民俗学』（285）において扱ったものである。

注

（1）墓地に関する基本的な法律である「墓地、埋葬等に関する法律」は、主に公衆衛生の見地から一九四八年に制定されたものである。許可権者にきわめて大きな裁量を与えるこの法律には、許可基準が法律本則や施行法規にも規定されておらず、立地調整という機能は含まれていなかった（北村 2012）。より細やかな墓地行政を模索するなかで、二〇一一年四月一日、「地域の自主性及び自立性を高めるための改革の推進を図るための関係法律の整備に関する法律」（二〇一一年法律第一〇五号）第二次一括法の施行により、墓地、納骨堂及び火葬場の経営の許認可などに関する事務の権限が都道府県知事から市長又は区長に移譲されることになり、各自治体は墓地の規制・誘導を図ることを目的とした墓地基本計画の策定に取り組んでいる。

（2）二〇一五年八月二九日におこなった公民館長への聞き取りによる。

（3）二〇一五年八月二九日におこなった公民館長への聞き取りによる。

（4）二〇一〇年八月二二日におこなったＫＦ氏への聞き取りによる。

（5）被贈与性（授かりもの）の概念は、Sandel（2007＝2010）の「Giftedness of Life」から援用した。

（6）「土地台帳」によると、一九〇三年当時、「波照間村」を所有権者とする墳墓地は計一二箇所（番地は［西原］三五九番、［西原］三七九番、［新原］五八八番、［美底］八三九番、［美底］八八二番、［底田］一二九四番、［底田］一三二三番、［白原］三九六二番、［場田原］四一九八番、［下田原］六二六八番、［下田原］六三二二番、［作田原］六四八一番）ある。図16－2では、竹富町役場税務課所蔵の旧公図と現在の地籍図とを照合し、「波照間村」を所有権者とする墳墓地を特定した（換地処分により、現在の地籍図では、五八八番は五五八番へと変更、八三九番は無くなっている）。フィールド調査で確認することのできる墳墓地は、五箇所（五八八番、八三九番、八八二番、一三二三番、四一九八番）であり、その他は鬱蒼とした森のなかで朽ちつつある（三五九番、三七九番、六三二二番、六四八一番）か、土地改良事業により取り壊された（一二九四番）と考えられる。沖縄県八重山農林水産振興センター農林水産整備課の「県営土地改良事業施行申請書」によると、一二九四番、一三二三番、四一九八番は墳墓地なので、土地改良事業の対象から除かれているものの、一二九四番の墳墓をフィールド調査で確認することができなかった。おそらく、相当朽ちていたので墳墓と認識できずに、受注者である工事請負業者が取り壊したと考えられる（ただし、三九六二番は畑地へと地目を変更していたので、土地改良事業の対象に含まれている）。また、三九六二番、六二六八番、六三二二番の墳墓地は、一九〇四年に個人に所有権移転している。この経緯については、聞き取りで確認することができなかった。推察するに、墓造りが一大事業であることや無縁墓の再利用の事例もあることから、むら所有の墳墓（ストック）は、ときに入用の家に分けられたと考えることができる。

（7）預かって長い歳月を経た焼香地は預かりのニュアンスが次第に弱くなり、自家の土地と同じような処分がなされることがある。ゆえに、焼香地とのつながりを失った無縁墓はその役割を終えることになる。

（8）柳田は、埋葬地に若木や特徴のある小石を置く方法により、いずれ「たゞの松原、たゞの石原になつてしまふのは自然である」（柳田 1962：130）とし、一方で「文字の彫刻が始まるとそれが不可能になり、又往々にして荒れ墓が出來る」（柳田 1962：130）と指摘している。

文献

石垣市総務部市史編集室編、一九九八、『石垣市史叢書一二　大波之時各村之形行書・大波寄揚候次第』石垣市。

北村喜宣、二〇一二、「「墓地に関する政策研究」に寄せて」『かながわ政策研究・大学連携ジャーナル』3：三一-三四頁。

国土交通省国土地理院、二〇一六、「平成27年全国都道府県市区町村別面積調」国土地理院ホームページ、（http://www.gsi.go.jp/KOKUJYOHO/MENCHO-title.htm 二〇一六年一〇月一〇日取得）。

馬淵東一、一九六五、「波照間島その他の氏子組織」『日本民俗学会報』41：一-一一頁。

宮西郁美、二〇〇五、「波照間島ユイマールにみる協同労働組織の実態と新たな機能」『農業經濟研究』77（1）：三六-四六頁。

宮良高弘、一九七二、『波照間島民俗誌』木耳社。

森謙二、二〇〇五、『少子高齢社会における墓地及び墳墓承継に関する法社会学的研究』私製。

村武精一、一九七五、『神・共同体・豊穣——沖縄民俗論』未来社。

中川千草、二〇〇八、「浜を『モリ（守り）』する」山泰幸・川田牧人・古川彰編『環境民俗学——新しいフィールド学へ』昭和堂、八〇-九九頁。

農林水産省、二〇一一、「2010年世界農林業センサス」農林水産省ホームページ、（http://www.maff.go.jp/j/tokei/census/afc/about/2010.html 二〇一六年一〇月一〇日取得）。

Ouwehand, Cornelius, 1985, *Hateruma: Socio-Religious Aspects of a South-Ryukyuan Island Culture*, E. J. Brill.（=二〇〇四、中鉢良護訳『Hateruma——波照間：南琉球の島嶼文化における社会=宗教的諸相』榕樹書林。）

Redfield, Robert, 1956, *The Little Community and Peasant Society and Culture*, University of Chicago Press.

Sandel, Michael J., 2007, *The Case against Perfection: Ethics in the Age of Genetic Engineering*, Belknap Press of Harvard University Press.（=二〇一〇、林芳紀・伊吹友秀訳『完全な人間を目指さなくてもよい理由——遺伝子操作とエンハンスメントの倫理』ナカニシヤ出版。）

島袋伸三、一九九八、「サンゴ島の土地利用と農業——波照間島」『地域開発』404：七三-七六頁。

島袋伸三・渡久地健、二〇〇一、「サンゴ島におけるサトウキビ農業の変化——圃場整備後の波照間島の事例」『人間科学』8：一五一-一九二頁。

竹田旦、一九九〇、『祖霊祭祀と死霊結婚——日韓比較民俗学の試み』人文書院。

竹富町、二〇一八、「竹富町地区別人口動態票」竹富町ホームページ、（http://www.town.taketomi.lg.jp/town/index.php?content_id=40 二〇一八年五月五日取得）。

竹富町史編集委員会町史編集室編、二〇〇四、『竹富町史　第一一巻　資料編　新聞集成Ⅵ』竹富町役場。

鳥越皓之、一九九七、「コモンズの利用権を享受する者」『環境社会学研究』３：五―一四頁。

植松明石、一九九六、「沖縄における屋敷地の特定性」長谷川善計・江守五夫・肥前栄一編『シリーズ比較家族六　家・屋敷地と霊・呪術』早稲田大学出版部、一四五―一七五頁。

柳田國男、一九六二、『定本柳田國男集10　先祖の話』筑摩書房。

第17章　原子力施設をめぐる周囲コミュニティの形成
――JCO臨界事故を経験した住民のスペクトラム的思考

山室敦嗣

1　原子力に起因する問題への対処と住民関係

原子力施設の立地点に暮らす住民は、施設の立地稼働がもたらした諸問題に直面し続ける。それらの問題は、地元に立地する原発の存廃とそれにともなう地域経済の問題、核廃棄物処理の問題、稼働する原発や核燃料加工場の安全確保、避難計画の策定、さらに原子力事故で被害をうけた場合には受苦救済も加わる。地元の原子力施設に起因する問題は多岐におよび、それらは連動しながら二重、三重に押しよせ、何世代にもわたって対処を迫る。そのため立地点住民には、さまざまな問題に応じて多角的に思考し、意思を率直に表明しあうことを通じて、自分たちにとって望ましい対処の模索と案出が求められる。

ところが現実には、原子力に起因する問題への対処過程において立地点住民の思考と意思表明のしかたは、以下のような制度的要因や立地点の特性によって水路づけられる。原子力政策や施設稼働の決定過程に地元住民の関与できる制度的な機会がきわめて限定的であることが、住民に対する計画の一方的な押しつけや計画に批判的な住民の懐柔を誘発する（長谷川 2003：224）。また立地点住民は原子力開発主体による利益誘導や情報操作にさらされる。

さらに、立地点は電源三法交付金などによって原発城下町に変容し、住民は地元の原子力事業所と直接的あるいは間接的な関係を形成しているため、経済的・精神的に原子力施設に依存しがちである。原子力事故にみまわれた立地点は、全国各地の人びとから地元の農作物等に厳しい視線を向けられたり、差別的な言動にさらされたりする。

このような制度的要因や立地点の特性は、原子力に起因する問題への対処過程で住民どうしの意見対立を激化させ、その一方で自分の意見や思いを明言することによる不利益をおそれて本心と違う言動をしたり、相手に応じて黙ったりする住民がでてくることを助長する。このように対処過程では住民間に、率直に意思表明をする／あからさまな意思表明を避けるという関係が形成される。ここで重要なのは、表明している住民どうしの意見対立が激しくなって各々は自らの意見に固執していく一方で、あからさまな意思表明を避けている住民はますます避けるようになり、その住民関係が硬直化しがちなことである。硬直化すればするほど、対処の模索に関わる住民はかぎられていき、表明を避ける住民の意思は対処の模索に反映されにくくなり、対処のしかたが固定したものになっていく。つまり対処過程は、住民間に形成された意思表明をする／避けるという関係が硬直化しやすく、立地点の人びとにとって望ましい対処の模索と案出はむずかしい状態が進行するという傾向をもつ。

とはいえ、対処のたびに住民関係が硬直化して自分たちにとって望ましい対処の案出がむずかしくなり、地域が不本意な対処を繰り返すようでは地域生活の質が低下し、場合によっては生活解体に至りかねない。とすれば、住民自身が意思表明をする／避けるという住民関係の硬直化を食い止めようと活動するのではないか。その活動は、意思表明をめぐる住民関係に働きかけることをふまえれば、なんらかのコミュニティを形成する可能性をもつといえるだろう。

この関心のもと本章が事例とするのは、茨城県那珂郡東海村の核燃料加工会社、株式会社ジェー・シー・オー（以下、JCO）が計画した低レベル放射性廃棄物の焼却設備の設置（以下、焼却計画）をめぐる住民の対処である。二〇一二年にJCOは焼却計画を住民に公表した。東海村の脱原発団体などが設置反対を主張したが、二〇一四年に焼却設備の試運転が始まり現在稼働中である。

焼却計画への対処過程で本章が着目するのは、ＪＣＯの周りに暮らす住民が「周辺住民有志」として焼却計画に反対を表明したものの、途中から名乗りを「安心安全を求める住民有志」に変え、焼却状況の検証作業を住民参加で実施するよう要求し、ＪＣＯに粘り強く働きかけた結果、「空間線量調査会」（以下、線量調査会）が設けられたことである。それは、ＪＣＯ敷地内での空間線量の計測を周辺の四つの自治会会長・「安心安全を求める住民有志」・住民・行政が共同で、年間に四回実施するというものである。

線量調査会の設立の経緯をみると、焼却計画をめぐって反対を表明する住民と意思表明を避ける住民との関係が硬直化した状況で、住民有志は賛否というカテゴリーに囚われず、線量調査会の設立を主導した。住民有志のこうした活動が、焼却計画をめぐって形成された住民関係の硬直化を食い止めて、ＪＣＯ周辺の四つの地域自治会を結びつけたのである。

そこで本章は、線量調査会の設立過程を通じて、どのようなコミュニティが形成されたのかをあきらかにする。そのうえで、そうしたコミュニティの存続が立地点住民にとってもっている意義を考えたい。

2　住民意思表示論

事例分析に入る前に本章が対象化した、意思表明をする／避けるという住民関係の硬直化とそれを食い止める活動を分析する枠組みを検討したい。そのさいの手がかりにするのが生活環境主義である。というのも、生活環境主義は環境改変への対処にあたって住民がいくつかのグループに分かれ、各グループの形成する自己納得と他者説得の論理である「言い分」に着目して、言い分と個人の意思表明との関係を次のようにとらえているからだ。「自己のグループの『言い分』の正当性をめぐって論争をはじめ、それを自分の意見だといって表明する」（鳥越 1997：40）。また、言い分を担い手の属性などに結びつけて解釈するのではなく、属性などから切り離して「『生活の便宜』によって操られているものとみる」（松田 2009：166）。言い分概念を導入した生活環境主義は、当該問題をめぐって住民が表明する言い分の生成変化や、それを操った対処を分析できる。

しかしながら、本章が対象とする住民関係の硬直化とそれを食い止める活動を分析しようとすると、住民が言い分を操るという側面のみならず、原子力開発をめぐる制度的要因や立地点の特性のもとで住民が他者から否応なく解釈を被るという「被解釈」（井上 1977：204）にも注意を払うことが必要ではないか。被解釈という視点によって、ある言い分を表明している住民が他者から都合よく解釈される余地を与えないために、その言い分に固執して既存の言い分の秩序が強固になり、表明を避ける住民はますます表明を避けるという事態を視野に収められる。また、なんらかの計画への違和感の表明を避けていることが「同意」と一方的に解釈され、ある立場を示してしまうという事態も視野に入ってくる。これらからわかるように、被解釈は住民の思考や意思表明のあり方に影響を及ぼし、住民関係の硬直化やそれを食い止める活動を左右する。そこで分析枠組みの構築にあたって、当該問題への対処過程において住民は言い分を操るのみならず、他者から解釈を被るという側面も含めたい。そのさい住民が他者から二分法的に問われる場面に着目する。

立地点では原子力の是非や農作物の安全危険といった二分法的カテゴリーが潜在している。そのため立地点住民は、原子力に起因する問題への対処にあたって顕在化した二分法的カテゴリーのもとで問われやすい。このことは立地点住民を二分法的な問いが有する「意味包摂」（盛山 2000：159）の作用にさらすことになる。問いは、それを受け止めた人に対して、その問いが有意味となるような意味世界の地平を開示し、当人をそのなかに取り込む力をもつ。立地点住民に即していえば、二分法的な問いへの応答は曖昧さを許されず、生活を支える社会関係に影響を与え、生活を左右するという意味世界を開示する。そして、その問いに誠実に応答しようとすればするほど意味世界につよく包摂される（盛山 2000：159）。

このような二分法的な問いが開示する意味世界では、応答が他者によって二分法にもとづく解釈を被り、「被解釈客体」（井上 1977：204）に陥る可能性がある。被解釈客体に陥るとは、自己の言動の意図が他者によって異なる意味に解釈され、その解釈にもとづき水路づけられた言動をするよう強いられていくことである。そして、被解釈客体化につながる問う側の解釈は、問われた側がなんらかの言動によって応答しなくてもおこなわれる。このことは、問われた側にとって「耐えがたい恣意性」（井上 1977：204）としてあらわれる。たとえば本章で取り上げるJCO臨界事故で、ある女性は事故当日に自宅で飼っていた鳥が死んだことを契機に被曝への不安から事故の影響を知ろうと、新聞六紙を数週間購入し、原子力反対派の集会にも参加した。しかし、そのふるまいが周囲の人びとによって原子力賛否のカテゴリーで反対派と解釈され、不安を口にするほど反対派として地元で流通するために、女性は「騒げばみっともない」と当初の思いを押し殺していった（山室 2012：87）。このように被解釈客体化は、二分法的な問いが開示する意味世界に住民をいっそう閉じ込める。

この女性の例からは、立地点住民の応答に対する他者の解釈が、当初とは別の二分法的な問いかけを呼び寄せるという問いの連鎖性も浮かびあがる。

上記の三つ、二分法的カテゴリーにもとづく問いが開示する意味世界への包摂、その世界のもとでの被解釈客体化の可能性、問いの連鎖性は、互いに連結することによって住民が対処のしかたを多角的に思考し、意思表明することを困難にする。つまり問題への対処過程において、二分法的カテゴリーにもとづく問いが起動させる三つの作用は、立地点住民の思考と意思表明を限定化する。このことから、思考と意思表明が限定化されている住民によって形成された意思表明をする／避けるという関係は硬直化しやすいといえる。

では、住民関係の硬直化を食い止める住民の活動とはどのようなものか。おそらくその鍵は、住民の思考と意思表明を限定化する既存の二分法的カテゴリーを相対化する新たなカテゴリーの案出ではないだろうか。このような仮定のもとで考えるならば、竹中均がコミュニケーション論の視点から「自閉症スペクトラム」を論じるなかで言及する「スペクトラムとカテゴリー」（竹中 2008）の議論が手がかりになる。

竹中は、自閉症が多様なケースを呈し、カテゴリー概念に馴染みにくいため、自閉症全般をひとつの緩やかな連続体としてとらえる「自閉症スペクトラム」という考え方が提唱されたことをふまえ、次のようにいう。カテゴリー化は、本来スペクトラムである現象に境界線を引くことになり、それは物事の分類と秩序形成にとって有用である。だが、二者択一に割り切って明確な境界線を設けることは、ある人びとを排除することにつながる。この点でカテゴリー化は両刃の剣である。そこでカテゴリーを自閉症の人びとと普通の人びととの共生のために役立てようとすると、「既存のカテゴリーを何度でも見直し、スペクトラムに立ち戻っては、新たなカテゴリー化を模索するという作業を繰り返す」（竹中 2008：39）ことが求められる。

この議論から次の示唆が得られる。立地点住民が対処過程で新たなカテゴリーを案出するには、スペクトラムに立ち戻り、囚われやすい既存の二分法的カテゴリーを相対化する作業をおこなうことが必要になる。スペクトラムに立ち戻るとは、既存の二分法でとらえている対象をひとつの緩やかな連続体として新たにとらえ直すことである。立地点住民の対処過程にみられるこうした思考を、本章ではスペクトラム的思考と呼んでおきたい。このことをふまえると、対処過程で形成された住民関係の硬直化を食い止める活動は次のようなものになる。それは、スペクトラム的思考の実践によって既存の二分法的カテゴリーを相対化する新たなカテゴリーを案出し、それにもとづく表明を可能にする意思表示装置を地域に創出するという活動だ。

上述した原子力に起因する問題への対処過程で住民間に形成された意思表明をする／避けるという関係の硬直化と、それを食い止める活動を分析する枠組みを住民意思表示論と呼んでおきたい。この分析枠組みのもとで本章は事例を考察する。

3　焼却計画をめぐる住民有志の対処と線量調査会の設立

東海村とＪＣＯ臨界事故

東海村は茨城県の県庁所在地水戸市から北東約一五キロに位置し、約三万八〇〇〇人が暮らす。東海村は戦後日本で原子力開発が最初にはじまった地域である。一九五六年に日本原子力研究所の設置が原子力委員会で決定し、その後、原発や核燃料加工場などが次々と立地した。現在は、一〇をこえる原子力施設が面積約三八平方キロの村内に点在する。東海村にある原子力施設の特徴は、日本原子力研究開発機構の本部と研究所（職員数は約一六〇〇名）が立地していることや、核燃料加工工場が民家に近接していることである。

一九九九年にＪＣＯで臨界事故が発生し、従業員二名が亡くなった。被曝線量評価の対象となったのは、ＪＣＯの作業員、近隣住民など六六六名にのぼる。事故現場から約三五〇メートル内の住民避難と、半径一〇キロ内、約三一万人の屋内退避がおこなわれ、日本で初めて住民が避難した原子力事故となった。

臨界事故は、ＪＣＯの作業員が正規のウラン加工手順を逸脱し、ステンレスのバケツでウラン粉末を溶かして規定量以上のウラン溶液を沈殿槽に入れるという、ずさんな作業によって引き起こされた。当時の原子力安全委員会に設けられた事故調査委員会の最終報告書は、ＪＣＯが利益確保のため効率性を追求し、逸脱した作業手順をエスカレートさせた結果だと指摘している。

二〇〇三年にＪＣＯはウラン転換加工事業の再開を断念し、それ以降、放射性廃棄物の保管管理と施設の保守が主たる業務となっている。

ＪＣＯは二〇一二年度の事業として、敷地内に保管している二〇〇リットルドラム缶約八九〇〇本の低レベル放射性廃棄物のうち七〇〇本を焼却する設備の設置を計画した。二〇一二年二月、ＪＣＯはその計画を東海村に提出する年間事業計画のなかで報告し、四月に茨城県に対する説明をおこない、核燃料物質の使用変更許可を文部科学省へ申請する準備を進めた。

焼却計画をめぐる住民関係

ＪＣＯが焼却計画を住民に公表したのは、二〇一二年六月に開催した定期説明会だった。定期説明会ではＪＣＯの事務棟で年一回、当該年度の事業計画などの説明がおこなわれる。説明対象者は臨界事故の避難時に設定された「避難要請区域」の約一四〇世帯である。この区域は臨界事故の現場から半径約三五〇メートル以内であることから、新聞報道などでは「ＪＣＯから半径三五〇メートル」と表現されることが多い。

ＪＣＯは焼却計画という新たな計画を住民に説明するさいに、対象者を臨界事故時の「避難要請区域」である「ＪＣＯから半径三五〇メートル内／外」で分けた。このカテゴリーは、住民に焼却計画をめぐる意思表明の機会の不均等等をもたらした。

定期説明会に参加した約一〇名の住民は、福島原発事故の影響により東海村でも環境放射線が高い時期に焼却計画を立てたことへの不信と不安を訴え、反対を唱えた。焼却炉の設置予定場所が臨界事故で従業員が亡くなった棟内であることへの批判も相次いだ。一方、定期説明会の対象から外されている半径三五〇メートル外の人びとのなかで、人づてに焼却計画を知った人びとは、その計画と説明対象から外されたことに憤りを感じ、ＪＣＯへの不信と設置反対を口にしたという。しかし、ＪＣＯは焼却計画を撤回することなく、七月には核燃料物質の使用変更許可を文部科学省へ申請した。

八月に入りＪＣＯは三五〇メートル内の人びとに臨時説明会を実施し、東海村の要請により設置場所を変更したことなどを説明した。参加した約三〇名は文部科学省へ申請した後の「事後報告」であると批判し、不信感をさらに募らせて焼却計画の白紙撤回をつよく求めた。また臨時説明会の開催通知が、ふたたび半径三五〇メートル内の人びとだけであったため、三五〇メートル外の人びとや村内の脱原発団体は住民感情を無視していると訴えた。だが、数週間後には文部科学省から核燃料物質の使用変更について許可がおり、焼却計画は着々と進んでいった。これに対して、九月には共産党系の村会議員と団体がＪＣＯに計画中止を申し入れ、村内の脱原発団体も説明会の開催などを要求した。

こうして地元住民のみならず脱原発団体は、焼却計画の撤回を求めて反対を表明する動きをつよめていった。その一方で、住民のなかには核燃料物質の使用変更について許可がおり、焼却炉の建設が現実味を帯びてきたことを憂慮し、稼働後の安全対策を口にする人もいたが、それをあからさまに表明することを避けた。焼却計画の説明対象の範囲を一方的に決め、「事後報告」を重ねるというＪＣＯの企業体質を考えると、稼働後の安全対策を公然と口にすれば、その言動がＪＣＯによって〝計画容認〟と都合よく解釈されてしまうことへの危惧があったからだ。

また、ＪＣＯが起こした臨界事故で被害をうけた人びとのＪＣＯに対する感情を考慮し、計画を容認したと解釈される余地のある言動を避けたのである。

「周辺住民有志」の出現

焼却炉建設が現実味を増すなかで、稼働後の安全対策について公然と表明することを避ける住民もいる状況で、ＪＣＯから約三〇〇メートルのところに暮らす寺門博孝さん（当時六〇歳）を責任者とする「周辺住民有志」が、二〇一二年九月二三日付でＪＣＯに要請書を手渡した。寺門さんたちは自らを〝三五〇メートル内の住民〟と表現せず「周辺住民」というカテゴリーでとらえた（図17－1）。そこにはＪＣＯが住民を半径三五〇メートルの内と外に区分し対応するのに対して、内と外は地続きであり「地べたに線は引いてない」という思いが込められている。

図17－1　寺門さんの自宅から約300メートル先のJCO（左奥）

出所：筆者撮影。

この思いは、臨界事故のさいに現場から約八〇〇メートル離れた隣接自治体の小学校への事故の連絡が遅れて児童への対応が迅速にできなかったことや、福島原発事故で放射性物質が広範囲に飛散したという事実に裏打ちされている。そして要請書の作成にあたって、ＪＣＯから半径三五〇メートルに囚われず、近隣の各戸を丁寧にまわって率直な声を聞き、それらを取りまとめた。

では、「周辺住民有志」による要請はどのようなものか。要請書には、これまで開催された説明会が行政手続き後の「事後説明会」であったことをふまえて、ＪＣＯの企業体質の改善と稼働後の安全対策について三項目が明記されていた。①放射線管理区域内の事業はいかなる場合も「事前住民説明会を開催」して過半を超える承認を得るとの約束を再確認し、確約すること、②住民説明会には書面、写真による資料を提供すること、③住民の理解を得て焼却炉を稼働するさいは一年ごとに炉のフィルターを更新することである。そして次の文言で締めくくられている。

　安全も大切ですが、是非とも周辺住民に安心を要請する。上記の三点が確約、実行されない中での焼却炉の新設、稼働に対しては周辺三五〇m内の住民有志として、最後まで反対させて頂きます事を御無礼ながら表明させて頂きます。

　寺門さんたちは、ＪＣＯから焼却計画の説明を二回うけた住民としてＪＣＯに対する不信や焼却への不安を文書で表明しなければ、ＪＣＯが一方的に計画は〝容認〟されたと解釈して計画を進めることを危惧した。要請書に「反対」の文言と臨界事故時に設定された「避難要請区域」にもとづく「三五〇m内」というカテゴリーを用いたのは、被解釈客体に陥る事態を回避し、稼働後の安全対策に言及できると考えたからである。

　一〇月下旬、ＪＣＯは東海村などの要請をうけて事業所周辺の四つの自治会（東海村三つ、那珂市ひとつ）へと範囲を広げた説明会を三回おこなった。これらの説明会には茨城県内各地からの人びとも含め、約一八〇人が参加した。説明会では、九九年の臨界事故で発生した廃棄物を敷地内に保管しているという新たな事実が参加者の質問によって発覚した。このようなＪＣＯの企業体質に「周辺住民有志」は、核燃料物質の使用変更の許可がおりていることをふまえると、反対を唱えるだけでは「決裂して建設を強行された場合」に生じうる問題に対応するための議論ができないという不安をいっそうつよくしたという。にもかかわらず、説明会では焼却計画に反対する住民や脱原発団体とＪＣＯの間で、その計画を進める手続きと焼却をめぐって「延々と〈不満・不安〉－〈解消〉－〈不満・不安〉という会話シークエンス（連鎖）が形成され」（足立 2010：207）ることに変わりはなかった。

「周辺住民有志」から「安心安全を求める住民有志」へ

説明会の約一週間後、「周辺住民有志」は、「安心安全を求める住民有志」と名称を改めて、ＪＣＯに六項目からなる要求書を出した。注目したいのは、住民有志が自分たちの名乗りから「周辺」を外して「安心安全を求める」という名称に変えたことである。また、前回の要請書にみられた「反対」の文字が消え、「六項目の要求文は、ごく当然のありふれたものであり、凍結、断念等を求めるものではなく」という主張に変わったことである。

住民有志のこうした変化をどのように考えればいいのだろうか。住民有志は、ＪＣＯの企業体質や、今後も長期間にわたってＪＣＯが立地し続けることをふまえて次の考え方に至ったという。

　文科省が許可してるんだから、反対だといって決裂して建設を強行された場合に法的に止められない。すると、自分らが安心するためには何らかのかたちで自分らが安全操業の確認をとんなくちゃなんない。住民がキツイ目線をおくるということは、中で作業に従事している社員の最大の保安対策だと俺はいつも言っている。ＪＣＯと敵対関係になる必要はないんだ。(1)

焼却炉稼働後の不安にも対応するためには、反対運動を展開するだけではなく、住民自身が焼却炉の安全操業を確認する仕組みが必要だとつよく思うようになった。この切実な思いをもっとも具現化したのが、六つの要求項目のうちのひとつ、後に線量調査会として結実する要求――焼却等の検証作業を住民と第三者機関、東海村・那珂市の三者により年六回実施――だった。

住民が検証作業に加わりＪＣＯに積極的に関与することは、焼却炉稼働に不安と不信を募らせているなかで安心できる領域を少しでも増やすことになるという。同時にＪＣＯの安全操業をもたらし、従業員の安心にもつながるというのだ。住民有志のこうした考え方には、安心安全の対象を自分たちだけではなく、ＪＣＯの従業員も含むものとしていることがうかがえる。ここには、臨界事故が違法操業により発生して従業員が死亡したことや、住民に多大な被害がおよんだという経験が大きく影響している。

住民有志は当初、焼却計画に対する不信と不安を「反対／推進」という二分法的カテゴリーのもとで反対を表明していた。だが、文部科学省から核燃料物質の使用変更の許可がおりて焼却炉建設が現実味を帯び、説明会を重ねても住民の不信と不安は解消されずに増していく状況に対して、安心できる領域を少しでも増やそうと試行錯誤した。そして「住民と従業員の安心安全」という新たなカテゴリーを打ち出し、それにもとづき具現化した要求が、住民参加の検証作業の実施であった。

しかし要求の実現は容易ではなかった。なぜなら、ＪＣＯは「住民の安心が担保できる第三者機関を設置することなどを考えた上で、着工について考えたい」との見解を示したが[2]、その第三者機関は次項でみるように、住民有志の要求とは大きな隔たりがあったからである。とはいえ、住民有志の言動は焼却計画をめぐって形成された住民関係のみならず、ＪＣＯや行政との関係にも変容をもたらすことになった。

「安心安全を求める住民有志」と舟石川一区自治会

焼却計画をめぐるＪＣＯ側の動きは、第三者機関設置の検討も含め、ＪＣＯ近隣の自治会と折衝する形へと変わっていく。そこには東海村行政も関わっている。たとえば二〇一三年二月、東海村原子力安全対策課（以下、原安課）は、「住民原子力懇談会」を、舟石川一区自治会の役員とＪＣＯの参加のもとで実施した。舟石川一区自治会はＪＣＯに隣接する自治会のひとつで、「安心安全を求める住民有志」の責任者の寺門さんや他の有志も住む。その懇談会で原安課は、住民の質問に次のように答えている。

地元の理解が進んでいないと感じており……ＪＣＯには検討を求めている。例えば、第三者機関によるデータ公表など、よりオープンな形のものなどの検討をお願いしている[3]。

行政やＪＣＯが近隣の自治会を折衝主体ととらえ、第三者機関設置の検討など、住民の理解を得ようとする動きをつよめたことで、自治会の存在が焼却計画をめぐる動きのなかで次第に大きくなっていった。

では、この動きにともなって「安心安全を求める住民有志」は影響力を減じることになったのだろうか。そうではなかった。舟石川一区自治会は、自治会役員（環境委員長）を務める寺門さんに対して、「安心安全を求める住民有志」がＪＣＯとおこなってきた折衝について自治会役員に説明するよう依頼した。寺門さんは焼却計画の件だけではなく、臨界事故処理をめぐるやりとり、そして事故以前にＪＣＯが何度も起こした不祥事やその対応の不十分さ、それに対し住民側もＪＣＯに関心をもって働きかけてきたとはいいがたいことなどについて何度か説明した。その結果、寺門さんが舟石川一区自治会の窓口としてＪＣＯと折衝することに決まった。

このようにしてＪＣＯが推し進める焼却計画をめぐって住民間に形成された、計画の撤回を求めて反対を表明する人びとと稼働後の安全対策を公然と表明することを避ける人びとという関係の硬直化が食い止められていったのである。

二〇一三年七月、舟石川一区自治会の役員会で、ＪＣＯは「安心安全を求める住民有志」が八ヶ月前に要求した六項目に回答した。そのなかで住民有志がもっともつよく求めていた〝住民参加による焼却等の検証作業〟という要求については、「第三者会議（仮称）を設けて、弊社の焼却活動を確認……メンバーは、専門家（三名）と住民代表（四名）……住民代表としては、近隣四自治会から各自治会長（または自治会長の推薦する役員）[4]」と回答した。

ＪＣＯの回答は、次の二点において承認できるものではなかったと寺門さんはいう。ひとつは、住民参加の検証作業ではなく、専門家を交えた「会議」になっている点だ。もうひとつは、住民参加が代表者にかぎられ、関心や知見をもつ人びとの参加が認められていない点である。原子力への知見をもっている人が自治会役員を務めているとはかぎらないからだ。

寺門さんはこの回答をうけた後、原安課を交えてＪＣＯと折衝を繰り返した。住民とＪＣＯ従業員の安心安全を高めるためには、住民参加による焼却状況の検証作業が必要であると何度も訴えた。その結果、「定期的に弊社敷地内の空間放射線量率を住民の方お立ち会いの下で計測」することが決まった。

ＪＣＯは一〇月下旬に東海村と那珂市全域を対象にした説明会を開催し、線量調査会と「第三者会議」の実施などを説明して住民に焼却計画への理解を求めた。こうして二〇一四年一月、焼却設備の工事が着工された。

意思表示装置としての線量調査会

上述した過程をへて設立された線量調査会はどのようなものか。メンバー構成は、ＪＣＯと原安課に加えて、近隣の四自治会（舟石川一区、外宿一区、内宿一区、本米崎）から各二名以内、合計八名のうち一名は「安心安全を求める住民有志」枠である。この枠以外に、居住地に関係なく所定の入構手続きをへて測定を見学できる見学者枠が八名分ある。関心のある人が参加したいときに参加できる線量調査会は、「ＪＣＯから半径三五〇メートル内／外」というカテゴリーによって意思表明の機会の不均等がもたらされていた人びとにとって、開かれた意思表示装置だといえる。

線量調査会は二〇一四年一二月からはじまり、年四回のペースで実施されている。ＪＣＯ敷地内の東西南北の四ヶ所に、サーベイメータを用いて測定する台が設けられており、その四ヶ所を皆で順にまわって測定していく。サーベイメータは、東海村とＪＣＯが各一台ずつ用意し、それぞれが測定して用紙に数値を記入する。測定で異常が認められた場合には、他の空間線量率の変動なども考慮したうえで焼却作業を一時停止し、速やかに原因を究明することが確約されている。測定結果は、ＪＣＯのホームページ上で公表されるだけではなく、四自治会で回覧されるＪＣＯからの「お知らせ」にも記載される。ＪＣＯをめぐる情報が増えたことは、焼却計画に不信と不安を募らせていた住民にとって、その緩和と対処につながる住民間のやりとりを活性化した。

以上から線量調査会は、ＪＣＯの周りに暮らす住民にとって、ＪＣＯに起因する問題に対しての意思表示装置だといえる。

4　住民有志のスペクトラム的思考

住民有志と地元社会

線量調査会の設立過程をふりかえると、住民有志は焼却計画をめぐる既存の二分法的カテゴリー、すなわち「JCOから半径三五〇メートル内／外」および「反対／推進」に囚われず、臨界事故の経験をふまえた自前のカテゴリーを案出して、そのもとで対処してきた。それが線量調査会の設立と特徴に反映している。住民有志による新たなカテゴリーのひとつは「周辺住民」で、そこには〝地べたに線は引いてない〟という思いが込められていた。もうひとつは「住民と従業員の安心安全」で、そこには〝JCOと敵対関係になる必要はない〟という思いがあった。

新たなカテゴリーに込められた思いからは、住民有志が既存の二分法的カテゴリーを見直すにあたって、JCOの周りに暮らす住民の世界とJCO従業員の世界をひとつの連続体としてとらえるというスペクトラム的思考を実践していたことがわかる。つまり、線量調査会はスペクトラム的思考にもとづいていたといえる。

だが、このようなスペクトラム的思考にもとづき活動する住民有志は、地元の人びとからその言動を非難され、地元社会から排斥される可能性もあった。なぜなら、JCOの違法操業による臨界事故で被害をうけた住民にとって、焼却計画への対処は臨界事故の記憶を想起させ、被害／加害という二分法的カテゴリーに依拠しやすくなるからだ。地元住民が自分たちの世界とJCO従業員の世界とを切り離そうという思考になることは避けがたい。こうした地元社会において住民有志の言動が受け入れられることはむずかしいはずだ。

にもかかわらず、寺門さんを責任者とする住民有志は、地元社会から排斥されることなく、むしろ支持された。焼却計画をめぐる要請書作成で各戸を訪ねたときに自らの思いを快く表明した人びと、JCOとの折衝を任せてくれた舟石川一区自治会などに支えられて活動を展開できた。スペクトラム的思考にもとづく活動を展開することがむずかしいはずの地元社会で、なぜ住民有志は地元の人びとから支持をえることができたのだろうか。そこで、住民有志の責任者である寺門さんが、臨界事故後から一五年以上続ける日常的な地域活動について検討したい。

臨界事故後の日常的な地域活動が形成するネットワーク

寺門さんは、ＪＣＯから約三〇〇メートルのところで家業の食品加工業を営んでいる。臨界事故の前年、四〇代半ばの寺門さんは加工場の拡張を計画し、事業を息子に継いでもらいたいと考えていた。その矢先に臨界事故に遭い、全国の取引先から〝安全かどうか〟を問われ、対応に追われて避難できなかった。その後も、一方的に取引を断られるなど、「危険な村」という自分たちが暮らす地域へのまなざしをつよく意識することが続いた。事故直後の説明会では、ＪＣＯに批判的な発言をする住民に対して、〝原子力に反対なら村から出ていけばよい〟という旨の発言が村会議員からでるなど、説明会が原子力をめぐる反対／賛成の議論の場になり、紛糾することを何度も目の当たりにした。説明会のこうした状況に、当初は臨界事故をめぐってＪＣＯを問い質していた住民が口を開かなくなり、次第に顔を見せなくなっていった。

寺門さんは、この地域状況のもとで食品を扱うことのむずかしさを実感し、家業を自身の代でたたむこともしかたがないという気持ちをつよくもつようになったという。ところが、息子から「東海村に住み続けたい」と言われた。息子からの思いがけない言葉を〝危険な村だから〟と一蹴するわけにもいかず、自分たち現役世代は次世代にどのような地域を手渡すべきなのか、について多くの人びとと一緒に考える身の丈にあった活動をしようと決めた。

臨界事故から約一年後、寺門さんは妻とともに「いのちの環」と名付けた活動をはじめた。それは、ラベンダーなどの花の苗を夫婦で育て、その苗を村内の保育園・小中学校や福祉施設、隣接自治体の小学校、希望する人びとに無償で配り、定期的に生育状況を見回るという活動である。その活動にあたって、ＪＣＯを含めて村内に一〇以上ある原子力施設の安全性確保や世代を超えて続く放射性廃棄物問題に地域をあげて取り組まなければならない現実をふまえ、原子力をめぐる反対／賛成に囚われないことを心がけた。というのも、そのカテゴリーのもとでは、あからさまな意思表明を避ける人びとが生まれ、臨界事故後の地域のあり方を幅広く思い描けないと考えたからだ。

そこで、寺門さんはＪＣＯの周りに暮らす自分たちとＪＣＯ従業員は、ひとつながりの連続体だととらえて活動をはじめようとした。ここには、住民の多くが臨界事故の直前に「日本核燃料コンバージョン」からＪＣＯという社名に変更していたことを知らず、事故の一報を聞いても場所が直ぐにわからなかったことなど、自分たち住民がＪＣＯに関心を寄せていなかったという自省の念も影響している。

園芸が趣味の寺門さんは、臨界事故以前から花の苗配りを地元の学校に匿名でおこなっていた。しかし臨界事故を経験し、次世代にどのような地域を手渡すべきかを人びとと一緒に考えたいと思ってからは、「いのちの環」活動の趣旨と氏名を明記した趣意書を苗とともに配布する形に変えた。配布先も隣接自治体の小学校を含む「ＪＣＯ周辺二キロメートル」を、おおよその範囲」へと広げた。この範囲は、線量調査会に参加している四つの自治会を含んでいる。

図17－2　寺門さんら有志が世話する花壇

出所：筆者撮影。

寺門さんは隣接自治体の小学校にまで配布している理由を尋ねられると、〝地べたに線は引かれていない〟といった旨の話をするようにしている。配布先に学校や保育園を選んでいるのは、自分たち現役世代は次世代にどのような地域を手渡すべきなのかという活動の原点をつねに意識して自らを省みるためである。

活動の範囲は、息長く活動が続けられるように家業の合間をぬって日常的に訪れることができる範囲にした。花の苗の配布や世話をするなかで出会った人と、地域生活で気づいたことや気になることなどを語り合い、原子力について積極的に話題にする人に対しては否定も肯定もせず、耳を傾ける。何度も訪れるなかで打ち解けた人とは地域の将来像について意見を交わす。こうした姿勢が住民との新たな関係を生み、それを深めている。

「いのちの環」活動の費用は、補助金や寄付金などに頼らず自前で工面している。その理由は、原発城下町化して経済的・精神的にも依存体質に陥りがちな地域や自分たちをとらえ直したいと思っているからだ。「いのちの環」活動をはじめることによって、村内で福祉ボランティアをしている住民や里山ボランティア団体と協働して生活道路への花植えや清掃もおこなうようになった（図17-2）。

また、寺門さんはJCOが開催する説明会には、すべて参加している。説明会のなかで地域にとって重要だと考える問題が提起された場合は、口火を切って発言する。それによって他の参加者も発言しやすくなるからだという。

こうして寺門さんはJCOとその周辺およそ二キロを範囲として、人びとと日常的に深く関わるようになり、地元パチンコ店の駐車場をめぐる問題や生活道路が抜け道になっている問題などの地域問題にも積極的に取り組み、自治会役員も引き受けるようになった。ある自治会長は「寺門さんがいないと雑草だらけになってしまう」と語り、地域活動に取り組む住民は「寺門さんは地元のために汗をかく人」だと話す。二〇一五年には東海村教育委員会から「奉仕活動を通じ学校運営の振興に尽力」したとして感謝状を贈られた。

上記のような日常的な地域活動を一五年以上に渡り地道に続ける寺門さんを慕って、今後の東海村のあり方を相談しようと訪ねてくる住民や村会議員が増えた。ときには、これらの人びとを原子力への立場にかかわらず自宅に招いて、今後の地域のあり方をともに考える場を設けている。そういう場で寺門さんは、次のような思いを投げかけ、意見交換をする。

住民と原子力事業者が緊張関係をもつことは大事だが、敵対関係になる必要はない。労働災害が起きないように従業員が作業することが一番大切であり、それが周辺に居住している住民の一番の安全対策になる。(5)

現在も続く「いのちの環」活動などによって、JCO周辺に地縁を基盤とするネットワークが形成されている。寺門夫婦が臨界事故後から地道に続けている「いのちの環」活動は、夫婦のスペクトラム的思考を体現している。

それに共鳴して、ともに活動する住民や、それを支える人びとのネットワークが徐々に築かれて揺るぎないものになっている。そのため、ＪＣＯの焼却計画をめぐって寺門さんを責任者とする住民有志がスペクトラム的思考のもとで活動しても、その言動を地元の人びとは〝ＪＣＯにすり寄っている〟〝詭弁だ〟と解釈することはなかった。地元の人びとが焼却計画への対処にあたって住民有志を支持したのは、日常的な地域活動を通じて体現してきたスペクトラム的思考が、〝住民参加の検証作業〟という形で提示されたこと、それを実現する力量が住民有志に備わっていると判断したからである。

5　原子力施設をめぐる周囲コミュニティ

前節までの議論をもとに、スペクトラム的思考にもとづく意思表示装置である線量調査会の設立を通じて、どのようなコミュニティが形成されたのかについて考察しよう。

線量調査会の設立まで、〝ＪＣＯから半径三五〇メートル〟という臨界事故時の避難要請区域が、ＪＣＯの事業計画等を住民に説明する対象範囲として、なし崩し的に用いられてきた。そのため焼却計画をめぐるＪＣＯの情報は地元に行き渡りにくく、その計画への意思表明の機会も不均等ななかで、住民間の意思表明をする／避けるという関係は硬直化した。しかしその硬直化は、住民有志がスペクトラム的思考を実践して案出したカテゴリーのもとで、住民有志と四つの地域自治会とがつよく結びついた線量調査会の設立過程を通じて食い止められた。

こうした過程は、ＪＣＯ臨界事故を経験した住民にとってＪＣＯへの対処基盤は線量調査会の運営母体である四つの自治会とその範囲だと明確にとらえることを促した。この範囲に根ざした住民側の共同性は、住民有志と四自治会のメンバーが線量調査会に欠かさず参加したり、その成果が地元で回覧されたりすることを通じて培われていく。このことは、ＪＣＯに起因する問題への対処にあたって必要性を感じながらも漠然としていたコミュニティに確固たる形を与えた。すなわち、ＪＣＯという原子力施設を取り囲む地域自治会を基盤として、スペクトラム的思考にもとづく意思表示装置を備えたコミュニティが形成された。このようなコミュニティを、原子力施設をめぐる周囲コミュニティと呼んでおきたい。

この周囲コミュニティの形成によって、ＪＣＯは焼却問題にかぎらず事業変更が生じたさい、従来のように一方的に説明対象や対処のしかたを決めることがむずかしくなった。つまり原子力施設をめぐる周囲コミュニティは、ＪＣＯの決定過程にＪＣＯが認めざるをえない対象として自らを組み込んで、日常的な監視にもとづく一定の決定権と発言権を獲得したといえる。

そして、原子力施設をめぐる周囲コミュニティは、今後発生するであろうＪＣＯに起因する問題に応じて、その権利を効果的に行使できる。なぜなら、周囲コミュニティに属しているスペクトラム的思考を体現した住民が中心となり、直面した問題に応じてスペクトラム的思考を実践し、案出したカテゴリーのもとで意思表示装置を適宜更新できるからだ。

つまり、ＪＣＯという原子力施設をめぐって形成された周囲コミュニティは、地元の原子力事業所に起因した問題に対する一定の決定権と発言権を有し、その行使にあたり直面した問題に応じて意思表示装置を適宜更新し続けることができる。

最後に、立地点住民にとって原子力施設をめぐる周囲コミュニティが存続することの意義を述べたい。原子力に起因する問題に住民が対処するさい、既存の二分法的カテゴリーにもとづく対処は、被害や責任を認めない事業者などに主張する場合や迅速さが求められる場合にたいへん有効である。そのため、立地点住民は自身の思考と意思表明が限定化され、意思表明をめぐる住民関係の硬直化を招くとしても、既存の二分法的カテゴリーを駆使する傾向があり、このことは避けがたい。しかしながら、周囲コミュニティの形成によって立地点住民は、直面した問題に応じて既存の二分法を用いるのみならず、新たなカテゴリーを模索して案出するという多角的な思考と意思表明が促され、地元の原子力に対して一定の実効力をともなった弾力的な関与を長期間おこなえる。このことは、原発城下町化などによって損なわれやすい地域の自立性を向上させ、立地点の生活保全につながっていく。

福島原発事故以降、全国各地の立地点は原子力政策がもたらす地域生活への計りしれない影響にさらされている。にもかかわらず、依然として原子力政策の決定過程に関与する制度的機会は乏しい。だが、原子力施設をめぐる周囲コミュニティが全国各地の立地点で形成強化されるならば、それが原子力政策のあり方をつねに問うことになるだろう。

注

（1）二〇一五年九月二〇日の寺門さんへの聞き取りから。
（2）毎日新聞（二〇一二年一二月二八日）より。
（3）東海村原子力安全対策課がまとめた「住民原子力懇談会」の実施報告書より。
（4）「安心安全を求める住民有志一同」の要求書に対するＪＣＯの回答文書（二〇一三年八月六日付）より。
（5）二〇〇九年一月三一日寺門さんへの聞き取りから。

文献

足立重和、二〇一〇、『郡上八幡　伝統を生きる――地域社会の語りとリアリティ』新曜社。

長谷川公一、二〇〇三、『環境運動と新しい公共圏――環境社会学のパースペクティブ』有斐閣。

井上俊、一九七七、『遊びの社会学』世界思想社。

松田素二、二〇〇九、『日常人類学宣言！――生活世界の深層へ／から』世界思想社。

盛山和夫、二〇〇〇、『権力』東京大学出版会。

竹中均、二〇〇八、『自閉症の社会学――もう一つのコミュニケーション論』世界思想社。

鳥越皓之、一九九七、『環境社会学の理論と実践――生活環境主義の立場から』有斐閣。

山室敦嗣、二〇一二、「問われ続ける存在になる原子力立地点住民――立地点住民の自省性と生活保全との関係を捉える試論」『環境社会学研究』18：八二―九五頁。

第18章　被災地における生活再建

――長崎県雲仙普賢岳噴火災害被災地の事例から

中村清美

1　いま、なぜ二〇年以上前の災害をあつかうのか

こんにちの災害研究は、災害時の応急対応、復旧対策といった短期的な防災の視点だけでなく、長期的な視点から防災の社会的影響を把握する必要に迫られているといわれる（田中 2007）。より具体的に言えば、とくに近年の災害研究は、長期的視点から地域社会の減災をどのように実現していくかという問題関心と結びつけて論じられるようになった。たとえば、浦野正樹は、災害の復元＝回復力概念を援用しながら、中長期にわたる復旧・復興過程のなかで、生活構造や社会構造がいかに回復＝復元し、どのように復旧・復興していくかを地域の生活のレベルでより深く問うことにより、それがやがて社会全体にどのように活かされるかを考えることが重要だと述べている（浦野 2007, 2010）。このような視点は、一九九五年の阪神・淡路大震災を教訓としながらも、二〇一一年の東日本大震災以降の地域社会ひいては全体社会の復旧・復興にとって重要なものとなってくるだろう。

だが、こんにちの災害研究に先んじて、現実の災害の現場では、この長期的視点が政策的に先取りされたローカルな事例が、少ないながら存在する。それが一九九〇年代初頭に起こった雲仙普賢岳噴火災害である。一九九〇年

一一月一七日、雲仙普賢岳は、一九八年ぶりに噴火し、その後四年以上にわたり噴火活動を続け、度重なる火砕流や土石流といった複合災害をもたらした。長崎県島原市は、雲仙普賢岳噴火によって約四半世紀にわたり「前例のない災害」経験をもった地域社会なのである。ここでいう「前例のない災害」とは、市街地での初の警戒区域の設定、被災の長期化・全域化といったこの災害の特徴を指すが（鈴木 1998）、それに加えて、防災対策においても住民合意にもとづく、防災事業の早期着工がなされたという意味で「前例のない事例」であった。

そのようななかにあって、本章が事例とする上折橋町内会でも、集落の分断をともなう防災計画によってコミュニティ全体として個々の住民の問題に対応しなければならない、よりむずかしい問題を抱えることになった。だが、この町内会は、そのようなむずかしい問題を乗り越えて、早期の住民合意にもとづく防災対策が講じられ、災害後の取り組みに高い評価を得るコミュニティになったのである（高橋 2012：松井 2012：国土交通省九州地方整備局雲仙復興工事事務所 2001）。

ところが、集落の分断をともなう防災計画に対し合意表明してから約二〇年がたったいま、上折橋町内会で聞き取りをしてみると、必ずしもこの防災計画が成功したとはいえない側面があきらかになってきた。災害後の復旧・復興期が終わり、二〇年以上の時間をかけて、被災から生活を取り戻し、落ち着きを得てきた人びとであるにもかかわらず、なにゆえに当時からの不満を抱えて続けているのだろうか。

当時不満のまま合意に至った防災計画は、約四半世紀が経過した今日においても、地域コミュニティにしこりを残し続けている。災害からの早急な復興として一見成功に見えた計画だったが、二〇年間の時を経たいまもなぜ住民は不満をもち続けているのか。本章では、この防災計画への不満の長期にわたる滞留を、コミュニティ存続の意識（あり方）から論じてみることにしたい。以上のことをあきらかにすることによって、長期的な視点に立つ災害研究＝防災政策にはいったいなにが必要なのかという点に、なにがしかの貢献ができるのではないか、と筆者は考えるのである。

2　災害対応におけるコミュニティへの役割期待と現実

事例にはいる前に、これまでの日本の防災政策がどのような潮流を経てきたものかを簡単にみておきたい。

これまで日本の防災対策では、度重なる大災害の教訓をふまえ防災対策が強化されてきた。それは、国民の生命と財産を守る「防護」という発想によるインフラ整備を中心とした防災対策であったといえよう。[1] たとえば、洪水対策としての河川改修や可動堰の建設、土砂災害対策としての砂防堰堤建設や沿岸部の防潮堤建設などのハード面での対策である。

ところが二〇一一年の東日本大震災は、そうしたハード面でのインフラ整備だけでは限界があることを教訓として残した災害である（内閣官房国土強靭化推進室 2014）。この教訓を受けて、国は、災害による長期的な経済的・社会的影響を軽減することに着眼し、災害リスクの削減や地域の状況に応じたハード対策とソフト対策を組み合わせた「国土強靭化計画」という新たな防災政策を打ち出した。この東日本大震災後の新たな政策で着目すべき点は、人のつながりやコミュニティ機能を向上させることが、防災上重要な視点として盛り込まれたことである。このように、コミュニティの重要性が国の防災政策上でも謳われるようになったのは、過去の災害においてコミュニティが果たしてきた役割があったから、ともいえよう。

実際に、一九九〇年代の日本における多くの自然災害では、地域住民によって救出された人の数が警察や消防、自衛隊に救出された数より大きく上回っている。こうした災害直後の救援以外においても、避難所運営などの対応に地域コミュニティが重要な役割をもつことは、すでに広く知られている。

その一方で、地域コミュニティが、災害後の現場において、必ずしもうまく機能しないという指摘もある。ではどのような理由によって、地域コミュニティが、うまく機能しない事態となるのであろうか。

四年半にわたり全島避難となった三宅島噴火災害を研究分析した田中淳は、長期にわたる被災と避難生活が、住民間の意見のまとまりをむずかしくさせたと指摘する（田中・サーベイリサーチセンター 2009）。なぜなら、長期の避難生活が解除となっても、住民にとってはその間に傷んだ家屋や田畑の復旧、事業の再開、健康面の不安、学業や就職などの個別の問題が大きくなったからである。結果的に、人びとは世帯分離帰島となり、地域コミュニティのまとまりはおろか、家族というつながりさえも危うくしたのである。(2)

さまざまな社会的関係性が分断されるという田中の指摘を、地域コミュニティを対象として分析しているのが、越山健治である。越山は、コミュニティの内部対立の要因として、ふたつの要因があることを指摘している（越山 2007）。越山が分析したのは、阪神・淡路大震災後の復興計画の一環として取り組まれた都市計画事業によって内部対立を抱えた地域コミュニティである。ひとつは、土地所有者のみが利害関係者となったことによって、それ以外の人びとは、計画に適用される法制度や資金面で自力再建が困難な層となったという指摘である。つまり行政計画によって、経済格差を生じさせてしまったという指摘である。これにより、地域コミュニティは個別の再建に向かわざるをえなかったことで、土地所有者は復興計画の担い手としても旧来の地域コミュニティから外れた存在となったのである。

そしてより重要な論点であるもうひとつは、利害関係の調整である。復興計画によって地域コミュニティ内の復興をめぐる利害関係が具体化し、そういった住民間の利害調整のために、コミュニティとは別の調整機能を有した組織が必要となったという指摘である。つまり、復興計画による利害対立に地域コミュニティは翻弄され、役割を失ったのである。

これらの田中や越山の研究からいえることは、地域コミュニティは、行政計画によって生じた経済格差の問題と利害による意見の対立というふたつの問題を抱え、崩壊の危機という局面と対峙せざるを得ないということである。これまでみてきた先行研究から、災害時に役割をはたすと期待されている地域コミュニティだが、現実には、災害後の法や計画にその存続の選択さえも縛られ、また内部に立ち現れる対立に翻弄されて、復興期にはさほど役に立たないと言われている。はたしてそうなのか。

たしかに、本章で取り上げる長崎県島原市上折橋町内会も同じような問題を抱えて、大きく揺さぶられた地域コミュニティである。ところが、不思議なことに、災害から二〇年以上たったいまでもなお、上折橋の人びとは災害当時の「時間との闘いの中で」やむを得ず決断したコミュニティの解散に疑問の念を抱き続けている。そこで本章は、災害後二〇年の復興を歩んできた長崎県島原市の上折橋での聞き取りをもとに、いまもなお、なぜ地域の人びとが不満を抱え続けているのか、地域住民の不満から照射される被災コミュニティの存続の重要性とはなにかをあきらかにしてみたい。

3　事例地の概要

災害までの島原市は、島原半島における産業、教育、行政の中心的役割を担っており、噴火災害によって島原市が機能しなくなるという事態は、島原市以外の一七町も間接被災することを意味していた。したがって、被災範囲が島原市街地に拡大することをなんとしても防がなければならないとして行政計画が浮上するのである。なかでも、中尾川流域の下流に位置する杉谷地区上折橋町内会は、その防災計画上、地理的に重要な位置にあった。

普賢岳山頂に続く登山道は四つあり、そのひとつが中尾川流域の折橋から登る島原道で、登山道の入り口に鳥居があり噴火災害まで山頂付近に鎮座していた普賢神社につながる。上折橋町は、この島原道の入り口に位置した。

江戸時代初期の上折橋一帯は原野で、島原藩内の家畜や田畑の肥料やたい肥づくりのために必要とされた土地だった。その後江戸時代中期から後期にかけて、農地開拓とともに発達してきた。入植から続く三家は、村里、松本、橋本姓である。この三家から分家が生まれ、分家からまた分家がというように増え、集落をつくってきた。九〇年の災害直前でも全戸の半数の三二世帯がこの三家の本家、分家、親戚関係で占められていた。人びとは、養牛、たばこ、お茶、米などの複合農業を営み、山地と集落の境界にはろうそくや石鹸、織物の艶出しの原料となるロウをとるためにハゼを植えた。このように複合農業をしなければ生活が成り立たなかったのは、この集落が中尾川の谷出口に位置するため土地が狭く、度重なる豪雨の影響を受けてきたからである。大規模災害には至らなくとも、農作物の収量は天候に大きく左右されてきた。ゆえに、眉山から谷に向かって吹く風に乗って、養鶏の匂いがすると雨が降るということも経験則から学んできた。「どれかひとつで食べていけるほど、十分な土地はなかった」(3)なかで、自然と共存しながら、人びとは長年、生活をつないできた。

一九四〇年に島原市と合併後は、農業を主産業とした形態から次第に兼業農家が増えるようになる。島原市街地への交通の利便性から、一九八〇年代に入ると一部が不動産会社に買収され、一六軒の新興住宅が建った。ほかに、知人からの仲介を通して土地を買って新たに移住してきた二軒を加え、九〇年当時の上折橋町内会の六四世帯の内約二八％にあたる一八世帯が新住民で構成された。

このころにはサラリーマン世帯が増え、専業農家はいなくなり、妻が市内に働きに出て、週末夫婦で農業をするという兼業農家が主流となった。災害直後まで町内会が発行していた「町内会会報――出水の里」や「育友会だより」から、子育てや防犯、神社の祭り、スポーツ、余暇の楽しみの共有など、活動が活発におこなわれていた町内会の様子がうかがえる。

4　コミュニティの分断過程

経験が生かされた防災計画

中尾川流域の防災計画は、先行して取り組まれた水無川流域での砂防基本構想による住民合意形成過程の失敗経験から学ぶ形で取り組まれた経緯がある。したがって、高い評価を得た中尾川流域の防災計画に対する住民合意形成に影響を与えた、水無川流域での防災事業基本構想の住民合意形成における問題点を簡単に把握しておきたい。

長崎県は、一九九二年（平成四）一二月二二日、「雲仙普賢岳火山砂防検討委員会」によって検討された水無川砂防基本構想を発表した。この発表では、多くの私有地が事業用地となる防災対策のみがあきらかとなり、住民にとっての生活再建の見通しはまったく示されなかった。そのため、これに苛立ちと絶望を抱えた住民は構想に反発することになる。

住民合意が得られないまま一年以上が過ぎ、一九九三年（平成五）四月から対応にあたった復興事務所は、被害拡大をくい止める仮設導流堤の一刻も早い工事着工のため、記者発表を通して住民への理解と協力を求めた。この報道がきっかけで、直接被害者ではないが災害によって生活の不便を抱えるようになった人びとの関心が集まることになり、このまま工事着工が遅れれば、「天災は人災となる」という声があがり始めた。このように、国がマスメディアを使って防災計画への理解を進めようとしたことで、災害によって支援を受けるはずの被災者の立場は、一転して防災対策を遅らせる人びととして責任を問われる立場となった。これ以降、一部の住民を残して多くの住民が計画に同意していくことになる。このような経緯があって、ようやく工事に着手できたのは計画公表から一年半が経ってのことだった。

この間、被害は島原市街地の孤立、島原鉄道の被災、沿岸部への土砂流出による漁業被害など、拡大の一途をたどった。行政が掲げた被災範囲の拡大防止という目的は、住民合意形成の失敗によって、果たされなかったのである。ここでの問題は、行政計画策定が防災の専門家だけで立案され、被災住民の意見を計画に取り入れず、住民の反発を招いたことにある。この反省をふまえ、復興事務所と長崎県は、中尾川流域での計画を進めていくことになる。

中尾川流域の上折橋町内会に設定された警戒区域の末端から島原市街地までは、約二・五キロである。災害が長期化する中で、上折橋町内会から下流の市中心部を土石流が襲うことがもっとも懸念された。

防災計画に際して、国と長崎県は、計画策定段階から、当該町内会に対し、計画の情報を早期に開示した。これにより、計画では上折橋分校下に土石流対策としての締切堤の建設が計画されており、町内会が分断される状況となることを、上折橋町内会は早々に知ることになる。

その後も、国と県は積極的に情報を開示し、住民参加による計画策定へと動いていく。一九九三年（平成五）九月二八日には復興事務所の呼び掛けによって、杉谷地区内の上折橋町内会も含めた全町内会長および市議を対象として、土石流に関する勉強会が開かれた。このときの質疑応答で、復興事務所は、中尾川の拡幅は数倍よりも相当に大きいものになることを示唆した。

復興事務所はその後も、同年一〇月九〜一一日までの三晩続けて杉谷地区町内会連合会との勉強会を実施し、住民との直接の意見交換をおこなった。さらにまたその後、一一月八〜九日、一一月二四日にも、土地の多くが事業用地となる南千本木、北千本木、上折橋の三地区を対象として「中尾川火山砂防事業計画懇談会」を開催した。こうした勉強会と懇談会を経て、住民の意見は概ね防災計画に盛り込まれることになった。こうして住民の意見を取り入れて策定された防災計画は、国と県によって同年一二月二〇日と一二月二七日に杉谷地区の住民約八〇〇人に公式発表されたのである。

公表された計画に対し、大多数の住民からは困惑や反対の声は上がらなかった。災害時の緊急性をともなう計画策定であったにもかかわらず、住民参加によってつくられたこの計画は、防災面の空間的再編だけではなく、杉谷地区の地域振興を目的とした復興計画につながる基盤にもなったのである。

計画発表時には合意を保留していた上折橋町内会も、その一ヶ月後に計画合意表明をおこない、国と県は、早期の防災事業着工を成し遂げた。これにより、当時もっとも懸念された、島原市街地への被害拡大は阻止されたのである。

中尾川流域の取り組みが都市工学や砂防学で高い評価を受けるのは、学校や公民館といった地域コミュニティの機能移転をともなう大規模な計画だったにもかかわらず、先の水無川流域での行政計画の失敗を克服するような異例とも言われる行政側の積極的な働きかけ（松井 2007）によって、住民合意を円滑に、また早期に得ることができたからといえよう。

一方、災害時避難から行政の線引きに翻弄されてきた上折橋町内会は、この計画による線引きによって、恒久的な集落の分断というむずかしい問題を抱えることになった。まずは、町内会が行政の災害時対応において、どのように翻弄されてきたのかを把握しておきたい。

上折橋の被災と災害対応

一九九一年九月七日に上折橋町内会にはじめて避難勧告区域が設定されて以降、坂上地区を除いた区域に避難区域が拡張され、多くの住民が一年以上もの間、避難生活を余儀なくされていった。

一九九二年一二月に島原市が中尾川上流域の避難区域を解除したことを受けて、市内の避難所や他の土地へ家畜ごと避難していた人びとは、一年ほどの避難生活を終え、九三年二月ころから元の場所へと戻ってきた。

次々と戻ってくる住民を迎えたのは、公民館前と分校グランドに面した道路に掲げられた町内会の横断幕である。それには、「おかえりなさい。安全で美しいふる里はみなの手で」「災害に負けぬ強い上折橋を作ろう」（図18－1）と記され、ふるさとでの復興がはじまるという希望に満ちたものだった。すぐに牛舎や豚舎を再建しようと、改修や新たな家畜に投資した住民も現れ、このまま復興への歩みが始まるものと信じていた人も多かった。

図18－1　町内会が掲げた横断幕

出所：島原市上折橋町内会（1998）。

しかし、そのような生活の再開に向けた雰囲気はすぐに一変していく。一九九三年四月二八日から五月二日にかけて、九〇年の噴火以来山麓に積もった火山灰が雨とともに流れ出し、土石流となって断続的に中尾川流域を襲ったのである。こうして、人びとはふたたび災禍に見舞われることになる。

人びとは、一年というけっして短くない最初の避難を経て帰村し、生活再建のために投資をしたその直後に、回復が不可能と思わせるほどの壊滅的な被災を受けたのである。

町内会がもっとも対応に悩むことになったのは、行政から発令される警戒区域や避難区域の設定である。上折橋町内は、何度も警戒区域や避難指示・勧告区域の線引きの変更がおこなわれた。最初の避難勧告の設定が上折橋町の上組に設定されたとき、町内会は、町内を小さな道路一本で区切る根拠を理解できないので、指定するなら町内全部を指定してほしいと反論している。「向こうは、専門家やらなんやらの話で、なぜここかという市としてのきちんとした説明はなかった。私らは、こんな小さな道一本で、家の前に立っても話ができるような距離で、線引きされるのは納得できんかった。それで、町内会として理解できないと繰り返した。でも、どこかで区切らんといかんと。みんな一緒に、平等にとはいかんと（言われた）。最終的には、もう受け入れないといけんかった。(4)」と当時をふりかえる。

その後もこの専門家が引いたという線引きに対して、町内会は十分な納得をもちえないまま、町内会を分断する線引きを受け入れなければならなかった。そもそも警戒区域や避難指示・勧告区域の設定に対して、行政は住民の承認を必要としない。島原市があらかじめ説明したのは、法の強制力によって、住民を私有地から一時的に退避させなければならないからだった。しかしながら、その説明を受けたところで、科学的に示された合理的な防災上の線引きこそ唯一無二の説得材料であり、絶対的なものであるということを住民は実感させられるしかなかったのであろう。

一九九三年五月、町内会は、こうした行政の対応に対して、町内会単位で線引きをするように長崎県と島原市に陳情書を出している。なぜ、町内会がこのような態度を示すのかというと、避難生活を余儀なくされているのは、行政の警戒区域や避難指示・勧告区域に設定された住民たちだけではなく、自主避難をしていた住民も多かった。そのような中で、避難生活における行政の生活支援を受けられる者とそうでない者が存在していたのである。

つまり、地形を優先した法的な線引きは、避難生活に対する経済的支援の有無の線引きでもあった。町内会にとっては、地形リスク優先の納得しがたい法的線引きによって、行政支援の格差を生じさせることになれば、このことによって上折橋が長年つくってきた社会関係が揺るがされかねないと考えた。

町内会は、自主避難をしている住民を避難所や近くの料亭に招き、頻繁に焼き肉会やバーベキュー会を開く(5)など、避難時の補償の格差による対立がないように配慮をおこなってきた。

このように、行政の線引きに翻弄されながらも避難生活を乗り越えてきた町内会ではあったが、次に抱えた中尾川流域の行政計画による恒久的な線引きの問題は、町内会の存続を揺るがすものとなった。

防災計画への早期合意表明

島原市は、砂防基本計画によって堆砂域に含まれる上折橋町内会を含む三つの町内会に対し、計画が公表される四ヶ月前の一九九三年七月二日、町内会ぐるみの集団移転を提案した。これを受けて、計画によって集落が分断されることになる上折橋町内会以外のふたつの町内会は、全戸が移転対象だったこともあり、その年の九月初旬には、町内会ぐるみの集団移転受け入れを島原市に回答した。つまり、集団移転を受け入れたということは、ふたつの町内会が砂防基本計画にも合意をしたと同じだった。これによって、上折橋町内会は唯一、計画合意への意思表明をしていない町内会となった。

町内会の主な役員は、復興事務所が積極的におこなった勉強会、説明会、懇談会へ参加してきたため、自分たちの集落が分断されるように計画策定がすすんできていることは、すでに既知のことだった。ゆえに、町内会役員は、復興事務所と回を重ねて対話するなかで、科学的な根拠をもってすすめられる計画に対し、集落の分断を回避することは厳しいと感じるようになり、「(計画受け入れは) しかたない[6]」と思うようになった。

国と県が計画を公表した一二月二七日、町内会は緊急の町内会議を開き、住民と計画受け入れについて話し合いをもった。

公表された事業計画によって、集落の五七世帯が移転対象となり、坂上の八世帯が事業用地外で移転対象から外された (図18-2) ことが広くあきらかとなった。移転する住民にとって、先祖代々からの土地を自分の世代で手放すということは、容易に決断できるものではなかったし、取り残される住民にとっても、今後も災害の恐怖を抱え、わずかに残された世帯だけで災害対応できるものか、まだ終息する気配がない噴火活動の行く末に不安を抱え

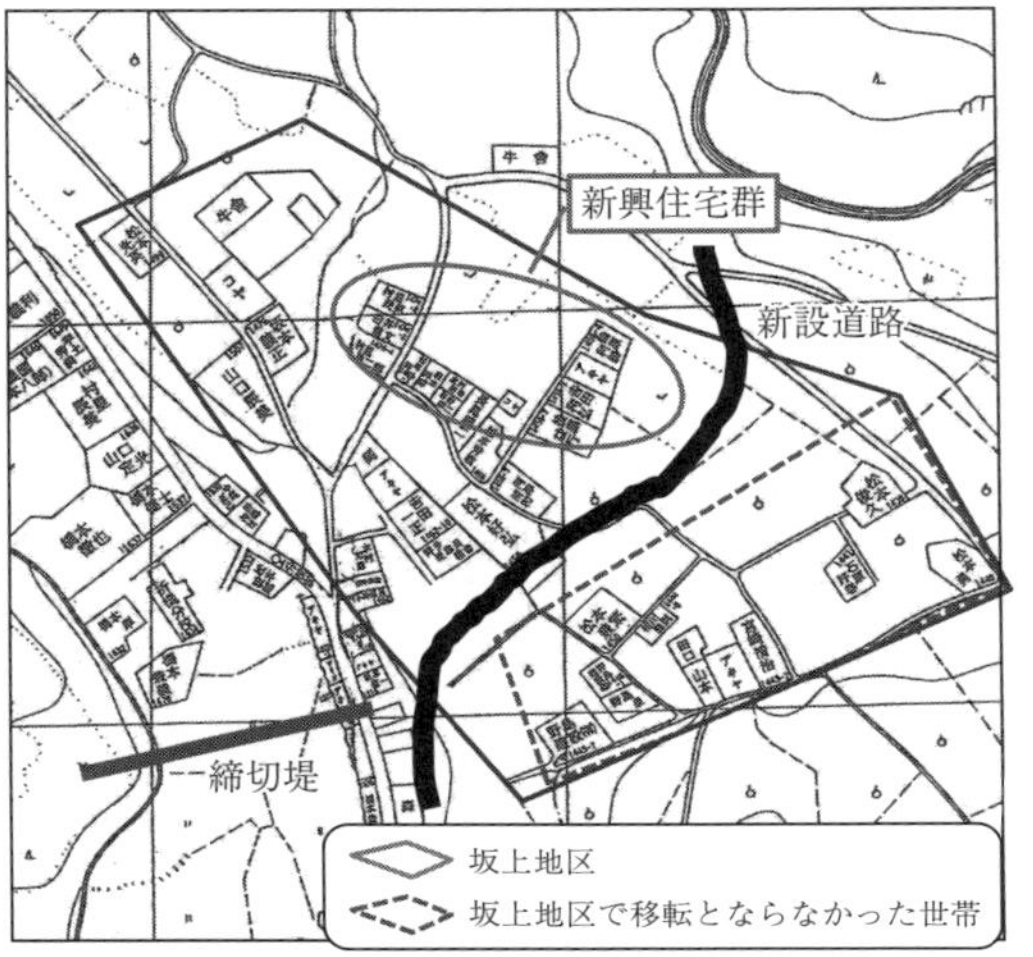

図18－2　防災計画による集落の分断

出所：島原市上折橋町内会（1998：176）「ありし日の上折橋住宅地図」をもとに筆者作成。

ていた。

緊急町内会議の場で、代々の土地や家を追われることになり移転に揺れる住民は、「千本木（上折橋の上流側）に一一基の堤防ができれば、下流のわれわれは安全じゃないか」「噴火がおさまれば、また住めるのじゃないか」と、計画への疑問を呈した。

それに対して、説明会や勉強会に参加してきた町内会役員のひとりは、締切堤建設の目的は、すでにこの災害で折橋分校下まで到達した火砕流と土石流の災禍が、二・五キロ下流の市街地に及ぶことを防ぐものであると説明する。つまり、この計画によって防災上の守られるべき対象は、われわれ上折橋町内会ではなく、島原市街地である、そのために締切堤建設は必要であり、上折橋の土地を、事業用地として提供してほしいというものだ、[7]とこの役員は説明した。

一方、事業計画外となった坂上地区の住民は、わずかな世帯だけが取り残されることへの不安を抱いていた。なぜなら、上水道が整備される前は坂上に集落一深い井戸があったが、よく涸れるため下の集落で水くみをさせてもらったほか、日々の生活では、もらい風呂の習慣や食べ物のおすそ分けや衣類のおさがりなど、相互扶助関係の上に生活が成り立っていたからである。坂上の人びとにとっては、なにか困ったときにこそ頼れたのが上折橋というコミュニティだったにもかかわらず、この計画による分断で、上折橋のコミュニティとともにあったこうした暮らしの安ど感や生活の楽しみを、坂上の人びとは失うことになるのである。

本来なら簡単には解を出せないはずの集落の分断をともなう計画であり、熟考すべきことでありながらも、町内会は時間的制約の中で計画合意を求められていた。

なぜなら、上流のふたつの町内会が計画に合意している以上、上折橋町内会の判断が遅れれば、工事着工も遅れをきたし、この計画の裨益者である島原市街地の人びとが被災することになり、上折橋町内会の人びとによる人災だと責められ兼ねないからである。もし人災だと非難されることになれば、たちまちその責任者を探し糾弾するという動きがはじまるだろう（トム・ギルほか 2013）。それによってコミュニティ内の人間関係が壊れることを、町内会は危惧していた。

「時間との戦いだった」という住民が何人もいる。「もしこれが、ゴルフ場建設とか、観光開発のようなのが相手だったら、戦えたかもしれん。この問題は、相手は行政じゃなくて、山（普賢岳）が相手の話で、時間もなかった。われわれの判断で被害が広がる（島原市街地に）とそれは申し訳ないということになる(8)」と語る。

計画による分断と移転というふたつの空間的な問題は、災害時という緊迫した中で町内会を追い詰めていったのである。時間的に追い詰められた上折橋町内会は、「島原市街地を守るために犠牲になる」という大義名分を掲げて、コミュニティ内の意見をまとめようとする。

この「犠牲になる」という大義には、計画の犠牲者ということのみが含まれるのではない。その後、町内会は遷座した神社の境内に「ふるさとを離れるの碑」を建立するが、その碑文に「市街地を守るため、同意した」と書かれたことからうかがえるのは、島原市の防災のためその役割を果たしたということである。移転と分断に揺れる町内会が、計画合意に懸念を示す住民を説得できたのは、計画への責任を果たす役割を住民に付与したからといえる。こうして、計画公表から一ヶ月後、町内会として計画合意を表明するに至った。

災害後の行政対応の成功事例といわれるここでの行政の取り組みは、前項でみてきた通りだが、この事例からもうひとつ見えてくるのは、上折橋町内会が早期に計画に合意したのは、行政対応がうまくいったという側面のみではなかったということである。防災計画執行上の重要な判断をしなければならなくなった町内会からすれば、防災計画に合意しなければ天災は人災になると、責任論で追いつめられたことも原因であろう。ただここでは、町内会が単に責任論に則って合意したのではなく、責任を果たす役割を担うことが大義と掲げたことが、住民の早期合意を得るに至った理由である。

集落の分断という痛みをともないながら計画に合意をした町内会だったが、このときすでに内部にむずかしい問題を抱えていた。そしてそれは、町内会ぐるみの移転をめぐる問題として、次の生活再建をともなう復興計画へと持ち越されることとなったのである。

線引きで生じた内部問題

計画によって取り残されることになったのは、坂上の八世帯である。つまり、警戒区域外だった世帯が、防災計画においても事業用地外となった。

坂上の八世帯のうち、事業用地内に土地（畑と山地）をもっていたのは五世帯で、この世帯には用地買収金が入ったが、残り三世帯は事業用地内に土地ももっていなかったので買収金はなく、被害も軽微だというので補償金もなかった。

行政からの補償をめぐっては、避難生活を送っていたときから経済的支援の格差が表れていた。坂上の八世帯は自主避難だったため、災害救助法や雲仙岳災害対策基金による経済的支援はなかった。坂上に住む子育て中だったFさんは、噴石や火砕流の熱風が怖くて避難し、家族四人で避難所から仮設住宅へと転々とした。その間、貯金を切り崩して四年間の避難生活を乗り越えたという。同じ避難所、同じ仮設住宅には警戒区域に設定され強制的に避難させられた町内会の人たちもいた。砂防基本計画によって移転対象となった人たちである。彼らへは、法と基金による経済的な生活支援がおこなわれていたのである。

仮に、事業用地に含まれた人たちが移転するから坂上の八世帯もいっしょに移転しようとする場合、災害危険区域の設定もなく、警戒区域設定による生業の強制的な中断もなく、自宅が全半壊していない状態では、公的助成はおろか雲仙岳災害対策基金の支援も受けられない。行政からの支援対象の条件に該当しないということは、移転しようとすればその全費用を自己負担しなければならない、ということである。

一方、移転対象となった世帯には、先行しておこなわれた水無川流域での用地買収価格を長崎県が国より先に公表し、その価格は災害前の土地価格の七〇％が下限という超法規的価格で決められたため、中尾川流域でも同様の価格提示がおこなわれ、その賠償金を手にすることができた。そのため移転対象となった世帯は、この賠償金を移転費用に充てられるのである。

結局、地理的評価を重視した警戒区域と防災計画の線引きが、町内会内部に住民への補償をめぐる経済的な格差拡大を生み、それは町内会ぐるみの移転という事態においても、再建費用の負担の差をさらに広げるものであった。こうしたことから、計画から外れた坂上の人びとは、生活再建においても、行政の線引きに端を発した補償をめぐる格差に不満を抱かざるを得なかった。

二〇年を経ても、坂上の一部の人びとが「悔しかった(9)」と語るのは、坂上の人びとからすれば、行政執行による避難と同様に、自分たちも避難生活者であることに変わりはなかったにもかかわらず、行政の線引きによる補償の格差によって、町内会ぐるみの移転を断念せざるをえなかったからである。まして、坂上地区の人びとにとってこの移転断念は、分校や集会所、神社といったコミュニティ機能を失ったまま取り残されることでもあった。

計画によって移転せざるを得なかった五七世帯は、行政の復興計画によって用意された集団移転による住宅再建支援が受けられる立場にありながら、最終的にはバラバラに移転することになった。なにゆえ、人びとは復興計画にのらなかったのか。

のれなかった復興計画

このことをあきらかにする前に、普賢岳災害において、集団移転と個別移転とではどういった負担の違いがあったのか、先に整理しておきたい。この災害では、基金創設によって現行法が適用できない場合の柔軟な経済的支援がおこなわれたため、砂防計画によって移転対象となる住民が、集団であろうが個別であろうが、経済的に格段の差が出るということは考えられない。しかしながら、ここで筆者が人びとの負担の差を指摘するのは、移転に際しての環境整備の手続きについてである。

まず移転の際に、移転先の選択という課題が生じる。集団移転の場合、このときすでに行政は杉谷地区の隣、三会地区の埋め立て地への移転を提案していたので、人びとは個別に土地を探す必要はない。さらに、復興計画にもとづいて移転先の土地は区画整備事業によって環境整備がおこなわれる。さらには、土地購入価格も一律で行政が決めるため、その価格を信頼できる。人びとは、どのような住まいを建てるかということに思いをはせればよい。

一方、個別移転となると話は違う。代々同じ土地に住んできた人びとにとって、ほかの土地に移転するという経験はない。そのため、職場や同級生、親戚縁者、あるいは業者を頼って、土地探しから始めることになる。Mさんは、職場の人に紹介してもらった不動産屋を介して土地を買った。このときのことを、これからずっと住み続けるわけだから、「ここで、ほんとうにいいのか」という葛藤があったとふりかえる。

悩んだ末に場所が決まれば、不動産会社との値段の交渉、土地の登記手続きと、これまで家族の誰もが経験したことのない手続きを踏まなければならない。そして家を建てる。そのための基礎整備の工事を手配する。法外な金額を吹っ掛けられるかもしれないという緊張感ももたなければならなかった。集団移転をしないということは、個別にこうした苦労をすることになる。

そして忘れてはならないことは、個別移転するとは、人びとは当然ながらそれまでのコミュニティを離れ、新しいコミュニティの中で生活を成り立たせていかなければならないということである。つまり、それは人びとの生活を新しく暮らしなおすということともいえる。個別に移転するということは、こうした苦労をともなう。

なぜ人びとは、個別移転にともなう苦労を予測しつつも、集団移転をしなかったのか。当初から町内会は、行政が集団移転先とした三会海岸埋め立て構想を含む復興計画に、「山の者は海に住めない」と難色を示した。そして、別の町内会と集団移転先を模索していたが、「坂上を残して、集団移転の旗は振れない」[10]と言って、この動きから距離をおいた。「集団移転の旗は振れない」とは、つまり、坂上の住民が一緒に移転できない状況で、町内会が率先して、みんな一緒に移転しようとは言えないということである。町内会が、集落分断の問題を抱えて、残された住民に対し、「申し訳なかった」[11]という感情を抱くのは、二〇年たったいまでも変わらない。

もし町内会が、移転対象となった五七世帯の町内会ぐるみの集団移転を決定するということになれば、すでに補償をめぐる格差への不満を抱えている坂上の人びとに、さらに集落からの切断という新たな不満をもたせることになる。これは、町内会自身が、災害時から繰り返しおこなわれてきた行政の防災対策による線引きに対して抱えてきた不満と重なるものである。町内会が、分断を理由に集団移転をためらったのは、地理的課題を優先してきた防災対策の線引きによって翻弄させられてきたコミュニティを、今度は自らの選択によって二分してしまうことへの抵抗があったからであろう。つまり、集団で移転するとなれば、残らざるを得ない坂上集落とふたつの集落に分断されることになるが、個別で移転するならば、移転者と非移転者という集団的二分はなくなるのである。

町内会が集団移転をしない意向を示したことで、人びとの生活再建では個別のことが最優先されるようになった。このため、町内会にはそれまでおこなってきた住民間の調整やコミュニティを代表しての復興計画への参画の実効性も期待されなくなった。つまり、防災計画による恒久的な集落の分断の問題は、復興計画に参画できなかったばかりか、町内会を解散したと等しい状態にさせたのである。

こうして住民の移転がほぼ完了した一九九八年二月、町内会は解散式をおこない、正式に解散した。

5　今後の防災政策に向けて

本章の目的は、災害後の行政対応の成功事例として知られる島原災害の防災計画は、住民合意にもとづいて早期に実現されたにもかかわらず、二〇年以上を経てもなぜ住民は不満をもち続けることになったのかをあきらかにすることであった。以上の事例からあきらかになった事実は、災害後の行政対応として評価が高い防災計画の成功が、地域コミュニティの分断という犠牲をともなっていたということである。そして、二〇年たったいまも、住民が不満を抱えているのは、災害による災禍ではなく、その後の防災計画でコミュニティが科学的な根拠にもとづいて地理的・空間的に分断され、コミュニティを解散せざるを得なかったことである。さらにいえば、いままで地域コミュニティで蓄積し、災害後の復興に活かされるはずだった人間関係・生活知まで、コミュニティの解散によって自ら手放さざるを得なかったことだった。

一般的に災害時の行政計画は、災害時という特殊な状況で緊急性をもって計画され、社会的にも正当な、かつ必要性のある計画となるため、強権的側面を有する。しかし、本事例では行政による説明会が、この強権性を回避する仕組みとして作用していた。それゆえに、たしかに早期に実現された防災計画として、この計画はたいへん評価されよう。

だがじっさいには、この計画の執行上重要な位置に立たされた当該町内会は、「天災」が「人災」になるとの責任問題に転嫁され、計画に対する判断を熟考できない状況下で、「防災上の役割を果たす」と大義を掲げながら、地域コミュニティの分断をともなう計画に合意せざるを得なかったのである。たしかに、この計画の線引きは、自然科学的根拠にもとづいて講じられた。このことは、従来の防災施策の「防護」という観点からすれば、当然のことであろう。しかしながら、この線引きこそが地域コミュニティの生活を分断し、地域生活を崩壊させたのである。

こんにちの災害研究＝防災政策が長期的視点で論じられる必要があるのは、本事例で見てきたように地域コミュニティが影響を被るのは自然災害の災禍だけではないからである。被災コミュニティにとって、自然災害に対する防災計画、災害後の生活再建をともなう復興計画は、その後の地域振興につながる計画となる。このような視点で、被災コミュニティの存続とはなにかを考える際、この事例から教訓としてふたつのことが汲み取れよう。ひとつは、地域コミュニティが分断されることなく、地域コミュニティぐるみで復興に取り組むことの重要さと、ふたつめは、防災政策が、地理的・科学的側面のみで判断されるのではなく、地域コミュニティが長年蓄積してきた人間関係や生活知を復興に活かすことができる計画づくりの必要性である。

付記

本章は、「復興における地域コミュニティの重要性と生活再建の論理――長崎県雲仙普賢岳噴火災害被災地を事例として」『コミュニティ政策』15：一四七―一六七頁を一部修正したものである。

注

（1）日本各地で災害が起こると、その後の災害を最小限にとどめ被害を出さないという被害抑止対策、とくに構造物によって被害を減らす行政計画が立てられる。これは、日本の都市集落のほとんどが災害に対して脆弱な沖積平野に位置することから、構造物による被害の軽減が理想的な防災対策ととらえられてきたからである。
　とくに、緊急性をともなう災害初期に講じられる行政の防災計画は、当事者に自覚がなくとも強権的、即応的側面をもたせる。そうでなければ「人びとの生命と財産を守る」ことができないからである。しかしながら一方で、災害によって多くを失った地域は、さらに次の災害抑止のために講じられる行政計画によって、人びとの生活は被災地において修復と再建を試みるか、もしくは新たな土地でゼロからの再建に取り組むかということの決断を迫られる。

　災害時の行政計画によって地域コミュニティが抱える問題について、植田今日子は、東日本大震災の津波被災地の人びとが、災害危険区域に指定されることと防潮堤建設計画という防災の側面だけの政策によって、人びとがそこで災害リスクとともに享受してきた「住む権利」さえ奪われると指摘する（植田 2012）。

（2）三宅島のように、避難生活が長期化した例は、二〇〇〇年代に入り続いた。二〇〇四年新潟中越地震では旧山古志村の住民が全村避難によって三年二ヶ月の避難生活を強いられ、二〇〇五年福岡県西方沖地震では玄界島住民が三年間、島を離れ応急仮設住宅で暮らした。また二〇〇七年の新潟県中越地震、二〇〇八年岩手・宮城内陸地震でも二年以上の避難生活が余儀なくされている。そして、二〇一一年の東日本大震災では、地震、津波に加え原子力発電所事故による放射能汚染のために広域にわたって多くの人びとが、すでに七年以上の避難生活をおくる。こうした長期避難生活は、地域コミュニティとしてのまとまりをたいへんむずかしくさせる。旧山古志村では三割の住民が、玄海島では一割の住民が元の場所での生活再建を断念している。

（3）二〇一二年四月一七日Mさんへの聞き取りから。

（4）二〇一二年六月二四日Kさんへの聞き取りから。

（5）二〇一二年六月二四日Hさん、二〇一三年一二月二三日Fさんへの聞き取りから。
（6）二〇一三年一二月二五日元町内会長への聞き取りから。
（7）二〇一二年六月二四日元町内会長への聞き取りから。
（8）二〇一二年六月二四日元町内会長への聞き取りから。
（9）二〇一二年二月一四日Nさんへの聞き取りから。
（10）二〇一二年六月二四日元町内会長、二〇一二年一二月二五日Mさんら氏子会への聞き取りから。
（11）二〇一三年一二月二五日元町内会長、二〇一五年一二月一三日Mさん、Hさんへの聞き取りから。

文献

中央防災会議災害教訓の継承に関する専門調査会、二〇〇七、『一九九〇―一九九五雲仙普賢岳噴火報告書』中央防災会議。

トム・ギル、ブリギッテ・シテーガ、デビッド・スレイター編、二〇一三、『東日本大震災の人類学――津波、原発事故と被災者たちの「その後」』人文書院。

国土交通省九州地方整備局雲仙復興工事事務所、二〇〇一、『雲仙・普賢岳噴火災害復興　10年のあゆみ――火山砂防事業へのとりくみ』国土交通省。

越山健治、二〇〇七、「都市の復興と新たなコミュニティの形成」浦野正樹・大矢根淳・吉川忠寛編『シリーズ災害と社会2　復興コミュニティ論入門』弘文堂、九五―一〇〇頁。

増田安次、一九八五、『杉谷村と崇台寺』昭和堂印刷。

松井宗廣、二〇〇七、「土砂災害対策」中央防災会議災害の継承に関する専門調査会『一九九〇―一九九五雲仙普賢岳噴火災害』中央防災会議、三七―六〇頁。

松井宗廣、二〇一二、「火山砂防と地域復興」高橋和雄編『東日本大震災の復興に向けて火山災害から復興した島原からのメッセージ』古今書院、四四―六六頁。

長崎県島原市、一九九二、『広報しまばら　雲仙・普賢岳噴火災害特集号』昭和堂印刷。

長崎県島原市、一九九四、『広報しまばら2　雲仙・普賢岳噴火災害特集号』昭和堂印刷。

内閣府消防庁国民保護・防災部、二〇〇九、『災害対応能力の維持向上のための地域コミュニティのあり方に関する検討会報告書』。

内閣官房国土強靭化推進室、二〇一四、『国土強靭化とは？』。

大矢根淳・浦野正樹・田中淳・吉井博明編、二〇〇七、『シリーズ災害と社会1　災害社会学入門』弘文堂。

島原市上折橋町内会、一九九八、『心のふる里　わが上折橋』島原市上折橋町内会。

鈴木広、一九九八、『災害都市の研究——島原市と普賢岳』九州大学出版会。

高橋和雄、二〇一二、「はじめに」高橋和雄編『東日本大災害の復興に向けて——火山災害から復興した島原からのメッセージ』古今書院、viii-xi頁。

田中淳、二〇〇七、「日本における災害研究の系譜と領域」大矢根淳・浦野正樹・田中淳・吉井博明編『シリーズ災害と社会1　災害社会学入門』弘文堂、二九-四一頁。

田中淳・サーベイリサーチセンター、二〇〇九、『シリーズ災害と社会8　社会調査で見る災害復興』弘文堂。

田中重好・舩橋晴俊・正村俊之編、二〇一三、『東日本大震災と社会学』ミネルヴァ書房。

植田今日子、二〇一二、「なぜ被災者が津波常習地へと帰るのか——気仙沼市唐桑町の海難史のなかの津波」『環境社会学研究』18：六〇-八一頁。

（財）雲仙岳災害対策基金、二〇〇二、『たくましく　復興への歩み』雲仙岳災害対策基金記録誌。

「雲仙・普賢岳噴火災害を体験して」編集委員会、二〇〇〇、『雲仙・普賢岳噴火災害を体験して』特定非営利活動法人「島原普賢会」。

浦野正樹、二〇〇七、「脆弱性概念から復元・回復力概念へ——災害社会学における展開」浦野正樹・大矢根淳・吉川忠寛編『シリーズ災害と社会2　復興コミュニティ論入門』弘文堂、六—一八頁。

浦野正樹、二〇一〇、「災害研究のアクチュアリティ——災害の脆弱性／復元＝回復力パラダイムを軸として」『環境社会学研究』16：六-一八頁。

第Ⅴ部　コミュニティはなぜ資源を利用しなければならないのか

R・M・マッキーヴァーがコミュニティの成立条件としてあげる「地域性」とは具体的な地理的範域を指す。その地域に山、川、湖、海といった自然が広がり、それを資源としてコミュニティは存続してきた。ところが現在、産業構造の転換により、自然資源のアンダーユースが大きな問題となっている。これを解決するには、近代以降の土地所有のあり方を再考し、所有の境界を越えて積極的に自然に関わろうとする人びとの「働きかけ」に大きな権限を認めるべきだろう。

そのような視点から日本の森を考えたのが、第19章と第20章である。第19章では、大分のシイタケ栽培に注目し、土地を持たない茸山師と、山主をはじめとするムラのパートナーシップに言及する。茸山師によるシイタケ栽培は山を肥えさせるため、山主は、彼らと積極的に関係を結ぼうとする。これは、近代的所有を超えて、「私」（茸山師）と「共」（ムラ）の利益の両立をもたらす。また、第20章では、戦後の生産力主義的な林業政策に対し、それと異なる「自伐林業」に注目し、「生活」において山主が山に働きかけるという所有—施業—経営の一致から木材の「生産」をとらえ返している。

このような「働きかけ」から中国太湖の水上生活者をとらえたのが、第21章である。なかでも興味深いのは、下流側の湖岸から上流側の沖合にかけてずらっと停泊している家船だが、その位置関係は新参＝沖合、古株＝湖岸と決まっている。というのも、新参の家は、上流から流れてくる水草や枯れ枝を拾って「私」の生活を支えるだけでなく、下流側の湖岸での船の往来をスムーズにする「共」的空間を維持するからである。こうして家船コミュニティでの生活は保たれてきたのだが、近年の温情的な国家政策によってそれは陸に追い立てられた。これは近代化という名のもとでの文化的多様性の否定とはいえないか。同様の方向で河川敷利用をとらえたのが、第22章である。河川敷を占有する小さな集落で五十川が問いたかったのは、アンダーユース問題を解決するのはどのような主体が望ましいのか、ということである。近年のコモンズ論は、コミュニティによる共的管理に期待を寄せつつも、その排他性がアンダーユース問題の足かせになると論じ、より開かれた主体形成を問い始めた。しかし彼は、河川敷利用をめぐる集落のルールを丹念に追うことで、「私」（家）と「共」（ムラ）と「公」（国家）があいまいに両立していることをあきらかにし、あくまでもコミュニティに内在する論理からの政策論を深めている。

第23章・第24章では、利潤のみを追求する資本主義の論理からとっくに見捨てられはずの小水力発電や歴史的町並みといった人工物も、地元住民に〝ちょっとした〟楽しみをもたらしながらコミュニティの永続性に力を貸していることが示されている。重要なのはいまでも〝ちょっとした〟楽しみというのがコミュニティ永続の秘訣になっているということだ。

（足立重和）

第19章　森林を育てる村のビジネス
――シイタケ栽培にみるパートナーシップ型資源利用の意味

牧野厚史

1　所有と利用の分断とパートナーシップ

日本列島の森林をどうしていけばよいのかという議論が盛んである。議論の高まりの背景には、森林が荒廃し始めているという認識がある。もっとも、森林が抱える問題は個別具体的にはさまざまだ。たとえば、森林に詳しい環境社会学者の柿澤宏昭は、人工林、里山、原生林など、おかれている条件によって森林を分けたうえで、それぞれ問題を考えるという主張を早くからおこなってきた（柿澤 2001）。その通りであろう。

ただ、ここで考えたいのは、コミュニティの資源というレベルでの森林荒廃の語られ方である。佐賀県佐賀市富士町の山村で調査をしていたとき、気がついたことがある。[1]それは、所有山林の状態に話が及ぶと住民の表情が一様に暗くなることだった。はっきりと「山に入らないのでわからない」という人もいた。こうした住民の話をうかがいながら、山村でも森林離れが進んでいると当初は考えたのだがなにか違和感が残った。そして、しばらくたってどうやら違うということに気づいたのである。それはこういうことだ。

いま語られている森林荒廃は、やや乱暴にまとめると、森林の過少利用ということになる。つまり、あまりにも利用が減ってしまったために、荒廃というマイナスの問題が生じているとする考え方である。たとえば、数理社会学という観点から過少利用を取り上げた林雅秀と金澤悠介は、「ある資源の過少利用が問題となるのは、人々がその資源を利用しなくなることで負の外部性が生じる場合である。違ういいかたをすれば、人々がその資源を適切に利用する限り正の外部性が生じる場合である」と問題を定式化している（林・金澤 2014：252）。そうだとすると、森林荒廃に対する研究者の質問は、住民にとってみれば、森林を所有しているあなたはそれを適切に利用できているかという所有者責任を問いかける形になっていたのである。

行為の理論のみでモデル構築をしない研究者たちは、むろん、所有者の責任強調につながりかねない問題の単純化には批判的である（柿澤 2011：池田 2015）。そもそも、過少利用という問題は、利用実態とは無関係に土地・資源をもてるようにした近代の土地制度にもとづく「所有と利用の分断」という制度の問題でもあるからだ（池田 2015：248）。ただ、こうした制度への原理的なレベルの反論だけでは少し論点が伝わりにくい。フォーマルセオリーの水準での林と金澤の定式化は現実の問題にはそのままでは適用できないはずだが、結論が単純明快なので実態と勘違いされてしまいがちだ。では、所有と利用の分断という問題の解決方向をいかに現場から考えることができるだろうか。

本章では、シイタケ栽培という九州山村の林業をとりあげる。栽培に必要な森林の資源利用のしかたに、所有と利用の分断という問題解決へのヒントがあると考えるからだ。そのポイントは、九州の山村では、シイタケ栽培は土地を借りておこなう林業であり、そのこともあって、資源（土地）の所有者とのパートナーシップが有利だと考えられている点である。このパートナーシップ型の資源利用の仕組みが、生産者の私的な収益確保を超えて、むらの森林を育てるという公共的な役割までを果たせているとしたら、所有の限界という問題解決へのヒントになるのではないだろうか。

以下ではまず、シイタケ生産に呼応して、九州の山村にどのような森林が造り出されたのかを、シイタケ栽培の特徴と関連させながら見ておきたい。さらに、土地をもたない林業というシイタケ栽培の特徴を、山師の仕事という九州のシイタケ栽培の歴史的な背景から説明する。栽培の歴史性をふまえて、現代のシイタケ生産者と所有者とのパートナーシップの現状とコミュニティの資源利用にあたえるインパクトに焦点をあてていくことにしよう。なお、事例地は大分県を中心とした山村地域である。

2　クヌギ林の用途

九州の山村にはクヌギ林が多い。ことに、宮崎県や大分県の山村を訪ねると、集落の家々の周りにクヌギ林をよくみかける。小規模な林であれば集落の家のそばや川岸など、いたるところにある。また、スギ、ヒノキの針葉樹林の間に点在していたり、山のやや奥まったところにまとまった広さの林がみられたりすることもある。調べてみると、大分県の林業統計では一三％もの民有林がクヌギ・ナラの林となっている。

クヌギは、都会に近い里山保全の活動では人気のある樹木である。里山には、農民が生活のなかで利用しつつ保全してきた山というイメージがある。クヌギ林の人気が高いのは、薪炭生産の場所という山の利用の歴史をイメージさせることや、木を生かしたまま森林を更新する天然更新という手入れの方法が自然保護とのつながりを想起させるからだろう。だが、九州山村のクヌギ林は薪炭林にしてはどこかおかしい。若い木の林ばかりだからである。こうしたクヌギ林は、この地方の人々がナバ（茸）と呼ぶシイタケを栽培するためにつくり出された林なのである。

林業経済学者で大分県のシイタケ栽培に詳しい佐藤宣子によると、大分県では戦前からシイタケ栽培と関連したクヌギの植栽がおこなわれてきたが、クヌギ林が大幅に増えたのは戦後のことであるという（佐藤 1991）。シイタケとはシイタケ菌の形成する子実体で、この部分がいわゆるキノコである。九州のシイタケ栽培の開始は少なくとも近世にまでさかのぼるが、江戸時代から戦前まで主流だった鉈目法という栽培方法ではシイタケの発生が不安定だった。そのため、定住者であるむら人には栽培は普及せず、もっぱら山師という移動する職人の仕事とされた。戦後、原木に菌を接種する方法が開発され発生が安定したこと、それによって、高い収益性が期待できたことから、

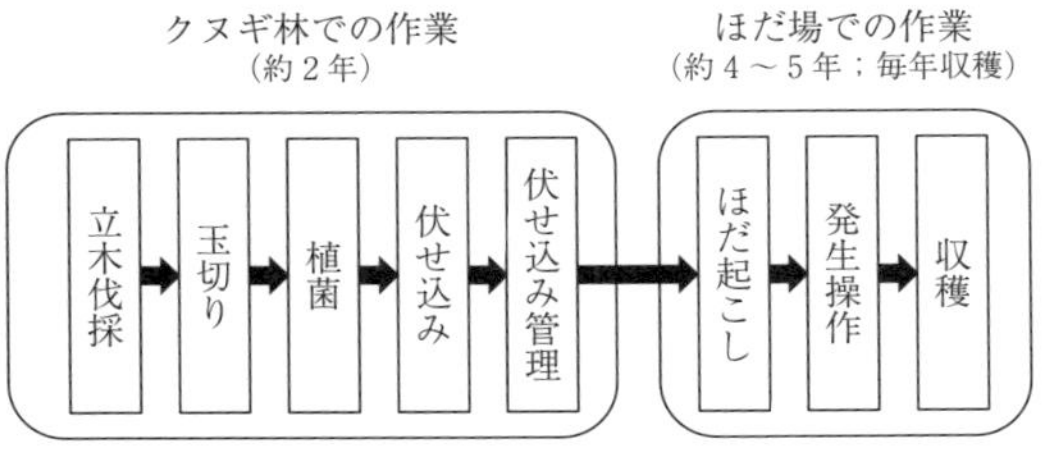

図19－1　シイタケ栽培の体系図

出所：大分県農林水産部林産振興室（2012：38）の図を改変。

シイタケ栽培は山村の人びとに普及し、生産量は飛躍的に増加した。その結果、原木不足が意識され、県の補助もあって造林されたのがそれらのクヌギ林なのである。

このように、県からすれば、クヌギ林は原木の供給のための森林である。ところが、興味深いことに、それらのクヌギ林の多くはシイタケ生産者のものではない。むしろ、立木の形で所有者（山主）からクヌギを購入して栽培することを生産者は選んでいる。山主には個人の山主もあるが、広い面積のクヌギ林はむらが管理している入会林野にあることが多い。そのため個人の山主だけではなくて、区や集落などの森林を所有するむらの組織からも木を購入することになる。

ここでは、シイタケ栽培の体系図（図19－1）をもとに、大分県由布市の大字である塚原でシイタケの栽培をしているIさんの森林利用を紹介しよう。塚原は、山村というよりも、中山間地といったほうがよい地域である。すでに述べたように、シイタケ栽培が広く普及するのは戦後だが、塚原の場合もむらの人びとによる栽培が始まったのは戦後のことである。I家では父親が戦後にシイタケ栽培を始めたのだが、その当時は炭焼きも少ししていたという。現在では、毎年ホダ木一万本程度に植菌をする規模のシイタケ栽培を、奥さんと専業で営んでいる。

自家の所有する森林の総面積は二一ヘクタールで、スギおよびヒノキ林が十三ヘクタール、クヌギが五ヘクタール、その他は竹林と雑木林である。田畑はあわせて六〇アールほどである。このようにI家にも山林はあるのだが、興味深いことにIさんは自分の山林のクヌギはシイタケ栽培に使っていない。あくまでも予備という扱いである。五ヘクタール程度のクヌギ林では、ホダ木の自給は不可能だからである。

I家ほどの生産規模になるとホダ木を毎年得るにはかなりの面積のクヌギを伐採しなければならない。一度伐採したクヌギ林がふたたび伐採可能になるまでには、一五年程度はかかるし、その間、林の手入れも必要となる。また、後で説明するように、すべての土地が栽培のための作業に適しているかといえばそうでもない。それらの事情を勘案すれば、シイタケ栽培は森林という土地をもつことが必ずしも有益ではない林業なのである。

栽培の手順にそって、土地をもたない林業という、シイタケ栽培の特徴をもう少し詳しく説明しよう。

図19－1を見るとわかるように、シイタケ栽培では植菌から収穫可能になるまで二年以上もの歳月がかかる。収穫までの作業は、立木を伐採したクヌギ林での植菌等の作業と、ほだ場での作業とに大別できる。以下、この図にそってIさんの作業の流れを紹介しておこう。

シイタケ栽培は原木となる立木の伐採から始まる。山主との交渉がまとまり、クヌギ林を立木で購入し、晩秋の適切な時期に木を伐採する。伐採すると、多くの場合はその場所で作業にとりかかる。クヌギ林での作業は、①木を適度に枯らすこと、②ほだ木に適した長さに木を切りそろえること（玉切り）、さらに③ほだ木への駒打ち（植菌）、④植菌した木の伏せ込みである。この作業には約二年間かかる。立木を購入した山でそれらの作業をおこなうことが多い。

伏せ込みの期間がおわると、ほだ起こしに取りかかる。ほだ起こしとは、ホダ木をキノコの成長と収穫に適した場所（ほだ場）に移すことで、以降シイタケの発生から収穫までの作業はほだ場でおこなう。いったんシイタケが発生したほだ木は四年から五年程度は、毎年、シイタケが発生する。Iさんは自宅の敷地にも人工ほだ場をもっているので、そちらにほだ木を移す。自分が所有する林内のほだ場もあるが、そちらは古い木をおく場所である。Iさんは自分の所有するほだ場があるが、適当な森林を借りる生産者も多い。

このように、シイタケ栽培は、ホダ木の入手から収穫までの作業のほとんどを他人の所有する土地でおこなう点に特徴がある。だが、それは通常の土地の賃貸借とは違っている。

たとえば、ほだ場の土地利用をみてみよう。シイタケの発生と収穫をおこなうほだ場は、古くからシイタケ栽培の中心とされてきた場所である。ほとんどの生産者は、スギなどの針葉樹人工林の林内にほだ場を設けている。そこは他の山主の森林であることも少なくない。その場合、森林の持ち主に挨拶は必要だが、借地料を支払うことはないと語る生産者が多い。酒をもっていくという人もいるが、Iさんは「〔山主から〕ほだ場を借りるのにいまは焼酎すらいらない。草を刈って手入れをすれば無償の場合が多い」という。草刈りなどの手入れは山主も歓迎しているからである。

伐採後のクヌギ林の利用も、事情はよく似ている。クヌギ林の作業では、木を購入した人が木の伐採後、そこで作業をすることが山主にも了解されている。伐採後、手入れを怠るとクヌギ林は衰退してしまう。だが、シイタケ生産者は伏せ込んだ場所での草刈りなど、栽培に必要な作業を継続的におこなう。それらの労働投下はクヌギ林の手入れにもなるのである。

このようなクヌギ林の利用には、村落というコミュニティの人間関係も活用される。Iさん自身の表現を使うと立木の購入には「知りあいから声をかけてくる」ことが多いという。知りあいとはたとえば、青年団で一緒に活動したことがある同じむらの人だったりする。Iさんがシイタケ栽培をしていることは近隣の人びとに広く知られているので、コミュニティの人間関係を介してクヌギ林の情報が集まってくるのである。

所有者から声をかけることが多いのは、山主の側にも理由がある。現代のクヌギの用途はシイタケ栽培のための原木にかぎられる。栽培に適した木は、両手で幹を挟めるぐらいの太さで、概ね一〇年〜一五年くらいの齢級の木に相当する。木は成長し続けるので、伐期を逃し太くなりすぎてしまうと価値がなくなる。そこで、クヌギ林の樹が栽培に適した太さに成長すると、山主は買い手を探すことになるのである。

ここまでみてきたように、シイタケ栽培という森林資源の利用は、シイタケ生産者と森林の所有者がお互いに相手を必要とする関係によって成り立っている。注目されるのは、クヌギ林を所有する山主からも、シイタケ栽培という森林利用が森林の保全と利用にプラスになると考えられていることだ。森林という資源をもつ者と使う技能（シイタケ栽培の技能）を有する人たちの関係は、資源利用におけるパートナーシップとみなすことができそうである。

なかでも興味深いのは、このパートナーシップという関係が成立している場合には、土地の所有権という発想がたいへん弱くなることである。森林という場所の保全に視点をおくと、森林をもつという土地所有の論理を超えるメリットが山主にもあることがみえてくるからであろう。栽培に必要な土地の借地料が無料と認識されているのはそのためである。立木の購入も、単なる経済的な関係ではなくて、育林する近隣の人びととシイタケ栽培者たちのパートナーシップのなかの活動と考えたほうがよい。後でむらの共有地利用の事例でみるように、クヌギ林を育成し販売する人物が、同時にシイタケ栽培のためにクヌギを購入する生産者でもあることさえ珍しくないからだ。

もっとも、パートナーシップ型のシイタケ栽培には、九州の山村における地域社会の個別特性がつよく表れているようである。先に紹介した佐藤の研究によれば、たとえば東北地方のシイタケ栽培では、生産者は、パルプ、チップ業者から原木を購入する例が多いという（佐藤 1991）。その場合には、商品の売買という純粋なビジネスの関係となって、パートナーという関係からは遠ざかる。次節では、九州の山村のシイタケ栽培にむら人の間のパートナーシップ型の資源利用がみられる理由を歴史的にさかのぼって考えてみよう。

3　パートナーシップの原型

もたざる人びとにとっての森林資源

日本列島の森林には、古くからそこを仕事場とし生産をおこなう人びとがいた。そのうち、とくに森林などの資源をもとめて渡りをする人びとを、渡り職人と民俗学では呼んでいる（三田村 2008）。木地師のような人びとを思い浮かべればよいだろう。一方、山を購入し立木の伐採などをする仕事は、通常は山師と呼ばれている（湯川 1983）。両者の区別はたいへんむずかしいが、シイタケ栽培に携わった豊後の茸（ナバ）山師は、親方－仙頭（山子を統制し代表する役割）－山子という生産組織の特徴が類似していることなどから見て、後者の山師と呼ぶ方がよいだろう。

こうした渡り職人や山師の存在は、所有者と利用者が一致することが多い屋敷地や農地とは異なる考え方を農村の人びとが山に対してもっていたことを教えてくれる。いまはやりの言葉で言えば、それは川や海と並ぶ山のコモンズ性と呼べるかも知れない。ただ、日本の近現代は、コモンズ性の衰退が著しかった時代でもある。それは同時に森林を仕事場とする渡りの職人や山師の仕事が衰退していく時代でもあった。

政府による国有林開発が進み、森林の経済的な価値が高くなると、土地の私有権という発想がつよくなっていく。十分な土地をもてないために製炭に従事するむら人も増えていったし、他方、かなりの面積の森林が、人口増加のなかで耕地や原野に変わった。このような森林利用の変貌の中で、土地をもつことを選択しない、いわばもたざる人びとともいえる森の職人たちは不利な条件におかれることになった。このような事情を考慮するならば、シイタケ栽培におけるパートナーシップの原型として、もたざる人びととの生活のための資源確保という課題がみえてくる。

研究史をふりかえると、このもたざる者による生活のための資源確保に関心を向けたふたりの著名な研究者の名前がうかぶ。ひとりは民俗学者の柳田國男で、もうひとりは社会学者の有賀喜左衛門である。柳田は、木地師という古い歴史をもつ渡り職人の活動に注目して、彼らがなぜ列島の山を広く渡り歩けたのかを特定の型の伝説の分布から究明した。その結果たどり着いたのは、資源へのアクセスを可能とする言説の力である。言説の力とは、もちろん小椋一族という出自伝承をもとにした創作の力である。そして、この伝承の力が明治政府の近代化政策のなかで説得力を失い、渡りというスタイルが明治期初頭に木地師の定住という形で終焉していくまでを描いた（柳田［1925］1968b：189–239）[2]。

これに対して農村社会学者の有賀喜左衛門は、近代のもたざる者たちの資源論をとりあげた。その骨格となったのは、よく知られているように親方－子方という労働組織についての社会学的な分析である。有賀は小作というもたざる者たちが、生活資源に限りがみえはじめた近代農村でどのように資源を確保するかを研究した（有賀 1966a, 1966b）。そして、彼らの資源確保の戦略とは、地主－小作という経済的な関係への切り替えではなく、親方・子方の庇護－奉仕という生活共同体の関係を強めることだと考えた。その場合の力となったのは小作が本家地主家に提供できる労力である。この労力提供の背景にある地主と小作の人びととの互酬性に着目することで、有賀の議論は

近代社会における、もたざる者の資源論となりえたのである。(3)

このふたつの議論を念頭において、山の職人たちの歴史を見直すと、九州の茸（ナバ）山師の歴史にも従来の前近代的な労働組織の衰退とは違ったものが見えてくる。これまでの研究では、山師は商人資本家からの請負製炭のように、土地を十分もたぬ貧しさゆえに、親方から前貸しを受けて立木を買い取って生産をおこなうことで、山林の商品化を底辺で支えた人びとと位置づけられる（日向木炭史編纂委員会 1965）。これに対して、山主あるいは親方から特殊な技能を見込まれ、協働という感覚でときに経営にも携わる自立した職人という山師の位置づけもなりたつ。そこで、ここでは、とくに茸山師と森林との関わりを保証した、親方・子方という関係にポイントをおいて、シイタケ栽培のパートナーシップの原型を考えてみたい。

シイタケ栽培の歴史と茸（ナバ）山師の理想

シイタケ栽培の歴史をかいつまんで紹介しながら、茸山師の理想とする山との関係のもち方とはどのようなものかをみておこう。九州のシイタケ生産は一七世紀、岡藩が伊豆から人を呼び寄せて栽培を始めたことがきっかけで始まったといわれている（中村 1983）。その後、幕末までに、九州の諸藩で豊後から人を呼び寄せて藩営事業をおこなう形態が広まった（武井 1995）。その担い手が茸山師と呼ばれる人びとである。シイタケ栽培史の研究をした中村によれば、茸山師の貢献は、現在のおなじみのクヌギ原木を短く切って伏せ込む方法を開発したことで、考案したのは、豊後地方の佐伯藩の藩営事業に携わっていた仙頭だった。この方法が明治期に普及した九州のシイタケ生産は伸びたという（中村 1983）。

このように江戸後期にはすでに栽培体系を完成させていた豊後の茸山師は、近代にはいると九州のみではなく、隠岐、対馬から遠く中国、四国、近畿方面にも出向くようになった（段上 1985）。このような茸山師の移動は、これまでの研究のなかでは、しばしばふたつの要因から説明されてきた。ひとつは、彼らを送り出した出身地の豊後海岸部の経済的な貧しさ、もうひとつは栽培における技能の卓越性である。

茸山師の誕生には、豊後の海岸部のむらの経済的な貧しさが背景にあったことが指摘されてきた。たとえば、戦後、数多くの茸山師との面談にもとづいて、青木繁が執筆した『豊後の茸師――シイタケづくり名人記』はシイタケ栽培で経済的に成功した人びとの人生を描いた成功物語集だが、やはり貧困説をとっている。大分県の海岸沿いの地域からなぜ多数の茸山師が生まれたかという問いに、人口増加のなかで土地の狭隘さゆえ、故郷を離れ「シイタケ栽培や木炭製造、木挽き」に出ざるをえなかったからと答えている（青木 1966：16）。関係する自治体史もこのような見方を踏襲している（米水津村 1991：蒲江町 2005）。

他方で強調されてきたのが、豊後茸山師の技能の卓越性である。これは当時の鉈目式と呼ばれるシイタケ栽培体系の不安定さと関わっていた。民俗学の研究者である段上によれば、津久見市では「椎茸作ると子孫が絶える」とまで言われていたという（段上 1985：629）。天然胞子の活着に頼る当時のシイタケ栽培では、数年間シイタケが発生しなかったために破産する親方も多かったからである。そのような条件下で、豊後の茸山師の理想的なあり方として豊後地方の人びとの心を掴んだのが、柳田國男の『海南小記』の一文だった。柳田は大正八年（一九一九）に四国から大分県に船でわたり、そのとき知った茸山師（茸師）について次のように記している。

豊後は今に於て尚炭焼の本国である。其一半は進化してナバ師即ち椎茸作りと為り、各地に招かれて、盛にナバ木の林を経営して居るが、他の半分は昔ながらの炭を焼くべく、此頃は主として隣国日向の東臼杵の奥山に入って居る。（柳田［1925］1968：317-318）

この一文は豊後茸山師の技能の高さを示すものとして、これまでの文献では繰り返し引用されてきた（伊東 1980：段上 1985）。その理由は、むろん単純には言い切れないだろうが、茸山師自身の理想が表現されていたからであろう。たとえば、長年大分県椎茸農業協同組合で実務に関わってきた伊東六郎は、その理想がどのようなものかを次のように説明している。

柳田先生の本文以来、シイタケ生産者を一般的に「なば師」と表現する向きも多いが、これは第三者からの尊称とでも言うべきものであり、ふつう生産者は「なば山衆」であり、一山を経営するようになれば、生産現場を含めて「なば山さん」となり当人は親方とよばれる。経営者でないものは単なる山仕〔である〕（伊東 1999：14）

つまり、ここで柳田が述べている「ナバ師」とは、山を買うほどに成功した親方のことだというのである。シイタケ栽培では、親方が山ごと立木を購入する山買いという方法がとられてきた。当時のシイタケ栽培では乾燥に炭を必要としたこともあって、原木以外の山の木も製炭によって余すことなく利用したからである。もっとも、近世はむろん近代のシイタケ栽培でも、こうした山買いが事前に現金でおこなわれたかどうかはかなり微妙である。じっさいには栽培したシイタケや木炭を販売して得た現金で、地主や商人に借りた資金を立木代金として清算する方法がかなりとられていたと想定されるからである（伊東 1980）。しかしながら、シイタケ栽培のような危険性の高い仕事に乗り出すときには、あくまで私的な収益に関心をもつ山林地主や商人資本家といえども、そこに通常の前貸しなどとは違う茸山師の親方や仙頭との協働という感覚があってもおかしくはなかったのである。そのような事例を奥地山村のシイタケ栽培から考えてみたい。

奥地山村のシイタケ栽培

茸山師の回想録を読んでいると、彼らが決まって心動かされるフレーズがあることに気付く。それは山林地主からの山林の共同経営の誘いである。たとえば、津久見出身の大物茸山師である西郷武十は、共同経営にしてもよいといわれて対馬にわたっている（津久見椎茸顕彰会 1955）。また、大分県大山町の有名な茸山師、松下徳一はやはり共同経営にしてもよいという誘いを受けて迷ったと述べている（青木 1966）。

では、茸山師を招き、山主が彼らに経営を任せる理由とはなんだろうか。この点を示唆する記述が『諸塚村誌』

にある（諸塚村 1989）。明治四〇年（一九〇七）に作成された「諸塚村是」は、焼き畑と組み合わせた椎茸木の造林がさかんにおこなわれている様子を「全村ノ四分ハ椎茸木繁茂セル状況ナリ」と記している（諸塚村 1989：516）。残念ながら樹種は記載されていない。

造林方法をかいつまんで説明すると、焼き畑の後にシイタケのほだ木となる木を植栽し、伐採して原木とする。その後、火入れをして畑作をおこない、やめるときにまたほだ木となる木を補植するのである。焼き畑では、火につよい樹種の株だけが生き残るという特徴を応用したものである。この方法は、後で記すように、大分県のクヌギ林の管理ではいまでもおこなわれている。

『諸塚村史』は、シイタケ栽培の作業場や組織についてもふれている。戦前の諸塚には、原木はあっても自分では栽培の経験が無い山主（元締）と、経験をもつもの（仙頭）が歩合制で利益を分ける仕組みがあったと記している。この場合は親方ではなくて仙頭だが、単純な雇用関係ではなくて、そこに自分たちの限界と異質な技能をもつ他者との関係が求められたのである。このような協力関係は、共同経営に近い一面があるといえるだろう。戦前諸塚のシイタケ栽培は、この時代における技能をもつ者と山主とのパートナーシップとして注目されよう（諸塚村 1989）。

もちろん、近代の日本は、大まかに言えば所有権の強化の前に、森林を仕事場とする人びとは圧迫されていくことになった。だから、土地をもたずに仕事をする人びとは、商人資本家や山主に対して従属的な立場に陥っていく傾向がつよかった。このような一般的な社会の動向を考えるなら、山林地主からの共同経営の提案は、土地をもたない移動者にとって最大限の評価と受け止められても不思議はなかったのである。

現代山村のシイタケ栽培と森林所有

このように見てくると土地をもたない林業という九州山村のシイタケ栽培の性格は、茸山師という移動する職人の時代に生じた資源利用の特徴だということになる。ただ、現代九州山村のシイタケ栽培は、かつての山師の時代とは様相が異なる。もっとも大きな違いは、農民的林野利用などとも呼ばれるように、もたざる人びととの仕事ではなくて、森林の所有者、つまりもつ人びとが栽培を担っている点である（吉良 1971）。

九州山村のシイタケ栽培の担い手は、むらで生活する住民自身であり、多くの場合、彼らは農民でかつ森林の所有者でもある（佐藤 1996）。具体的には、彼らは個人で所有する小さな山林をもつ山主である。さらに、生産森林組合などの地区組織の管理下にある共有林に権利をもつという意味でそれらの森林の所有者でもあることが多い。にもかかわらず、九州山村のシイタケ栽培はもたざる林業という性格がつよい。生産者と山主とのパートナーシップという関係のなかで営まれていることは2節で紹介したとおりである。シイタケ生産者からみた場合のこのパートナーシップの利点はあきらかである。では、むらというコミュニティの資源利用という点では、この関係はどのような効果をもっているのだろうか。

以下ではこの点を、共有地を管理するむらの組織とシイタケ生産者の関係から考えてみることにしたい。シイタケ栽培という私的なビジネスと共有地の森林を管理するむらの組織との関係を分析することによって、森林を育てるむらのビジネスとしてのシイタケ栽培の位置がより明確になると考えるからである。

4　パートナーシップ型林業

共有地のクヌギ林

クヌギ林が多い大分県の山村のなかでも、中央部の日田郡や玖珠郡はかなり広いクヌギ林がみられる場所である。すでにふれたように、戦後、シイタケ生産の伸びに注目した大分県は、スギ、ヒノキ造林という政府の方針をそのまま取り入れず、高率の補助などによってクヌギ造林に力を注いだからである。これはその後、シイタケ生産の普及によって原木不足が大きな問題となったことを考えると先見性があったといえる（佐藤 1991）。

ただ、県の方針があったとしても、補助を受けて木をどこに植え、その木をどのように使うのかはむら人の判断に委ねられる。以下で紹介する事例地のむら人たちが選んだのは、共有地にクヌギを植えて、シイタケの生産者にはそこから木を購入してシイタケを生産してもらい、その購入費や森林利用によってむらの林業を維持する仕組みだった。その結果、生産森林組合や集落が管理するやや広い面積のクヌギ林が誕生することになったのである。

以下ではシイタケ生産者のクヌギ林に関わる行動や考え方に視点をおいて、むらの育成林業との関係に見られるパートナーシップ型の林業とはどのようなものかをふたつの地区の事例からみていきたい。ひとつは熊本県境に近い旧天瀬町の事例であり、もうひとつは隣郡の九重町の事例である。

むらの育成林業とシイタケ栽培

大分県と熊本県の県境に近い所に大分県天瀬町がある。いまは大分県日田市に合併されたが、合併前のデータでは林野率が八七％を占める、山村としての景観が濃厚な地域である。この旧天瀬町に出口区がある。一五〇戸ほどのむらである。

住民のほとんどは農家林家で、田と畑をあわせて二〜三ヘクタール程度の農地をもつ家が多い。昔は林業がさかんで大規模な山林地主もいたが、いまは面積の大きい人でも五〇ヘクタール程度である。また、区には生産森林組合があり、区の四九戸が組合員となっている。そのほかに約一〇〇ヘクタール弱の区有林がある。森林についてまとめると、①亀石生産森林組合、②出口区が管理する区有林、③個人有、記名共有の山林がある。

出口区のシイタケ生産者は五〇戸程度あるが、その多くはホダ木でいうと五〇〇〇本以下の小規模な生産者である。五〇〇〇本程度、一五〇〇〇本程度の規模の生産をおこなう二戸が頭ひとつ抜けたやや大きな規模の生産者であるけれども、やはり兼業である。たとえば、もっとも大規模な生産者であるKさん（四一歳）は、かつてはシイタケ栽培一本であったが、いまはキュウリ生産にも力を注いでいる。一五〇〇〇本の生産者であるKMさん（五五歳）は、農業に加えて近くの種苗会社で働いている。

この二名の方はシイタケ生産者としては興味深い立場にいる。彼らは三つの立場をもっているからだ。第一の立場は、山主から木を購入し、クヌギ林や森林を用いてシイタケ栽培をおこなう生産者の立場である。他方、第二の立場として、小規模な山林地主という立場がある。一般的にはこの小規模林家の林業経営は木材価格の低迷によって苦しくなっており、林業への意欲低下が指摘されている。さらに、第三の立場として、生産森林組合のメンバーという立場がある。この生産森林組合も一般的には苦しい状況にある。経営難から解散の危機に直面している地域も少なくないからである（山下 2011）。

日本の森林研究では、それらの森林を所有形態によって区分してそれぞれ分析し、課題を指摘することが多い。しかし、土地をもたない林業であるシイタケ栽培の場合には、この方法はあまり有効ではない。彼らは村の森林を管理する森林組合のメンバーでもあり、役員としてそれらの森林の管理と入札の仕事もしている。つまり、シイタケの生産者としては入札等の方法で木を購入する立場だが、組合および区のメンバーとしては、クヌギを育成してシイタケ生産者に販売する立場である。そこで、複数の立場に注目しながらシイタケ生産と森林との関わり方をみておきたい。

区には個人が販売目的で育てたクヌギ林もあるが、シイタケの生産者にとって、木の主な購入先はむらが育成した広大なクヌギ林である。一番広いのが亀石生産森林組合の管理する森林でクヌギ林は約二〇ヘクタール、さらに、区有林には約三〇ヘクタールほどのクヌギの林がある。

クヌギ林の歴史と管理の現状を少し説明しよう。聞き取りだけなのでやや不確実だが、むらがクヌギ植林を始めたのは昭和三〇年代といわれている。この区でも焼き畑がおこなわれていたが、戦後の拡大造林の下でスギ、ヒノキが植林される時期にクヌギの植栽も始めたのである。まず、亀石生産森林組合の山のうち焼き畑をしていた原野にクヌギを植栽し、やがてクヌギ造林ブームと呼ばれる昭和四〇年代にはいると、区有の土地にもクヌギを植えるようになった。区有地は放牧に使用していたのだが、牛を飼っている家が減少したこともあって「これからはシイタケだ」ということで、クヌギの植林を始めたという。

現在このクヌギ林の管理はむら人の区役でおこなっている。手当はないが、出不足金をとっている。管理としては、火入れ、草刈り、さらに入札、販売、伐採後の補植などである。もっとも、最近では管理の仕事は減っており、たとえば、植林はこの一〇年は二〇アール植林をしたくらいである。また、生産森林組合のクヌギ林は、かつては春に野焼きをし、入札前の秋に下草刈りをしていたが、いまは野焼きはやめている。出口地区の区有林の方は、いまも野焼きをしている。牛の放牧をする必要があるからである。野焼きはシイタケ栽培にとっても都合がよい面があるという。野焼きをすることで木に煤はつくが、シイタケのほだ木としては長持ちするとシイタケ生産者はいう。

手入れと並ぶ組合の重要な仕事は、毎年、秋におこなうクヌギ林の入札である。組合と区の所有する林のクヌギを一〇〇本ずつテープで色分けし、それぞれ公民館で入札にかけるのである。興味深いのは入札の参加者である。入札に集まるのは、区のシイタケ生産者たちで、組合の役員もしているKさんやKMさんも入札にはシイタケ生産者の立場で参加する。入札の収益は亀石生産森林組合の共有林が五〇万円くらいで、組合の年間収入のだいたい一割から一割弱を占めている。出口区のほうは七〇万から八〇万円くらいになる。こちらの収益はスギ・ヒノキの売却益とともに区の財政に編入する。

さらに、落札したシイタケ生産者がおこなうクヌギの伐採にも、クヌギ林管理という意味をもたせる工夫をしている。というのも、この地区のクヌギ林にはちょっとした悩みがあるからだ。悩みとは、クヌギの伐採後、あたらしい林への更新の間に、ハサコ（ミズナラ）の木が茂ることである。ハサコはシイタケ栽培の原木の質としてはクヌギよりも落ちるので減らしたい。そこで、入札の際、ハサコも混ぜておくことにしている。そうして、落札したシイタケ生産者たちにハサコも伐採してもらうのである。

このように、この地区のクヌギ林の管理では、シイタケ生産者に木を販売することで、むらがおこなう育成林業にその収益を投資できる仕組みになっている。スギ、ヒノキに加え、クヌギ売却の収益もある程度、生産森林組合や区の財政に寄与していることがわかる。主力のスギの値下がりで苦労はしているが、生産森林組合に入っている人たちには配当を楽しみにしている人もいるので、年に三万円程度の配当は出すようにしている。また、年一回の総会も楽しめるように趣向をこらしている。

パートナーシップ型林業の仕組み

シイタケの生産者の視点から林業の仕組みをまとめると次のようになる。戦後、この地区でシイタケ栽培が普及すると、原木が不足し始めた。この資源枯渇に対処するためにシイタケ生産者が選んだのは、むらがおこなう育成林業とのパートナーシップを組むことである。パートナーシップというのは、原木を得るためにむらの組織の力で土地に植林してもらうという一方的な関係ではなくて、シイタケ栽培というビジネスの力をむらの育成林業維持の支えにするということである。

もっとも、シイタケ生産者にとってパートナーシップ型林業はいつもプラスばかりかというとそうではない。そこには矛盾もある。たとえば、栽培の規模の大きいKさんは、生産森林組合の会計という立場ではシイタケ生産者にクヌギを少しでも高く売るように工夫する立場にある。たとえば、入札前の草刈りは、シイタケ生産者の作業を容易にして高く木を売る工夫である。ただKさんは、組合や区のクヌギ林の入札では価格が高すぎて折り合えず、個人の山（立木）を買わねばならないこともあるという。小規模な生産者だと木の値段が高くても利益はでるので、作業に便利な組合や区の山林を使うことにメリットがあるが、栽培の規模が大きいと木の値段は収益に響くからである。

もっとも、これは大規模な栽培をしている人の場合で、この地区の大半のシイタケ生産者のように小規模であれば入札価格が高くても乾シイタケの販売で利益がでる。したがって、総合的にはメリットは大きそうである。ではシイタケ生産者自身は、この仕組みをどのように評価しているのだろうか。

パートナーシップ型林業の評価

旧天瀬町の西隣にある九重町に南山田区というむらがある。町誌によると南山田区のシイタケ栽培はこの地域にやってきた茸山師が始め、やがてむら人に広がったといわれている（九重町 1995）。以下で紹介するWさん（六七歳）は、ここでシイタケ栽培を五〇年近くおこなってきた大規模な生産者である。近隣のシイタケ栽培をおこなっている人のところでしばらく働きながら修行をし、そのうえでシイタケ栽培をはじめたという。

先に紹介してきたシイタケ生産者と同じように、Wさんも、三つの立場をもっている。小規模な山林地主、シイタケ生産者、そして区や森林組合のメンバーという立場である。ことに、Wさんの場合は専業の規模でありながら生産森林組合の組合長も務めた経験がある。したがって、パートナーシップ型林業について俯瞰的に評価できる立場にある。

Wさんは「シイタケ生産者はよい仕事だ」という。シイタケ栽培で家を建て子どもを育てることができたからだという。これはシイタケ生産者としてのWさんの立場である。

ホダ木にして一万五〇〇〇本の規模の生産をしているWさんは、南山田のシイタケ生産者五〇戸のなかでも、最大規模の専業生産者である。秋から春は乾シイタケ、冬期と初夏から秋は生シイタケを出荷している。

農地は田畑あわせて七一アール程度である。さらに一八ヘクタールの山があり、スギが三ヘクタール、クヌギが一五ヘクタールある。クヌギの山はもとからあったが、シイタケ栽培をしようと考え買い足したという。Wさんの生産の規模だと五〜六年分は自分の山のクヌギの木でほだ木はまかなえる計算になるが、普段はほだ木を購入している。

木は生産森林組合、集落の森林の木を購入する。生産森林組合が管理する森林には、Wさんの住む集落と隣集落の共有とされる森林が一四八ヘクタールあり、うち五八ヘクタールがクヌギになっている。クヌギの入札には、両集落のシイタケ生産者一四戸が参加する。また、それとは別に二二ヘクタールほどの自分の集落だけの共有林もある。ほとんどがクヌギ林になっていて、あとはスギが少しある。こちらの入札に参加するのは、Wさんを含め二戸だけである。

この地域でも、生産森林組合および集落の入札で木を落札してクヌギを伐採すると、そこでそのまま作業にはいる。シイタケ栽培の作業をしている人が林の管理もしている形は、大分県下の他地域と共通している。

二年間クヌギ林で伏せ込みをおこなったほだ木は、収穫をおこなうほだ場に移すことになる。ほだ場に個人の山を借りる場合、一応借地料をはらうが、借地料といっても酒一本程度である。共有林を利用する場合は「ほだを広げていくと山が肥える」ことから歓迎されているので、昔から借地料はない。このように、Wさんのシイタケ栽培も、共有林が資源確保や生産の中心になっており、シイタケ栽培にとって都合のよい仕組みになっている。

その一方でWさんは、集落の共有林の使い方を決める集落会のメンバーでもある。生産森林組合のメンバーにもなっていて組合長もつとめたことがある。したがって、Wさんも、シイタケ生産者という立場の他に、むらの共有林の育成林業の経営にも責任をもつという立場でもある。

区では、クヌギ林をシイタケ生産者に販売（入札）する前に、草刈りをおこなう。この草刈りは区役でおこなっていて、生産森林組合の草刈りでは五〇人くらいがでてくる。また、クヌギ林の火入れもおこなっている。火入れをしている共有林は雑菌が少なくほだ木にするには適した木がとれるという。

クヌギ林を所有する集落や区の立場から森林利用をみておこう。集落の共有林は、入札で得た収益を集落の財政に組み入れる。一回に五〇〇〜六〇〇本から一〇〇〇本くらいの木を入札にかける。本数は集落の会議で決定する。木の値段が高かった時期には一本一〇〇〇円くらいしたときもあった。けれども、現在は三〇〇円から四〇〇円くらいなので、クヌギ林からの収入は四〇万円くらいである。集落の方は、祭りの準備など、一二〇万円くらい必要なので、クヌギ林からの収益は重要な収入である。

生産森林組合の方は、スギの木が主力で、かつては売り上げが一〇〇〇万円ぐらいあったこともある。クヌギについても一番高いころは二二〇〇円ぐらいしたので、入札によるクヌギの収益が一〇〇万円を超えたこともあった。一番収益が高かったころは、配当を一軒あたり一三万円ぐらい出していたが、いまは二五〇〇〇円ぐらいである。

その資金は配当以外にむらの生活に必用な事柄に用いられている。Wさんは組合の資金で大きな事業の費用をまかなったことを記憶している。Wさんが組合長のときに実施した区内の道路の整備である。道路整備は、本来は行政の仕事であるが、山村地域の自治体では財政の不足から滞りがちである。これに対して区は、道路整備に組合の資金を投入したのである。

区主導の道路整備事業は、むらの育成林業の収益によってできたものである。そのむらの育成林業の一部を支えたのは収益性の高いシイタケ栽培である。すなわち、シイタケ生産者と山主とのパートナーシップ型林業の成果が目に見え、そのことを生産者も肯定的にとらえているのである。

ここまで大分県の天瀬町、九重町というふたつの地域のシイタケ生産を軸にパートナーシップ型林業の実態をみてきた。それらに共通しているのは、土地の私的所有権では解決ができない問題を、森林の利用が必要なシイタケ生産者とのパートナーシップによって超えていく姿である。

もちろん、シイタケ栽培は私的なビジネスである。すなわち、パートナーシップ成立の直接的な理由は、シイタケ栽培が土地をもたない林業というビジネスモデルをもっているからである。だが、それだけではパートナーシップは維持できない。すなわち、土地をもたない林業をおこなうシイタケ生産者、森林を所有する小規模山林地主、生産森林組合・集落の活動はどれも重要だが、個々の活動だけでは限界がある。この限界があるために、シイタケ生産者は矛盾しかねない三つの立場を受け入れている。このように、立場の複数性についての自覚が山主とシイタケ生産者の現代的なパートナーシップ型林業を可能にしているのである。

5　パートナーシップ型資源利用の可能性

シイタケ栽培という土地をもたない林業がどのような森林資源利用をむらに実現してきたかを、パートナーシップという関係に即してみてきた。また、こうした関係が、むら人同士の生活共同から出てきたアイデアというよりも、森林を移動する茸山師と定住者山主との共同というシイタケ栽培の歴史性と関わっている可能性を示した。茸山師の時代に生じた、もたざる者ともつ者との共同を生産様式に取り込んだことが、土地をもたない林業という現代のシイタケ栽培の特徴と関わっていると考えられる。

さらに、シイタケ栽培にみられる共同は、森林という資源利用の仕組みとして見直すと、スギやヒノキ等の育成林業の不振という条件下で、コミュニティの森林利用にもインパクトを与えてきたし、現在も与え続けていることを事例に即して紹介した。資源利用の仕組みの要となっているのが森林を所有する山主（むら）とシイタケ生産者のパートナーシップである。シイタケ栽培は私的なビジネスだが、共有林というコミュニティの資源利用からみると、森林を育てるむらのビジネスとして位置づけられるのである。

以上の点をふまえて冒頭の問題に立ち返ってみよう。現代の日本の森林には荒廃が指摘されており、コミュニティの資源の将来を考えるならなんらかの手をうつ必要がある。その場合、たいへん深刻な問題として私的な土地所有と利用の分断の超え方が課題となる。

分断を超えるには、シイタケ栽培のような具体的でローカルな実践の事例から資源利用のモデルを抽出することが有効である。すなわち、土地はもたないが森林は必要とする活動と、土地をもて余す山主とのパートナーシップという関係である。こうした関係性は、すでに森林ボランティアと山主との関係などにもみられるようになってきた。その方向を考えるためのヒントは、シイタケ栽培のような古典的なむら人の森林ビジネスにも内包されているのである。

付記
本研究においては大分県椎茸農業協同組合および多数の椎茸生産者の方にご協力いただきました。記して感謝いたします。

注

（1）二〇一五年八月一七日から一八日にかけて佐賀大学農学部地域社会開発学講座と熊本大学文学部地域社会学研究室で合同の調査を実施した。

（2）これは、もちろん上記論文の柳田の特定の論点を最大限に膨らませたひとつの解釈である。

（3）鳥越皓之はパートナーシップ的発展という考え方の中で、ひとつの解釈だがという限定を付したうえで、前近代社会のパートナーシップは親方・子方関係として顕れたのではないかという興味深い指摘をしている（鳥越 2010）。本章はこの指摘から示唆を受けている。

文献

青木繁、一九六六、『豊後の茸師――シイタケづくり名人記』富民協会出版部。

有賀喜左衞門、一九六六a、『有賀喜左衞門著作集Ⅰ　日本家族制度と小作制度（上）』未来社。

有賀喜左衞門、一九六六b、『有賀喜左衞門著作集Ⅱ　日本家族制度と小作制度（下）』未来社。

段上達雄、一九八五、「椎茸栽培となば山師」津久見市編『津久見市誌』津久見市誌編さん室、六二七―六三三頁。

林雅秀・金澤悠介、二〇一四、「コモンズ問題の現代的変容――社会的ジレンマ問題をこえて」『理論と方法』29（2）：二四一―二五九頁。

日向木炭史編纂委員会編、一九六五、『日向木炭史』宮崎県。

池田寛二、二〇一五、「制度資本としてのコモンズ――政令指定都市の中の森林・林業を事例として」宇沢弘文・関良基編『社会的共通資本としての森』東京大学出版会、二三九―二六二頁。

伊東六郎、一九八〇、『大分のしいたけ』アドバンス大分。

伊東六郎、一九九九、『きのこの伝説――豊後なば山衆の軌跡』私家版。

柿澤宏昭、二〇〇一、「森林保全とその担い手」鳥越皓之編『講座環境社会学3　自然環境と環境文化』有斐閣、七七―一〇三頁。

柿澤宏昭、二〇一一、「森林・山村の荒廃と山業の可能性」『農業と経済』77（4）：五―一三頁。

蒲江町史編さん委員会編、二〇〇五、『蒲江町史』大分県南海部郡蒲江町。

吉良今朝芳、一九七一、「椎茸生産に関する実証的研究」『演習林研究経過報告』昭和四五年度、二七―三八頁。

九重町編、一九九五、『九重町誌（上巻）』九重町。

三田村佳子、二〇〇八、「職人という生き方」三田村佳子・宮本八惠子・宇田哲雄『日本の民俗11　物づくりと技』吉川弘文館、三一―一〇六頁。

諸塚村史編纂委員会編、一九八九、『諸塚村史』諸塚村。

中村克哉、一九八三、『シイタケ栽培の史的研究』東宣出版。

大分県農林水産部林産振興室、二〇一二、『原木しいたけ栽培入門テキスト』大分県農林水産部林産振興室。

大分県椎茸農業協同組合、二〇〇九、『百周年記念誌』大分県椎茸農業協同組合。

佐藤宣子、一九九一、「大分県におけるシイタケ原木の需給構造とクヌギ造林」『林業経済』44(11)：一四―一八頁。

佐藤宣子、一九九六、「大分県における乾シイタケ生産の就業構造」『日本林学会誌』78(3)：二八五―二九二頁。

武井弘一、一九九五、「人吉藩の林政と『茸山騒動』――『鹿倉』の検討を中心に」『熊本史学』第70・71合併号、八六―一〇三頁。

鳥越皓之編、二〇一〇、『霞ヶ浦の環境と水辺の暮らし――パートナーシップ的発展論の可能性』早稲田大学出版部。

津久見椎茸顕彰会、一九五五、『日本特殊産業　椎茸栽培業沿革史』非売品。

山下詠子、二〇一一、『入会林野の変容と現代的意義』東京大学出版会。

柳田國男、[一九二五]一九六八a、「海南小記」『定本柳田國男集　第一巻』筑摩書房、二一六―三七九頁。

柳田國男、[一九二五]一九六八b、「史料としての傳説」『定本柳田國男集　第四巻』筑摩書房、一八九―二三九頁。

米水津村誌編さん委員会編、一九九〇、『米水津村誌』米水津村。

湯川洋司、一九八三、「山と海の生産」福田アジオ・宮田登編『日本民俗学概論』吉川弘文館、五八―六八頁。

第20章　居住者の視点から森林・林業をとらえ直す

――アンダーユースの環境問題への所有論的アプローチ

家中　茂

1　アンダーユースの環境問題

従来、環境問題といえば、大規模公共事業からリゾート観光地化に至るまでさまざまな様態はあろうが、過剰開発やオーバーユースの問題であった（家中 1996, 2000, 2007）。ところが近年、放置された森林の荒廃や野生動物による農作物被害のように、農山村に人が住まなくなってきたことに起因する環境問題がみられるようになっている（牧野編 2010）。そのような環境問題について、過疎化・高齢化にともなう集落機能の低下を「限界集落」という言葉でもって社会問題化した大野晃は次のように描いている。

何年も人の手が入らず、間伐はおろか枝打ちすらされないまま放置され、蔓にまかれたままのスギ・ヒノキの〝線香林〟。陽が射さないため下草も生えず、枯れ枝に覆われている地表面。野鳥のさえずりもなく、枯れ枝をふむ乾いた音以外に何も聞こえない〝沈黙の林〟。／保水力のなくなった山は、川の環境を大きく変え、大雨による鉄砲水のとき以外はまったく水の流れを知らない枯れ谷を生み、沢の水量を大きく減らしている。

それればかりではない。大小の石で堆積し、淵を埋めつくし、エビ、カニ、川魚の棲家を奪っている。……／長期にわたる外材圧迫による林業不振で、いまわが国の山村は人口、戸数が激減し、高齢化が急速に進み、むらが限界集落と化している。このため、田畑や山林の管理機能が大きく低下し、耕作放棄地の増大、山林の大半を占めているスギ、ヒノキの放置林化が拡大し、流域山村の森林は荒廃の一途をたどっている。（大野 2005：210-211）

このように現代の農山村をおおう環境問題は、農山村に人が住まなくなったことに起因しており、資源の過少利用や資源管理の欠如、すなわちアンダーユース問題として立ち現れている。それは人と自然の関係性の貧困化、もしくは人びとの営みと自然とのかかわりの疎遠化としてとらえられるだろう。近年、水田や里山のように人の手が加わった自然、二次的自然が注目されるようになってきたのも、人の手が加わることで自然生態系に適度な攪乱や管理が施され、生物多様性が維持されると考えられるようになったからである（柳 2010：森本編 2012）。他方、人の手が加わらない自然は「社会的空白地域」（藤田 1995）として荒れるにまかされる。このことからアンダーユースの環境問題解決のうえでは、自然に対して人の手を加えることがどのように維持されるのか、自然に手を加えるその担い手がどのように確保されるのかということが大きな課題となってくる（家中 2012）。

本章では近年のアンダーユースの環境問題の代表的事例として現代日本の森林・林業をとりあげ、従来、国の林業政策や森林・林業をめぐる研究において十分には扱われてこなかった居住者の視点からの森林・林業のあり方について考察する。そのとき、人びとと森林との関係性をあらわすものとして所有に注目する。従来のコモンズ論においては所有の形態（私有、共有、公有）に応じた森林資源管理のあり方が論じられてきたが、本章ではそのような所有形態の類型を超えて、対象としての森林との関係行為のあり方からコモンズについての考察を深めることにする(1)。

2　森林・林業をめぐる政策と研究

日本の森林資源と林業政策

日本の森林資源の現状を確認しておこう。国土の七割近くを森林が占める日本はＯＥＣＤ諸国のなかでも第三位の森林国であり（森林率六七％）、そのうち四割が人工林である（人口林率四一％）。中山間地域においては森林率が九割以上であるところも少なくないだろう。にもかかわらず、木材自給率は三割に満たず（二七・九％）、年間生長量約九〇〇〇万立法メートルに対して年間伐採量は約一八〇〇万立法メートルと、資源蓄積量は増加する一方である（数値は二〇一二年）。

山林所有の規模はどうだろうか。林家（山林所有面積一ヘクタール以上）は約九一万戸ある。その九割は山林所有面積一〇ヘクタール未満である。また林業経営体（山林所有面積三ヘクタール以上で、過去五年間に林業作業をおこなう）は約一四万あり、その九割にあたる約一二万六〇〇〇が家族林業経営体である。そして、その約六割が山林所有面積一〇ヘクタール未満である（二〇一〇年農林業センサス）。このように日本の山林所有も林業経営も大半が小規模零細である。

このように経営規模が零細で、しかもアンダーユース状態にある森林・林業に対して、国の林業政策は小規模山林の集約化を進め、森林組合などの組織林業経営体に委託して施業を集中させる方針をとってきた（委託型林業）。そのことによって経営規模を拡大し、大型林業機械導入によって効率化を促し、林業の産業としての近代化を達成しようとしてきたのである（遠藤 2015）。このような国の林業政策のあり方を端的に示しているのが「森林・林業再生プラン」（二〇〇九年）である。木材自給率を一〇年後に五〇％にまで高めることを目標に掲げ、そのために経営規模の拡大が促進されることになった。二〇一一年改正の「森林法」において林業経営体が補助対象となるには「森林経営計画」策定が義務づけられ、山林所有面積一〇〇ヘクタール以上（属人計画）が条件とされた[2]。いいかえると、山林所有面積一〇〇ヘクタール未満の林業経営体は政策の対象外におかれることになったのである。農山村地域における「担い手」としての小規模林家の存在を無視した政策であるといってよいだろう（佐藤 2013）。

森林・林業をめぐるあたらしいコモンズ

それでは、このような日本の森林資源の現状と林業政策に対して、森林・林業をめぐる研究はどのような論理を対置してきたのであろうか。ふたたび大野の論考にもどってみよう。

> 上流域山村におけるこの森林の荒廃、自然環境の貧困化は、渇水問題や鉄砲水による水害問題となって下流域住民の「生産と生活」に多大な影響を及ぼしつつある。それゆえ、〝沈黙の林〟に象徴される「山」の問題は、「山と川と海は自然生態系として相互に連関し有機的に結びついている総体的存在である」限り、下流域住民が無視しえない問題となっており、これはすぐれて流域住民全体の共同の問題となっている。（大野 2005：211）

こうして大野は「流域共同管理論」を提案する。限界集落化にともない、もはや上流域山村が集落維持機能のみならず、森林生態系維持機能をも喪失している以上、流域住民全体の課題として森林環境を共同管理していくべきだという主張である。このような流域共同管理の発想は、これまで木材生産（生産性）を偏重してきた日本の森林・林業政策のなかで（志賀 2015）[3]、条件不利地域対策や山村政策へと視点転換を迫るために重要な指摘だといえるだろう。大野と発想をおなじくする主張は、森林・林業をめぐるあたらしいコモンズ論、ガバナンス論、ボランティア論に多くみられる（三井 1997：柿澤 2001：山本 2009）。

これらの提案は、森林の多面的機能や生態系サービスを十全に発揮させ持続的に享受するためにどのような社会システムを構築するのかという問題関心にもとづいており、中央集権的なトップダウンの日本の林業政策が木材生産を偏重した生産力主義から脱却するうえで重要な指摘である。しかしながら気がかりなのは、そこに山村における人びとの生活のありよう、とくに生業や生産にたずさわる人びとの営みの姿がみえてこない点である。そのような流域管理やあたらしいコモンズの担い手は具体的にどこにいるのだろうか。限界集落化するなかで森林とかかわる生業や生産は実際にはどのように営まれているのだろうか。このような疑問は、「二極分解化」している近年の林業政策・経済の研究動向に対する佐藤宣子の次の指摘とも重なるだろう。

一方の極にあるのは、地域経済における木材生産のウエイトが相対的に高い地域で広がっている皆伐の増加と再造林放棄に焦点を当てた堺らの研究である。再造林放棄の山村側の要因として、木材価格低迷による林業採算性の悪化や森林所有者の高齢化、負債整理といった点が明らかにされたが、その議論から山村社会の持続を展望することは難しい。／他方の極に位置する研究は、流域環境の保全活動の中でみられる森林を含む自然資源と人間との新たな関係性に焦点を当てた柿澤や土屋らの研究である。資源管理に関係する各主体のパートナーシップ構築のあり方が議論され、山村と都市（下流域）との合意形成には、山村社会に残るマイナーサブシステンスやキーパーソンの存在が重要であるとされている。しかし、そこでは、山村崩壊の危機はほとんど語られない。（佐藤 2005：3）

もっとも流域共同管理論やあたらしいコモンズ論などの提案が、山村における林業の担い手の存在を無視しているわけではないだろう。留意しなければならないのは、それらの提案がじっさいのところどのような林業経営や施業体系を想定しているのかという点である。宮内泰介も「現代日本社会におけるコモンズの再生の試みが、はたしてふたたび『生産』をもちうるか」（宮内 2001：42）とあたらしいコモンズ論への評価を留保している。「一種の〝消費〟の対象としてのコモンズを再生したところで意味がない、という議論が当然成り立ちうる」（宮内 2001：42）からである。

ここで本章の立脚点を明確にするために、「生活環境主義」が定式化した三つの「主義」（イデオロギー）に応じて（鳥越 1997：18-20）、アンダーユースの森林環境問題へのアプローチを描いてみよう。ひとつは、国の林業政策が貫徹しようとしている「近代技術主義」にもとづく大規模集約化および大型機械導入による効率化と生産力強化を通じた林業振興というアプローチである。もうひとつは、「自然環境主義」そのものというわけではないが、経済・生産活動である林業に対置して、生産性を追求せず、森林ボランティアや里山再生など非営利的セクターによる生物多様性重視の活動を通じた森林再生というアプローチである。そしてもうひとつは、人びとが農山村地域に継続して居住していくことに意味を見出し、そのために必要な生業として林業をとらえ直し、生活と生産が重ね合わされた生業創出を通じた地域再生という「生活環境主義」にもとづくアプローチである。

アンダーユースの森林環境問題においては、疎遠になってしまっている森林との距離をもう一度、人びとの営みへと近づけていくことが求められているのであり、そのもっとも重要な回路が「生活のなかでの利用」である。生活のなかでの利用を通じてこそ、人びとにとって森林は身近なもの、なくてはならないものとなる。そこでは「生産」という視点は不可欠である。(4) 本章で注目するのは、これまで国の林業政策からは対象外におかれ、流域共同管理論やあたらしいコモンズ論からはその営みの姿がとりあげられることのなかった小規模林家で起きている動きである。

3　生業としての自伐林業

小規模林家への注目

「森林・林業再生プラン」にみられる大規模な林業経営体への偏重という政策の背後には、「森林所有者は林業への関心を失っており、森林管理能力がない」という与件がよこたわっている。(5) それゆえ問題解決のためには、山林集約による大規模化、大型機械導入による効率化がもっとも有効であると考えられており、そのことによって林業の産業としての近代化を達成しようというのである。山村に居住する担い手が存在しなくても、森林・林業の再生はできるというテクノクラート的発想といってよいだろう。それでは小規模林家は足かせとなるばかりで、森林・林業の再生においてなんの役割も期待できないのだろうか。さらに山村に人びとが居住しなくなっても、林業の近代化が達成できれば、森林の持続的管理は可能だというのだろうか。このような疑問に対して、佐藤は農林業センサス（二〇一〇年）の分析から得た次のような事実をもって答えている（佐藤 2014）。

全国に約九一万戸ある林家のうち四分の三が農家林家である。農家林家は非農家林家より相対的に林業生産活動が活発であり、自営性が高い。それはすなわち、小規模林家の大多数が農業生産においても林業生産においても重要な担い手であり、農山村地域において不可欠な存在であることを示している。林業経営体の約九割を占める家族林業経営体においても、その七割以上（九万二〇〇〇）が農業経営体でもある（家族農業経営体かつ家族林業経営体である家族農業・林業経営体）。二〇一〇年の全国の素材生産量一七一九万立法メートルのうちの一六・五％を、自らの保有山林で伐採する家族農林業経営体（家族農業経営体または家族林業経営体）すなわち「自伐林家」が生産しており、自伐林家の生産量合計は全国二位の宮崎県の素材生産量に匹敵する。しかも、そのうちの九割は「森林・林業再生プラン」において政策支援の対象から外された山林所有面積一〇〇ヘクタール未満層によるのである。

小規模零細にもかかわらず、このように小規模林家は森林管理のうえで重要な役割を担っているのである。こうした林業経営はコミュニティの社会関係のなかで成り立っているのであり、生活をとりまく資源管理は家族経営や家産という観念にもとづいてもいるだろう。(6) 人びとの生活においては、林業と農業あるいはその他の生業や就労は個々バラバラに独立してあるのではない。佐藤が農林業センサスの分析を通じてあきらかにしたように、多くの農家は山林も保持しており、農林家として農地をとりまく森林環境を維持しつつ農業を営んできたのである。

適正技術としての自伐林業

「自伐林業」とは、自ら所有する山林で施業する、すなわち自ら伐倒、造材、搬出する林業のことであり、「自営林業」といってもよいだろう(7)。主に家族経営的な小規模の林業経営であり、農業その他の生業や就労との兼業であることも多い。そのなかからたいへん合理的で持続的な林業経営がうまれてきている。

森林組合や素材生産業者によっておこなわれる「委託型林業」が山林を転々と移りながら伐採を請け負って素材（丸太材）生産していくのと違って、「自伐林業」は自らの所有山林を離れず、そこで継続して林業経営をおこなう。毎年、自分の山林から収入を得なければならないので、いっぺんに間伐したり皆伐するのでなく、持続性を追求した「長伐期択伐施業」となる傾向がある。そこから「壊れない道づくり」と「身の丈にあった機械化」という技術体系がうまれた。

「壊れない道づくり」とは、幅員二〜二・五メートル、法面切高（道をつくるために山を削り取る高さ）一・四メートル以下とする大橋式作業道の高密度な路網のことである（大橋 2001）。その要諦は、施業する山林の地形、地質、植生、水の流れをよく観察し、崩れない地形に壊れないように道をつけることである。また「身の丈にあった機械化」とは、チェーンソー、小型油圧式シャベル（ユンボ）、四輪駆動二トントラックや林内作業車という小型林業機械の組み合わせを指す。それに対して高性能林業機械を導入した「委託型林業」では、伐採に特化するため、いきおい「過間伐」や「短伐期皆伐施業」となる傾向がある。作業道も大型機械にあわせて山を大きく削り取るため、それらがあいまって山林崩壊を誘引する。

徳島県那賀町の橋本林業（橋本光治氏）は一〇〇ヘクタールの山林を所有する専業の自伐林家である（家中 2014：229-251）。スギ・ヒノキの人工林（八割）と天然林（二割）の混交林であり、樹齢八〇年を越える林分が三分の一以上を占める。天然林は尾根筋、沢筋、急傾斜地にあって、人工林を保護するように取り囲んでいる。そこに小径な作業道が高密度に敷設されており、総延長三〇キロ、路網密度は一ヘクタールあたり三〇〇メートルに達している。

日本を代表する林業地である奈良県吉野でも、山主（山旦那）の直営による自伐林業化が起きている（泉 2015）。伝統的な「山守制度」がかつてのように機能しなくなってきたことと、ヘリコプターによる集材ではコストがかかり過ぎることなどが理由である。清光林業（一七代・岡橋清元氏）では一万九〇〇〇ヘクタールの山林に九〇キロの作業道が敷設されている。樹齢二〇〇年を超える大径木の伐倒・搬出であっても、小径高密度の路網と小型林業機械で十分対応できる（岡橋 2014）。

自伐林業はこのように専業林家だけでなく、兼業林家においても注目される。愛媛県西予市三瓶町の菊池林業（菊池俊一郎氏）は三〇ヘクタールの山林所有（ミカン三ヘクタール、山林二七ヘクタール）の農林兼業の自伐林家である。大橋式作業道よりさらに小径の一～二メートル幅の路網を高密度に敷設し、農作業にもつかう小型林内作業車を用いて搬出する。自伐林業は他の生業と組み合わせることによって利点がさらに生きてくる。他の生業で忙しいときに山林の方はしばらくおいておいても、農作業とは違って林業経営におおきく影響することはない。また林業による副収入があれば、農山村での生活に余裕がでてくる。このように自伐林業は他の生業や就労との間の緩衝材的な機能をはたすので、副業や兼業として組み合わせやすく、生活の安定性を増す効果が期待できる。

以上のように森林資源の持続的利用と林業経営の収益性を両立させる「適正技術」として、自ら施業し自営する林業者のなかから自伐林業の技術体系がうまれてきている（家中 2018）。

ツールとしての自伐林業

国の林業政策や林業政策・経済研究においては、自伐林業はあくまで点的存在に過ぎず、世代交代できずに過疎化とともにいずれ消滅すると考えられていた。ところが近年、自伐林業が急速に注目されるようになったのは、「思わぬところから」その新規参入者が登場してきたからである（泉 2014）(8)。木材生産にかぎらない森林資源の多目的利用による自営複合経営や新たなライフスタイルを志向するＵＩターンの若い世代の間で自伐林業がひろまってきている。たとえば高知県の四万十川流域の「シマントモリモリ団」や土佐清水市の「サンゴと森の救援隊」、あるいは東日本大震災の被災地における岩手県大槌町のＮＰＯ法人「吉里吉里国」や遠野市の「馬搬の森」の活動のように、疎遠となっていた森林をもういちど地域の暮らしのなかにとりもどすために、森林とのかかわりを自らデザインするツールとして自伐林業が選択されるようになっている（中嶋編 2015：佐藤 2015a：家中 2016）。木材価格が最高値に達した一九八〇年当時の五分の一～七分の一となっている現在、低コストでしかも初期投資も大きくかからないことから、自伐林業は新規参入者にとって魅力ある生業といえるだろう(9)。

4　自伐林業からみたコモンズ

森林との関係行為という視点

森林をめぐるコモンズ論において長らく議論の中心となってきたのは「入会林野」であった。ハーディンの「コモンズの悲劇」が共有資源を解体して市場に適合的な私的所有化を推し進める新古典派経済学の理論的支柱となったのに対抗して、共有資源の持続的利用の仕組みを提示してきたのがコモンズ論であった。そのなかで、日本におけるコモンズの典型としてとりあげられてきたのが入会林野であった（室田・三俣 2004；山下 2011）。

しかしながら森林・林業をめぐる現在のさまざまな問題を考えるとき、コモンズ論の対象を入会林野に限定せずに、スギ・ヒノキなどの丸太材を生産する私有林にまで拡張していくことが求められているのではないだろうか。そこで個々の所有形態や私的所有の枠組みを越えて、森林と人びとの具体的な関係のあり方からコモンズをとらえ直そうとするとき、興味深く思われるのは、おなじく森林を対象としていながらも、それを資源として取り出すときの技術や制度に応じて異なる価値が生み出されるという点である。森林資源を、個別的な私的利益を生み出す対象として扱うのか、それとも地域社会において、そして世代を超えて、公共的価値を生み出す対象として扱うのか。すなわち森林資源をコモンズとして公共にひらきつつ財に変換するための技術や制度がどのようなものであるのかが重要な課題となってくるのである(10)。

このことに関連して、森林利用の持続性について歴史的資料にもとづいて検討した大住克博と湯本貴和による論考が注目される（大住・湯本 2011）。森林の持続的利用を規定する要因として一般的には、商業利用かそれとも自給的利用か、あるいは地域住民による所有かそれとも遠隔地における所有か、という違いが大きいと予想されるだろう。しかし、そのような予想に反して、技術と制度が大きな規定要因であることをあきらかにしている。また池田寛二も社会的共通資本の視点から森林というコモンズを「制度資本」としてとらえて、「現代日本の森林・林業問題の根本原因は、森林の自然としての価値を高めたり、林業等によって経済的価値を高めたりするためのさまざまな制度資本が機能不全に陥っていることにある」（池田 2015：240）と指摘している。

生産性の高い林業をつくりだすことをめざしてきた国の林業政策においては、その目的に適合した技術と制度が選択されてきた。すなわち小規模零細な山林を「所有と施業（経営）の分離」によって集約し、そこに高性能林業機械を導入することで、安価大量に「合板・集成材」用材を生産する林業システムが社会的に構築されていったのである。このようにして出現した現在の「委託型」の林業システムをその根底においてとらえ直すには、あらためて森林に対する人びとの営みの関係行為という視点にまで下りたって検討していく必要があるだろう。そのとき注目されるのが、対象との関係行為のあり方をあらわす概念としての所有である（吉田 1991）。ここで検討したいのは、従来コモンズ論でとりあげられてきた所有形態の類型（私有、共有、公有）についてではなく、関係行為の内実をあらわすものとしての所有についてであり、「委託型林業」の契機となる「所有と施業（経営）の分離」という制度にあらわれる所有のあり方についてである。

これまでのコモンズ論において所有の内実について問うてきたものとして、宮内泰介による「半所有」（宮内編 2009）や菅豊による「歴史的もつれあい」（菅 2004）の議論があげられるだろう。じっさい人と自然との関係は「全的な所有」が貫徹されているわけではなく、「半栽培」の個々具体的な状態にみられるように、あいまいで不完全な「半所有」としてとらえられるようなものなのである。また近代化のプロセスにおいて私的所有は純粋に実現されているわけではなく、土着的な所有意識や土地制度とのせめぎあいを通じて「歴史的もつれあい」として現れるのである（杉島編 1999）。

それではいったい「所有と施業（経営）の分離」に現れる所有の内実とはどのようなものなのだろうか。そして、そのような所有のあり方はどういった社会的な要請から立ち現れてくるのだろうか。そのことを、入会理論における「所有権の現実性と観念性」について論じた楜澤能生の論考をもとに考察していこう。

所有権の現実性と観念性

楜澤によれば、法学においては、近代化のプロセスのなかで「所有権の現実性と観念性」は次のように位置づけられる。

近代法思想の伝統においては、法律の規範性ないし当為性と、現実の社会生活は常に対置され、法過程は常に当為と存在の緊張関係の中にあるものとして観念される。この二元主義において規範の当為性が確定的なものとなる、と考えられた。これが所有権には、物支配行為という現実的事実の有無に関わりなく権利の存在が承認される「観念性」として反映されることになる。ところが日本には、理想と現実とを厳格に分離して対置させる二元主義の思想伝統がなく、事実と規範は、はじめから妥協することが予定されており「なしくずし」に連続している。物に対して現実に行われてきた事実上の支配の内容こそが所有権の内容であるとする日本人の観念（＝所有権の「現実性」）は、この連続性の所有意識の反映である。（楜澤 2014：99-100）

そこで、このような「所有権の現実性」に依拠した観念を克服し、「日本人が所有権の持つ抽象性、観念性を意識の上で確立することが、封建制からの個人の解放に必須の課題」（楜澤［2014］99）とされたのである。

一方、「現実に行われてきた事実」にもとづく実証的研究にたずさわってきた村落社会研究者は、法学者が克服の対象とした「所有権の現実性と観念性」の差異に「村落の土地所有の二重性」（鳥越［1985］1993：98-100）を見出した。ただし、村落の土地全体をおおうそのような所有意識を呼ぶのに法学とおなじく「総有」という言葉を用いたため、法学における「総有」概念との間で混乱が生じることになった。

「歴史的もつれあい」への関心から菅はその経緯を学説史的に検証し、次のように整理している。「村落の原理的平等性」や前近代的な在来の価値を重視した非・法学の村落社会研究者が見出したのは「前近代的総有」であった。それに対して法学者が唱えていた「総有は、近代化とは齟齬をきたす日本の土着的な――これをネガティブに表現するならば封建的と表現される――社会システム＝前近代的総有の近代における露頭」（菅 2004：255）であったのである。

このように「入会権もまた、所有権の『現実性』から『観念性』へというこの近代化のプロセスに置かれるべきもの」（楜澤 2014：100）ととらえ、「総有」概念を「耕地に対する近代的所有権を補完する権利として、近代的共有持分権の近傍に位置付けられ、やがては近代法の体系の中へと吸収されていく権利として理解」（楜澤 2014：109）したのが、川島武宜の入会理論であった。そのことによって「入会権は、権利一般が持つ観念性・抽象性を共有し、入会地に対する入会権者の事実的直接的関係性のいかんを問わず、金銭補償請求権としての権利を主張することができる」（楜澤 2014：109）としたのである。

楜澤はしかし、「所有権の観念性」を徹底化する方向ではなく、「所有権の現実性」を再評価する方向に持続可能な社会を支える新たな所有権概念を展望しようとする。というのも観念性を徹底化した所有権の行き着く先が、生産から遊離した債権的権利に転化して抽象的な商品価値の支配に通じるメカニズムを見据えているからである（楜澤 2014：99）。またそうであるからこそ、コモンズの現代的意義を論じることが求められているといえる。そのとき手がかりとしたのが、戒能通孝の入会理論であった。

> 戒能入会理論の中核を構成するのは、主体の客体に対する具体的な関係行為（「進退」「支配」）であって、所有権のような抽象的関係ではない、……入会権は、客体に対する具体的な支配、進退を内容とするものであるから、これがなくなれば入会権も消滅することになる。入会権をめぐる紛争解決のあり方もこれに規定されて、権利の有無、白か黒かを決する訴訟にあるのではなく、和解・調停にある、ということになる。（楜澤 2014：95）

このように「所有権の現実性」に依拠する入会理論は、「進退」「支配」「占有」などの具体的関係行為のなかに所有の内実を見出しているのである。それはいいかえると、所有を「あるか、ないか」ではなく、「働きかけ」に応じて発生する権利としてとらえようとする立場であるといってよいだろう。そして、この「働きかけ」に応じて権利が発生するという「所有の本源的性格」に着目したのが、ほかならぬ「生活環境主義」の所有論であった（鳥越 1997：47-64）。このようなことからすると、「所有権の現実性」に依拠する入会理論も、「所有の本源的性格」に依拠する「共同占有権」（鳥越 1997：68-70）も、対象となる自然との具体的直接的な関係行為を通じた人と自然の関係性の再構築という問題関心から立論されているといってよいだろう。

所有と施業と経営の一体化

以上から、国の林業政策が推進する「委託型林業」の契機となる「所有と施業（経営）の分離」とは、対象としての森林との直接的関係行為のいかんにかかわりなく、「所有権の観念性」に依拠して実現するということが理解されるだろう。それは自ら直接に林業施業を通じて森林と関わることなく、観念的に所有権が「ある」というだけで成り立つ、交換可能な同質性にうらづけられた関係なのである。それに対して自伐林業は、所有と施業（労働）と経営が一体化していることに特徴がある。それでは、そこにいったいどのような現代的意義が見出されるのだろうか。「農地の耕作者主義」を手がかりに考察してみよう。

「農地の耕作者主義」とは、戦後農地改革による新たな農村経済秩序を旧来の寄生地主制に逆戻りさせないことを立法趣旨とするが、もはやそのおそれのない現代においてもつ意義を楜澤は次のように指摘する。

現代における耕作者主義の意義は、農家の農地に対する継続的関係性を確保し、農地の世代継承を可能とすることによって、土地の非収奪的利用へのインセンティヴを与え、農業の持続可能性を確保する点にある……生産手段としての農地の在所に住居を置いて生活する農家にとって、農地は生産手段であると同時にこれを取り囲む山林原野、池沼と一体化された農家の生活空間でもある。生活とともになされる生産（生業）にあっては、主体としての人間と客体である自然資源の関係は、抽象的でなく具体的で包括的である。（柳澤 2014：102 傍点は引用者）

この文中の「農地」を「山林・林地」とおきかえれば、「自伐林業」の現代的意義が理解されるであろう。所有と施業と経営が一体化した「自伐林業」は、山林・林地の非収奪的利用へのインセンティヴを与え、林業の持続可能性を確保するのである。また所有と施業と経営が一体化しているからこそ、「壊れない道づくり」と「身の丈にあった機械化」という持続的林業経営を実現するための技術体系が創出されたといえる。そこには対象としての森林との直接的関係行為が立ち現れており、だからこそ新たな自伐林業の担い手を惹きつけ、うみだしているのである。それは新たなライフスタイルをつくりだそうという価値創造の衝動にもとづいており、自らの自伐林業を通じて地域の森林をよくしていこうという思いや、そのような若い人びとを育てていこうという期待として現出しているのである（佐藤 2016a）[11]。

アンダーユースの森林環境問題を規定する「人と自然の関係性の貧困化」や「人びとの営みと自然とのかかわりの疎遠化」は、対象である自然との関係行為としての所有の内実が具体性直接性を離れて、よりいっそう抽象性観念性のうえにとらえられるような社会の趨勢として現れている。その解決のためには、国の林業政策がめざしているような大規模化・大型機械化によるいたずらな生産性の追求ではなく[12]、所有の内実をより具体性直接性のもとに埋め戻していくことが重要なのである。

さいごに生活環境主義において「生産」について論じることの意義について言及しておきたい。生活環境主義が提起したのは、ポスト近代におけるコミュニティのあり方だったといってよいだろう。そこでは当然のことながら、生産についての近代的なとらえ方も問い直されていたはずである。生活環境主義の提唱からおよそ三〇年後の現在、想像以上に所有権の抽象性にもとづく観念的支配が進展するなか、あらためて「生産」の内実を問い直す動きが日本や世界の各地で、しかも本章でとりあげた農林漁業という生産の場はいうまでもなく、文化やアートという生産の場においても起きていることに気づかされる（Koizumi 2016）。人びとの創造性《クリエイティビティ》に信をおく生活環境主義がひろくこの課題にアプローチしていくことへの期待は大きいに違いない。

付記

本章は、科研費基盤研究（B）「『自伐型林業』方式による中山間地域の経済循環と環境保全モデルの構築」（研究代表：家中茂　二〇一五〜二〇一七年度）および「生業・生活統合型多世代共創コミュニティモデルの開発」（JST-RISTEX「持続可能な多世代共創社会のデザイン」研究開発領域。研究代表：家中茂　二〇一六〜二〇一九年度）の成果によっている。

注

（1）鳥越皓之による所有形態の類型を超えたコモンズの考察については、鳥越（2015）を参照。なお「対象との関係行為としての所有」についてては、吉田民人による（吉田 1991）。

（2）森林経営計画は、当初（二〇一二年）、「属人計画」（一〇〇ヘクタール以上）と「林班計画」（林班等面積の二分の一以上）のふたつであったが、二〇一四年から「区域計画」（三〇ヘクタール以上）が加えられた。

（3）森林管理の手法とプロセスが「一九九〇年代以降、木材生産を中心とした施業経営管理を主体としたものから生態的、社会的、経済的持続性を備えた順応的管理に転換され、利害関係者の参加や民主的運営、科学性の重視が国際的潮流になった」（志賀 2015：55）にもかかわらず、日本では依然として林業生産活動の活性化を軸とした森林・林業政策のままなのである（注（5）も参照）。

（4）宮内泰介も先に引用した文章に続けて、次のように指摘している。「しかし、広い意味での生産はやはりコモンズの重要な要素となるべきである。生産、つまり私たちの生活を支えるものがなければ、そのかかわりは永続性をもちえない。『自然保護』というイデオロギーだけでは、やはり弱いのである。そこのところが、今後とも、現代におけるコモンズの再生を考えるうえで、避けられないポイントになってくるだろう」（宮内 2001：42）。

（5）佐藤宣子によれば、二〇〇〇年代における森林・林業政策の基調として、次のふたつの与件とふたつの「予定調和」が指摘できるという。森林計画制度と補助金制度の変更によって木材産業への安定的な資源供給が意図されており、上からの資源政策（生産力主義）ととらえられる。「与件1：森林所有者は林業への関心を失っており、森林管理能力がない。与件2：木材価格は国際市場で決定され、議論しない。予定調和1：林業が産業として確立すれば森林の多面的機能が向上する。予定調和2：大規模木材産業に木材を安定的に供給し得る体制を確立すれば、生産・流通・加工段階のコスト削減効果は山側に還元し得る（立木価格の上昇による山村活性化）」（佐藤 2015b）。なお佐藤（2016b）も参照。

（6）経営体としての家については、細谷（2005）を参照。

（7）現在の日本の林業にあまり詳しくない読者であれば、林家が自ら林業を営むことは当たり前のことと思われるかもしれない。漁業者とは自ら漁業を営む者、すなわち漁業協同組合員各自であり、農業者もやはり自ら農業を営む者を指している。しかしながら林業においてはこのような常識は通用しない。あとでみるように「所有と施業（経営）の分離」という政策を通じて森林組合が林業を営むことになっているのである。

（8）興梠克久によれば、自伐林業が注目されたことはこれまで三回あるという（興梠 2014）。最初は一九五〇～七〇年代で、拡大造林の担い手として農林複合経営を特徴とした。次は一九八〇～九〇年代前半で、小型機械による間伐材の伐出を特徴とした。そして一九九〇年代後半～現在は、自伐林家の組織化と地域森林管理が注目されており、小規模木質バイオマス利用（薪利用）と自伐林業の拡大（自伐林業運動）を特徴としている。なお近年の動向については、興梠（2016）を参照。

（9）従来の自己所有山林での家族経営的形態だけでなく、近年、集落営林型や大規模山林分散型とでも呼び得る形態が各地でみられるようになっている。とくに地域起こし協力隊など自治体の支援の下での新規参入によくみられる。それらは自伐林業の概念を拡張して「自伐型林業」と定義され、私的所有の枠組を超えて営まれる持続的林業経営として、そして中山間地域における新たな担い手として注目されるようになっている（中嶋編 2015：佐藤 2015a：興梠 2016）。

（10）佐藤仁は資源を「働きかけの対象となる可能性の束」と定義している。すなわち「資源の価値は、素材それ自体にあるのではなく、人びとの工夫によって初めてとらえることのできる『見えない部分』にある」（佐藤 2008：12）からである。そのような可能性の束としての資源に、人が働きかけて得られた資源生産物が「財」である。このことから「資源」が資源生産物である「財」へと変換されるプロセス、とくにそのときの技術や制度がたいへん重要なことが理解されるだろう。

（11）鳥取県智頭町で「智頭ノ森ノ学ビ舎」というグループを起ち上げ、自伐林業にとりくむ青年の言葉を紹介しておきたい。

「1年目は山への思い。2年目は技術。3年目は知識。まずは思いがなければ全てが雑になってしまう。林業の知識や技術はもちろんのこと、山を大切に暮らしていくというマインドの部分をしっかり伝えたい」（『日本海新聞』二〇一五年七月三一日記事）。

(12)　二〇一八年三月「森林経営管理法案」が国会に提出され、「林業の成長産業化と森林資源の適切な管理の両立」に向けて、国は森林環境税の新設をともなう「新たな森林管理システム」にのりだした。それは「森林の管理運営を意欲のある持続的な林業経営者に集積・集約化するとともに、それができない森林の管理を市町村等が行う新たな仕組み」である。しかし、この法案は従来の方針を大きく転換するものでありながら、森林所有者の経営意欲について（むしろ情報操作的な）事実誤認にもとづいており、しかも当然あるべき学術的な裏づけがない。そのうえ、森林所有者の責務として「適時に伐採、造林及び保育を実施すること」を義務づけている。「適時に伐採」とたった一言で、森林管理においてもっとも重大なことを規定しているのである。「適時」とはいつか、なぜ「伐採」しなければならないのか。従来の政策は「間伐」を施業の中心においてきたが、それを若齢級（＝五〇年生）での「主伐」（＝短伐期皆伐）中心へと転換する。そして森林所有者がこの「責務」をはたさない場合、市町村が「経営管理権」を設定し、意欲ある林業経営者と認められる素材生産業者等に「経営管理実施権」を配分するのである（森林組合でさえ、その配分対象として想定されてない）。誰がなにを基準に森林所有者は意欲がないとか責務を果たしてないとか判断するのか。その基準には学術的根拠がなく（むしろ学術的議論に逆行）、長期的な持続的森林経営への志向や意欲を否定するものである。「適時の伐採」が森林の公益的機能を維持するという考え方は「予定調和論」（注（5）参照）そのものである。そもそも適正な「経営管理」とはなにか、誰がそれを担えるのかが明確でない。森林および国土の荒廃や国民の財産権の侵害につながりかねない政策が場当たり的に、しかも強権的に実施されようとしているのである（泉 2018：上垣 2018）。いまこそ「地域からの森林管理」が求められる。

文献

遠藤日雄、二〇一五、「近代化と日本の森林・林業・木材産業構造」餅田治之・遠藤日雄編著『林業構造問題研究』日本林業調査会、一一–五三頁。

藤田佳久、一九九五、『日本・育成林業地域形成論』古今書院。

細谷昂、二〇〇五、「家と日本社会・再考」『社会学評論』56（1）：二―一五頁。

池田寛二、二〇一五、「制度資本としてのコモンズ――政令指定都市の中の森林・林業を事例として」宇沢弘文・関良基編『社会的共通資本としての森』東京大学出版会、二三九―二六二頁。

泉英二、二〇一四、「シンポジウムを聴いて」『国民と森林』128：二七―三〇頁。

泉英二、二〇一五、「吉野林業における自伐化の進展状況とその意味すること」『国民と森林』133：八―一二頁。

泉英二、二〇一八、「問題の多い林野庁の『新たな森林管理システム』」『国民と森林』144：一頁。

柿澤宏昭、二〇〇一、「森林保全とその担い手」鳥越皓之編『講座環境社会学3　自然環境と環境文化』有斐閣、七七―一〇三頁。

興梠克久、二〇一四、「再々燃する自伐林家論――自伐林家の歴史的性格と担い手としての評価」佐藤宣子・興梠克久・家中茂編『林業新時代――「自伐」がひらく農林家の未来』農山漁村文化協会、八五―一二七頁。

興梠克久、二〇一六、「自伐型林業があたらしい担い手をつくる」『AFCフォーラム』63（11）：七―一〇頁。

Koizumi, Motohiro, 2016, *Chain of Creativities: For the Era of Creative Citizens*, National University Singapore Press.

椚澤能生、二〇一四、「入会のガヴァナンス」秋道智彌編『日本のコモンズ思想』岩波書店、九〇―一一〇頁。

牧野厚史編、二〇一〇、『年報村落社会研究46　鳥獣被害――〈むらの文化〉からのアプローチ』農山漁村文化協会。

三井昭二、一九九七、「森林からみるコモンズと流域――その歴史と現代的展望」『環境社会学研究』3：三三―四六頁。

宮内泰介、二〇〇一、「コモンズの社会学――自然環境の所有・利用・管理をめぐって」鳥越皓之編『講座環境社会学3　自然環境と環境文化』有斐閣、二五―四六頁。

宮内泰介編、二〇〇九、『半栽培の環境社会学――これからの人と自然』昭和堂。

森本幸裕編、二〇一二、『景観の生態史観――攪乱が再生する豊かな大地』京都通信社。

室田武・三俣学、二〇〇四、『入会林野とコモンズ――持続可能な共有の森』日本評論社。

中嶋健造編、二〇一五、『New 自伐型林業のすすめ』全国林業改良普及協会。

岡橋清元、二〇一四、『現場図解　道づくりの施工技術』全国林業改良普及協会。

大橋慶三郎、二〇〇一、『大橋慶三郎　道づくりのすべて』全国林業改良普及協会。

大野晃、二〇〇五、『山村環境社会学序説――現代山村の限界集落化と流域共同管理』農山漁村文化協会。

大住克博・湯本貴和、二〇一一、「森林資源の持続と枯渇」湯本貴和編・大住克博・湯本貴和責任編集『里と林の環境史』文一総合出版、二四九―二六四頁。

佐藤仁、二〇〇八、『資源を見る眼――現場からの分配論』東信堂。

佐藤宣子、二〇〇五、「山村社会の持続と森林資源管理の相互関係についての考察」『林業経済研究』51(1):三―一四頁。

佐藤宣子、二〇一三、「『森林・林業再生プラン』の政策形成・実行段階における山村の位置づけ」『林業経済研究』59(1):一五―二六頁。

佐藤宣子、二〇一四、「地域再生のための『自伐林業』論」佐藤宣子・興梠克久・家中茂編『林業新時代――「自伐」がひらく農林家の未来』農山漁村文化協会、一一―八四頁。

佐藤宣子、二〇一五a、「日本の森林再生と林業経営――『自伐林業』の広がりとその意味」『農村と都市をむすぶ』762:八―一四頁。

佐藤宣子、二〇一五b、「二〇〇〇年代以降における森林・林業政策の基調と山村への影響――森林計画制度を中心に」日本村落研究学会第六三回大会テーマセッション報告資料。

佐藤宣子、二〇一六a、「『自伐林業』探求の旅シリーズ:鳥取県智頭町編(後編)新しい自伐林業の胎動――町の自伐支援・山林バンクの可能性」『現代林業』606:四〇―四六頁。

佐藤宣子、二〇一六b、「二〇〇〇年以降の森林・林業政策と山村――森林計画制度を中心に」『年報村落社会研究』52:三一―五八頁。

志賀和人、二〇一五、「森林管理の基礎理解と林政研究」餅田治之・遠藤日雄編『林業構造問題研究』日本林業調査会、五五―八〇頁。

菅豊、二〇〇四、「平準化システムとしてのあたらしい総有論の試み」寺嶋秀明編『平等と不平等をめぐる人類学的研究』ナカニシヤ出版、二四〇―二七三頁。

杉島敬志編、一九九九、『土地所有の政治史――人類学的視点』風響社。

鳥越皓之、[一九八五]一九九三、『家と村の社会学』世界思想社。

鳥越皓之、一九九七、『環境社会学の理論と実践――生活環境主義の立場から』有斐閣。

鳥越皓之、二〇一五、「東日本大震災以降の社会学的実践の模索――家・ムラ論をふまえてのコモンズ論から」『社会学評論』

65(1)：二-一五頁。

上垣善寛、二〇一八、「『森林環境税』を『森林破壊税』にしない地域に根ざした自伐型林業にこそ支援を」『季刊地域』33：一二-一五頁。

山本信次、二〇〇九、「森林ボランティア活動に見る環境ガバナンス――都市と農山村を結ぶ『あたらしいコモンズ』としての『森林』」室田武編『グローバル時代のローカル・コモンズ』ミネルヴァ書房、一〇一-一二三頁。

山下詠子、二〇一一、『入会林野の変容と現代的意義』東京大学出版会。

柳哲雄、二〇一〇、『里海創生論』恒星社厚生閣。

家中茂、一九九六、「新石垣空港建設計画における地元の同意」『年報村落社会研究』32：二一一-二三七頁。

家中茂、二〇〇〇、「地域環境問題における公論形成の場の創出過程――沖縄県恩納村漁協の赤土流出防止の取り組みから」『村落社会研究（ジャーナル）』13：九-二〇頁。

家中茂、二〇〇七、「社会関係のなかの資源――慶良間海域サンゴ礁をめぐって」松井健編著『自然の資源化』弘文堂、八三-一一九頁。

家中茂、二〇一二、「里海の多面的関与と多機能性――沖縄県恩納村漁協の実践から」松井健編『生業と生産の社会的布置――グローバリゼーションの民族誌のために』岩田書院、八九-一二一頁。

家中茂、二〇一四、「運動としての自伐林業――地域社会・森林生態系・過去と未来に対する『責任ある林業』へ」佐藤宣子・興梠克久・家中茂編『林業新時代――「自伐」がひらく農林家の未来』農山漁村文化協会、一五三-一九二頁。

家中茂、二〇一六、「震災を機にして立ち上がった〝自伐型林業〟の動き――岩手県大槌町、遠野市、宮城県気仙沼市」森林環境研究会編『森林環境二〇一六』：九四-一〇五頁。

家中茂、二〇一八、「生業から生まれる知識と技術――里海づくりと自伐型林業」佐藤哲・菊地直樹編『地域環境学――トランスディシプリナリー・サイエンスへの挑戦』東京大学出版会、四〇-五九頁。

吉田民人、一九九一、『主体性と所有構造の理論』東京大学出版会。

第21章　水上生活における資源利用

——中国太湖の家船コミュニティの事例から

楊　平

1　家船生活者たちのコミュニティ

中国太湖とその周辺の河川には家船に暮らす水上生活者がいまもみられる。彼らは数十年も前から、まもなく姿を消すに違いないと思われ続けていたにもかかわらず、現在においてもいなくなっていない。

近年、急速に進行する水環境の悪化や陸上生活の近代的便利さなどを理由に、多くの水上生活者がそれまで先祖代々の生活を支えてきた「水上」という場を離れ、陸上生活を営むようになってきているのも事実である。その結果、陸上には規模が異なる多様な元水上生活者による「家船コミュニティ」が次々と形成されてきた。そのなかには、陸上での生活の維持やコミュニティ自体の存続に苦しむケースも後を絶たないが、「小さなコミュニティ」（鳥越 1997a）として「家船コミュニティ」の縮小版を作り上げるなどして、激変する環境に巧みに対処しながらしたたかに暮らしている陸上村も存在する。いわば、フェイス・トゥ・フェイスの関係が成り立っているという意味で「家船コミュニティ」が構成されている。では、なぜこうした家船生活ならではのコミュニティが存在しえるのであろうか。

生活環境主義的にみれば、家船コミュニティは、次の点で興味深い事例となる。まずひとつめは、かつては水上のみ、現在は水上と陸上という具合に、人びとの生活が陸上のみで営まれていることが、ローカルな生活の多様性の大切さを知るうえで貴重な事例となる点である。さらに、そういった生活ぶりを存続させているという事実が、行政政策的介入や湖水環境の破壊といった生活条件の大きな変化に対する家船コミュニティの創造性の結果として現れている点で興味深いものとなる。ふたつめは、生活条件に対する人びとの創造性をみるうえで貴重な事例になっていると言える。

そこでより具体的に、本章では、湖面の「水域固有の自然資源」利用がもつ単なる生業の一環としての資源獲得とは異なる側面、いわば資源利用の社会的機能とでも言うべき側面をあきらかにしていきたい。ここで社会的機能に焦点を絞るのには理由がある。これまで水上生活者のコミュニティは、陸上に存続するコミュニティとは異なり、社会的諸制度が未発達であるとみなされてきたからである。だが、筆者のフィールドワークでは、水上のコミュニティを第一に制約している自然資源との付き合いかたにおいて、つねに不安定化する自然資源をコミュニティ内で臨機応変に調整し工夫する社会的機能を見てとることができた。このことは、第Ⅴ部の「コミュニティはなぜ資源を利用しなければならないのか」との問いに対してもひとつの見方を提示するだけにとどまらず、人びとの創造性への議論を深めるうえで、貴重な事例を提供していると考えられる。なお本章では、湖や河川に停泊し、先祖代々船に居住する漁民を「家船漁民」と呼び、その営みを「家船生活」と呼んでいる。また、家船漁民が居住するこれらの「水上村」は「家船コミュニティ」と表現している。

2　「陸上村」と「水上村」

太湖とその周辺の河川に暮らす漁民たちは、生活のすべてを湖や河川に頼り、先祖代々水上生活を営んできた。近年、湖や周辺河川の水質汚染や漁獲量減少にともない、水上に暮らす漁民たちの生活状況は年をおって厳しさを増している。にもかかわらず、船を住居とし、漁業を生業の中心にすえる水上生活がなぜこんにちまで存続することが可能であったのだろうか。

太湖周辺の村は一般に、農民中心の農村と漁民中心の漁村に区別される。農民たちは陸上に居住しながらいくつかの村民集団に所属し、それぞれの土地（水田や畑、山、池など）の数十年間の使用権をもっている。これらの「自分たちの土地」については、「村から借りたもの」だという意識をもつ。一方、長年にわたって土地の使用権をもち、耕作・利用し続けることにより生成される「自分たちの土地」という共通の認識も有している。このように、農民たちは「自分たちの土地」の使用権をもちながらも、その土地の所有権は「自分たちの村」にあるという慣習が受け継がれてきた。

これに対して、漁民たちは陸上に土地（水田や畑、山、池など）をもたず、船を住居とし、漁場である太湖やその周辺の河川を移動しながら漁業を中心に生計を立ててきた。その彼らに、「あなたたちの村はどこにあるのか？」と尋ねると、「陸上に自分たちのそれぞれの村がある」と異口同声に答えると同時に、「この水上にも私たちそれぞれの小さな村がある」と答える。この両者について漁民たちは、陸上にある村のことを「陸上漁村」「陸上村」と呼び、水上の村のことを「水上漁村」「水上村」と呼んでいる。つまり、漁民たちは、陸上の村と水上の村のふたつの「村」に同時に所属していることになる。

太湖の漁民たちはなぜ「陸上村」と「水上村」に両属するようになったのか。また、「陸上村」と「水上村」にはどのような違いがあると漁民たちは認識しているのか。

太湖で暮らす漁民たちは大きくふたつに分けられる。ひとつは古くから太湖やその周辺河川で暮らしてきた（と記憶されている、または信じられている）漁民＝本地漁民である。もうひとつは、かつて長江流域周辺や遠くは東シナ海沿岸部から太湖周辺に移住してきた（と記憶されている、または信じられている）漁民＝外地漁民である。(1)

太湖での暮らしについて漁民たちは、「昔から私たち船民（漁民）には土地や畑はもちろん、住むところも食べ物もなにもなかった。ただあるのは船だけだった」、「これまで食料不足に苦しむこともあったけど、風に吹かれ、雨に濡れながらも、太湖の上に船を浮かべて魚などを捕って生計を立ててきた」、「日の出前に湖上に漕ぎ出し、日の入り前には漁を終える。夜は近くの湖岸に船を停泊させて、船の中で寝泊りしていた。次の日になると、漁をおこなうところや停泊するところがその前の日とは変わることもよくある。数十年間にわたり漁業をおこないながら湖や周辺河川を移動して船を住居として生きてきた。船と湖が私たち漁民の家なのだ(2)」という。

一九四九年の中華人民共和国成立以前は、太湖周辺で暮らす家船漁民たちは陸上に居住地がほとんどなく、先祖代々、船を住居とする水上生活を営んでいた。一九五五年ごろに、農村に対する「農業合作化の問題に関する決議」の方針が打ち出され、太湖周辺においても農村の合作化・集団化の動きが活発化してくる。そのころ、集団化の対象となる漁村は主に沿海都市周辺の沿岸部の定住漁民であった。その後、中国各地において実施された「陸上居住政策(3)」により、それまで水上で生活してきた家船漁民を対象に、陸上の村への移住が促進された。太湖周辺では「漁業隊」が組織され、「漁業戸口」（漁業戸籍）によって、漁民が戸籍登録されるようになった。これにともない、「漁業大隊」などの組織が魚の流通システムの主な担い手となり、多くの漁民が漁民大隊の組織に組み込まれていったことで、少なくとも漁業活動に関しては陸上の漁村に依存せざるをえなくなっていった。たとえば、太湖北岸の無錫市あたりの漁民たちの多くは、「先祖代々漁民の祖父や父に習ってずっと漁業を営んできたが、六〇年ごろから漁業大隊に配属され、陸上漁村に戸籍登録をおこなった」という。

この「陸上居住政策」にともない、家船漁民の子どもたちは、親とともに水上で居住しながら陸上の学校に就学することが可能になった。また、水上から陸上へと移住した家船漁民に対しては補助金が支給され、移住による漁船をやむをえない廃棄などにより、家船漁民の陸上定住はよりいっそう促されていった。漁業活動を継続しながら陸上での農作業にも携わることで生計を維持する「半漁半農」や、穀物や肥料などの運搬に従事する「半漁半舟運」漁民も続出した。なかには専業農民となるもの、もしくは都市へ出て農漁から完全に離脱し、企業労働者へと転職するものもいた。さらに、とりわけ一九九〇年代以降、都市化や工業化が急速に進展したことによる水質の汚染や漁業資源の減少などといった環境問題が深刻化したのにともない、この現代という時代においては水上で暮らすこと自体もはや不可能な生活様式であるとのペシミスティックな見方が広まってきた。

しかしその一方、漁業を生業としてきた家船漁民の中には陸上に定住しない漁民も多く存在していた。とくに、これまで先祖代々、太湖やその周辺の河川などの淡水域漁業で生計を立ててきた漁民の中には、一応陸上にも住居を構えながら、実際には一年の大半を水上で暮らす専業漁民も少なくはなかった。

太湖のいくつかの水上村を訪ねるうち次のような事実があきらかになってきた。漁民たちは陸上の漁村に所属するとはいえ、「陸上にも住居はあるが、一年に数日間しか陸上に上がることはなく、年に三六〇日ほどは水上でみんなと暮らす」のが実情であり、また、「どの水上村にも、その成員のための『帮会』（生業組織）や『社』（生活組織）などがある」ため生活に不自由することはなく、「先祖代々この水上村に居住する近隣同志や家族、仲間などと集団を組んで零細な漁業を長年にわたっておこな」うことが可能だったのである。国の政策に妥協しながらも、実質的には水上村を本拠地として水上生活が継続されていた。

図21－1　蘇州の YK 水上村の配置

出所：筆者撮影。

3　水上の家船コミュニティ

では、家船漁民たちはどのように水上生活を営んできたのか。ここでは、水上におけるコミュニティの資源利用を通して、水上での生活様式をあきらかにしていこう。

蘇州市湖辺に居住する漁民たちのYK水上村を事例として取り上げる。この「水上村」は蘇州市の湖辺に位置しているが、前面は太湖に面し、背後には小河川や水田、畑があり、さらにその後ろに農民の村がある（図21－1）。筆者の調査時、ここでは、船を住居としながら先祖代々太湖での漁業で生計を立てる約一〇〇戸の専業漁民が暮らしていた[4]。

水上村に暮らす漁民たちは、陸上村の漁民大隊に属しながら、独自の漁業活動を中心とした組織である水上の「帮会」にも属している。この「帮会」とは、水上生活の家船漁民の組織で、大きく「エビ帮」「魚帮」「貝帮」の三つに分けられている。それぞれの「帮」においては「帮主」という漁民リーダーが選出され、「帮会」に加入できる年齢は一六歳と決められている。また、「帮主」については、「知識、経験、人柄など水上村の中でもっとも信頼できる人が選ばれてきた」という。言うまでもないが、「エビ帮」の家船漁民は主にエビ類、「魚帮」の家船漁民は魚類、「貝帮」の家船漁民は貝類を中心とした漁業を営む。三つの中でもっとも戸数の多いのが「魚帮」である。これらのそれぞれの「帮会」に所属する家船漁民は、漁獲内容や「帮会」内の許可を得ることによって、「エビ帮」から「魚帮」へと所属替えしたりすることも可能である。漁業活動については、通常「一船一家」で漁業に従事する。ただし、月に数回は共同作業もあり、必要な労働力を構成員全員の中から出すことなどで、水上村全体の漁業活動を補うことが決められている。

また、漁場での漁業活動だけではなく、資源の利用や管理、日常の困り事などは、「エビ帮」、「魚帮」、「貝帮」内での話し合いを経て、最終的には各「帮主」を中心に決定される。漁業活動以外の日常生活については、「自分たちの水上村と近隣の水上村との間を行き来して」おり、「時と場合によっては、陸上村近くの水辺にも行ったりすることもあり」、とくに、「肥料や水産物を運ぶときには決められた数人で運んでいったりする」という。陸上村が必要とする肥料については、「春から夏にかけて、湖や河川の水底の泥を掬い上げ、あるいは、水中の水草や藻類を陸上に引き上げて干してから船で陸上へ運んでいく」、また「いつでも船が通れるように、昔から水草や泥を掬い上げてきた。ここ数年、特に夏場に船の近くや岸辺に水草が茂って泥も溜まりやすくなるので、みんなで力を出し合って泥や水草などを掬い上げたりする」ようになっている。これらの作業は、「各「帮会」が当番となり、それぞれの「帮会」が保有する船を出し合って順番で行うことが慣例」であるという。

このように、水上で暮らす漁民たちは、「帮会」を中心にして、漁業をはじめとする日常生活を支えてきたことがわかる。これについては、ここで事例として取り上げた蘇州市湖辺のＹＫ水上村にかぎったことではなく、他の

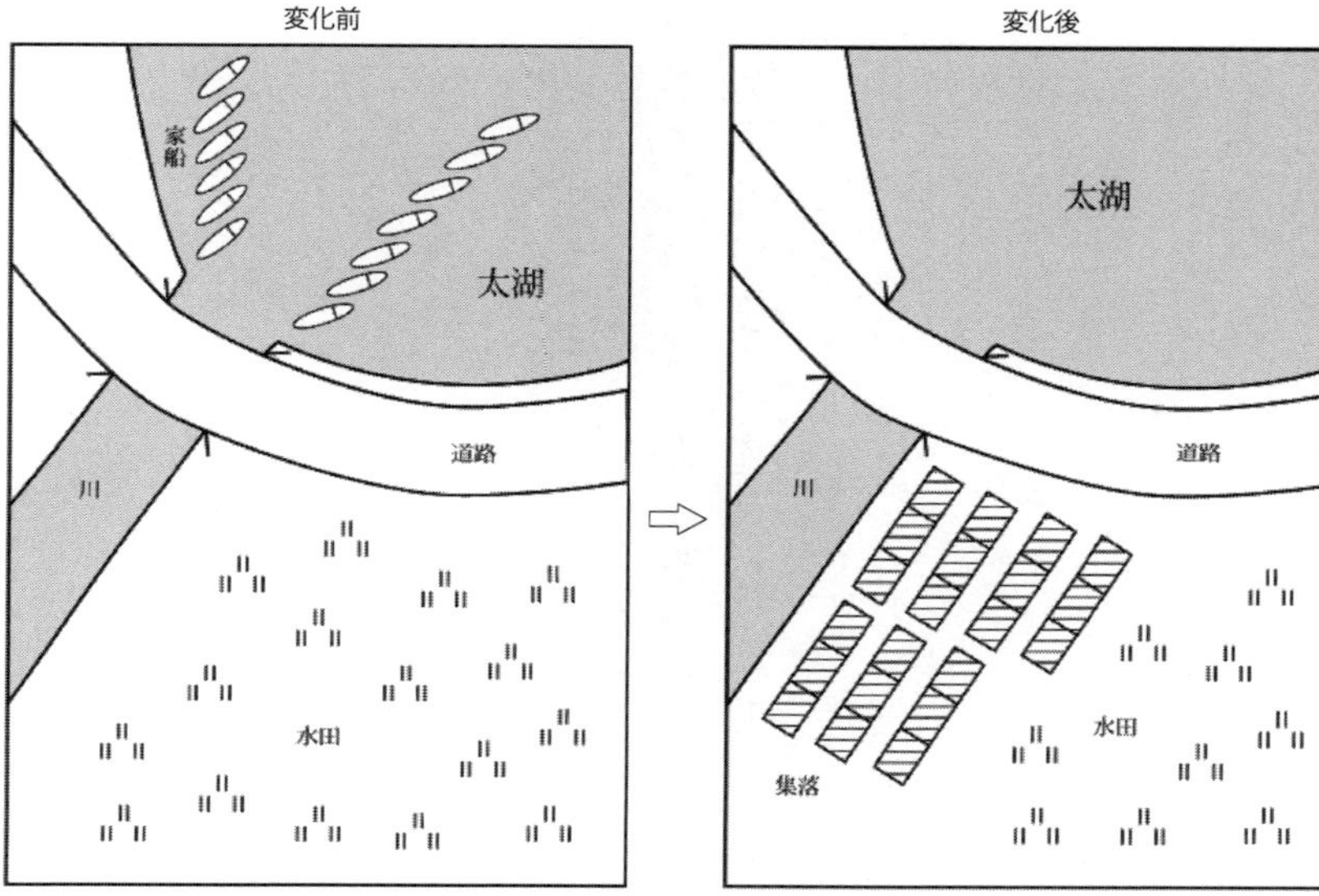

図21－2　YK水上コミュニティの変化

出所：現地調査にもとづき筆者作成。

「水上村」においても状況はほぼ同じであった(5)。

蘇州市湖辺においては、漁民たちは先祖代々船を住居とし、年中漁場を転々としながら、各地の陸上村に所属しつつ、水辺で多数の水上村を築き上げてきた。これらの水上村は、一般的には数戸から百数十戸の戸数で、場所や時期によって居住する漁民の数が異なる。たとえば、二〇〇九年太湖東部の湖辺では、蘇州市湖辺のHF村とKP村に多くの家船漁民が暮らしていた（図21－2）。

湖や河川という環境は、魚、エビ、水生植物などのごくかぎられた生物資源くらいしかおらず、食料資源はきわめて乏しいうえ、年に何回かは台風や高波にあおられるなど、物理的環境としても不安定なことから、生活するにはもっとも厳しい場所であるとされてきた。

しかし、このような厳しい環境とされる水上にも、家船漁民がつねに自然と折り合いをつけながら先祖代々定住する家船コミュニティが各地に存在している。これらの家船コミュニティにおける資源利用のあり方は、平野部や里山などの陸上の農民の資源利用とは異なっている。水上に暮らす家船漁民たちによる独自の資源利用について、従来の家船漁民や水上生活に関する研究の中ではほとんど顧みられることがなかった。ここで注目したいのは、生業としての漁業資源ではなく、日々水上で暮らすうえで日常生活に欠かせない水、動植物などの自然資源をめぐる水上空間における利用のありかたである。家船漁民たちがこの水上の家船コミュニティ内あるいはコミュニティ周辺の湖や河川の水環境を活かした形で多様な資源を継続的に利用してきたことの重要性が調査を進めるうちに徐々にあきらかとなってきた。

4　家船コミュニティの資源利用

ここでは、水上に暮らす家船コミュニティによる資源利用を中心に見てみよう。

家船コミュニティで生活していくうえで欠かせない自然資源は、①水域固有の自然資源、②人為的に取り入れた資源、のふたつに分けてみることが可能である。そのうち前者は、水、水草、藻、泥などといった、もともと水域に存在する資源である。後者は、柵で囲われたアヒル、生簀で飼われたエビや魚、水辺で成育しているヒシやヨシなど、本来の自然状態では水域に存在しない資源のことである。前者も後者も、コミュニティの共同資源として認識されており、その管理もコミュニティ内の家船生活者が共同でおこなうものである。

水域固有の自然資源

水域固有の自然資源のうち、水についてここで若干の説明をしておく。家船生活者たちはかつて飲み水も船端の水を使用していた。湖水や河川の水は一般的に共有資源とされている。しかし、とくに船端の水については、各家船が祭事や洗濯、漁具洗いなどのための用水として自由に利用することが許されている。そのため、家船周りの水は家船ごとに利用し管理されてきた。

水以外の自然資源はいずれも共有資源とみなされている。それについては、家船生活者たちが語った以下の内容からうかがえる。

「風によって草や枝などが水面へと飛ばされ、あっという間に岸辺にはいろんなものが吹き溜まっていく」、また「とくに夏場は水草などの成長が早く、藻類も発生しやすい」、さらに、「茂りすぎて船の通行に妨げになるときもあるし、見た目も悪い」という。このように、一般には、水面の枯れ枝や水中の水草や藻などはただの厄介者であるように思われる。ところが、家船生活たちは、「草や枝などが水面に集められてくるので、遠くの川まで行かずとも、これらの枝や草を燃料として手に入れることができる」し、「夏の水草や藻類を掬い上げて畑にすき込めば、それがちょうど良い肥料になる」とし、「つねに水面を清掃するのはもちろん、水中や水底の掃除も欠かさない。そうすれば大型船でも難なく通れるので快適だ」とされている。

また、家船生活者たちは、「船上で炊飯・調理し、甲板の上で家族全員が一緒に食事する」ことが通常である。そのため、「停泊地沿いの岸辺の雑草や灌木の枯れ枝などは家船の民にとって大切な燃料」なのである。とくに、「水中にある水草や藻類、水底の泥などは肥料としての利用が可能なので、近隣の農民に売ることで現金収入を得ることもできる」という。

このように、家船生活者たちは、一般的にはごみ扱いされる自然物を、家船生活に欠かせない「有用資源」に変えることができたのである。

それ以外の自然資源としては、食用とされる一部の野生植物も挙げることができる。これは湖岸やクリーク沿いに季節ごとに芽吹く野草類のことであるが、食事全体に占める割合は微々たるものである。

さらに、自然資源そのものではないが、陸上と水上を結ぶ境界としての「出入口」が設けられることが、家船コミュニティに見られる特徴のひとつである。そこは、大型の網などを修理したり洗った漁具を干したりする共同の作業場として利用されるばかりでなく、家船生活者同士や近隣農民との交流の場としても機能していることがわかった。

「家船コミュニティ」維持の手段としての自然資源利用

ところで、家船コミュニティにおいては、船はけっしてランダムな位置に停泊しているわけではなく、湖岸線から沖合に向けて舷側が平行になる向きにきれいに列をなして並ぶのが一般的である。そのような場合、湖岸側が「下流」、沖合側が「上流」であると彼らは認識している。湖岸に近いところには古株の漁民が停泊するのに対し、新来のよそ者はまずは岸から遠い沖合に陣取ることになる。飲用や食器洗い、洗濯などの用水は、「下流」に停船する家船が優先的に利用することになっているほか、以下のような細かな慣例が踏襲されている。たとえば、家船コミュニティ内の「上流」に位置する家船は、時と場合に応じて、水草を取る回数を「下流」の家船より多くすることが優先的に認められることがあるという。水草は湖岸に近い浅水域に多く繁茂するが、それゆえ舟行の妨げとなる。「上流」、すなわち沖合に停泊する家船は、湖に漕ぎ出す際わざわざ湖岸部を通る必要はないので、本来は岸辺の水草に頓着する必要はないはずであるが、敢えてそれをおこなうのは、「下流」に停泊する本地漁民に対する遠慮があってのことであると思われる。「上流」の家船の住民が岸辺にごみを見つけると、わざわざそれを取り除きに行くというのも同じ理由によるものだと農民たちがいう。このことから、一般的に「上流」の家船が一方的に搾取されている、あるいは不利な立場におかれていると思われがちである。しかし、それに対して、実際の家船コミュニティにおいては、「強制されたことは一度もない。ごみ拾いというより、ここに来たばかりだから、少しでも生活の助けになるよう、肥料として使っていいと言われ、とても助かる」し、「上流」の住民に自ら獲った魚などをよくくれたりもした。それも慣習的だ」とのことであった。また、「「上流」の住民たちは、湖底に堆積した泥土を肥料として優先的に近隣の農家に売り出すことができる」ともいう。

このように、水草や泥土の利用といった水域固有の自然資源利用は、「上流」「下流」という空間配置に象徴的に示される新来漁民と本地漁民との社会的関係を維持・再確認するための一種の手段として機能していると言えるのではないだろうか。つまり、これは、「弱者生活権」（鳥越 1997b）というある種の特権によって、家船コミュニティで有効に機能してきたものであるといえる。

本地漁民の新来漁民に対する態度は、「無償労働を要求したり、資源への接近を拒否したりするといった関係ではなく、貧乏で生活に困窮する漁民だとの認識はほとんどない」という。むしろ新来の家船生活者は時に優遇さえ受けることがあるが、これは、集団構成員が明確な権利と義務を有するような資源利用ルールにおける、いわゆる〝タイトなローカル・コモンズ〟（井上 2001）の場合とは大きくかけ離れている。その理由のひとつは、太湖のような水域環境では、自然資源を利用することのできる水面は明確な境界をもたずに広がっており、資源利用ができる時期や用途、メンバーなども変わる場合があるためで、「臨機応変に資源と付き合うことが必要だ」と家船生活者は語る。

人為的に取り入れる資源

上述の「水域固有の自然資源」に対して、生簀で飼われた魚やエビ、湖岸に生育するヒシやヨシ、さらには船端の囲いの中で飼われるアヒルなどの家禽類、わずかばかりの湖辺の耕地で栽培される野菜類などを、ここでは「人為的に取り入れる資源」と呼ぶ。これらの資源は、家船コミュニティ内にもともと存在せず、水上で生活していくのに必要なため、生活に必要な有用資源として人為的に手を加え、利用してきたものである。生簀での魚やエビの飼養は、いわゆる養魚とは異なるもので、太湖や周辺河川の水域で漁獲された天然の魚やエビなどを網に入れ、鮮度保持のほか、販売用や自家用として、各自の家船の船端に設けた生簀の中でしばらくの間だけ飼っておくことを指す。

ヒシについては、家船漁民が「ヒシの実は人の食用となり、ヒシの葉は魚やアヒルなどのエサとなり、それらの排出物が今度はヒシの肥料にもなる。また、ヒシの葉で水面が覆われたところには魚やエビなどの生き物が集まりやすくなり、子どもたちがそこで小魚を捕ったりするのに格好な場所である」という。家船コミュニティ内にヒシのある空間を作るには、家船漁民が「毎年水辺整理のときに、ヒシの実の三分の二を採取して食用にし、残り三分の一の実をそのままほうっておけば、次の年になるとまた自然にヒシが生えてくる」という。このように、ヒシは

表21－1　家船コミュニティ内の資源利用

項　目	場　所	用　途	季節	私有	共有
水	各家船の周辺	生活用水	年中	○	×
通路	コミュニティ内の水面	船の通行	年中	×	○
藻・泥	各家船の周辺と通路の水中・水底	肥料	夏秋	○	×
枯れ枝	水辺	燃料	秋冬	×	○
空き地	停泊地沿いの陸上	網の修理，出入口	年中	×	○
魚・エビの養殖	各家船の周辺の水中	自家用，販売用	春秋	○	×
ヒシ	家船コミュニティの水辺	食用	春秋	×	○
ヨシ	家船コミュニティ近くの水域	風や波避け	年中	×	○
家畜類	各家船の周辺	自家用	年中	○	×
野菜	沿岸の空き地	自家用	秋冬	×	○

出所：聞き取り調査にもとづき筆者作成。

野生植物としてそこに生えているのではなく，漁民たちが意図的に「取り入れた」資源であることがわかる。

ヨシについては，「ヨシの近くには魚などがいっぱいいる。風除けや波避けのためには，とくに風や波の向きに合わせて，帯状のヨシ原がなければならない。そのため，一気に全部刈り取ってはいけない」というのが慣習である。また，「各家の燃料の補充や波避けなどのため，とくに次の年に十分に茂るよう，毎年一部ずつ刈り取らなくてはならない」とも家船漁民はいう。

水辺で飼えるアヒルなどの家禽類はほとんどが自家消費用であり，野菜類は個人私有のものがある一方，共同の畑で栽培される野菜はみんなのものであるとみなされてきた。

資源利用のありかた

このように，「家船コミュニティ」内の資源利用は，資源ごとに，場所，季節，用途によって，家船漁民の私有であるか，家船コミュニティ共有であるかが決まってくることがあきらかになった。これらの資源を分類すると，水域に固有なものと外部から取り入れられたものというふたつの軸で分けて整理することが可能である。

筆者の整理によれば，「私有」（四項目）より「共有」（六項目）される資源の項目が多くあることがわかった（表21－1）。また，「これまでいた家船が他所へ転出したり，あたらしい家船が他所から転入したりすることもある。また、ある家族が留守の時期もある。私たちのこれらの資源も、場所、時期、季節、メンバーなどによって、変化したり、入れ代わったりするのだ」と家船漁民は言う。このように、一戸の「家船」世帯の転出・転入にともない、家船コミュニティにおける資源の「私有／共有」の区分も資源利用のありかたも、随時「変化する」ということはきわめて興味深い点である。

5　陸上移住にともなう家船コミュニティの変容

二〇一〇年に、行政が農村の居住環境を改善するという目的のもと、陸上に建造された家屋に家船生活者を移住させることになった（図21-3）。立地として選定されたのは、従来の水上のコミュニティから湖岸道路を挟んで数十メートル先の、太湖に流れ込む小川の河口沿いである。この小川と湖とは直結していることから、内陸河川漁業や野生植物採取などで古くから家船生活者たちはこの小川を行き来していた。この移住後の陸上にある家船コミュニティは、水田を背景に小川に向かって家々が立てられ、その入口付近に共同利用の井戸が設置されている。従来の水上の家船コミュニティ住民の中で、現在この陸上住宅に住居を移した家船漁民は約五〇戸である。

移住後は生活・生業形態にも変化があった。それまでは湖の沖合などの遠い水域で漁業ができた。しかし、これまで利用してきた漁船はもはや居住に供する必要もなくなったため廃棄されたり譲渡されたりし、近隣の家船漁民と共同でおこなってきた漁業活動も次第になくなりつつある。これにともない、陸上に移住した漁民の主な生業は、手漕ぎの小型木造船に乗り、主に内陸河川で営む小規模漁業へと変わった。

また、水上のコミュニティにおける三つの漁民組織――「エビ帮」、「魚帮」、「貝帮」――は合併し、「漁民帮」という一組織として再編成されることになった。現在の「漁民帮」は、生活にも生業にも影響力のつよい従来の漁業組織に比べ、人数や規模が縮小したものとなった。漁業に関連する漁民組織は、かつての共同漁業から個人漁業へと変わり、大型から小型へと変わった。

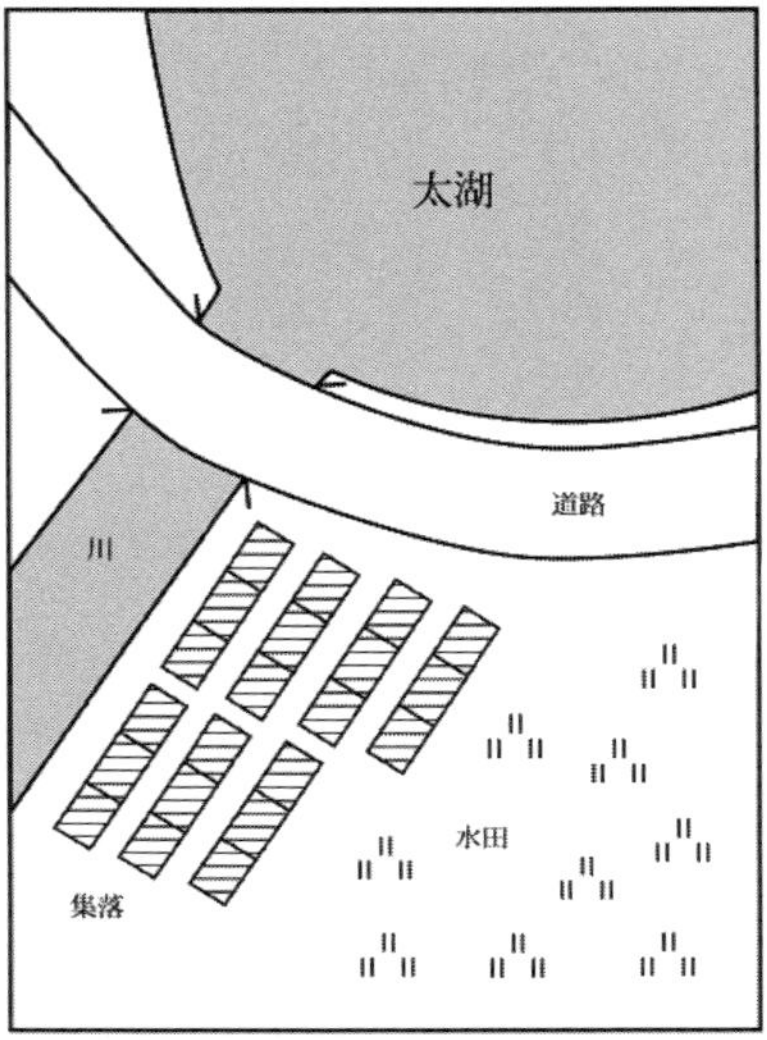

図21－3　移住後の空間配置

出所：現地調査にもとづき筆者作成。

さらに、このように生業形態が変化するのにともない、「これまで飲み水も生活用水もすべて湖から得ていたが、陸上居住後には飲み水は井戸に頼るようになり、洗濯や漁具洗いなどは小川の水を使うようになった」。「昔、漁業は男が中心におこなったが、いまではほとんどが小舟になったことなどもあり、女たちがヨシやヒシの実、魚などをとりによく行くようになった」というような生活上の変化もあった。

一方、「長いときには数週間から数ヶ月漁に出ることになるが、そこでおこなわれる漁法は従来と変わらない」という。また、「みんなの話し合いで決めることや、かつてと同じようにリーダーがいて、生活や漁業などの決めごとをするのも昔と同じ」と生活・生業組織が変化する中にも「変わらないもの」がたしかにあったのである。土地改革による分地がおこなわれ、村から土地の使用権を獲得する形で耕作が可能になり、農家から土地を借りることもできるようになってきた。これをきっかけに、「河川や湖に生える水草や藻類などを自分の土地にも揚げるようになったのが昔と違うところ。だが、昔と変わらずみんなで岸に引き上げることも、底泥が必要とされた農家がいたら船を出してとることも、とる場所、とる量などが随時変動するだけで、方法も農家対漁民という関係も何も変わらない」という。このことから、一部の漁民は漁業活動の傍ら、湖と河川にある水草や藻類などの植物を肥料として引き上げることを継続していることがわかる。

多くの家船コミィニティがその存続に苦しむ中、家船コミィニティが持続できた背景について考えてみたい。

まずなにより重要なことは、この陸上にある家船コミィニティは水上のコミィニティの縮小版として作られたという点である。結果的に、「家船コミィニティ」以来の成員間関係がまがりなりにも維持されてきた。このことにより、規模の面では縮小せざるをえなかったものの、従来の漁業活動を継続することが可能となったのである。

家船コミュニティにおいては、「新メンバーであっても、加入直後には、みんなのためにやらなくてはならないことや無償労働で貢献することなどを要求しない」とされるのが通常である。つまり、家船コミュニティがもつ社会的機能の成立には、①既存規則の履行が強制的に要求されないこと、②無償労働が暗黙に要求されないことを前提としたものであるといえよう。

従来の水上のコミュニティが解体するとき、その成員はいくつかの陸上のコミュニティに分散して居住することが通例である。その場合、もとの家船同志としての〝同郷者〟たちの関係は完全に断たれてしまうのではなく、たとえ異なる陸上のコミュニティの住民となったとしても、つね日頃の情報交換を密におこない、ときに漁業や水草取りなど、生活上のつきあいを含めて共同で実施することもあるのである。空間的な同時性は消滅したとしても、家船コミュニティとしての社会的つながり、また資源をめぐる人とコミュニティとの結びつきは相変わらず存続してきた。

つまり、ここで言えるのは、家船コミュニティはつねに「変化する／変化させられる」要素をもっているということである。これらの変化の中で、とくにコミュニティ移転をめぐる不可避で多様な変化については、いつ、どのようにそれが発生するかを察知し、事前に回避することは不可能である。しかし一方では、生活・生業に関わる資源の変化に対してどのような対応が可能となるかについては、家船漁民は一定程度それらを予知し、対処できている。それが可能となっているのは、固定した物理的空間の範囲を超えた「小さなコミュニティ」の存在がパワーを発揮しているとも言えよう。

6　「環境的弱者」ならではの生活戦略

最近の数十年間における太湖周辺の自然環境、社会環境の変化にはとても大きなものがあった。家船漁民たちもそれらの環境変化の荒波に翻弄され、「環境的弱者」としての家船コミュニティはほどなく消滅するに違いないと考えられてきた。

しかし、家船コミュニティは存続することが可能であったのである。そこには、家船コミュニティは数十年前のままの姿で存続しているものではなく、その多くが消滅したのは事実である。生き残った家船コミュニティの多くは、漁民の水上村と陸上村への両属という形へと変化を遂げていった。しかしここでも、空間的には別々の陸上村に所属しながらも、同じ家船コミュニティの出身者としての多様なアイデンティティは維持され、生活上の共同活動などにも活かされてきた。家船の「小さなコミュニティ」ならではの生活戦略であると言える。

本章で取り上げた家船コミュニティにおける資源利用のありかたは、生業活動とは異なり、つねに不安定で予測不能な自然・社会環境の変化に臨機応変に対応する機能としての役割を有していたのである。コミュニティにおける資源利用の新たな類型を提示することができたのではないかと思われる。

付記

本章は、JSPS 科学研究費研究課題「琵琶湖と中国・太湖における水環境比較民俗論と成果展示の企画」（課題番号：22520840）の助成による成果の一部である。

注

（1）二〇一二年一一月二〇日から二四日にかけておこなった、太湖に暮らす漁民に対するアンケート調査による。かつての住民登記や人数などに関する詳細なデータについては不明である。

（2）二〇一二年一一月二〇日から二四日にかけて、現地での聞き取り調査による。太湖で暮らす水上生活者の間では、日常において一般的に自分たちのことを指すのに、「漁民」、「船民」、「連家船漁民」という用語を使っている。本章では、先祖代々家族とともに暮らすことから、湖や河川などの淡水域で船を住居とし、漁業を中心に生計を立てる水上生活者を「家船漁民」と名づけ、以降は「家船漁民」と統一しておく。

（3）　太湖の水質汚染の防止、水源地の確保、農漁村の戸籍登録や制度の充実、漁民生活の保全などのため、政府主導で実施されたものである。

（4）　これまで一番多かった一九九〇年代には約一六〇戸（大小を問わず、船で暮らす家船漁民の家船の数で数える）であったと漁民がいう。家船の移動性が高いため、年ごとに戸数が変ったりする。二〇〇九年の現地調査時には約一一〇戸が定住していた。

（5）　二〇一三年五月二五日～六月一日にかけておこなった現地での聞き取り調査による。

文献

井上真、二〇〇一、「自然資源の共同管理制度としてのコモンズ」井上真・宮内泰介編『コモンズの社会学——森・川・海の資源共同管理を考える』新曜社、一-三〇頁。

嘉田由紀子、二〇〇三、「琵琶湖・淀川流域の水政策の100年と21世紀の課題——新たな『公共性』の創出をめぐって」嘉田由紀子編『水をめぐる人と自然——日本と世界の現場から』有斐閣、一一一-一四五頁。

牧野厚史、二〇一二、「半栽培から住民参加へ——琵琶湖のヨシをめぐる住民活動から」宮内泰介編『半栽培の環境社会学——これからの人と自然』昭和堂、二二七-二四七頁。

松井健、一九九八、「マイナー・サブシステンスの世界——民俗世界における労働・自然・身体」篠原徹編『現代民俗学の視点1　民俗の技術』朝倉書店、二四七-二六八頁。

鳥越皓之、一九九七a、『環境社会学の理論と実践——生活環境主義の立場から』有斐閣。

鳥越皓之、一九九七b、「コモンズの利用権を享受する者」『環境社会学研究』3：五-一四頁。

鳥越皓之・嘉田由紀子編、一九八四、『水と人の環境史——琵琶湖報告書』御茶の水書房。

鳥越皓之、二〇一二、『水と日本人』岩波書店。

第22章　アンダーユースな資源の差配にみるコミュニティの空間管理
――茨城県X集落における河川敷利用の事例から

五十川飛暁

1　アンダーユースな空間への着目

なぜ「河川敷」なのか

本章では、コミュニティがアクセスする資源としての地域空間のひとつである「河川敷」を対象としながら、地域コミュニティの人びとが河川敷をどのような存在として扱っているのかを検討することによって、人びとにとって身近な空間の「場所の性格」をあきらかにすることを目的とする。また、そこから、地域空間の管理に対する政策的可能性を考えてみたい。

では、なぜ河川敷なのか。まずもって確認しておきたいのは、河川敷とは地域コミュニティの人たちにとってある種のあいまいさをもった地域空間だということである。あいまいというのは、ひとつに、河川敷は法的にはその管理者が国や地方自治体にある公の空間だということによる。すなわち、完全に地元コミュニティの自由にできるものというわけではない。にもかかわらず、ふたつには、それでも人びとにとってはコミュニティの領域内の身近な空間であり、気軽にアクセスできる空間でもある。加えて、河川敷というのはいわゆる荒れ地であり、使用価値は他の地目に比べて高いわけではない。それゆえ、人びとはこれまでその身近な空間を利用したりしなかったりしてきた。河川敷とはそういう地域空間である。

そしてそのあいまいな地域空間は、近代河川行政によってこれまで積極的に地域社会から切りはなされるとともに、大きく景観も変えられるなど、しばしば問題を抱えてきた(1)。それゆえ、そのような空間の管理のあり方を考えること自体、おおいに意味をもつ。

とともに注目されるのは、近年、地域社会において、地域空間がうまく使われないことが問題とされるようになってきていることである。いわゆる土地のアンダーユースの問題である。現在のところ、山林の管理の不備や耕作放棄、あるいは空き家の問題などとして話題になっているが、アンダーユースをただ「利用されない」というだけでなく「使用価値が低い状態」と位置づけるならば、そうした空間はいま突然生まれてきたようなものではない。すなわち、河川敷は通時的なアンダーユース空間ということができる。

とするなら、本章で取りあげる例のように、従来から使われたり使われなかったりしてきた空間について検討することは、「縮小社会」のなかで今後の空間管理を考えるうえでも、ヒントになると思われるのである。

コモンズ論とアンダーユースの問題

地域社会における空間の利用と管理をめぐって、一定の蓄積を積んできたのがコモンズ研究である。コモンズとは「自然資源の共同管理制度、および共同管理の対象である資源そのもの」（井上 2001：11）とされ、たいへん多くの地域資源、とくにそれら資源の存する地域空間がその検討の対象とされてきた(2)。

コモンズ研究では、G・ハーディンによる「コモンズの悲劇」モデルの提示がその端緒になったことからもわかるように（Hardin 1968＝1993）、これまで、基本的には共用資源の過剰利用、すなわちオーバーユースが主な問題とされてきた。そして、ハーディンの示した「資源の私的分割による私的管理」あるいは「国家による公的管理の徹底」という資源管理の解決策に対する反証として、「共的利用による共的管理」の有効性とその持続性をあきらかにしてきたといえる。

だが、冒頭にも述べた通り、コモンズと呼ばれる地域空間をめぐっては、近年、オーバーユースだけでなく、アンダーユースと呼ばれる状況も呈するようになってきた。人びとの生産構造や生活の変化によって、かつて共同利用の対象となってきたような空間の、資源としての必要度がしだいに低くなってきたためである。必要度が低くなったことによって放置されることが多くなってきた空間をどう管理するのかということが、問われるようになってきている。

その際に問題になっているのは、コモンズ空間における管理の伝統的な特徴として注目されてきた、地域による管理の控除性と排除性についてである。控除性とは「ある者の資源の利用が、他者の持ち分を食いつぶすことが不可避な性質」（菅 2014：236）のこと、排除性とは「メンバー（正統性をもつステークホルダー）外のアクターが対象物（資源）へアクセスすることを制限する能力」（菅 2014：236（　）は原文）のことである。

それらの性質に対応また確保することを通じて地域コミュニティによって維持されてきたのが、共同利用のメンバーシップが明確でメンバー内外の勝手な利用を許さないという論理である。それはたしかに、従来のオーバーユース問題に対して説得力をもってきた。だが、その同じ理由で、アンダーユース下にあるコモンズ空間は、現在、その担い手が減少しているにもかかわらず、権利者以外が容易に手を入れることができない空間になってしまっている。この矛盾をどう克服していくかが課題になっているのである。

「新しい共」への期待と本章の立場

そのような矛盾を克服していくうえで、現在ひとつの方向性となっているのは、現代的な方法でコモンズの担い手たる主体を拡大することによって対応していけるのではないかという方策である。

たとえば井上は、地元住民を中心とした多様な利害関係者による連帯・協働による環境や資源の管理の仕組みをつくっていく必要があるとしたうえで、それを「協治」と位置づけている（井上 2004）。また、同様の提案として

「複雑で重層化した環境の問題を考えるにあたって、それに対応し管理する主体の多様性、多元性を認め、その個々の能力やそれぞれの連携を重視し、制度設計などを行う」（菅・三俣・井上 2010：2）ことを目的とした「環境ガバナンス」の推進も提唱されている。

そのためには、旧来の管理の仕組みをただ称揚しているだけではいけない。コモンズ管理の典型である「入会の仕組みをそのまま環境政策として導入するのではなく、入会やコモンズを活用した地域環境政策の取り組みとして、どのような形で社会に入会が開かれるのか」（間宮・廣川 2013：8）を考えねばならないともいわれている。じっさい、そういった空間に積極的に関わろうとする「有志」に注目し、その有志たちを中心にした正統性のつくりなおしにもとづく「環境自治のしくみづくり」の提案もなされている（宮内 2001）。

これらの議論からうかがえるのは、コモンズをめぐる「公」「共」「私」における、従来の「共」に対する不信と刷新への期待である。すなわち、これまでの役割をうまく担えなくなった地域コミュニティによる管理の仕組み、それを便宜的に「古い共」と呼ぶなら、「古い共」をそれに変わる「新しい共」へとおきかえつつ、それを拡大していこうという論理である。つまり、いかにコモンズ空間の「共」を守れるかという前提にたち、そのための新たな制度づくりに注目した政策論だとまとめることができる。

それはそれで議論する価値はあるにちがいない。けれども、それだけでいいのだろうか、というのが本章の問題関心である。そのような政策の立て方だけでは、地域資源としての地域空間と人びととのつきあい方を、かえってせばめてしまうことになるのではないか。本章で対象とするのもアンダーユースなコモンズ空間である。けれども、その空間と地元の人びととのつきあい方は、「公」「共」「私」をめぐって少し別様の理解が可能なように思われる。また、その結果として、「共の拡大」とは異なる方向性からの政策論が提出できるように思われる。

以下、具体的な事例から考えていきたい。

2　地域コミュニティにおける空間管理

茨城県X集落と「カワバタ」

本章の事例地であるX集落は、茨城県の霞ヶ浦に流入する河川のひとつ、その最下流部に位置する、三〇戸あまりの小さな集落である。X集落の成立時期は定かではない。隣接する河川は寛文二～六年（一六六二～一六六六）に利根川の本流とすべく開墾されたものの、沿岸の水害がひどいため寛文九年（一六六九）にいったん廃川とされた経緯をもつ。以降、この河川の周辺では新田開発が進んでいくことになるのだが、そこから考えると、X集落の成立もそれ以降という推測ができる。集落の古老も「三〇〇年ほどではないか」という。霞ヶ浦に接しているのでかつては漁師が多かったが、付近の干拓などをへて、現在では集落で漁をする者はいない。多くの家が、勤めにでながら合間に水田耕作や畑作をおこなっている。

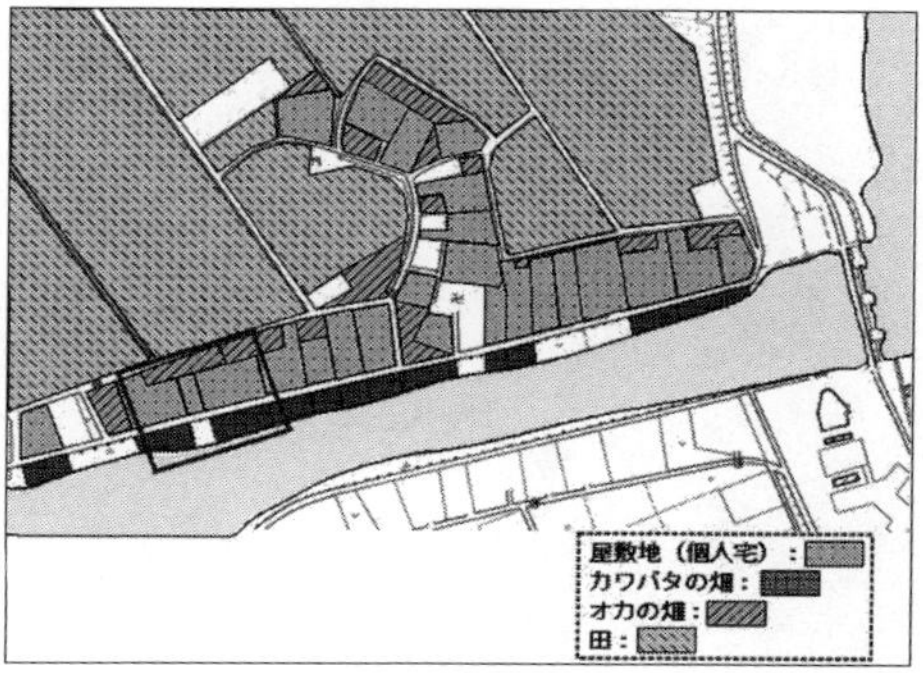

図22－1　X集落の外観と土地利用

出所：ゼンリン住宅地図をもとに作成。

そのX集落において特徴的なのは、集落の多くの家々が河川に接して並んで建っていることである（図22－1参照）。そして、これが本章でとくに注目するところであるが、家と道路、堤防を挟んでその向こう側には広いところで幅が一〇メートルほどある河川敷が広がっており、その空間が集落の人びとによって一定程度、利用されていることである。この河川敷は人びとにカワバタと呼ばれている。

カワバタの利用の用途としては、畑、花壇、簡単な洗い場、物干し、舟の係留など、ごく個人的に使用されている。端的にいってしまえば、たいしたことのない利用である。だが、それらの利用、また後述する多様な条

図22－2　カワバタの畑

出所：筆者撮影。

件を含みこんだ関わりの結果として、カワバタは地域の共用資源といってよい存在として成立している。そこで、以下ではX集落のカワバタをコモンズ空間と考えて分析を進めていくことにする。

まず、主な利用用途である畑の耕作について概観しておきたい（図22－2参照）。カワバタで畑を耕しているのは、主に六〇～七〇歳代の、やや年配の婦人たちである。彼女たちに聞くと、カワバタの畑は「アテになるようでアテにならないもの」だという。アテにならないというのは、カワバタの畑は堤防の外側にあるためしばしば、とくに六月と一〇月には水量が増して流されてしまうことがあるからである。だから、「そういうものとして耕している」だとか「覚悟をしているから」というのは、彼女たちに共通して聞かれる割り切り方である。

もちろん、それでもいざ流されてしまうのはたいへん悔しいことであり、水がつきそうになると慌てて収穫できるものを掘りだすこともあるし、流される可能性のある季節には、水の増減を彼女たちはつねに気にしている。

ちなみに、多くの家ではカワバタの他にも屋敷地内やその近くに畑をもっており、それは「オカの畑」と呼ばれている。そのオカの畑とカワバタの畑を比べると（表22－1参照）、比較的短期間で収穫できるものをカワバタの畑に優先的に植えるようにしている。また、流されても大丈夫なように、同じものをオカの畑に植えておくことも多い。他方、冬の期間の品数は夏ほどではなくダイコン・ハクサイ・ホウレンソウ・ソラマメなどが主となるが、作る側からしてみると、冬場はカワバタの畑も流されることはないので、カワバタの畑の本番はむしろ冬であるという声も聞かれる。

アテになるというのは、カワバタの畑はすぐに流されてしまう畑とされる一方で、流されなければ照りがきつい

表22－1　カワバタの畑とオカの畑の作物

カワバタの畑	共通	ジャガイモ・ウリ・キャベツ・ダイコン・インゲン・ソラマメ
	固有	タマネギ・キュウリ・サトイモ サクランボ・カリン・プラム（樹木）
オカの畑	共通	ジャガイモ・ウリ・キャベツ・ダイコン・インゲン・ソラマメ
	固有	ナス・トマト・スイカ・ラッキョウ・クロマメ・アズキ ピーマン・カボチャ・イチゴ・ブドウ

出所：X集落住民への聞き取りをもとに作成。

時期にも土に水が浸透しているので「青々している」といい、オカの畑の野菜がしおれていくのとは対照的に「良い畑」となることをいう。

とはいえ、いずれにしても、カワバタの畑での耕作は生活上どうしても必要だからというわけではない。X集落には、オカの畑も含めて商品作物用の畑はない。日常食べる野菜は勤めに出ている若い者が帰りにいくらでも安く買ってこられるようなものであり、「バアヤらは暇だから」つくっているにすぎないともいわれる。

ただ、普段は勤めに出ている五〇歳代の比較的若い女性は、彼女たちのモチベーションについて、次のように述べる。

ある日女性が勤めから帰ってくると、玄関先にマメがおかれている。だいたいの見当はつくので後日確かめると、やはりおいた人は思った通りなのだという。あるいは、たまの休日にカワバタの畑の様子をみていると、今朝収穫したばかりだといって、ダイコンをくれる。また、もし自分の野菜が足りなくなったときには、隣の畑から野菜を借りても、あとでひと言かければそれで問題ない。しかも、野菜だけでなく畑ではいろいろな花も栽培されていて、彼女の畑に花が見当たらなくなると、わざわざ花が植えられていることもある。そのようにして、畑での収穫物は、いろいろなところからめぐりめぐって女性のもとにやってくる。とともに、そのようなやり取りを通して、畑を耕している婦人たちは野菜の仕上がりの早さや出来のよさを互いに競ってもいるのだという。そのようにして、彼女たちは畑での耕作を楽しんでいる。

こうして描けば、地元の人びとによるたいへん生活になじんだ身近な自然との関わりを看取することができるだろう。ただし、このX集落におけるカワバタの利用には、どうしても続けなければならないという切実さはとくにない。そして注目したいのは、利用の切実さがないにもかかわらず、地元の人びとの間に「自分たちが使い続けているからこそカワバタが荒れていない」という自負があることである。そもそも、畑の耕作というのは一定の空間を占有しておこなわれるあくまで私的な行為であり、河川敷での耕作は法律的には不法占拠である。では、不法占拠でありながらも成立する「自負」とはどのようなものであるのだろう。

集落内に閉じた利用ルールの存在

ところで、X集落の人びとは、好き勝手に河川敷を使っているのだろうか。

実は、どこを耕してもよいというわけではけっしてなく、誰がどこを利用してよいかについては、集落内にキチンとルールがある。

その利用の権利(3)は、X集落においては、基本的には自分の屋敷地の前のカワバタに対して発生している。屋敷地の境界の延長が、そのままカワバタの境界となるのである。

もちろん、そうやって権利は付与されているものの、実際には、現在のところ利用されていないカワバタも存在する。それは主として、その家に畑を耕せる人がいない、つまりたいへん年老いた人物のみが住んでいるか、あるいは若者だけが住んでいるかが理由である。それらの家の人びとは、近隣の家の住民に「自分のところを耕さないか」と声をかけるのだが、自分の家の前のカワバタ以上を耕す必要を感じていないため、そうする人はいない。

とはいえ、自ら耕さずとも人に勧めるということは、利用の権利が自らにあることは認識されているということでもある。そのようなカワバタは、利用はしていなくとも当該住民自身や周囲の住民によって草刈り等がされており、現在のところ、手入れのされた空間として広がっている。

ただここで、そうやって広がっているカワバタのなかに、草刈りなどもされずに放置されて「荒れた」一角が存在していることが、注目に値する（図22-3の右側）。なぜ放置されているかというと、集落の人びとによればその「荒れた」カワバタに面する家には利用の権利がないからであるという。すなわち、その家では住民が途絶え、長い間、空き家になっていたところを、誰も住んでいないよりはと、集落の外から新住民に入ってもらったのだという。ところが、その住民はすでにX集落に住んで一〇年以上が経ちながらも、集落の包括的組織である自治会に加入しようとしていない。つまり、集落の正式メンバーとして位置づけられていないのである。

そのため、集落内で適応されるような権利関係のルールが、この新住民には十全には適用しがたい状態になっている、ということがわかる。だから、利用されていない他のカワバタについては周りの人びとが適宜、草を刈るなどその手入れを手助けしているのにもかかわらず、当該住民の屋敷地前のカワバタにかんしては手をだすこともできず、いわば空白地帯のようになって「荒れている」のである。

図22－3　荒れたカワバタ

出所：筆者撮影。

以上からは、カワバタの利用の権利にかんして、次の二点が指摘できる。まず、利用できるカワバタの範囲は、屋敷地の範囲にしたがうということである。次に、けれども、カワバタを利用できる権利は屋敷地に付随しているのではなく、そこに住む住民に付随しているのだということである。あたらしく移り住んだ住民がもしカワバタを利用しようとするにしても、屋敷地に住むだけではカワバタの利用権を手にすることはできないのであり、まずは集落の構成員として承認されることが必要条件となっているということである。

以上から、このX集落においては、地域コミュニティの人びとによる「共」的なルールとそのもとでの利用によって、河川敷が管理されていることがわかる。すなわち、利用を通じた管理である。また、そのことが、集落の人びととの「自負」につながっているのだと、いちおう、指摘することができる。

ただ、もう少し、引っかかるところがある。というのは、共的なルールにもとづく共的管理というと、なにかそれは、控除性や排除性という言葉を出すまでもなく、たいへん強固な管理をイメージさせる。けれども、X集落の河川敷にあらわれているコモンズ空間の「共」のあり方というのは、それほど強いものではないように思えることである。この空間は、実際のところ、さほど固定的にも排他的にもみえない。また、そうであるがゆえに、「環境ガバナンス」の実現などによってめざされる「新しい共」とも、その性格は異なっているように思われる。

そこで次にあきらかにしなければならないのは、それではこの河川敷に現出しているコモンズ空間の性格とは、いったいどのようなものなのかということである。強固な「共」でないとしたら、それはどういったものなのだろうか。それが、集落の人びとの「自負」の深い理解にもつながるように思われる。

3　状況におうじた公・共・私のあらわれ

濃淡とともに現出する「私」的利用

では、X集落のカワバタはどのように固定的でも排他的でもないのか。第一に確認しておきたいのは、そもそも、X集落におけるローカルで共的なルールが支えているのは、当たり前だが個々の「私的利用」だという点である。もちろん、利用を支える仕組み自体は共的といえるし、そこからすると、資源の利用形態も「共」的であるようにみえる。けれども、ここでのポイントは、どうとらえるかによってその見え方が変わってくることであり、集落の立場からみるか、それとも実際に畑を耕作している個々の利用者からみるかでも異なる。つまり、少なくとも、「共的」であるとともに「私的」でもある、ということができる。

第二に、カワバタの空間は私的利用に供されるとはいえ明示的な境界設定などはなく、しかも、その境界は人びとの関係性によっても変わってくるようなものだ、ということである。すなわち、カワバタには塀や柵など目に見える形での境界というものはない(4)。あくまで「屋敷地の境界の延長」として人びとに了解されているにすぎない。しかも、そういう意味での社会的な境界は、状況におうじて動くのである。

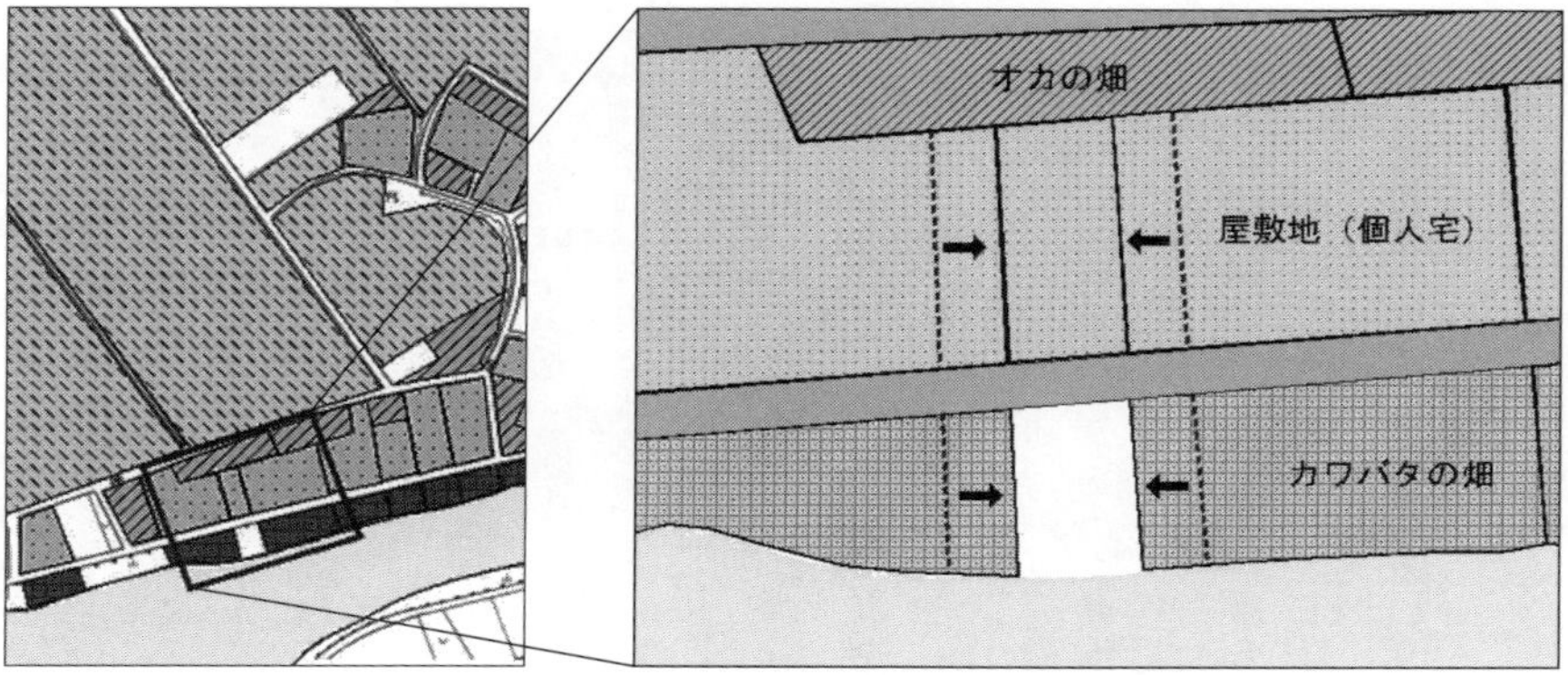

図22－4　屋敷地の拡大とカワバタの利用権の対応関係

出所：ゼンリン住宅地図をもとに作成。

具体例で確かめておきたい。たとえば前節で取りあげた、長い間空き家になっていたところにあたらしく入居してきた住民の場合、入居する際に、登記簿の地積よりも実際の敷地がひどく狭いことがわかったという。どういうことかというと、空き家になっている間に、両側の家から屋敷地が「攻められて」しまっていたというのである。結果、現状の敷地の大きさにあわせてあらためて売買をおこなったというが、注目すべきは、両側の家が屋敷地を「攻めこんで」広げた分だけ、カワバタの利用の権利も広がったということである（図22－4参照）。両側の家はともに、空き家の敷地の占拠が「発覚」する前から、占拠分に対応するカワバタも自分に権利があるものとして利用をしてきた。

ここからは、人びとの土地に対する働きかけの結果が、カワバタの利用の権利にもかかわってくることがわかる(5)。つまり、カワバタに塗られる「私」の色合いは、そのときどきで濃淡がある。

「公」とのせめぎあい

しかも、第三に、カワバタの空間に明示的な境界がないのは、「公」とのせめぎあいの結果でもある。「公」というのは、カワバタに面する河川は一級河川であり、その管理者は国の委託を受けた茨城県であるということを意味する。では、どのようにせめぎあってきたのか。

これまで、「そんなに堅いことはいわれない」とはいうものの、たとえば「ハウスや小屋などを設置しないように」とか「高い木を植えないように」、あるいは「なるべくはカワバタを利用しないように」という要求が、寄り合いの際に管理者から伝わってくることがしばしばあった。だから、かつては多くの人びとが苗床のためのハウスをカワバタに設置していたというが、それもいまではそのほとんどをオカの畑に移動させているし、樹木の類も、大きくならないように適宜剪定してきた。

そのように、人びとは、カワバタを含む河川空間はその管理者が県であるという意味での「公的空間」であることを知っているし、その管理者がもっている「流水機能をさまたげてはいけない」という論理も、もちろんふまえている。そのうえで、大枠では「公」からの要求に応えてきたといえる。

けれども、利用自体をやめるという選択はしていない。というよりも、集落の住民たちからは、先にも記した通り、カワバタを管理して「荒らさず」キレイに保っているのはわれわれだ、という主張もみてとることができる。たとえばある住民は「自分の家の前だから、放っておけないし、荒らしてはおけない」という。また、別の住民は「もし放っておいたら、ここは県道沿いだし交通量の多い国道も近くにあるのでゴミが盛んに捨てられてしまうだろうけど、ここではみなが畑としてキレイに使っているから、ゴミが捨てられないのだ」と説明する。さらには「もし国がカワバタをきちんと管理してくれるならやめてもいいけど、できないでしょ」とまでいう住民もいる。

つまり、国や県にとっての有効な河川の管理、端的にいって流水機能をさまたげない河川環境を維持するという目的は、住民たちにとってのカワバタが「荒れていない」状態とは必ずしも一致するものではない。住民たちにとって望ましいカワバタをめぐる環境とは、単機能的になにかを満たすということとは異なるのである。

ともあれ、住民たちの空間に対する「共的」な差配と「私的」な利用の前提として、カワバタは「公」の色合いの含みこまれた空間でもあるということが指摘できる。

オープンスペースとしての機能

次に第四として、X集落におけるカワバタ空間は、実際にそのふるまいとしても「公的」な側面をあわせもっていることが指摘できる。カワバタの利用については集落内のルールが適用されているというのは先に確認した通りである。けれども、明示的な境界がないだけでなく、完全な私有地として屋敷地やオカの畑のように排他的に利用されているわけでもない。

カワバタが面する河川はブラックバスやヘラブナなど、スポーツフィッシングの盛んな河川として有名であり、集落内にも貸し船業を営む家がある。とくに週末ともなるとさまざまな釣り人がやってくる。やってきた釣り人たちは、ボートに乗ればボートでカワバタの縁を移動しながらポイントを探すし、徒歩の場合には直接カワバタのなかを歩きまわる。しかしながら、カワバタを利用しているX集落の人びとは、誰もそれを無断の立ち入りだとか、困った事態だなどと文句をいわない。むしろ、一ヶ所でねばっている釣り人にわざわざ椅子を貸しだす住民もいるほどである。あるいは、釣り人だけでなく、たとえば散策に来た人たちがカワバタの畑のとなりで弁当を広げても、まったく問題はないという。

一方では明確な利用のルールがあるというのに、どうしてそのようなことが可能なのかといえば、カワバタの利用にかんするルールは、あくまでX集落の構成員とみなされる家々の間でのみ有効性をもつ、たいへんローカルなものだからである。また、継続的な利用を前提としたルールだからである。それに対して、釣り人や散策にきた人たちなど外部の人たちの一時的な利用に対しては、この集落内で閉じられたルールは適用できないので効果がないし、住民たちもそれを前提にしている。カワバタにおける「私的利用」の強さ、また「共的な仕組み」の強さとは、その程度のものである。

だからこそ、畑や物干し台といったきわめて私的な設備が設置されているにもかかわらず、カワバタの空間は、集落外の人びとに対してはオープンスペースとして「公的利用」に供されるのである。

時間軸も含めた利用の濃淡と公・共・私

そして最後に第五として、カワバタの利用の歴史をたどってみれば、そもそも現在のような利用のあり方自体、実はそれほど「伝統的」というわけではないということも重要である。カワバタが現在のような河川敷として空間的に成立したのは昭和三二年（一九五七）にすぎない。

以前のX集落および周辺は「ロクな道というものがなかった」といわれるほどで、移動はもっぱらサッパ舟が主であった。それほど水に近い生活であったということであるが、それはまた逆にいうと、洪水とも縁が切れない関係でもあった。いったん水に浸かってしまうと一ヶ月は水が引かないことも当たり前だったといい、とくに、昭和一三、一六年（一九三八、一九四一）の洪水の際には、当時子どもであった古老によれば、水が引くまで利根川の堤防など土地の高いところに避難をして過ごしたほどであったという。

そのような洪水への対策、および食糧増産を目的として、農水省による農業構造基盤整備事業が着手されたのが昭和三二年であったが、それまでは、現在カワバタとなっている岸辺の多くの部分は、実は宅地や田として利用されていた場所であったのである。整備の際、集落内の道路が川沿いにつけかえられ、それに沿って堤防が敷設されることになり、それにともない、岸辺にあった宅地や田は陸側に移動させる必要が生じた。その結果として、堤防の外側に新しく現出した「狭間」こそが、現在のカワバタなのである(6)。

そもそもは河川敷でさえなかったような空間が、人びとに利用されるようになるとともに地元の利用ルールが設定され、またそのときどきの管理者との関係などのさまざまな条件のもとで、現在のカワバタが生成されてきたのである。

以上の五点から、どのようにカワバタの空間が固定的でなく、またどのように排他的でないのかをみてきた結果としてわかることは、カワバタの空間はそもそも「私的利用」と「共的な仕組み」と「公的利用」が濃淡をともないながらともに成立してきたような空間だったのだ、ということである。

4　コモンズ空間の理解の深化へ

カワバタという場所の性格

つまり、X集落におけるコモンズ空間であるカワバタとは、「公」「共」「私」が折り重なって存在しているような場所といえる。目の前に広がる「手入れされたのどかな菜園」はそれらのせめぎあい、あるいはせめぎあわなさのなかで現出しているものなのであって、その本質は、その時々の条件によって、あるいは見る角度によっても、「公」「共」「私」のどの色が鮮明になるかが変わってくるような場所ということなのである。共時的にはもちろん、通時的にも、重層的で可変的である。

さらに、カワバタをめぐるX集落の人びとのふるまいからわかることは、「公」「共」「私」が折り重なって存在している、その「あいまい」とも表現できるような「場所の性格」を前提として、人びとはカワバタとつきあってきた、ということである。とするなら、そういう「場所の性格」をいかした政策論というのが可能であるし、それを検討しなければならないように思われる。

ふたたびコモンズ論の検討へ

そのために、再度、コモンズ論へとたちかえりたい。鳥越はあるところで、コモンズには大きくいってふたとおりのとらえ方があると指摘をしている（鳥越 2010：62）。すなわち、ひとつには「公」「共」「私」を「3つの風船」ととらえる考え方であり、そのそれぞれが独立してお互いを押しあいながら存在しているというとらえ方である。どれかが大きくなるとその分その他が小さくなるという、競合の関係にある。それに対してもうひとつは、「公」「共」「私」を「3つのせんべい」としてとらえる発想であり、こちらの場合、「公」「共」「私」はお互いが押しのけあうというよりも、互いに重なっているものと考えるのが大きな違いである。

このふたつのコモンズ理解は、比喩を用いているのでややわかりにくいところがある。そこで、本章で関心をもっている地域社会の空間管理というところに引きつけていいなおすなら、前者は「分離型コモンズ」、後者は「重なり型コモンズ」といいなおすことができるだろう。

そうすると、冒頭で議論をおこなった、現代的で市民的かつ民主的な手続きによってコモンズの管理をめざそうとする政策論の数々は、分離型コモンズ理解のうえに成立しているものだということがわかる。すなわち、これまでの役割をうまく果たせなくなってきた「古い共」的な仕組みにかえ、「新しい共」を制度化しつつ拡大していこうという動きであり、その分、「私」と「公」の領域は弱めていこうという考え方である。

他方、X集落のカワバタ空間で確かめてきたような事実は、重なり型コモンズとして説明することが可能である。重なり型コモンズ理解においては、「公」「共」「私」を固定的に考えるような見方そのものをとらない。あくまでそれらは重なっている。あるいは、あるときに「公」「共」「私」のうちのある色合いがたいへん濃いとしても、他の要素も選択肢として潜在している。そして、その時々の条件におうじて、「公」「共」「私」は「あらわれる」のである。

この重なり型コモンズ理解は、とりたてて目新しい見方というわけではない。従来から、コモンズの歴史性を重視する研究、あるいは人びとの生活の経験を重視する研究の流れでとられてきたスタイルである。

たとえば、コモンズとは状況との関わりにおいて立ちあがってくるものなのだという「生成するコモンズ」というとらえ方は、その典型といえるだろう（家中 2001）。また、コモンズ空間の「重層性」への着目もそうである。新潟県の大川におけるサケ漁を調査した菅は「大川はムラのコモンズであるばかりか、地域のコモンズでもあるという、まさに重層的な入れ子の構造になっていた。さらに、実際に漁を行う個人や国家というものも、別の層としてこの入れ子構造の中に存在する。個人（イエ）、ムラ、地域（流域）、国家というそれぞれの層でサケ漁の管理・運営・活動が行われてきた」（菅 2006：214）と報告している。

加えて、歴史学の分野でも、社会環境と自然環境の間に存在するような空間、すなわちコモンズ空間は、たとえばときにアジールとしても機能してきたのだという指摘がされており（網野 1978）、従来から、人びとの必要におうじてその機能までが更新されることが注目されてきた。

さらには、そのような「重なり型」の理解はコモンズ空間にかぎらない。村落社会学や経済史における土地所有の二重性の議論などは、「本源的所有」あるいは「総有」という概念とともに、私的所有の底に共的所有が存在するということを一貫して示してきたのである（たとえば小畑 2009）。

ただ、これまでの重なり型コモンズ理解につながる系譜の研究においては、どちらかというと「公」「共」「私」のうちの「共」が存在することの指摘や、「共」が立ちあがってくる側面への着目がたいへんつよかったように思われる。近代法の成立以降、「私」あるいは「公」へと空間が回収されていこうとするなかでそれは当然のことであった。けれども、土地のアンダーユース問題をはじめ地域社会における空間管理の今後があらためて問われるようになってきた現在、「公」「共」「私」が条件におうじて「あらわれる」という側面について、注目する意義があるように思われる。

加えるなら、既存研究のなかには認識論と政策論の間に齟齬がみられる場合があると指摘できるかもしれない。たとえば地域空間をとらえる際の認識論として重なり型コモンズの視点から入りつつ、政策論的には「私」や「公」の拡大に対して空間的に「共」の再定位をめざすというのであれば、そこには論理的な矛盾がともなう。「以前は共的なコモンズ空間が成立していたけれども、いまはない。だからあたらしい共を考えなければならない」とする認識こそは、分離型コモンズの論理そのものであり、「私」や「公」を拡大させてきた論理を裏返しにしただけのように思われる。認識論として重なり型をとるが政策論としては分離型をとるのであれば、方法論の一貫性を欠いているということになる。

他方、重なり型コモンズ理解のもとで政策論までを考えるならば、空間的に「共」に固定されていく必然性はない。なぜなら、あるときに「公」「共」「私」のある色合いが強く出ていたとしても、同時に、そこには他の色合いも潜在しているからである。それらは条件に応じて相互に「あらわれる」可能性をもったものである。言い換えれば、相互に転換するようなものであるといえる。それが事例地の検討からあきらかになったコモンズ空間の「場所の性格」といえる。とすれば、政策的に必要なのは、その「場所の性格」を「そのようなもの」として支えていくことであるだろう。

5　相互転換の可能性を担保した空間管理

本章では、茨城県X集落のカワバタと呼ばれるアンダーユースなコモンズ空間において、地域コミュニティの人びとがその空間をどのような存在として扱っているのかを検討することによって、人びとにとって身近な空間の「場所の性格」をあきらかにすることを目的としてきた。

あらためて、検討を通じてあきらかになったアンダーユースなコモンズ空間における場所の性格とは、形態的には、「公」「共」「私」が折り重なって存在しているような空間であることであった。しかも、ただ重なっているというのではなく、条件におうじて「公」「共」「私」のどの色にも塗られうる。その意味で、たいへん相互転換的な性格をもった空間だということであった。

従来、コモンズ空間、そしてアンダーユースな空間をめぐる政策論としては、「私」や「公」の拡大に対していかに「共」が対抗しうるか、また、その「共」がうまく機能しなくなってきたことに対して、いかに「新しい共」へとおきかえていけるかということが議論の主流になってきた。しかしながら、本章の検討であきらかになってきたことをふまえるならば、コモンズ空間のような人びとにとっての身近な環境――その意味ではアンダーユースであってもオーバーユースであっても――を、「公」「共」「私」のいずれかに固定的に割り振っていこうとするような政策の立て方こそを、再考しなければならないのかもしれない(7)。事例の検討によって浮かびあがってきたのは、「公」「共」「私」の重層性や可変性を担保しうるような政策論の必要性なのである。

加えて、そのためにこそ、そのような「場所の性格」を前提にして地域空間とつきあってきた現場の人びととの判断や論理を押さえる必要があるといえるだろう。(8) X集落の人びとがカワバタ空間を「荒れていない」と判断するのは、ただアンダーユースな空間をいまのところ管理できている、というだけでなく、重なり型コモンズとしての関わりができている状態、それを続けられているからこその「自負」なのである。もちろん、人びとが生活のなかで下すその時々の判断が「重なり型コモンズ」を成立させてきたのであれば、いま表出している「公」「共」「私」も、それは一時的なものかもしれないし、なんらかの条件によって変化するかもしれない。けれども、それが人びとにとって地域空間と関わってきたつきあい方であるのなら、そのような可変性を政策に残しておくことがやはり必要なのではないかと考える。(9)

今後、アンダーユースな空間はますます増えていくに違いない。その際に大きな問題になるのは、本章で主に検討してきた狭間の空間だけでなく、屋敷地や耕作地をはじめとした絶対的な「私」のゆらぎでもあるだろう。ただし、本章で検討してきたアンダーユースな地域空間と人びとのつきあい方からしてみれば、現在「私」が色濃い空間も、ずっとそうであり続ける必要はないのかもしれない。だとすると、やはりその際にも、現場の人びとの「判断」や「納得」に迫る必要がでてくることになるだろう。

いずれにしても、広い意味での実践ということを研究から考えようとするならば、認識論と政策論とは一貫している必要がある。その点、生活環境主義は、生活という視点から「なにが問題か」ということまでを含めてとらえなおしていこうとする認識において、また、その結果得られた知見をあくまで現場の人びとの判断材料の提供として考える実践観において一貫しており、人びとの「判断」や「納得」にストレートに迫れるモデルである。(10) そうであれば、いまこそ、ラディカルな生活環境主義が必要であるといえる。

注

(1)　たとえば川那部（2007）は琵琶湖を例にしながら、陸と水域の間にかつて推移帯として存在してきた「水辺」＝水の「あたり」が公共事業によってことごとく分断されて水の「きわ」にかえられ、それによって自然環境の悪化がもたらされてきたことを指摘している。

(2) ただ、コモンズの対象を資源だけでなく制度にまで拡大して解釈しようとする理解に対しては、批判の声もあがっている（磯辺 2004）。それこそは「学問発展の戦略」（井上 2008：207）であるという回答、またコモンズの概念には、あまり厳密でないところにこそ新たな発見や展開の可能性があるのだという指摘（小畑 2009：13）も受け取りつつ、さしあたり、本章では資源の有り様とそれを差配する制度については分けて考えておきたい。そのうえで、資源の有り様からコモンズの「場所の性格」にもとづいた管理のあり方を考えたい。

(3) ある研究会で報告をした際に、「権利」という表現には注意すべきであるという指摘を受けた。もちろん、たしかに明文化などはされていないし、また、現場の空間は後述するようにさまざまな条件のせめぎあいのなかで成立している不安定なものである。だが、現場の人びとにとってみればやはり権利だと考えられるので、そのように表現する。

(4) 新潟県の大川における河川敷での耕作を調査した菅も、同様の指摘をしていることが注目される。すなわち、「この不安定さは、人力の限界によって規定されたものではなく、ある程度、暗黙の〝決まり〟によって規定されている。過剰な地面の昇級と強固な壁に囲まれた完全な耕作地は、カワラバタケにはそぐわない」（菅 1999：74）。

(5) もうひとつ面白いのは、私有地のなかでも、もっとも「私」の色が濃く境界がはっきりしているはずの屋敷地でさえ、人びとの働きかけいかんでその境界が動く／動かされているという事実である。今回注目しているのはそもそもからして不安定な河川敷空間だが、人びとの日々の生活のなかでは屋敷地さえ絶対ではない。

(6) ちなみに、当時は、堤防設置や道路の付けかえ、家の移転や盛り土などの工事全体は国が負担するが、その際に必要な土地の売買や換地にかんしては集落内で解決するということで事業が進められた。登記簿によると、現在カワバタとなっている地籍は農水省に「寄附」という形で所有権移転が実施されている。

(7) またそれは、コモンズ空間に開発などなんらかの手を加えるにしても、逆に保護しようとするにしても、同様である。

(8) ここでいう「現場の人びと」とは、地域コミュニティの場合が典型であろうが、そうでない場合もあるだろう。それこそ、条件しだいである。いずれにしても、コモンズの「共」を守るために共的な仕組みや判断に注目するのではなく、コモンズの場所の性格としての「重層性や可変性」を確保するためにこそ、共的な仕組みや判断に注目するのである。

(9) もちろん、そのことによって「失敗」することもあるだろうが、長い目でみた場合、空間の持続性にも関わりの持続性にもつながるのではないだろうか。

(10)　生活環境主義の独自性とその現在的意義については、過去に別稿にて検討をおこなった（五十川 2010）。

文献

網野善彦、一九七八、『無縁・公界・楽――日本中世の自由と平和』平凡社。

Hardin, Garratt, 1968, "The Tragedy of the Commons," *Science*, 162：1243-1248.（＝一九九三、桜井徹訳「共有地の悲劇」シュレーダー・フレチェット編、京都生命倫理研究会訳『環境の倫理（下）』晃洋書房、四四五-四七〇頁。）

井上真、二〇〇一、「自然資源の共同管理制度としてのコモンズ」井上真・宮内泰介編『コモンズの社会学――森・川・海の資源共同管理を考える』新曜社、一-二八頁。

井上真、二〇〇四、『コモンズの思想を求めて――カリマンタンの森で考える』岩波書店。

井上真、二〇〇八、「コモンズ論の遺産と展開」井上真編『コモンズ論の挑戦――新たな資源管理を求めて』新曜社、一九七-二一五頁。

磯辺俊彦、二〇〇四、「コモンズという言葉で何が言いたいのか？」『農村研究』99：一八五-一九一頁。

五十川飛暁、二〇一〇、「生活環境主義の独自性と現在的意義」『人間科学研究』23（2）：二〇九-二二〇頁。

川那部浩哉、二〇〇七、『生態学の「大きな」話』農山漁村文化協会。

間宮陽介・廣川祐司、二〇一三、「コモンズ研究の軌跡と課題」間宮陽介・廣川祐司編『コモンズと公共空間――都市と農漁村の再生にむけて』昭和堂、一-一八頁。

宮内泰介、二〇〇一、「環境自治のしくみづくり――正統性を組みなおす」『環境社会学研究』7：五六-七一頁。

小畑清剛、二〇〇九、『コモンズと環境訴訟の再定位――法的人間像からの探求』法律文化社。

菅豊、一九九九、「川に生きる男と女の〝伝承的エコシステム〟――新潟県、大川の菜園（女たち）とサケ漁（男たち）」『BIO-City』16：七四-八〇頁。

菅豊、二〇〇六、『川は誰のものか――人と環境の民俗学』吉川弘文館。

菅豊、二〇一四、「ガバナンス時代のコモンズ論――社会的弱者を包括する社会制度の構築」三俣学編『エコロジーとコモンズ――環境ガバナンスと地域自立の思想』晃洋書房、二三三-二五二頁。

菅豊・三俣学・井上真、二〇一〇、「グローバル時代のなかのローカル・コモンズ論」三俣学・菅豊・井上真編『ローカル・

コモンズの可能性――自治と環境の新たな関係』ミネルヴァ書房、一―九頁。

鳥越皓之、二〇一〇、「書評　室田武編著『グローバル時代のローカル・コモンズ』（ミネルヴァ書房、二〇〇九年）」『財政と公共政策』32（2）：五六―六二頁。

家中茂、二〇〇一、「石垣島白保のイノー――新石垣空港建設計画をめぐって」井上真・宮内泰介編『コモンズの社会学――森・川・海の資源共同管理を考える』新曜社、一二〇―一四一頁。

第23章　コミュニティが担う再生可能エネルギー
――東広島市の農村小水力発電の事例から

福本純子

1　近年の再生可能エネルギーとしての小水力発電所の課題

本章は、農村で六〇年以上利用されている小さな小水力発電所の存続理由をあきらかにすることを通じて、コミュニティがなぜ資源を利用しなければならないのかについて考えるものである。それと同時に、近年課題となっている再生可能エネルギーの普及や持続可能な利用方法についての提案をおこなえればと思う。そのために、まず近年の再生可能エネルギー事情を簡単に押さえ、事例となる歴史的な発電所との関係を探ろう。

近年、日本では再生可能エネルギーへの関心が急速に高まっている。この傾向は、二〇一一年三月一一日の東日本大震災にともなって起きた福島第一原子力発電所の事故を機に、より顕著になった。三・一一以前、再生可能エネルギーは、エネルギー資源の枯渇や地球温暖化など、もっぱら地球環境問題を解決するための手段として認識されることが多かった。三・一一以降は、非常時のエネルギー源として、またリスク管理の面でも注目されることが多くなった（飯田・鎌仲 2011）。二〇一二年七月に始まった固定価格買取制度（ＦＩＴ）に代表されるように、国をあげた再生可能エネルギー普及への取り組みも本格的に始まっている。

いま日本で再生可能エネルギー普及のために採られている政策は、固定価格買取制度にみられるような経済的インセンティブの付与によるものに集約される。この方法は、とくに太陽光発電の普及にあたって一定の効果をみせている。ところが、再生可能エネルギー発電の事業主は経済的インセンティブを重要な尺度として見ているため、仮にそれがなくなった場合、事業が継続されるとは言い切れない。実際に、二〇一四年に発表された太陽光発電の電力買取制限による社会の混乱は、補償制度に頼らなければ再生可能エネルギー事業着手が困難であることを物語っている。すなわち、とくに継続という側面において、経済的インセンティブがなければ、再生可能エネルギー発電はたいへん不安定なものなのである。

　このように、再生可能エネルギーが、華々しく注目されて急速な発展を遂げながらも、経済的インセンティブという〝梯子〟を外されると同時に急に不安定になるのは、なにもいまに始まったことではない。実は、約六〇年前に起こった小水力発電ブームも、同じような構造を抱えていた。わが国において、小水力の利用は、古くから生業のための技術として日本各地で発達してきた歴史をもつ。とくに発電用途に限定すると、約六〇年前から、小水力発電は中国地方を中心として目覚ましい発展を遂げていた（中国地方電気事業史編集委員会編 1974）。その中には、いまなお発電を続ける小水力発電所が複数存在する。これらの発電所を支え、ブームにまで押し上げたのは国の補償制度（農山漁村電気導入促進法）であるが、やがて売電料の上げ止まり等から経済的インセンティブがなくなると、多くの小水力発電所が姿を消していった（中国小水力発電協会編 2012）。事業としての側面をもつ小水力発電が、経済的インセンティブなしでは継続が困難であることは当然である。本章で事例として取り上げる、地域社会が所有する発電所も[1]、一〇年以上前から利益が上がらず、赤字すれすれの経営がいまも続いている。そういった意味では、この発電所もいつなくなってもおかしくはない。

　しかしながら、そのような中でも、発電所の事業主である志和堀地区は発電をやめようとはせず、建設当初から現在まで六〇年以上にわたって発電所を稼働させ続けている。経済的インセンティブがもう働かなくなったにもかかわらず、なぜ志和堀地区はいまもなお発電所を存続させることができるのだろうか。そこで本章では、発電所存続が厳しい状況の中で、志和堀地区はどのように発電の継続を可能にしてきたのかをあきらかにしたい。

2　再生可能エネルギー研究の動向と分析視角

再生可能エネルギーに関する社会科学の研究は、近年のブームにともなった比較的あたらしいものが多い。再生可能エネルギーそのものがあたらしいテーマととらえられることが多いため、その研究は導入・普及に関するものが大半を占め、実践や継続についての研究はわずかである。しかしながら、導入や普及のための方法が探られるなかで、再生可能エネルギー発電を実践・継続していく方法を読み取ることもできる。実践・継続の方法についての示唆が読み取れる議論を整理すると、大きくふたつに分けられる。

ひとつは、経営に関するものである。経営に関する議論は、導入・普及が進むためには、どのような経営モデルが適しているかを、多様な事業主体を想定しながら検討するものが多い。一方で、具体的に、たとえば地域社会が事業に取り組むことを想定し、経営上の採算が厳しいことなどの課題を指摘しながら（清水 2012；小黒 2012）、現在の政策の根本的な見直しを促すものもある。後者の指摘は、再生可能エネルギー事業を実践・継続していくうえで重要な指摘となる。

もうひとつは、合意形成に関するものである。こちらでは、導入・普及の段階で、社会的合意が得られにくいという課題の指摘が多い。その中でもとくに環境社会学では、地域社会に焦点が当てられ、事業主と地域社会の合意形成が得られない要因の分析（長谷川 2011；本巣ほか 2012）や、どのように合意形成がはかられるべきかの議論（鳥越 2010；丸山 2014）などが展開されている。たとえば長谷川公一は、地域社会が意思決定をする機会が実質的には与えられていないことを指摘したうえで、電気や経済的利益が地域外に不本意に流出していることに疑問を呈している（長谷川 2011）。また、丸山康司は、再生可能エネルギー参入者がどんな主体であれ、立地される地域社会は導入時にかぎらず必ず影響を受けることを指摘し、地域社会の同意を得ることの重要性を説いている（丸山

2014)。これらの指摘は、合意形成が、再生可能エネルギー事業導入時にのみ考えなければならないものではなく、再生可能エネルギー施設が存在し続ける以上、つねに忘れてはならないものだということを示唆している。

本章では、これらふたつの議論を念頭におきながら、事例地で再生可能エネルギー発電の継続がいかにして可能であったのかをあきらかにする。その際に重きをおくべきは、合意形成に関する議論である。なぜなら、本章の事例では発電の継続が地域社会の合意形成を前提とするものだからである。つまり、合意形成こそが発電事業継続に重要な役割を果たしていた可能性が高い。したがって、どのように合意形成がなされたかについて慎重にみていく必要がある。しかしながら合意形成に関するいままでの議論では、どのような条件があれば事業主と立地社会が合意しうるのか、さらに言えば、立地社会の住民はなにをもって納得するのかという具体的なところまでは至っていない。

ここで参考になるのが、共有地や入会地と呼ばれるコモンズに関する議論である。というのも、コモンズを利用する地域住民は、そこを成り立たせる具体的な自然資源利用のあり方についてさまざまな社会関係を規制するルールを共有しており、その具体的で共的なルールが人びとの合意形成を可能にしているからである（井上 1995）。本来コモンズ論は、森や海のような自然資源を対象とする場合が多いが、ローカルな人工物である発電所も、地域住民が共同で所有している点や、地域住民に利益の分配がおこなわれる点などにおいてひとつの「コモンズ」として見ることができよう。とくにローカル・コモンズの研究では、共同利用におけるルールなどを詳細に分析することによって、資源が維持される仕組みがあきらかにされてきた（嘉田 1997）。仮に本章でみる発電所が地域のコモンズであるとするならば、発電所には共通する利用や管理のためのルールがあるはずであり、それらのルールが合意形成の基準や条件につよく関係している可能性がある。また、利用や管理のルールが直接資源（ここでは発電所）維持の仕組みに関係している可能性もある。このように、コモンズ論による分析は、立地社会の側から合意形成の条件や基準をあきらかにし、再生可能エネルギー発電の実践・継続について新たな知見を提示できる可能性をもっている。

3　志和堀地区発電所の概要

事例の詳細に入る前にまず、事例地で発電所が作られる背景となった、戦後の小水力発電の発展について簡単に触れておく。

戦後の小水力発電の展開

前述の通り約六〇年前、小水力発電の普及活動が日本各地でおこった（藤本ほか 2012）。この時期に小水力発電が普及したのは、現在と同様、国による一九五二年施行の補償制度（農山漁村電気導入促進法）の役割が大きかったが、その背景に農山漁村部の深刻な電力不足もあった。補償制度は、生産力増大のために農山漁村に電気を導入し、電力不足を解消することを目的としていた（社団法人農山漁村文化協会 2011）。農山漁村の側でも、当時未点灯の地域も珍しくなく、電力不足が生活をいとなむうえで切実な問題であったため、両者にとって電気導入自体が直接大きなインセンティブとなり、小水力発電所建設が進んだ。

しかし、一九五五年以降の高度経済成長や、それにともなう大規模火力発電の台頭により、わずか一〇年ほどで、生活面での電力不足は深刻な問題ではなくなっていく。それでも、小水力発電は続いていくことになる。もちろん、建設の際に国から借りた費用を、売電収益によって返済しなければならないということもあったが、当時小水力発電が農山漁村に一定の収益をもたらしていたことも大きな理由のひとつである。つまり、この間、経済的インセンティブが電気導入という目的に入れ代わって働いたことで、小水力発電所が存続したととらえることもできる。その後、減価償却が終わり、耐用年数が過ぎると、修繕費や設備更新費が収益をおびやかすようになっていく。収益がなくなり、それどころか、赤字経営に陥る発電所もあらわれ、小水力発電所の数は次第に減っていった。現在は、農山漁村電気導入促進法によって建設された小水力発電所の三分の二以上が消滅してしまった（清水 2012）。売電単価が建設当初から一貫して割安であることもこれに拍車をかけている。[2] 残存している小水力発電所の大半は農協

図23－1　志和堀発電所

出所：筆者撮影（2014年３月20日）。

が事業主となっており、他の部門と合算して決算することで赤字を補填し、なんとかやりくりしている場合もある。本章の事例は、残存している小水力発電の中でも数少ない、地域社会が事業主となっている発電所である。次に、その概要についてみていく。

志和堀地区の概要と発電所建設の経緯

事例地である志和堀地区は、広島県東広島市旧志和町内に位置し、一九五五年までの志和堀村と範囲をほぼ同じくする地域である。[3] 二〇一八年三月末現在、人口一一八一人、五五五世帯、一四の集落をもつ。志和堀村は一八八九年の町村制発布において、合併も分離もなく、それ以前と範域の変化がなかった。つまり、江戸時代から続くまとまりが、現在もおおよそひとつの自治単位として機能している。そのような背景からか、この地域は結束力が強いと言われている。他のふたつの地区と志和堀地区を含む、旧志和町の農家人口率は一九六五年時で八三・四％であり、旧志和町の耕地面積の約八九％は水田である（志和町史編纂委員会編 1970）。このような特徴は、志和堀地区に限定してもほぼ同じである。志和堀地区は、もともと稲作で生計をたてていた地域であった。

この地域に小水力発電所（図23－1）ができたのは、一九五四年のことである。一九五二年に制定された農山漁村電気導入促進法は、「電気が未供給か、あるいは供給されていても充分でない農山漁村に電気の導入をして、当該農山漁村における農林漁業の生産力の増大と農山漁村の生活文化向上を図る」（中国地方電気事業史編集委員会編 1974）ことを目的とし、小水力発電所建設のための費用を農山漁村に貸し出すものだった。志和堀地区は当時、各家庭で頻繁に停電が起こるような状態で電力不足にあえいでおり、「電気が供給されていても充分でない」という

表23－1　志和堀発電所の設備概要

水利使用河川	太田川水系三篠川支流関川
稼働年月	1954年10月
水路長	1,546.665m
有効落差	25.84m
発電方式	三相交流誘導発電
水車	横軸単輪単流渦巻き型フランシス水車　容量　96kw　　回転数　930PRM
発電機	三相交流誘導発電　容量　135kVA　　電圧　3300V　　周波数　60Hz
水路の勾配	1／500
水圧鉄管路	長さ　58.40m　　内径　0.58m
取水量	最大　$0.50m^3/s$　　常時　$0.31m^3/s$

出所：志和堀電化農業協同組合の資料から筆者作成（2014年4月）。

条件にあてはまっていた。そこで、この制度を使い発電所を作ることになった。この際、村長が強いリーダーシップを発揮したという。当時、全国各地での小水力発電所建設のほとんどを農協が担っていたこと、また、ひとつの村で借金を背負うことのリスクの大きさから、当初は志和堀農協を事業主として発電所が作られた。この制度を使って建設された小水力発電所は全国で約二〇〇ヶ所にものぼる（社団法人農山漁村文化協会 2011）。そして、そのうちの約半数が中国地方にまとまっていた。これには、広島県にある小水力発電の開発が専門のイームル工業株式会社の創業者である織田史郎の尽力が大きいと言われている（藤本ほか 2012）。イームル工業株式会社は現在も東広島市内にあり、当時においても志和堀村は少なからず影響を受けたようである。

志和堀発電所では、東広島市から広島市へ向かって流れる太田川水系関川から水路を用いて水をひいており、高低差を使い、落下する水流によって羽根車を回転させることで発電をおこなっている。発電所でつくられた電気は、建設当初からすべて中国電力へ売電している。二〇〇四年から二〇一三年までの一〇年間の売電金額の平均は年に七〇〇万円強だが、必要経費を差し引くと赤字になる年もあり、同一〇年間の純利益の平均はマイナスを計上している。表23－1は志和堀発電所の設備の概要をまとめたものである。

志和堀発電所は、前述の通り農協が事業主となって建設した。当時は志和堀村長が志和堀農協の組合長を兼ねるなど、村と農協が現在のように別々のものとしてはっきり分離していたわけではなかった。そのような背景もあってか、志和堀地区では建設にあたって、発電所が地域のものでもあるととらえられるような手続きが大きく三つなされていた。

その内のひとつは、発電所が、農協の中の独立した部署となる〈発電部門〉におかれたことである。この発電部門は、農協の理事会とは別に独立した決裁権をもち、理事会も農協の理事会とは別の場所で、独自におこなわれた。(4)当時、農協の各部門の中で独立した決裁権をもっていたのはこの発電部門だけであり、こうなった背景には地域の力が及んでいた。どういうことかというと、志和堀地区は当初から、志和堀地区（当時の志和堀村）主体で発電所をもちたいと考えていたが、村名義での借金はリスクが大きいことなどから、やむなく名義を農協にしたという経緯があった。その際、本来発電所は農協のものではなく、地域のものだということを示すために、発電所を独立部門においたのである。

ふたつめは、発電所・発電用の水路・緩衝区間のために必要となる土地を、すべて地域の財産区の土地から捻出したことである。これは、特定の住民が利益や損害を被ったりしないようになされた工夫であった。必要となった土地は、すべて農協が買い取ることになった。これは、地域の地形や特徴をよく把握している地域内の者が建設予定地の選定に携わったからこそできたことであった。

みっつめは、水利権に関する住民への手続きに関してのことである。一般的に、水力発電所を建設するにあたって、水利権の許可を取ることはたいへん困難である（丸山 2014）。水利権は、生活や生産に直結している水に発生するばあいがほとんどであるため、水利権が絡む水に手を加えることは、水利権者に大きな負担を与えることが多い。また、志和堀地区は稲作地帯なので、住民は水利に関してたいへんシビアな側面をもっていた。そのため、発電所建設にあたっては、前述した地権に加えて、水利権についても十分な配慮がなされ、水利権の調整が最小限で済むよう選定がおこなわれた。それでも水利権の調整を要する家が二軒あった。その二軒は、それぞれ個別に山の沢水を取水して稲作を営んでおり、発電用の水路が沢水からの取水経路を遮ることになった。そこで、発電用の水路から二軒の田に分水用の水路を追加で設置することで調整がなされた。この手続きによって、二軒はそれまで通り稲作を営めることとなった。発電所建設によって地域の中で損害を被る者が出ないように、あらかじめ工夫がなされたということである。

以上のみっつの手続きをまとめてみると、すべてが地域住民に配慮してなされた手続きであるということがわかる。とくに後者のふたつは、発電所ができることによって発生する利害を調整することで、地域内の葛藤や対立を未然に防ぐ役割を果たした。同時にこれらの手続きを、地域社会による発電所占有のための働きかけ、共有地からの資源の負担、総有の意識の表出と見なすと、発電所を地域のコモンズとする動きの萌芽であったととらえることもできる。

発電所ができたことによって、志和堀地区ではおよそ一八〇～二〇〇戸分の電力が常時まかなえるようになり(5)、それまでのように頻繁に停電が起こることがなくなったという。

この節では、志和堀発電所がどのような経緯で建設されたのかを記述した。志和堀地区にとって発電所建設は、あくまでも地域優先でなされたものであった。名目上の事業主は農協であったが、発電所は地域のものとして認識され、いずれ地域のコモンズとなるようなきざしが見えていたことがあきらかになった。

4　発電所の管理運営にみられるローカルルール

発電所の独立

発電所ができて一〇年ほど経つと、志和堀地区の電力不足は解消に向かっていった。ここではそのような中で起こった大きな出来事、発電所の独立について記述する。

建設当初、名目上農協のものであった発電所は、一九六六年に、農協からの分離独立という形で、志和堀地区のものになる。まず、その経緯について記述する。

一九五五年まで、広島県賀茂郡志和町（その後一九七〇年に新設合併し、東広島市へ移行）は、志和堀村、西志和村、東志和村の三村に分かれていた。それぞれの村は独立した農協をもっていたが、三村の合併にともない、農協も合併し広域化させることになった。農協の合併にあたり、そのままいけば、志和堀発電所は合併後の農協（三村分）の資産になることになった。しかし、前述した通り、志和堀地区はもともと自分たちの地域で発電所をもちたいと考えていたため、発電所を志和堀地区独自の資産にしようという動きが起こり、最終的に発電部門を農協から分離独立させることに成功した。発電部門を農協の中の「部」として独立しておいていたことが分離独立を成し遂げるうえでプラスにはたらいたのである。そもそも発電部門を独立させていたのは、この三村合併にともなう農協合併を見こしていたからだという見方もある。また分離独立の成功は、ただ単に発電部門が独立していたからというだけではなく、さらに脇を固める工夫がなされたうえでのことだった。その工夫とは、志和堀村農協職員が発電所分離独立に反対しにくい状況を、主に志和堀地区のリーダーたちが中心となって作っていたことである。具体的には、農協合併の機運をかぎ分け、発電所分離独立に有利なように農協理事のメンバーを改変したり、農協全体の理事会とは別会場でおこなわれる発電部門の理事会において、強固な総意の形成をおこなったことである。

このようにしておこなわれた発電所の分離独立は、ともすると、収益確保のための志和堀地区の自己中心的な行動にも見える。しかしながら、設立当初からの下準備がきいていたことをみればわかるように、あくまでも設立当初からの目的を果たすことが根底にあった。そしてこの分離独立は、発電所運営の責任の所在を明確化させる働きをもつことになった。名目上は農協がもっていることになっていた発電所が、名実ともに地域のものになり、発電所の管理運営の責任すべてを地域社会で担うことになったからである。発電所の独立を契機として、志和堀地区でもともとあった、発電所が「地域のもの」であるという認識がより確かなものになっていった。

志和堀電化農業協同組合

分離独立にともない、発電部門は「志和堀電化農業協同組合」（以下志和堀電化農協）と名を変える。ここで志和堀電化農協の概要について簡単に述べておく。志和堀電化農協の組合員は、電化農協が分離独立した際、志和堀村農協の組合員であった構成員をほぼそのままひきついでいる。ただし、転出や絶家などにより年々組合員は減少している。組合員は志和堀地区に住む者にかぎられ、組合員は志和堀地区住民の約六九％である。

年に一回、五月に総会がおこなわれ、総会では会計報告などがなされる。総会には組合員なら誰でも参加できるが、実質参加するのは、役員の一七人以外に、ひとりかふたり程度である。参加することができない組合員は、あらかじめ配られる委任状を自分の集落の理事に提出しておく。総会の書面決議書（委任状つき）は三〇二戸全戸に配布され、委任状には決議可決の是非を記すようになっている。総会に参加できない組合員の委任状は、全戸分もれなく集められる。決議は多数決になっている。組合員は加入時に費用がかかるのみで、維持費や年会費などの負担はない。

独立にともなう変化

発電所独立によって、志和堀地区住民はいっそう発電所を地域のものとして認識するようになったと述べたが、それは、発電所の管理運営のしかたに表れるようになる。大きな変化としては、発電所の分離独立にともない地域社会へ利益の還元がなされるようになったことが挙げられる。これは現在に至るまで継続しておこなわれている。利益の還元とは、具体的には組合員への粗品の配布と、志和堀地区内への防犯灯の設置助成のふたつである。

粗品の配布は、年に一回、総会の書面決議書を配る際にあわせておこなわれている。これは、発電所の収益が赤字であっても必ずおこなわれる。独立当初は、志和堀地区で営まれているすべての商店の一店ずつから、毎年順番に粗品とする品物を購入し配布していた。手袋、帽子、調味料、洗剤、装飾品などが配布されたという。年々、組合員から粗品についての意見が出るようになったため、その意見を反映させることになった。ある年に配布された砂糖が便利で適切だという意見が多数出たことから、近年は毎年砂糖が粗品として配布されている。現在の粗品の予算は一軒につき約一〇〇〇円で、一袋一キロの砂糖が二袋ずつ配布されている。この粗品の配布は、主に役員を中心としたリーダーたちによる「発電所は地域の事業である」という意思表明になっていると同時に、毎年かかさず繰り返しおこなわれることで、組合員全員に「発電所の責任は地域全体で負っている」という認識を浸透させる役割も果たしている。

防犯灯の設置助成は、売電収益から、防犯灯一基につき一万五〇〇〇円の助成をして、地域社会に新たに防犯灯を設置するというものである。四〇年以上にわたる活動で五〇基以上の防犯灯が設置されており、二〇一三年度には一〇基の防犯灯が設置された。防犯灯設置にあたっては、志和堀地区一三集落の各集落で必要に応じて要請を出してもらい、志和堀地区自治会長を通して電化農協理事が要請を取りまとめる。既存の防犯灯から一〇〇メートル離れていれば、必要だと思う箇所どこへでも設置を要請することができる。各集落で要請を出すにあたって、電化農協組合員の意見であるかどうかは問われない。つまり、志和堀地区に住んでいれば誰でも防犯灯の設置要請をすることができる。防犯灯の設置助成は、粗品の配布と同様に、地域リーダーたちによる意思表明を果たしている。さらに、電化農協組合員だけでなく、地域の住民全員に「地域の事業だからこそ収益がおおやけの防犯灯に還元される」ということを認識させ、発電所が地域社会の事業であることを忘れないようにさせる仕組みとなっている。

ここでは、独立という契機によって発電所がより「自分たちの地域のもの」になっていく様子があきらかになった。そのための働きかけは地域リーダーを中心としておこなわれたが、ここで注目すべきは、その目的がリーダーたちの自己満足にとどまるものではなく、あくまでも発電所というコモンズをより地域住民の生活全体に埋め込むようなアプローチだったことである。それは、防犯灯の設置助成が組合員にかぎらず、地域全体へのサービスとして施されていることにとくにつよく表れている。独立を契機に、発電所はコモンズとしての性格をつよく帯び、発電所の存続に影響を与えてゆく。また、粗品の配布を毎年必ずおこなうことに見てとれる、収益より地域への還元が優先される点も、発電所をコモンズとしてとらえる際に特筆すべき重要な点である。

管理人制度と管理人雇用のルール

地域住民への働きかけになったものは、発電所独立を契機としたものだけではない。ここではさらに別の仕組み

図23－2　水路のフィルター掃除の様子
出所：筆者撮影（2014年９月13日）。

について紹介したい。そのうちのひとつは、管理人雇用のルールである。まず、管理人制度について概要を記述する。志和堀発電所では、地域の中から三人の管理人を雇っている。管理人の主な仕事は、発電の記録、宿直をともなう発電所周囲の見回り、水路のフィルター掃除である。この中でもっとも重要な仕事は、水路のフィルター掃除（図23－2）である。フィルターにゴミが溜まって目が詰まると、発電設備に届く水量が減って発電量が減ってしまうからである。管理人は、それぞれ、三日に一回、月に約一〇日程働く。契約上は一日八時間勤務になっているが、基本的に発電所のすぐ隣の管理人室で[6]二四時間常駐することになっている。日中は三時間おきに発電量の記録を取り、昼夜を通して水路の様子に気を配り、必要があればその都度掃除をする。とくに不具合がなければ、空いた時間で自宅に戻って用事を済ませたり、管理人室で好きなことをしていてもよい。

　また、仕事内容として明確に決められているわけではないが、水路や鉄管にひびわれなどがみつかると、小さなものであれば管理人がその都度補修する。三人の管理人のいずれかが毎日水路や鉄管を見ているので、小さな不具合も見つかりやすく、それが大きな故障を未然に防いでいる。管理人が毎日発電施設全体を確認し、細やかなメンテナンスをしてきたことによって発電所はこれまで存続してこられたと言っても過言ではない。志和堀発電所にとって、管理人制度は必要不可欠なものになっている。

　では、この三人の管理人はどのようにして選ばれているのだろうか。管理人には、「志和堀地区に住んでいて」「定年退職」しており、「手の空いている」人を優先雇用することが地域でルールとして決められている。管理人制度は、けっして雇用が多いとは言えない志和堀地区で雇用を生んでおり、地域貢献としても必要不可欠だと考えられている。そのため、「志和堀地区に住んでいて」「手の空いている」という条件にそれが反映されている。また、

「定年退職」という条件にもある考えが反映されており、早期退職した人は優先雇用の対象にはならない。現在の管理人のひとりであるXさんは、「定年までもたなかった人は、管理人の仕事もすぐやめてしまう可能性があるから、最初からお願いしない」(7)のだと言う。これには、発電所の存続が管理人あってのものであり、管理人が責任のある任務であるという前述のような認識が反映されている。また、管理人には、どのような人物であるかが地域内で知られている人が選ばれる。これは、「志和堀地区に住んでい」れば、ほとんどの人が当てはまる。

このような管理人雇用のルールは、以前からずっと引き継がれてきたものではなく、時代によって変化してきた。一九九五年ころまでは、管理人は三人交代制ではなく一世帯が担当し、業務は管理人室に住み込む形でおこなわれていた。そのころは、地域内の社会的弱者(8)である世帯が優先的に雇用される暗黙のルールが適用されていた。一九九五年ころからは、世帯ではなく個人が業務を請け負う三人交代制に変わり、現在のスタイルになった。それにしたがい、管理人雇用のルールも変化した。これは、六〇年の間に社会状況が変わり、どうしても生活できないというあきらかな社会的弱者がいなくなったことが大きい。そうなると、住み込みは誰にとっても負担となったため、地域住民の負担を減らすため、三人交代制に代わったのである。

ここでみてきた管理人雇用のルールからは、とくに一九九五年までのものに、コモンズにおいて存在する「弱者生活権」(鳥越 1997)がはっきりと見てとれる。また、社会状況が変化していく際に、いままでのルールそれ自体を頑なに守るのではなく、地域社会の必要に応じてルールが柔軟に変えられていく様子がうかがえる。現在のルールでは、地域の高年齢者の退職後の雇用をもって、現代に適したより広い意味での弱者生活権の保全がなされている。弱者生活権にもとづいた管理人雇用のルールと必要に応じたルールの改変は、発電所というコモンズをより地域住民の生活に埋め込む役割を果たした。また、そのルールが地域住民全体に認識されている事実は、発電継続のための大きな働きかけのひとつと言える。

発電所役員選出のルール

別の仕組みのふたつめは、発電所役員選出のルールである。まず、発電所役員選出のルールを説明するにあたって前提となる、志和堀地区の自治組織役員選出のルールについて説明する。現在、志和堀地区は、元の志和堀村と範域を同じくする一三区と、小学校区の改変により二〇一二年に新たに加わった一区の計一四区の小学校区で住民自治協議会を運営している。志和堀地区は多くの自治組織をもっている。他の地域でもよく見られる、老人会、壮年会、青年会、消防団をはじめ、ホタル祭実行委員会、盆踊り実行委員会など、行事のために集まる自治組織も多い。

志和堀地区の自治組織役員の特徴は、志和堀地区に住むYさんの、「志和堀の自治組織は、金太郎アメみたい。役員会はみんな同じ顔」(9)という言葉に集約されている。この言葉が意味するのは、自治組織Aの会長が、自治組織Bの副会長や自治組織Cの理事を兼任しているというように、それぞれの自治組織において役職は異なっても、同じ人がいくつもの自治組織の役員を兼任しており、ある自治組織の役員会が他の自治組織の役員会と同じような顔ぶれになるということだ。つまり、自治組織はいくつもあるのに、自治組織の役員は、ゆるやかに固定された特定の人たちが務めている。したがって、ある自治組織でなんらかの役員を務める人は、たいていそれ以外の自治組織でも役員を兼任しているため、複数の自治組織の状況を把握していることになる。役員会では当該自治組織の話題にかぎらず情報交換がおこなわれるため、極端に言えば、なんらかの役員を務める人は、すなわち志和堀地区の自治組織全体の動向を把握しているということになる。役員の兼任がおこなわれることによって、地域のことをよく知る人たちが自治組織運営の中心になることは、各々の自治組織のスムーズな運営に繋がっている。

このような状態は、どうやって成り立っているのだろうか。志和堀地区の自治組織役員は、昔から暗黙の了解で面倒見のよい人が務めることになっている。役員の任期が終わる時期や、欠員が出そうになると、地域の中で面倒見がよいと見込まれた人、つまり次の適任者に、年長の役員から声がかかる。次の適任者に声がかかるまでには、大抵の場合、前もって役員同士で相談がなされている。次期役員が選挙で決まる場合も、選挙の前から結果が決まっていることが多い。また志和堀地区の役員は、建前上は任期が設定されていても、再選が可能であるなど、実質は任期がないに等しい場合が多い。実際に何期にもわたって役員を務める人が多い(10)。事前の根回しや再選によって、役員がつねに適任者に任される状態が保たれているのである。

ここで、自治組織役員選出のルールをまとめると、暗黙のうちに①役員のかけもち、②事前の根回し、③再選、の三つが積極的におこなわれているということがわかる。これは、地域のことをよく知る、面倒見がよい人たちが役員である状態をつねに保ち、地域運営を円滑にすすめるための工夫である。

さて、発電所に話を戻すが、発電所役員選出のルールは実はすべて説明し終わっている。なぜなら発電所役員の選出は、自治組織役員選出とまったく同じルールでおこなわれるからである。そして、発電所役員はたいてい志和堀地区自治組織の役員を兼任している。つまり、発電所も金太郎アメの一部なのである。

発電所役員選出のルールからは、それがいつごろから適用されてきたかは不明であるが、少なくとも現在、発電所が地域のコモンズとしてとらえられているということが読みとれる。志和堀地区の金太郎アメのひとつである発電所は、地域の資源を共同で利用する自治組織それぞれとまったく同じ扱いを受けているからである。このルールは、主に地域リーダーによる働きかけによって地域に組み込まれていったと考えられるが、それを受け入れ続けてきた地域住民自身も、その定着に大きな役割を果たしたと言える。

ここでは、なんらかの契機があったわけではないが、地域社会が発電所を長年維持する中で働いた発電継続に関わる仕組みについて記述した。ここでは年月の経過と共に、発電所というコモンズがより自然なものとして地域社会の生活全体に組み込まれていった様子が見てとれた。発電所をコモンズとして住民の生活全体に組み込んだことは、発電所をもはや取捨選択の対象外にした点で、発電の継続において非常に重要な役割を果たしたと言える。発電所は、「儲からないからやめる」というような単なる事業ではなくなったのである。

5　ローカル・コモンズとして維持される発電所

本章では、赤字の年もあるようなたいへん厳しい経営状況の中で、志和堀地区がいかにして小水力発電の継続を可能にしてきたのかをあきらかにしてきた。志和堀地区では発電所の存続が、経済的インセンティブをもつかどうかというよりも、地域リーダーを中心として、発電所を地域のコモンズとして地元の生活全体に組み込めるかどうかにかかっており、これが発電を継続させるかどうかを左右した。ここで重要なことは、発電所がコモンズとして地域に組み込まれる過程において、地域リーダーたちが一方的にそれを押しつけたのではなく、地域住民自身がその一端を担っていたということだ。つまり、無意識である可能性はあるが、住民自身が発電所を意思決定の対象となる共有物と見なし、次第にそれが前提となっていったことによって発電が継続されたのである。

本章の事例となった発電所は、経営面から見るとうまくいっているわけではなく、その点では課題は山積みである。また、管理人選出のルールや発電所役員選出のルールが、現代社会において望ましいものかどうかについても議論の余地があるだろう。しかしながらそれらをマイナスの要素ととらえたとしても、志和堀地区が六〇年以上発電を継続させてきたことは事実である。この事実は、再生可能エネルギー政策が想定するもの（つまり経済的インセンティブ）とは別の論理で地域社会が動いているということの表れである。

先行研究では、再生可能エネルギーに関する合意形成において、意思決定を地域社会がすることの重要性が指摘されている（長谷川 2011：丸山 2014）。この指摘は、地域社会が主体的に意思決定をすることが、現状ではたいへん困難であるということの裏返しでもある。本章の事例がもう一歩踏み込んで提示できることは、地域社会が主体的に意思決定をする具体的な方法のひとつである。それは、発電所を地域のコモンズとして地元の生活全体に埋め込むという方法である。この方法を採った場合、発電所に関する地域社会の意思決定は、敢えておこなうものではなく、主体的におこなわれることが前提となる。なぜなら、コモンズの利用はそれを享受する地域社会の合意を前提としたものだからである。本章の事例では事業主と立地社会が同じであったが、両者が異なる場合においても、この方法は応用可能である。

本章の事例では、発電所という後からできた施設までをも地域の資源として取り込み、都合のよいように改変していくという、地域社会の逞しさを見ることができた。一方で、地域社会が発電所という一見異質なものをもったことが、発電所への対応や試行錯誤を通して、地域住民自身に地域社会の論理を再認識させ、地域社会の機能を維持させる結果をもたらした、という見方もできる。地域社会で再生可能エネルギーという資源を利用することは、コミュニティの活性化までをも含めた大きな可能性を持っているのではないだろうか。コミュニティが資源を利用しなければならないのは、コミュニティがコミュニティとして存続し続けるためなのかもしれない。

注

(1) 本章は、二〇一四年二月から二〇一四年九月にかけておこなったフィールドワークにもとづいている。調査は、広島県東広島市旧志和町志和堀地区にて、小水力発電事業の関係者、志和堀地区住民、役場関係者におこなった聞き取りが主である。

(2) 固定価格買取制度では、新規に設置された小水力発電施設（毎時二〇〇キロワット未満）からの買取価格は三四円＋税／キロワットアワー（二〇一二年時点）であるが、たとえば中国地方の既存の小水力発電施設からの平均買取価格は一〇円／キロワットアワーに満たない（二〇一二年時点）。

(3) 厳密には、小学校区の改変により、途中でひとつ集落（小字）が加わっている。志和堀村は一三集落で構成されていた。

(4) 農協全体の理事会と、発電部門の理事会は別々におこなわれたが、理事のメンバーは同じであった。農協全体の理事会と発電部門の理事会では、参加する農協職員の構成が異なっていたと思われる。

(5) 当時の志和堀村の世帯数は五〇〇戸強であった。

(6) もともとは住み込み用の家屋であり、四部屋＋トイレ台所付である。

(7) 二〇一四年四月二二日におこなったX氏への聞き取りから。

（8）具体的には、本家から出て行かなければならないが、肉体労働をするには身体が弱くて職につけず、行くあてがない次三男夫婦や、所持する田畑の面積が小さいにもかかわらず、定職に就けなかった世帯など。
（9）二〇一四年九月一〇日におこなったY氏への聞き取りから。
（10）ただし、会長などその組織のトップにあたる役員の再選は認められていない場合もある。

文献

中国小水力発電協会編、二〇一二、『中国小水力発電協会六〇年史』中国小水力発電協会。

中国地方電気事業史編集委員会編、一九七四、『中国地方電気事業史』中国電力株式会社。

藤本穣彦・皆田潔・島谷幸宏、二〇一二、「中国地方の小水力エネルギー利用に観る自然エネルギーに基づく地域づくりの思想」『中山間地域研究センター研究報告書』8：三一-三八頁。

長谷川公一、二〇一一、『脱原子力社会へ――電力をグリーン化する』岩波書店。

飯田哲也・鎌仲ひとみ、二〇一一、『今こそエネルギーシフト――原発と自然エネルギーと私達の暮らし』岩波書店。

井上真、一九九五、『焼畑と熱帯林――カリマンタンの伝統的焼畑システムの変容』弘文堂。

嘉田由紀子、一九九七、「生活実践からつむぎ出される重層的所有観――余呉湖周辺の共有資源の利用と所有」『環境社会学研究』3：七二-八五頁。

丸山康司、二〇一四、『再生可能エネルギーの社会化――社会的受容性から問いなおす』有斐閣。

本巣芽美・丸山康司・飯田誠・荒川忠一、二〇一二、「風力発電の社会的受容」『環境社会学研究』18：一九〇-一九八頁。

小黒由貴子、二〇一二、「自然エネルギーの可能性――小水力発電がもたらす恵み」『地銀協月報』629：三八-四三頁。

社団法人農山漁村文化協会編、二〇一一、『季刊地域　いまこそ農村力発電』7。

清水徹朗、二〇一二、「小水力発電の現状と普及の課題」『農林金融』65(10)：二-二〇頁。

志和町史編纂委員会編、一九七〇、『志和町史』。

志和堀小学校区住民自治協議会、二〇一八、「志和堀自治協議会だより」第24号。

志和堀小学校創立一四〇周年記念事業実行委員会編、二〇一四、『志和堀小学校創立一四〇周年記念誌　志和堀小学校一四〇年の歩みと志和堀の歴史』志和堀小学校創立140周年記念事業実行委員会。

鳥越皓之、一九九七、「コモンズの利用権を享受する者」『環境社会学研究』３：五―一四頁。

鳥越皓之、二〇一〇、「伝統社会から新しい社会へ」鳥越皓之他『地域の力で自然エネルギー！』岩波書店、五〇―六二頁。

第24章　まちづくりコミュニティと歴史資源
――「平野の町づくりを考える会」の事例から

伊藤廣之

1　まちづくりとコミュニティ

「小さなコミュニティ」の視点から

自治体による都市計画にはふたつの方向性がある。ひとつは道路・公園・集会施設などハード面の整備を中心としたもの、もうひとつは住民の主体性や住民参加の鼓舞により、コミュニティの自立をうながそうとするものである（鳥越 1997）。スクラップ&ビルドを繰り返してきた大阪では、これまでハード面の都市計画に力が注がれてきた。そんな大阪にも自治体主導の都市計画とは異なり、住民が主体となって、ときには自治体の力を「利用」しながら進めてきたまちづくりの取り組みがある。

生活環境主義は、生活の拠点ともいうべき「小さなコミュニティ」が果たす役割について注目してきた（鳥越 1997）。本章では、大阪市平野区でまちづくり運動を進めている「平野の町づくりを考える会」（以下「考える会」）を、住民主体のまちづくりに関する「小さなコミュニティ」と位置づけ、その活動と運営のあり方をみていく。従来、「考える会」の活動は、社会ネットワーク論、ソーシャル・キャピタル論などの視点から分析が試みられてきた（乾 2008）。本章では生活環境主義の立場から「考える会」がもっている「哲学」や「文化」といった価値観の分析を通して、「小さなコミュニティ」の主体性について考えていきたい。

本章で「考える会」を分析するにあたって、「まちづくりコミュニティ」という新たなコミュニティ概念を提示している。「まちづくりコミュニティ」とは、地域社会に内在する既存のコミュニティとは異なり、まちづくりを共通の生活課題とするさまざまな主体の集合によって、地域のなかに自生的に形成された、まちづくりのための社会的集団を指す。鳥越が示した市民参加の分類のひとつに「価値的参加」（鳥越 1997：112）があるが、「まちづくりコミュニティ」は市民による「価値的参加」のその先のステージに立つ、まちづくりのための住民主体の社会的集団といえる。

まちづくり運動と歴史

「考える会」は、駅舎の保存再生運動を契機として発足した。その後、まちめぐりツアーの開催、歴史遺産の顕彰、伝統文化の復興、「平野町ぐるみ博物館」（以下「町ぐるみ博物館」）の開設など、歴史を活かしたまちづくり運動に取り組んできた。また「考える会」メンバーの一部が、行政との協働の場である「平野郷ＨＯＰＥゾーン協議会」に積極的に参画し、国の「街なみ環境整備事業」を活用した町並み修景事業を主導的に進めるなど、住民の考えるまちづくりの青写真実現のため、ハード面の整備にも深く関わってきた。

こうした「考える会」の事例分析においてみておきたいのは、まちづくり運動のなかでの歴史の果たす役割である。つまり、「小さなコミュニティ」にとっての、「まちの歴史」の意味について考えてみたい。その分析にあたっては、鳥越のいう「実践コミュニティ」[1]概念をベースにおいている。なぜなら、「考える会」の活動をめぐっては、多くの人びととの間に「まちの歴史に学ぶ」という姿勢が存在し、それがコミュニティの「文化」として共有されており、「まちの歴史に学ぶ」活動への参加を通して、コミュニティ内外で人と人の結びつきが強化・拡大されていると考えられるからである。しかもこのなかで、「まちの歴史」は、まちづくり運動に集う人びとが、ともに語り合える「物語」としての役割を果たしていたと考えられる。

以上の視点と仮説にもとづきながら、「考える会」の事例を分析していくことにしたい。

平野郷の歴史的環境と地域コミュニティ

まず対象地域の平野郷《ひらのごう》についてみていく。「考える会」がまちづくりの対象としている平野郷は、大阪市平野区の中心部に位置し、東西約一キロ、南北約八〇〇メートルのエリアで、そこに五四〇〇世帯、約一万三〇〇〇人が居住している。平野郷は大和街道や中高野《なかこうや》街道などが通る古くからの要衝であり、平野川を往来する舟の発着地としても重要な場所であった。中世後期には環濠集落を形成し、規模は小さいながら堺と並ぶ自治都市として繁栄した。平野郷を治めていたのは、古くからの地域の開発者である七名家《しちみょうけ》で、その筆頭の末吉《すえよし》家は財力を背景にしてさまざま商業活動の権利を獲得し、朱印船による海外貿易でも活躍した。平野郷は、大坂夏の陣で壊滅的な状況となったが、一七〇四年の大和川の付け替え以降は綿作の先進地となり、繰綿生産で経済的発展を遂げていった。

平野郷は一九二五年に大阪市に編入され、その後、宅地開発が進んでいった。第二次世界大戦では空襲の被害を免れ、中世都市の面影を伝える環濠跡や土塁のほか、江戸時代初期の町割りや社寺建築、環濠の一二の出入り口に設けられた地蔵堂などが現存し、大阪市域のなかでも数多くの歴史的遺産を抱える地域である。

平野郷の主な地域組織としては、町会、夏祭りの氏子組織、商店街組織がある。町会は三六あり、大阪市編入以前の一九二二年に再編された区画をほぼ踏襲したもので、その上部組織として平野連合振興町会、平野南連合振興町会、平野西連合振興町会の三つの連合振興町会があり、行政の補助機構としての役割を果たしている。

一方、地域の氏神である杭全《くまた》神社の夏祭りでは、馬場町、泥堂町、西脇町、背戸口町、市町、流町、野堂町北組、野堂町南組、野堂町東組の九つの町にわかれて祭りがおこなわれる。町は夏祭りで主役となる地車《だんじり》に関わる氏子集団である。各町にはそれぞれ地車を保管する専用の地車小屋があり、祭りの期間には自慢の地車が町内を練り回って宮入でクライマックスを迎える。この九つの町は夏祭りのための集団であり、行政の末端組織である町会とは趣旨・区割りとともに異なる組織である。

そのほか商業活動の振興を目的とするものとして、商店街組織がある。東西の通り沿いに、平野本町西商店街振興組合・平野本町通商店街振興組合・平野中央本町通商店会・平野東商店会の四つがあり、南北の通りに沿って、平野南海商店街・平野地下鉄東筋商店街振興組合のふたつがある。いずれの商店街組織も個人商店の集まりであり、商店街に賑わいを取り戻すことが課題となっている。

2　町並みの変貌とまちづくりコミュニティ

まちづくり運動の誕生

「考える会」発足のきっかけは、一九八〇年八月の南海平野線の廃止に関する新聞報道であった。南海平野線（当時は阪堺電気軌道）は一九一四年（大正三）に平野と今池（今宮町）を結ぶ路線として開通し、そのときに建てられた平野駅舎は八角形の塔屋をもつ木造建築物で、地元では「八角堂」の名前で親しまれていた。

しかし、地下鉄谷町線の開通により、南海平野線が廃止されることとなり、それにともない駅舎も取り壊されることになった。そのことを新聞報道で知った住民が中心となって一九八〇年九月に駅舎保存再生運動のため「考える会」が結成されたのである。「考える会」ではポスター・チラシを作成し、二万人の署名を集める運動を展開するなど、駅舎の保存再生運動に取り組んだ。しかし、運動の甲斐無く、駅舎は一九八二年三月に取り壊され、その保存は実現しなかった。のちに地元住民・南海電鉄・大阪市の三者協議により、鉄路跡の一部と駅舎の跡地が緑の遊歩道として整備されることになり、一九八三年五月に完成した。

遊歩道が完成した六ヶ月後の一九八三年一一月、またしても地域の景観を揺るがすような計画があきらかとなった。それは平野郷の中心部での六階建てマンションの建設計画であった。地域の景観が大きく損なわれることを懸念した予定地周辺の住民や「考える会」のメンバーは、「平野のまちを愛する住民の会」を結成し、マンションの建設反対運動を進めていったのである。

この運動は単なるマンションの建設反対運動ではなかった。風土・景観との調和のとれた住民によるまちづくりの展開が必要であるとの考えにもとづき、「景観協約書」なるものを作成した。そこには「平野の個性ある町並みを保存、整備すると共に、歴史的景観と調和のとれた町づくりのため、住民として、ここに景観協約を結び、守っていきます」と記されており、住民主導による景観協約を考えていたことがわかる。一ヶ月の間に約六〇〇世帯の署名が集まった。結局、このマンションの建設計画は、裁判所での調停によって、六階建てから五階建てへと変更され、デザインも周辺の町並みに合ったものに修正されることになった（川口 1986）。

このように、「考える会」の活動は、駅舎の保存再生運動からスタートし、その後マンション建設反対運動を契機に、まちの風土や歴史的景観との調和のとれたまちづくり運動へと方向転換がなされたのである。「考える会」のK氏は、このころから自分たちの関心が「まちの歴史」に向かうようになったと回顧している[2]。

集団間ネットワークとプロジェクト主義

ここで「考える会」の組織と運営について、少し立ち入ってみてみよう。まずメンバー構成についてである。初期からのメンバーは、全興《せんこう》寺の住職を中心に、地域の長老である「平野映像資料館」の館長、大手飲食店主で「くらしの博物館」の館長、新聞販売店主で「新聞屋さん博物館」の館長、杭全神社の宮司、大念佛寺の住職など職業は多種多様である。そのなかでも全興寺の住職は、「考える会」のコーディネーター役を務め、会にとって欠くことの出来ない存在である。「平野映像資料館」の館長は昭和の生き字引ともいうべき人物であり、人生経験豊富で相談役的な存在であった（二〇一五年七月没）。メンバーは、こうした人びとを中心にしながら、郷土史家、食堂・喫茶店・和菓子店・鮮魚店・精肉店・洋装品店などの店主、古民家の所有者など地域の居住者であり、月一回の定例の集まりにその都度さまざまな人びとが顔を出し、活動やイベントなどの検討がおこなわれる。

こうしたメンバーで構成される「考える会」の組織や運営のあり方が、たいへんユニークで、興味深い。まず組織については「会長なし、会則なし、会費なし」となっている。運営方針については「①オモロイ（おもしろい）と思ったことをやる、②イイカゲン（いい加減）にやる、③人のフンドシで相撲をとる」という三つの原則が掲げられている。

これについてK氏は、「一見ふざけているようだが、それぞれ職業をもつ身、あまり生真面目に取り組むと息切れしてくるので①②は大切。完成がない町づくり運動では、継続することが力である。資金がない当会ではお金を使わず、頭と体を使うことが身についた知恵。したがって③がモットーとなる。町づくり運動では、あまり大所帯の組織より小回りのきく少人数の方が効率がよく活動できる。ゲリラ的に動き回ってアメーバーのごとく触手を伸ばし、目的に応じて様々なグループとネットワークを組む」（川口 2010：4-5）という発想なのである。つまり、集団と集団の伸縮自在で緩やかなつながりが、まちづくり運動を支えているのである。

定例の集まりは毎月第三金曜日の夜と決められており、参加に制限は無く、門戸は広く開かれている。当初は「ほろ酔いサロン」と呼ばれ、全興寺の庫裏が会場であったが、現在は集会所で開催され、毎回二〇～三〇人が集まる。こうした住民主体のまちづくりの会が三五年にわたって続いているのは、全国的にもたいへんめずらしいことといえるが、その理由についてK氏は、「プロジェクト主義」にあるという。K氏のいう「プロジェクト主義」とは、その都度、おもしろいと思うことを企画立案し、とりあえずやってみるということである。好評で継続できることは継承し、継続が困難と思われることは無理をせずに取りやめる、というやり方である。

こうした活動のあり方を採っているのは、あえて目標を掲げないという考え方にもとづいている。一般的に組織がなにかに取り組もうとするときには、まず目的を設定する。その目的達成のため目標を立てる。そして、その達成状況を振り返り、検証しながら、次の目標を設定するというのが、通例である。しかしK氏は、その方法にこだわっていると、会の活動が停滞することがあるので、停滞による弊害を避けて、「プロジェクト主義」を採っているのだという。このように、「考える会」の組織の特徴は、集団間の伸縮自在で緩やかなネットワークであり、運営の特徴は臨機応変で柔軟な対応ができる「プロジェクト主義」にあるといえる。

まちの歴史的・文化的ストック

「考える会」では、一九八五年に財団法人観光資源保護財団の助成を受けて、平野郷の町並み調査を実施した。調査の目的は、平野郷の歴史を活かしたまちづくりの青写真を描くための材料を集めることであった。調査は「考える会」のメンバー六名に、大学の研究者三名、地域計画のコンサルティング会社五名、大学生・大学院生六名などが加わり、平野郷の町並みや伝統的家屋、社寺建築、生活環境、住民の暮らしなどを対象におこなわれた。

この調査に顧問として関わった建築学者の西山夘三《うぞう》は、平野郷には「古い文化財とともに原初的な小さい町家から都市邸宅、最近のマンションにいたる関西圏の都市住宅の多様な発展段階をしめすものがみられ」、「住宅博物館」的地域となっており、「このような特徴を生かす周到な建物の更新、居住地の改善や再開発事業をすすめるならば、『平野郷』は大都市・大阪だけでなく世界的にユニークな文化財をもつ歴史的都市として保全・再生される」（西山 1990：152）だろうと指摘している。西山の指摘は、「町ぐるみ博物館」や町並み修景など、その後の「考える会」の活動の方向性を示唆するものであった。

調査報告書『平野の町並み―平野の歴史を生かす町づくり』（一九八六年）の最終章には、地域計画のプランニング会社がまとめた「平野の歴史を生かすまちづくりへの提案」が盛り込まれている。その内容をみると、「まちづくりの目標」として、「自立するコミュニティ」「歴史的環境の保全と活用」「定住性の高い生活環境の整備」「商業地区としての活性化」の四点が掲げられている。また「まちづくりの提案」としては、「歴史を生かす――アメニティ・平野計画」「現代を生きる――住みよい平野計画」「人がつどう――平野活性化計画」「文化の香り高いコミュニティ――「平野独立共和国」づくり」の四項目と、それに対する一六の具体的な提案が示されている。さらに「まちづくりの実現にむけて」では、まちづくりを進めていくための具体的な手順も提示されている。

この内容からもわかるように、平野郷の町並み調査は、地域が形成してきた歴史的・文化的なストックを、外部の目を通して確認し、それらの資源活用のあり方や今後のまちづくりの進め方など、歴史を活かしたまちづくりに必要な事柄を提案するものであり、「考える会」が自分たちの手でまちづくりの青写真を描くうえで、大きな手がかりを得るものとなった。

3　まちづくり運動の展開

歴史遺産の顕彰と文化の復興

K氏によれば、「考える会」のまちづくり運動は、「ハード」「ソフト」「アート」「伝統継承」の四本の柱で展開されてきた。「ハード」の分野は、駅舎保存運動や平野郷ＨＯＰＥゾーン協議会での町並み修景など、建物や町並みに関する活動である。「ソフト」は、「まちの歴史に学ぶ」ための活動で、町めぐりツアーや町めぐりガイド養成講座などである。また「ハード」と「ソフト」が重なる活動として、町並み総合調査や「町ぐるみ博物館」がある。「アート」に関するものは、コンサート・展示会・ビデオコンテスト・合唱会・「音の縁日」などのイベント関係である。これらはまちに人を呼ぶ活動ともいえる。そして「伝統継承」は、平野郷の歴史的遺産や文化の顕彰と復興の取り組みである。これは先祖が築いてきたまちの歴史的・文化的ストックを受け継ぐ活動といえる。

「伝統継承」の最初の取り組みは、「含翠堂《がんすいどう》」の顕彰と「含翠堂講座」の開催である。「含翠堂」は享保二年（一七一七）に創設された日本初の民間学問所で、一九八五年に平野戸主会によって跡地に顕彰碑が建立され、それを契機に含翠堂顕彰会が発足した。同時に全興寺を会場に含翠堂講座もはじまり、現在も年一回開催されている。

一九八七年には一〇〇年ぶりに平野連歌の再興がおこなわれた。杭全神社の境内に宝永五年再建の連歌所が残っており、その連歌所での連歌会が宮司を中心に復興され、翌年からは毎月、連歌会が開催されるようになり、これも今日まで続いている。

一九九二年には御田植神事保存会が結成された。御田植神事は杭全神社の春の豊作祈願の神事で、古くは宮座に属する人たちによって伝えられてきた。その神事を受け継ぐため、「考える会」のメンバーが中心となって「保存会」を結成し、現在では四月一三日を祭日として神事が継承されている。

そのほか、古老からの聞き書きによる平野の伝承や言葉の調査もおこなわれ、『ひらののオモロイはなし』（一九八九年）や『平野のオモロイことば』（一九九四年）といった冊子も刊行された。これらは平野の人びとの記憶をコミュニティの内外に共有するための記録化といえるものである。

さらに一九九四年、「考える会」では「平野飴」「平野酒」「平野こんにゃく」など、平野名物の復興や平野名物を使った物産の開発にも取り組んだ。

このように、「考える会」は、まちの歴史的・文化的ストックの顕彰・復興・記録・発信をおこなってきた。これはコミュニティにとって、資源としての歴史を住民が再発見し、共有するための活動といえるものであった。またこうした取り組みを通して、コミュニティの人と人のつながり、人とまちのつながりが深まるきっかけになったといえる。

まちを知るしかけとしての博物館

「考える会」の取り組みで重要な柱となっているのが、「町ぐるみ博物館」である。これは二〇年以上続く活動で、平野のまちそのものが博物館であるというとらえ方にヒント(3)を得たものである。新たに博物館を建設するのではなく、まちに点在する商店・民家・社寺などを博物館として位置づけ、「何か見せられそうなものがあれば、それを見せたらどうか」という考え方で、一九九三年から無料公開がはじまった（平野の町づくりを考える会 2010：82）。

「町ぐるみ博物館」は当初、七館からスタートした。いずれも「考える会」のコアメンバーが自宅や店舗などを活用して博物館を開設し、自らが館長となった。たとえば「平野映像資料館」は、一五〇年前の呉服悉皆店の建物を活用したもので、この呉服店主が趣味で撮影した平野の風物・行事の映像や撮影に使われた映像機器が並べられた。「新聞屋さん博物館」は、明治二一年創業の大阪市内最古の新聞販売店を利用し、創業当時からの新聞や号外のほか、新聞販売店に関する資料が展示されている。「駄菓子屋さん博物館」は、全興寺境内の建物を利用し、住職が収集した戦後の駄菓子のおまけやおもちゃのコレクションが並んでいる。そのほか、「くらしの博物館」「幽霊博物館」「鎮守の森博物館」など、ユニークな博物館がそろって開館した。

その後、八月第四日曜日を一斉開館日とし、「町ぐるみ博物館一〇〇」（一九九九年）、「町ぐるみ博物館45」（二〇〇〇年）、「平野町ぐるみ博芸・博物館」（二〇〇一年以降）では一日限りの博物館も開館し、同時に住民によるさまざまなイベントも開催されるなど、この日はまち全体が多くの人びとで賑わいをみせる。二〇一七年現在、「町ぐるみ博物館」は一三館で、「幽霊博物館」を除いて毎月第四日曜日が開館日となっている。

「町ぐるみ博物館」の考え方は、家屋や店舗などの一部をその日にかぎって博物館として公開するもので、注目されるのは、それぞれの博物館には館長がいて、来館者と対話をするという点である。博物館として活用される建物や、そこで公開されているコレクションは、「まちの歴史」を知るための「素材」であり、館長と来館者とのコミュニケーションを通して、「まちの歴史」の共有化がはかられるのである。

「町ぐるみ博物館」に関して、「考える会」コアメンバーのK氏は、「博物館で観光化をめざしているわけではない。住民が平野の良さを知り、考えるきっかけとなることをめざしている(4)」と語る。「町ぐるみ博物館」は、まちの住民に向けた、まちを知るためのしかけとしての役割を果たしているのである。そして、視点を変えて見ていくと、館長と来館者とのコミュニケーションの過程は、「まちの歴史」を媒体とした新たな人と人の関係性の創出ということもできる。

住民主導の町並み修景

一九九九年から始まった「平野郷HOPEゾーン協議会」へのメンバーの参画は、「考える会」のまちづくり運動にとって、大きな転機となるものであった。というのも、これ以降、平野郷の町並み修景というまちづくりのハード面に「考える会」が直接関わるようになったからである。

HOPEゾーン事業は、大阪市が国の「街なみ環境整備事業」の補助金によって実施するもので、自治体側が設定した対象区域に地元の人びとも参画する形で協議会を設置し、まちづくりを進めていく事業である。対象区域の設定にあたって、大阪市では当時、設立から二〇年近い活動実績をもつ「考える会」との協働を念頭に、HOPEゾーン事業を市内最初の実施事例として平野郷で展開することになった。協議会の会長をはじめ重要ポストには「考える会」のメンバーが個人の立場で参画することで住民主導の協議会体制が確立し、行政と対等な立ち位置からまちづくり事業が進められることになった。

平野郷HOPEゾーン事業は一〇年間の計画ではじまり、協議会で作成したガイドラインにもとづき、道路の美装化、電線の地中化、広場整備、新規建築物の高さ規制、町並みの修景、旧筋名を記したプレートの設置などがおこなわれた。「考える会」単独の活動では実現がむずかしかったまちづくりのハード面の整備が大きく前進したといえる。

修景事業のガイドラインの策定にあたり、「祭りちょうちんが似合うまちなみ」というコンセプトが設定された。平野にはさまざまな伝統行事があるが、そのなかで地域がもっとも盛り上がりをみせるのが夏祭りである。協議会では平野郷の住民から見て平野郷らしい風景を検討した結果、祭り提灯に照らし出された夜の情景にたどり着いたのである。「祭りちょうちんが似合うまちなみ」は、コミュニティのなかで多くの人たちが共感し、共有できる「環境デザイン」だったといえる。

4　コミュニティが共有する哲学と文化

まちづくりの思想

「考える会」が、長期間にわたって主体性を保ちながら活動を続けることができたのはなぜか。コミュニティづくりに関わる問題として、考えておかなければならない点であろう。(5)

平野でのフィールドワークを通して気づいたことは、「考える会」の人たちがまちづくりに関して、しっかりとした価値観を共有しているということである。ここでいう価値観とは、まちづくりの活動を通じて形成され、成員の間で共有されている「哲学」と「文化」である。ここでは、その「哲学」に相当するものを「まちづくりの思想」、「文化」に相当するものを「まちの歴史に学ぶ姿勢」ととらえることにしたい。そしてこのコミュニティの「哲学」と「文化」は、表裏一体の関係にあることを指摘しておきたい。

まずコミュニティの哲学に関してである。たとえば、「考える会」の設立当初からのメンバーである長老のM氏は、まちについて「まちは勝手にあるものではない。先祖がつくったものである(6)」と述べる。このシンプルなとらえ方を丁寧に言い換えると、「まちは自然に存在するものではない。先祖の営みによってつくり上げられたものだ」というとらえ方である。これはまちを先祖とのつながりにおいてとらえる、つまり先祖という存在を媒介としてまちと自分たちとのつながりをとらえようとする考え方といえる。これはその土地に生活の拠点をおく「生活者」ならではの発想である。

M氏のとらえ方は、「考える会」の当初からのコアメンバーであるK氏が語るまちづくりの考え方ともつながるものがある。K氏はインタビューのなかで、「まちづくりというのは、新しいものや、奇抜なものをつくることではなく、地元の再発見、再確認である」と語っている。「まちづくりに取り組む人たちは、案外、地元を知らないことが多い。また無関心だと感じることも多い。まちづくりの出発点は、自分たちの内に向けての運動である(7)」とも述べる。ここでK氏がいう「地元」とは、「まち」や「まちの歴史」を指している。K氏はまちづくり運動を、人びとが自分たちの住んでいる地域の歴史を再発見・再確認するための取り組みと位置づけているのである。

まちを先祖がつくったものととらえるM氏の考え方と、まちづくりを自分たちの「まちの歴史」の再発見ととらえるK氏の考え方は、一方はまちに対する認識、他方はまちづくり運動のあり方に対する認識を述べたものであるが、まちづくり論の視点から見れば、それぞれは別個のものではなく、「まちづくりの思想」といえるひとつのコミュニティの「哲学」のなかに包み込むことができる。こうした「まちづくりの思想」は、M氏やK氏にかぎられるものではなく、長年のまちづくり運動の実践を経て、多くの成員の間に共有されていったと考えることができる。

歴史に学ぶという姿勢

もうひとつはコミュニティの文化に関してである。鳥越皓之は「実践コミュニティ」という概念を取り上げて、従来のコミュニティ政策に新たな視点を提起している。それは、コミュニティは文化を所有し、市民はその文化を享受しているとするもので、「その文化を受益する過程こそが住民のコミュニティ活動への参加の意味である」（鳥越 2005：63）と指摘している。この論旨にもとづいていえば、「考える会」は住民のコミュニティ活動への参加を通して「文化」を分け与えているといえる。

本章でコミュニティの文化として想定しているのは、「まちの歴史に学ぶ姿勢」である。こうした文化は、実はコミュニティの哲学である「まちづくりの思想」と一体的な関係にあると考えられる。なぜかといえば、「まちづくりの思想」において、まちづくりは「まちの歴史の再発見・再確認」と位置づけられており、実際のまちづくり運動の展開にあたっては、まず「まちの歴史に学ぶ」ことが出発点になるからである。コミュニティの文化である「まちの歴史に学ぶ姿勢」は、コミュニティの哲学としての「まちづくりの思想」と共通の土台に載っているものであり、一体的なものとしてとらえられるべきものなのである。

具体的にいえば、「考える会」が「まちの歴史に学ぶ」活動として重要視しているのが、「まち歩き」である。まち歩きの事業としては、まちめぐりツアー・町ぐるみ博物館・まちめぐりガイド養成講座などがある。まちめぐりツアーは一九八三年にはじめておこなわれたもので、住民を対象とし、まちを知るために史跡などをめぐり歩くイベントである。一九九三年からスタートした町ぐるみ博物館には、博物館から博物館へとまちを歩き回る過程で、思いがけないまちの姿や歴史を発見することがある。その点から、町ぐるみ博物館の活動は、まち歩きに位置づけられているのである。まちめぐりガイド養成講座は一九九七年におこなわれた。増加する他府県からの見学者に対応するガイド養成のための講座である。この講座には「考える会」の会員や多くの住民が参加し、案内者の立場であらためてまちの歴史を学ぶ機会となったのである。

このように、人びとは「考える会」が企画した「まち歩き」事業への参加を通して、「まちの歴史に学ぶ姿勢」

の大切さをコミュニティの文化として享受していったといえる。

コミュニティの主体性

「考える会」の活動は、「会長なし、会則なし、会費なし」という組織・運営形態で、しかも「おもしろいと思うことをその都度企画立案し、とりあえずやってみる」という臨機応変で柔軟な方針で運営されている。「ゲリラ的に動き回ってアメーバーのごとく触手を伸ばし、目的に応じて様々なグループとネットワークを組む」ため、成員の思い思いの行動によっては「考える会」の活動がバラバラになりかねない。しかし、行政から鼓舞されたのではなく、住民の中から立ち上がってきた活動が、その方向性を見失うこと無く今日まで継続できたのはどうしてか。そうしたまちづくりコミュニティの主体性は、どのようにして継承されてきたのだろうか。

コミュニティの成員が活動をおこなうにあたって、その行動に方向づけをするものが必要となる。「考える会」の場合、その役割を果たすのが「まちづくりの思想」であった。「まちづくりの思想」は、まちづくり運動をおこなう人たちから生まれた哲学である。「まちづくりの思想」は、コミュニティの成員の間で共有され、成員の意思決定にあたって「羅針盤」のような役割を果たしてきたと考えられる。「生活者」の視点から生まれた「まちづくりの思想」は、コミュニティ成員の意思と行動を規定する「羅針盤」として、コミュニティの主体性の維持に大きな役割を果たすものであったといえる。

「物語」としての「まちの歴史」

本章では、「考える会」の活動分析を通して、コミュニティが「哲学」や「文化」を所有していることをあきらかにした。また、哲学としての「まちづくりの思想」はコミュニティにとって「羅針盤」の役割を果たし、文化としての「まちの歴史に学ぶ姿勢」は、「まち歩き」のような活動を通して、そこに参加する人と人のつながり、集団と集団のつながりを生み出してきたことを指摘した。

歴史を活かしたまちづくりにおいて、「まちの歴史」はまちづくりの青写真を描くための「素材」として扱われることが多いが、コミュニティ分析の立場からみたとき、「まちの歴史」にはそれ以上の役割があった。それは「物語」としての役割である。「まちの歴史」には、まちづくり運動にかかわるさまざまな人たちが語り合える「物語」としての役割があり、それが人と人、集団と集団をつないでいく働きをしていたのである。地域の歴史は、まちづくりコミュニティに関わる人や集団をつなぐための必要な資源だったといえる。

注

(1) 鳥越皓之は、地域コミュニティ研究に引きつけながら、実践コミュニティを「参加と協働を通じてコミュニティ・メンバーにある有効なものを付与する」(鳥越 2005：54) コミュニティと規定する。
(2) 二〇一五年四月八日の筆者のインタビューによる。
(3) 町並み調査で平野を訪れた建築学者の西山夘三が「平野は町全体が博物館である」と述べたことにもとづくとされる。
(4) 二〇一五年四月八日の筆者のインタビューによる。
(5) 「考える会」が続いてきた理由としてK氏は、寄り集まる場所が寺院であったことをあげている。「寺は権力やしがらみから外れている。そのため、いろいろな人が集まりやすかった」と推測する。二〇一五年四月八日の筆者のインタビューによる。
(6) これは第五八回全国博物館大会でのパネルディスカッション「地域の活性化と博物館」(二〇一〇年一一月二五日) での発言による。公式記録としては伊藤廣之 (2011) がある。
(7) 二〇一五年四月八日の筆者のインタビューによる。

文献

平野の町づくりを考える会、二〇一〇、「平野の町づくりを考える会活動の歩み」『長二郎のなつかし昭和伝』平野の町づくりを考える会、八〇-九一頁。

乾幸司、二〇〇八、「平野のまちづくり——町ぐるみ博物館」塩沢由典・小長谷一之編『まちづくりと創造都市——基礎と応用』晃洋書房、一二四―一三四頁。

伊藤廣之、二〇一一、「パネルディスカッションⅠ　地域の活性化と博物館」『博物館研究』46(3)：一一―一五頁。

伊藤廣之、二〇一六、「まちづくり運動とミュージアム――『平野町ぐるみ博物館』に学ぶ」『博物館研究』51(3)：一八―三一頁。

川口良仁、一九八六、「まちづくり活動の経緯」『平野の町並み――平野の歴史を生かす町づくり』財団法人観光資源保護財団、九二―九六頁。

川口良仁、二〇一〇、「町づくり三十年」『長二郎のなつかし昭和伝』平野の町づくりを考える会、二―五頁。

西山夘三、一九九〇、『歴史的景観とまちづくり』都市文化社。

鳥越皓之、一九九七、『環境社会学の理論と実践――生活環境主義の立場から』有斐閣。

鳥越皓之、二〇〇五、「政策としての実践コミュニティ――コミュニティが文化所有をしているという視点」『コミュニティ政策』3：五二―六五頁。

補論　生活環境主義とコミュニティのゆくえ

鳥越皓之／足立重和・金菱清（聞き手）

1　社会学にとって生活とは

国際的に使いづらい「生活」概念

Q．素朴な質問をします。生活環境主義の「生活」とはなんなのでしょうか。

A．「生活」という概念はとてもふくらみのある概念です。この「生活」概念の困った問題は、ストレートに英語に翻訳できないことです。そのことは生活環境主義というテクニカルタームを国際レベルへと押しあげていく妨げとなっています。「生活」をあらわす英語には思い出すだけでも、life, living, existence などがあります。そういえば、生活科学は domestic science ですね。

これと同じ翻訳の悩みについて、アメリカ・コーネル大学の日本研究の人類学者ロバート・スミス先生がおっしゃっていました。――日本の研究者がよく使う「主体性」という概念を英語に翻訳できない。文脈によって、ego と言ったり、identity, independence と言ったりしなければならない。基本的テクニカルタームが文脈で変わると、その個別の文脈での意味は理解できても、全体の論理そのものが混乱して理解できなくなると。

日本語の「生活」という概念は日常的にも使われているので、日本人にはとても理解しやすい概念です。それは「暮らし」とも言い換えられるものです。とはいえ、日本語の「生活」という範疇と英語など欧米語の「生活」に対応する言葉のもつ範疇がとてもズレているのが困ったことです。

もちろん、社会科学が使っているテクニカルタームは、それぞれの文化のなかから生まれてきたもので、なんらかのズレがあるのがふつうです。日本語の「家族」と英語の「family」との間にもズレがあります。英語ではネコとトラとは同じ family だという表現が成り立ちます。同じネコ科ですからね。

ここでは、「生活」概念はとても日本的であるという指摘をするに留めましょう。英語では生活環境主義を〝便宜的に〟Life-Environmentalism と訳しています。

社会学における「生活」の登場

ところでポイントのひとつは、日本の社会学で「生活」という概念はどういう経緯を経て登場したのか、ということです。社会学は本来、「社会」を分析する学問です。ところが、いつの間にか、日本の実証的社会学、すなわち現場に出かけて分析をするフィールドの社会学は、分析の軸足を「社会」から「生活」に移しました。もちろん、移す程度には分野によりやや差があります。それでも一見、生活からは遠いように思える産業（労働）社会学においても、松島静雄や間宏のように、つよく生活に軸足をおいた研究者が生まれ、彼らはその分野の代表的な研究者になりました。いわんや地域に関わる社会学や家族社会学は生活分析をかなり得意としてきました。

それはなぜでしょうか。私はその理由を中野卓先生からお聞きしたことがあります。かつて「九学会連合」といって人文系の学会が連合して現地調査をおこなうとても大きな組織体がありました。それは第二次世界大戦直後の一九四七年に、渋沢敬三の提唱によって成立したものです。日本民族学会、日本民俗学会、日本社会学会、日本言語学会、日本地理学会、日本宗教学会、日本考古学会、日本心理学会の連合という錚々たるものでした（一九五一年に九つの学会が揃う）。これらの学会員たちが「対馬」など特定の地域を集中的に調査したので、まさに壮観といえるものでした。

現在の私たちもこの九学会連合による研究成果の果実を味わっています。ところで、ここからが中野先生の説明なのですが、日本社会学会はそれまでどちらかというと「社会」の「理論」に専念して研究をしてきました。デュルケムやジンメルの研究紹介などを思い出していただければよいかと思います。ところが突然、対馬などの個性の強い地域で調査をしなければならなくなりました。そのとき社会学は民俗学の「聞き取り」という調査法を学んだそうです。

以下は私の解釈ですが、民俗学は江戸時代の国学の時代から、聞き取りという方法で津々浦々に出かけて、農山漁民から話を聞き記録をしてきた歴史をもっています。本居宣長は「葬礼婚礼など、殊に田舎には古く面白き事多し。すべてかかるたぐひの事共をも国国のやうを海づら山がくれの里々まで、あまねく尋ね聞き集めて、物にもしるし置かまほしきわざなり」(『玉勝間』)と言っています(詳しくは鳥越皓之、二〇〇二、『柳田民俗学のフィロソフィー』東京大学出版会)。

つまり、この九学会連合で社会学が民俗学の聞き取りという調査法を学んだということなのですが、その過程で、あきらかに調査法だけではなくて、民俗学が対象としていた常民(庶民)の生活(暮らし)をも社会学の研究対象に組み入れたということです。社会学者は、現場では、道普請、葬式組、田植えのユイ、庚申講や観音講という宗教組織、村での意思決定の仕方、家や同族団、親方・子方などを調査するわけですから、それは庶民の生活の調査になったわけです。そこでは「社会」という欧米から流入した概念はどうもしっくりこなかったわけです。

ちなみにこうした、社会学が調査法を民俗学から学ぶという選択は、宗教学でも同じだったように想像します。宗教学もかつては宗教哲学が主流でしたが、東北大学の宗教学の教授であった堀一郎さんあたりが地域の現場に入っていった最初の人だったかと思います。堀一郎さんは民間信仰を主に研究されていました。また宗教民俗学の提唱者でもありました。

さて、九学会連合を通じて社会学が民俗学から調査法を学んだという中野先生の指摘は、半分はその通りだし、中野先生自身がそうであったと思います。しかし、それに先立って、社会学の大先達、鈴木榮太郎や有賀喜左衞門といった人たちが、九学会連合の活動とは別にかなりの数の民俗学的な論文を書いていることも忘れてはならないと思います。彼らふたりの社会学も結果的に「生活論」的な社会学となっていました。鈴木榮太郎が『日本農村社会学原理』（一九四〇年）の中で「自然村の精神」を、「最も乱されない日本人の心」としての「不文の生活原理」というとても国学的な表現であらわしているのは興味深いことです（本居宣長のキーワードは「物のあわれ」という心の動き）。

以上のように、日本の実証的社会学は「生活」分析を得意としてきたという事実はとても大切なことです。そのため、社会学の論文のタイトルには「生活」が非常にしばしば登場します。

2 日本の社会学と生活環境主義

Q．それでは生活環境主義は、日本の実証的社会学が得意とする生活分析を環境問題に応用したに過ぎないということですか。

A．期待外れの答えをしますが、その通りです。それほど独創的ではありません。しかし、学問というのはそのようなものです。独創的とみなされがちなカール・マルクスもヘーゲルを下敷きにしていますし、日本で独創的な研究をしたと言われている柳田國男も、いま話のなかで登場した本居宣長をあきらかに下敷きにしています。本居宣長や平田篤胤の論考を丁寧に読んでいくと、柳田のどこが独創なのかと思わず叫びたくなるほどです。とはいえそのように叫ぶのは間違いで、他面では、あきらかにマルクスも柳田も独創的です。

Q．それでは生活環境主義はどこが独創的ですか。

A．そのストレートな質問には思わず言葉がつまります。

生活環境主義の論理の構築にあたって、私自身が直接に影響を受けた研究者は有賀喜左衞門です。実際の生活環境主義モデルについて述べた論考には直接的な有賀からの引用はかぎられていますが、いわゆる有賀理論を抜きにしては、生活環境主義は成り立たなかったと言っても過言ではありません。

また、生活環境主義は社会学が得意とする「行為」分析ではなくて「経験」を重視しています。この経験論は哲学者の森有正からの影響です。

ここで余談を入れたいのですが、飯島伸子さんと船橋晴俊さんとの三人で、環境社会学を日本で立ち上げて若い人を育てようということで、環境社会学の研究会、そして学会というものの旗揚げをしたいものだというような話をしたのは、一九八〇年代の末、日本社会学会の大会のときでした。おふたりはすでに有名で、私もお名前だけは知っていましたが、私が関西にいたこともあって、そのときにはじめて言葉を交わしました。

飯島さんはその後、水俣研究を通じて「被害構造論」という論理を立てられましたが、これはあきらかに当時の都市社会学で理論化が進んでいた「生活構造」という概念を下敷きにした論理構成をとっていました（生活構造論は青井和夫・松原治郎・副田義也、一九七一、『生活構造の理論』有斐閣にまとめられている）。ここでもふたたび「生活」が顔を出しています。

私がおもしろいと思ったのは、船橋晴俊さんも森有正の影響を強く受けていることです。船橋さんの代表的な著書『組織の存立構造論と両義性』（東信堂、二〇一〇年）をみても、それは一目瞭然です。森有正についてふたりで話をしあったことはないので、これは偶然の一致です。船橋さんはフランス語がとてもよくできてフランス社会の分析も得意としてきましたから、フランス哲学者でもあった森有正に出くわすのは理の当然であったと思います。

それに対して私が森有正に至るのは、もう少し泥臭いものでした。私は自分の書く文章がダメになったなと思うときは、いつも辻邦生の文章を読むようにしていました。その辻邦生が師とあおぎ、尊敬する人が森有正であったので、辻邦生の文章にしばしば森有正が出てくるのです。それで森有正はどういう人だろうと読みはじめて、一番印象に残ったのが「経験」という概念でした。人間が「人間として在る」ということを保証するのが経験であるというようなものです。これを私は「いただき！」ということで、使わせてもらったのです。環境問題の現場においても人びとはいかにして「人間として在るか」ということが課題でしたから。森有正を引用したのは船橋さんよりも私の方が早かったかもしれませんが、船橋さんもまた独自に森有正に至り、また同様に「経験」に至られたようです。

それ以外にも、私は歴史家の安丸良夫や科学史家の村上陽一郎からも論理づくりのために「いただいたもの」があります。そして大きくは、村研（日本村落研究学会）と呼ばれてきた伝統のある農村社会分野の学会での議論の影響をつよく受けました。この学会は経済史のすぐれた専門家が多数おられましたので、そこから史的視野をもった土地所有のあり方を学びました。生活環境主義で「占有」とか「総有」とかの概念を用いるときにも、経済学から見てもさほどのブレがない論理構成ができたのはこれによります。もっとも「総有」概念については法学者からの概念のブレの指摘を時たま聞きますが、たしかに私どもの言う「総有」は現代民法の総有概念と一致しているものではありません。また、一致させる必要がないと判断しています。

学説史的な影響はそのようなものですが、生活環境主義は琵琶湖の環境調査の過程で生まれてきたものです。現場のなかで環境問題をどのように解決するかという模索の中から生まれてきたといえるものです。したがって、「どこが独創的か」と言われると、環境問題で悩んでいる現場からの問いが独創的で、私たちはその問いに答えるべくあちこちから論理や知恵をいただいて、それを構成したに過ぎないともいえます。

3 生活環境主義と実践

社会的に認められていなかった環境問題研究

Q．その琵琶湖の研究は生活環境主義にどのような影響を与えましたか。

A．私の記憶しているところでは、私が大阪の桃山学院大学に勤めているときに、滋賀県立琵琶湖研究所に勤務されはじめた嘉田由紀子さんが訪ねて来られました。琵琶湖研究所のプロジェクトのひとつとして、いわば人文社会系のプロジェクトを立ち上げたいので、協力して欲しいというものでした。その後、研究所としてはおそらく例外的に長年、私どものグループによる研究プロジェクトを続けることになります。その理由は当時、他に文科系で環境問題を取り扱う研究者が関西にいなかったからだと思います。ふつうひとつの研究プロジェクトは三年ぐらいで報告書を出して終わりになるものです。

当時、大学で環境問題を取り扱う研究者がいなかったということについて、またここで余談を挟みます。当時の大学では環境問題を扱う人たちは「望ましくない人たち」とみなされていました。日本社会全体のムードとして、環境問題に関わる人たちは過激な運動家というイメージがあったのです。それで大学では助手以上には上がれないようでした。東京大学工学部の宇井純さんがそうでしたし、飯島伸子さんもかなりの年齢になられても東大医学部で助手のままでした。そういう状況だったので、社会学者のうちで社会問題に関心のある人たちは、なんとか飯島さんにあたらしい職を与えたいものだと考えていました。そこで私は、飯島さんを桃山学院大学の教授に迎えるために奔走しました。桃山学院大学内でもとてもつよい反対があり、けっこう苦労したのを覚えています。飯島さんの指導教授であった福武直さんの力をもってしても、他の大学に職をみつけてあげられなかったほどに、当時は環境問題研究者に対する各大学での抵抗はつよかったのです。

その後、私は関西学院大学に移りましたが、飯島さんはのちに都立大学に移られるまで、長年にわたって桃山学院大学におられ、社会学部長もされました。そのころには教授会のメンバーも飯島さんを高く評価するようになっていたのでしょう。また、ある時期からは社会の変化を受けて、日本の大学は手のひらを返したように環境を研究することを奨励するようになりました。そのような状況の変化も背景にはありました。

「主義」という用法の違和感

本論に戻りましょう。「生活環境主義」という命名に少し違和感を覚えておられる人がいれば、それは「主義」という用語のためでしょうか。しかしこれは立場の主観性を表しているのです。住民の側に立つという立場です。

住民の立場に立たねばならないと痛感させられたのは、琵琶湖の水の汚染に苦しんでいる地元住民がそこにいたからです。

日本社会学会大会の夜の席で、社会学の先輩たちが酒を飲みながら、私にやさしくたしなめてくださったことを覚えています。すなわち、科学は客観的でなければならないので、どの立場に立ってもよくない。第三者的立場で対象を分析すべきだ。それなのに、お前さんたちは運動者のように立場を表明しているという指摘でした。その場では、説得力のない弁解でとりあえず済ましたのですが、この立場の主観性に対する批判は環境社会学者からも出るようになりました。住民に対して全面的に肯定をし、批判の目がないという批判でした。

そこで私は再考をこころみ、住民そのものの立場ではなくて、住民が営んでいる生活システムそのものの立場である、したがって個別の住民が当該地域の生活システム維持を弱める活動をした場合、それは批判の対象になるという論理構成を造り上げました。これで批判はなくなりましたが、この私の修正案は誤りだったといまでは思っています。「おかしいよ」と私に助言をしてくれたのは、この本にも執筆している当時の大学院生たちです。修正案はさほどの歳月を経ないで元に戻しました。こんな屁理屈で当時の科学観に適合させることによって、逆にこのモデルを造らねばならなかったそのころの切実さ、また環境破壊に対する敵対性をダメにしていると反省したのです。ところで、実はこの主義という表現に至るまでと、その後の批判を受けている時期は、先ほど名前をあげた村上陽一郎さんにかぎらず、トマス・クーンなど多くの科学史家の論考を読みあさりました。もっとも科学史は自然科学史であって、社会科学史ではなかったのですが。

経験的直感の大切さ

自然科学で思い出したのですが、そのころ私は岩波の雑誌『科学』（68(5)、一九九八年）の巻頭言を書いたことがあります。経験的直感の大切さを述べました。この巻頭言がまた同じ『科学』誌上で批判を浴びました。科学者が経験的直感の評価をすることは、「科学者としての知的努力の放棄である」という批判で、東京大学の理学系の先生から寄せられたものです。編集者は想定される議論のおもしろさを喜んで、誌上で対談をしてはどうかという提案をしてきました。私はそれに乗らなかったのですが、これはめんどくさがりの私のよくないところで、そのこともいまは後悔をしています。

批判を受けてから一五年以上も経っていますが、それについて少しばかり答えておきたいと思います。巻頭言では、環境破壊が進行している現場において、必ずしも十分にデータが得られないところでの研究者の経験的直感の大切さを私は言ったのであり、これも琵琶湖やその他の地域での長年の調査経験が言わしめたものでした。

そして私が受けた反論とは、科学者はデータを提示するだけでよいのであって、判断は当事者が決めればよいというものでした。私から言わせれば、かなり多くの自然科学系の人たちは現場の「当事者」を机上で想定しているように思いました。

当事者といっても、平板では無くて、現実は保持する権力の差がある複数の社会層から成り立っています。また、通常、現場では意見が対立して、相互に憎しみをも抱いた状態の当事者（組織化あるいはグループ化されている）たちによって、相互のグループが駆け引きをしていることが常態とも言える状況です。琵琶湖のばあいは、さまざまな範囲の当事者と利害関係のある県会議員たちが社会的上層の決定権をもっていました。また、県庁内では建設省から出向の職員がかなりの判断権をもっていました。その他にも市町村役場や住民の自治会、自然保護団体など多様なアクターが存在していました。

そのなかで、生態学者であって琵琶湖研究所長の吉良竜夫先生など、長年の研究経験をふまえた研究者の、県や市町村や地元の住民に対して語る指摘はとても説得力があり、政治的・人間関係的妥協でおかしな方向に進むのを防ぐ大きな役割をはたしていました。その後、お付き合いをいただいた琵琶湖博物館館長の川那部浩哉先生もそのような研究者のひとりでした。

必ずしもその場での十分なデータに基づかない「科学者の経験的直感」の評価は、そのような私の個人的経験から出ています。しかしながら、反論者の正しいところも理解しています。科学者は判断のためのデータだけを提供するという「禁欲」が当てはまる事例が少なからずあるからです。ただその指摘はいままで科学者間で言われてきた常識であって、琵琶湖はその常識外のことを教えてくれたということです（この『科学』での考えの対立はその五年ほど後、『環境社会学研究』10号で藤垣裕子さんがとりあげています）。

Q．琵琶湖研究では多士済々の方々が集まりましたね。

A．その通りだと思います。これは私の研究者人生にとってとてもラッキーだったと思い返しています。また、このような人たちがいたからこそ、生活環境主義というモデルができあがったと思います。嘉田由紀子さんや古川彰さん松田素二さん、地理学の大槻恵美さんなどは京都大学の文化人類学者、米山俊直先生のいわば門下生です。そのため、彼らは文化人類学をはじめに習得し、それからジワジワと社会学に近づいてくることになりました。それに同じ京都大学の経済史専攻の伊藤康宏さん。さらに私の大学院での後輩の桜井厚さんに加わってもらいました。こうした人たちで、このグループの最初の著書、鳥越・嘉田編『水と人の環境史——琵琶湖報告書』（御茶の水書房）が一九八四年一〇月に発行されました。これは日本における環境社会学分野の最初の本となりました。その後、すぐに飯島さんの本（『環境問題と被害者運動』）が出たように記憶しています。

嘉田、古川、松田と私の四人はいまでも毎年、忘年会を開いて旧交を温めていますが、古川さんがグループの要で、嘉田さんがいたずらっぽくアイデアをだし、松田さんが切れ者の鋭さを示すという構図です。院生たちは切れ味のよいのが好きなので、松田さんにはファンがいつもいます。

Q．嘉田由紀子さんが滋賀県知事になることによって「生活環境主義」は現場で応用されていくことになりますね。

A．たしかにそうかもしれません。嘉田さんが滋賀県知事になったのは二〇〇六年ですが、そのころはまた、環境社会学からのアイデアが現場で利用されるという環境社会学のはなやかな時期でもありました。環境社会学会の大会のときに隣に座り合わせた当時は千葉県知事であった堂本暁子さんが「全国で女性の知事は二人だけで、その二人がまた環境社会学会の会員ですよ」と言われたのを憶えています。そのような時期でした。

『生活環境主義でいこう！』（岩波ジュニア新書、二〇〇八年）の著者である古谷桂信さんが、滋賀県議会を傍聴席で聞いていると、「なにが生活環境主義じゃ！」と不愉快そうに怒鳴っているおじさん（おそらく土建業者）がいたそうですから、嘉田さんが真摯に生活環境主義的な環境政策を実行されたのはたしかでしょう。

けれども他面、その少しばかり前から、生活環境主義がある種の新鮮味を失いつつあったことは事実です。それはどういうことか、というと次のようなあらましです。

二〇〇〇年前後のころから、世界の環境政策において人びとの暮らしの実態を重視するという考え方が浸透しはじめた、ということです。私が環境社会学的な勉強をはじめた一九八〇年ごろは、経済的発展のために地域開発を進めるという側と、それに対して、自然そのものを守るいわゆるエコロジーの考え方とのふたつがあり、それが対立していました。日本でも同様の傾向があり、第三の柱として「人びとの暮らし」から考えるということで「生活環境主義」が登場したわけです。たしかに世界的視野で見ても、環境政策でそのような説を唱えることの嚆矢であったといえるかもしれません。

けれども、いま言ったように二〇〇〇年前後から様子が変わってきました。人びとの暮らしを見ないで環境政策を考え施策を実行することは、一時的に成功しても、持続的な効果はないというような理解に変わってきたのです。私のところへもNPOのリーダーの方々が相談に来られることが多くなってきました。

たとえば、ある大きなNPOは、自分たちは全国各地にビオトープ公園をつくっているが、それが数年後は放置されて草ぼうぼうとなっている、どうしたらよいかというような質問です。そのような事態に陥るのは当然で、私どもは「またあの人たちは好きなことをやっている」と地元の人たちが言っているのをよく耳にしていたからです。環境保護団体が地元自治体と話をつけて、資金を出してビオトープ公園のような〝環境にやさしい〟空間をつくっても、地元では誰も見向きもしていない。それは、設計してつくった人たちにはある与えられた地域空間にビオトープ公園をつくったという認識であって、その空間も地元の人たちの暮らしの空間であるという自覚がないからです。そのため、その空間だけ、地元から切れた空間（地元が管理、配慮しなくてよい空間）となってしまったのです。

一方、生活環境主義的な考えを学んで、それを海外に発信してくれるNPOもでてきました。また生活環境主義が海外の社会学辞典の項目のひとつになったり、英文や中国文での発表依頼がくるようにもなりました。

生活環境主義の陳腐化

しかしそれは絶頂期にも見えますが、多くの人に受け入れられている発想というものは他面、陳腐なものになりつつあるということです。

このような変化を見据えて、正しい指摘をしたのは、松村正治さんです。彼は生活環境主義の歴史的役割が終了したというような趣旨の論文（「『生活環境主義』以降の環境社会学のために」帆足養右研究代表『二〇〇三―二〇〇六年度科学研究費補助金基盤研究（B・1）研究成果報告書　日本及びアジア・太平洋地域における環境問題の理論と調査史の総合研究』二〇〇七年）を書かれました。それに対して、翌年の二〇〇八年に荒川康さんと五十川飛暁さんが反論しました。すなわち「これほどの社会環境の変化のなかにあっても生き延びている論理のもっている奥深さ、幅の広さにも再度注目する必要があるのではないだろうか。いったい何がその論理を支え、変化の激しい環境問題のなかにもその分析枠組みとして存在感を発揮していられるのだろうか」（「環境社会学における生活環境主義の位置」『兵庫県立大学環境人間学部研究報告』10、二〇〇八年）と。

まぁ、年寄じみたことを言えば、松村さんの指摘は半分当たっていて、半分当たっていないというあたりでしょうか。ただ、九〇年以降、阪神淡路大震災、中越地震、東日本大震災がありました。これらの災害に対しては、生活環境主義的な政策が有効な気がしています。掛け声だけは「被害者ひとりひとりに配慮を」という言い方がされますが、実態はそれがともなっていません。それぞれの場の被害を被った人たちの考え方と実際の政策との間に大きなズレが生じているばあいが多々あります。それが現場の不幸を増大しています。

植田今日子さんがファースト・オーサーをつとめ、私との共著になった英語論文で、東日本大震災の津波で被害を受けた漁民が、自治体の勧める高台に住居を移すことを嫌って、元の海辺の漁村に住み始める経緯を生活環境主義モデルで説明しています（Why do Victims of the Tsunami Return to the Coast, *IJJS*, 21, 2001)。これなども現場と政策のズレの問題です。

4　コミュニティをどう考えるか

Q．生活環境主義に基づいた論文を読むと、あきらかに「小さなコミュニティ」が重視されています。小さなコミュニティは将来的にどうなっていくのでしょうか。

A．実態としては、「小さなコミュニティ」は近代化の過程で弱化・消滅の方向に進んでいました。けれども、とりわけ東日本大震災以降に顕著になってきていますが、地方自治体は「小さなコミュニティ」強化へと政策を転換しました。たしかに、生活環境主義では地域環境を守るためのある種の砦として、一貫して小さなコミュニティを重視してきました。けれども社会的趨勢としては、担当行政の努力にもかかわらず、小さなコミュニティの必要性は必ずしも全体の共有する理解とはなっていませんでした。

わが国でこぞって、小さなコミュニティに注目しはじめた契機はふたつの大震災です。一九九五年の阪神・淡路大震災は小さなコミュニティの必要性を痛感させました。ただその必要性を全国的に広めたのが、二〇一一年の東日本大震災です。

私は、阪神・淡路大震災のときは、神戸市や兵庫県に依頼されて行政の内輪にいるような位置で、震災対応に追われていました。そのとき、行政が既存のマニュアル的災害対応策からすぐに舵を切り替えて、小さなコミュニティに軸足をおくようになったのを実感しました。

それまでも、たとえば神戸市は「ふれあいのまちづくり協議会」という小学校単位のコミュニティの形成に力を入れており、それはある程度成功していたし、市行政としては先進的なものでした。しかし神戸市の全域にこの「ふれまち」と略称される組織が行き渡って、コミュニティ活動をしていたわけではありませんでした。

ところが、「ふれまち」がしっかりしている地域は、震災当日からの対応もしっかりしていて、救助、援助がスムーズにいきました。道路がズタズタでしたから、消防車や救急車が来てくれるわけではありません。役に立ったのは、どの建物に誰が住んでいて、それがどんな人かよく知っているという、日頃の顔見知り、日頃のつきあいのある人間関係でした。その知識は死傷者の対応にとても役立ちました。どこまで正確な数字かわかりませんが、崩壊した建物から救出された人びとの七〇％は、近所の人たちの救助によるものだと言われています。それを支えていたのが小さなコミュニティ＝「ふれまち」でした。「ふれまち」のリーダーの人たちは、役所の人たちよりも、現状に合わせて救援物資を分配してくれたり、水を得る場所など必要な情報を知らせてくれたりしました。

二〇年以上の時間が経過して、いまになってはじめて口にする気持ちになったことですが、震災で突然両親を失った子どもたちがそこにはいました。震災当日にはまだ建物の下で生きていて、建物が時間の経過とともに沈んでいく過程で亡くなっていく人たちもいました。そのまだ温かい手を握りしめながら、声を出し合いながら、このような人たちを支えたのは行政でも親族でもなくて、近所の人たちでした。

いまでは不思議な気がするかも知れませんが、ある避難所では住民の人数分の救援物資が来ないと住民に物資を分けられないと、役所の職員が主張したりしていました。不公平を避けるという公務員教育を受けた人の考え方です。こうしたトラブルを解決するのも、役所と住民をつなぐパイプ役をしてきたコミュニティリーダーの役割でした。

震災が起こってすぐに、現場に来ていた記者を通じ、新聞が小さなコミュニティの重要性を報道しました。宝塚市のコミュニティ課の課長をしていたTさんが「センセー、風向きが変わりました」と嬉しそうに電話をしてきたあかるい声を、いまでも記憶しています。宝塚市コミュニティ課もまちづくり協議会の立ち上げに日夜努力をしていたのですが、この震災を契機に、それまで反対していた地域の住民たちが、その形成に努めてくれるようになったのです。

失敗したこともあります。仮設住宅で予想外に多くの高齢者が認知症になってしまいました。仮設住宅には小さなコミュニティが存在しなかったのです。彼らは孤立してしまっていました。住宅というハードと食べ物は用意できたのですが、人間関係を形成する社会組織が存在しなかったのです。

震災経験をこのようにながながと述べたのは、どのような地域社会でも、災害はある間隔をおいて、つねに起こるものだということ、その災害のときに頼れるのはコミュニティであるということを言いたかったからです。環境問題という災害も同じことです。

Q．それは身近な人間関係の再発見ということですか。

A．その通りです。人間はつねに身近な人間関係のなかで生きてきました。身近な人間関係とは、家族と小さなコミュニティです。ただ、人類史を過去に遡れば遡るほど、家族という枠はまず親族に溶け込み、親族はコミュニティに溶け込んでいます。

日本古代史の研究でも、家（家族）は再生産の単位というよりも、生活を共同とする単位であったという義江明子の指摘があります。それは土地の占有が家単位であるよりも、共同体の差配下にあったからです。その後、家に土地の占有権が確立した後も、土地は家と共同体の二重の占有性をもつことを、野田公夫らの近世農業史の研究者は指摘してきましたし、それが近代でもみられることを川本彰などの農村社会学者が指摘したことはよく知られているところです。つまり、いまの再生産の単位としての家族は、歴史的には根の浅いものなのです。

そしてそうした古代の共同体においては、年齢原理が貫徹しており、「四十一歳以上の世代が地域社会の監督・指導者となり、四十歳以下の世代がそれに従事するという、世代階層的な」秩序があったことを古代史家の田中禎昭が『日本古代の年齢集団と地域社会』（吉川弘文館、二〇一五年）という本で指摘しています。

つい、多くの論争史があって難解な所有論の世界に入り込みそうになりましたが、言いたいのは次のことです。身近な人間の単位として、家族と小さなコミュニティが想定され、現在は家族の方が幅をきかせていますが、基本はコミュニティであるということなのです。このことは、生態学者の日高敏隆が想像をたくましくして、次のように述べています。

日高の『ぼくの生物学講義』（一六五―一八〇頁）の内容をまとめましょう。われわれ現代人の祖先は二〇万年から三〇万年ほど前にアフリカで生まれたらしい。人間はやんごとない事情で森から草原へ生活の場を変えることになる。ところが、草原にはライオンとかハイエナとかヒョウなど怖い動物がいっぱいいた。日高さんの疑問は、そんなところでどうやって人間が生き残れたのかということです。日高さんの答えは、他の動物の生存方法から推察して、二～三百人の大集団をつくって危険から逃れ、またこの集団の力で食料としての動物を捕まえていたのだろうということです。

この集団はおよそ二〇家族になるそうですが、そこにはおじいさんやおばあさん、おじさんやおばさん、年上の子や年下の子など、生みの親以外の者たちが周りにいっぱいいて、結果的に全員で子どもを養育していったと想定しています。獲物を捕らえる単位はこの大集団であるコミュニティで、ひとつの家族では無理なわけです。日高さんの意見にはかなりの想像が入っているのですが、ともあれ、小さなコミュニティが一貫して人間の生活の基盤であったことがわかります。おそらく、小さなコミュニティをアカデミックの世界に定着させたのは、ロバート・レッドフィールドの「小さなコミュニティ」(Robert Redfield, *The Little Community and Peasant Society and Culture*, The University of Chicago Press, 1956) という本かと思います。彼はその本で、この小さなコミュニティはゆりかごから墓場まですべての面倒をみる組織だし、世界中のどこでも成立するものでもあると言っていますが、そうだろうと思います。

以上、私は、コミュニティや家族概念について、社会学で厳密に使っている用法を無視してルーズに使いましたが、ここでいう「小さなコミュニティ」は、フェイス・トゥ・フェイスの関係が成立している規模のコミュニティのことです。つまり「お互いに知っている」という人間関係が、家族や小さなコミュニティにはあるわけです。

生活環境主義で、とくに小さなコミュニティに注目するのは、家族は私的に固まってしまう傾向があるのに対し、小さなコミュニティは公的に開いているからです。たとえば、小川があってそれに沿って家々が並んでいるとしましょう。各家はこの小川の水を自由に使いたいわけです。けれども、「上流の家は下流の家のために」という名目のもと、汚水の処理の仕方や水の使い方にコミュニティがある種のルールを作って規制をします。つまり、コミュニティは〝みんなのために〟、という公にひらいている規範をもっています。

Q．最後に、まとめの言葉を言ってください。

A．たしかに、〝人びとの暮らしに基本をおいて環境を考えよう〟という立場が当たり前になりつつあります。けれども、こうした研究分析よりも、もう一歩、理解を進めたいのは、それぞれの地域は、その「暮らしの歴史」をもっているということ、「生活の厚み」をもっており、それを尊重することだと思います。

近代という社会は合理化と機能性が大好きで、それが地球上に蔓延していきました。建物を取り上げてみるとよくわかります。長方形の立方体が空間収容でもっとも合理的で機能性が高いから、世界の大都市は、類似の長方形の建物に取って代わられつつあります。それに対して、近代以前の建物は個性がありました。それは風土性と宗教性をそなえていました。

近代以降のポストモダンはどのような地域空間をつくることになるのでしょうか。私はそれぞれの地域の「生活の厚み」を大切にした地域空間にするべきかと思っています。それが地域の個性につながるし、意図せずに結果的に地域環境を守ってくれると信じます。今後、生活環境主義モデルは、人間が生き残る智恵として発見した小さなコミュニティを守ることの大切さを、確信をもって示しつつ、「生活の厚み」と言ったときの「厚み」概念を思想レベルにまで遡りつつ、実証的に膨らませていく義務があるように思います。

あとがき

「一周遅れのトップランナー」という言葉がある。一九八〇年以降の生活環境主義が批判にさらされてきたことは周知の事実であるが、それでも時が経ち、結局のところ批判の急先鋒だった人が生活環境主義と非常に近い立ち位置に立っていることは少なくない。いわゆるトップランナーを走ってきた廃り流行の議論とは一線を画して、コミュニティや地元の生活保全が環境問題や地域社会にとって依然として重要であるという点が再認識された結果と思われる。地道なフィールドワークの現場のなかでなによりも「政策」に向き合いながら煮詰めてこざるをえなかった実践性は、おそらく立場を問わず生活環境主義との親和性がつよいからなのだろう。

あとがきとして、鳥越先生の退職論文集を作成するにあたっての、裏話的なものも含めてその経過をしたためておきたい。あらためてメールを見返してみると、第一回の研究会として大阪産業大学サテライトキャンパスに門下生一同が集ったのが東日本大震災が起こった半年後の二〇一一年九月一九日であった。そこから指折り数えると随分日数がたってしまった。元々その三年半後に決まっていた早稲田大学の退職に合わせて記念本を出す予定で細々と研究会と並行しながら企画し始めたのであるが、当の鳥越先生がその後日本社会学会会長、そして大手前大学副学長、学長を歴任することになり、そのころまでにはという刊行予定は暗黙の「合言葉」のようなものとなってしまった。

全国にOB／OGが散らばっていて一堂に集まる機会もかぎられたなかで、最大公約数的主題をみつけるためにお互いの研究報告の場をもつところから始まった。それだけ幅広い門下生を輩出してきたことにいまさらながら驚かされる。

だが、それぞれの報告を聞くにつれて、二〇数名の研究の多様性をひとつの企画内容にまとめるのがむずかしいことがわかった。というのも、それぞれの報告は、現場で引っかかった面白いところをどのように「言葉」にして表現するのか、紡ぎだすのかという鳥越ゼミの「伝統」に則ったものだったからである。このスタイルは個人の妙技を最大限発揮させるが、いざまとめるとなると困難をきわめた。

関西学院時代には大学院の授業時間が過ぎても深夜まで話し込み、終電ぎりぎりになって電車に飛び乗った思い出がある。議論の焦点になったのは、ぎゅーっと真綿で首を締められても、それでも譲れない研究の一線はなんだろうということだった。

それぞれがもつ「抵抗線」を敷いてそこから徹底抗戦に持ち込むゲリラ戦は感性を研ぎ澄ませることに一役買っている。ただ本としてまとめるうえでは、その部分をいったんペンディングにしたうえで、「権力論」「所有論」「公共性論」などの分野に具体的執筆者を当てはめながら考え、全体のテーマとして「コミュニティ」が重要になるのではないか、というところに行きついたのが、二〇一二年の年末であった。二〇一三年に入って「コミュニティの地平を切り開く」というテーマのもとお題を各人から集めはじめて、そこからコミュニティの主題を五つ（小規模・われわれ意識・分有・存続・資源利用）のテーマに区切りながら、執筆者を配置することになった。

おおよその枠組みが決まり、出版社探しも途中に挟みながら鳥越先生にも編者として名を連ねてもらうことになり、二〇一四年一二月一四日に京都でおこなわれた環境社会学会後に足立さんと金菱で鳥越先生に企画の趣旨をお伝えすることになった。全体の大枠は首肯して本書のタイトルは「生活環境主義からみたコミュニティ分析」で行きましょうということになった。このとき先生は私たちに課題を提示され、「各論者は事例を生活環境主義で書くことはできるので、それに簡単に甘んじることなく、生活環境主義を乗り越える」ものとして書くという、温かくもあるが独り立ちを促す厳しい注文がつけられた。それをもとに企画趣意書が出来上がったのが、二〇一五年一月二九日であった。

そこから三年以上の歳月を掛けて完成したものが本書である。おそらくこれだけの規模でフィールドワークの現場に綿密に入り込み、そこから地域を見つめた論考は日本あるいは世界を見渡してみても数少ないように思える。いま起こっているあるいは起こりつつある地域や世界の問題を解くための具体的なヒントを本書から読み取っていただければ幸いである。ミネルヴァ書房の涌井格さんには、本書の企画を快諾して息の長い編集に携わっていただき感謝申し上げたい。

最後に、鳥越先生には私たちを厳しくも温かく見守ってくれたことに感謝の言葉をあらためて述べさせてもらいたい。師匠を超えたものだけが弟子と呼ばれるのだということを先生から伺ったことがある。あえて弟子筋と書かずに門下生と書いているのにも、本書の出版を境にそれぞれが先生の弟子になるようによりいっそう精進する決意の意味も込めているからである。

金菱　清

人名索引

あ 行

か 行

さ 行

た　行

な　行

は　行

ま　行

や　行

ら・わ行

事項索引

あ 行

か 行

さ　行

た　行

な　行

は　行

ま　行

や　行

ら　行

わ　行

伊藤廣之（いとう・ひろゆき）**第24章**

1956年　京都府生まれ

1979年　佛教大学社会学部社会学科卒業，博士（文学）

現　在　大阪歴史博物館副館長

主　著　「宮本常一の環境論」『近畿民俗』182，2016年。

『河川漁撈の環境民俗学――淀川のフィールドから』和泉書院，2018年。

＊鳥越皓之（とりごえ・ひろゆき）**補論**

1944年　沖縄県生まれ

1975年　東京教育大学大学院文学研究科博士課程単位取得満期退学，文学博士（筑波大学）

佛教大学専任講師，桃山学院大学，関西学院大学，筑波大学，早稲田大学教授を歴任

現　在　大手前大学学長

主　著　『トカラ列島社会の研究――年齢階梯制と土地制度』御茶の水書房，1982年。

『地域自治会の研究――部落会・町内会・自治会の展開過程』ミネルヴァ書房，1994年。

『環境社会学の理論と実践――生活環境主義の立場から』有斐閣，1997年。

『柳田民俗学のフィロソフィー』東京大学出版会，2002年。

『水と日本人』岩波書店，2012年。

牧野厚史（まきの・あつし）　**第19章**

1961年　明石市生まれ
1990年　関西学院大学大学院社会学研究科博士課程後期課程単位取得満期退学，博士（社会学）
現　在　熊本大学文学部教授
主　著　『鳥獣被害――〈むらの文化〉からのアプローチ』（編著）農山漁村文化協会，2010年。
　　　　『暮らしの視点からの地方再生――地域と生活の社会学』（共編著）九州大学出版会，2015年。

家中　茂（やなか・しげる）　**第20章**

1954年　東京都生まれ
2000年　関西学院大学大学院社会学研究科博士課程後期課程単位取得満期退学，博士（文学）
現　在　鳥取大学地域学部教授
主　著　『地域の自立　シマの力（上・下）』（共編著）コモンズ，2005・2006年。
　　　　『景観形成と地域コミュニティ――地域資本を増やす景観政策』（共著）農山漁村文化協会，2009年。

楊　平（よう・へい）　**第21章**

1975年　中国・遼寧省生まれ
2008年　筑波大学大学院博士課程人文社会科学研究科修了，博士（社会学）
現　在　滋賀県立琵琶湖博物館研究部主任学芸員
主　著　「地域における『水辺』の維持管理基盤――中国江南水郷地帯の家船民と農民の生活環境保全」『21世紀東アジア社会学』3，2010年。
　　　　『東アジア内海文化圏の景観史と環境3　景観から未来へ』（共著）昭和堂，2012年。

五十川飛暁（いそかわ・たかあき）　**第22章**

1973年　大阪府生まれ
2008年　筑波大学大学院博士課程人文社会科学研究科修了，博士（社会学）
現　在　四天王寺大学人文社会学部講師
主　著　『霞ヶ浦の環境と水辺の暮らし――パートナーシップ的発展論の可能性』（共著）早稲田大学出版部，2010年。
　　　　『現代社会への多様な眼差し――社会学の第一歩』（共著）晃洋書房，2017年。

福本純子（ふくもと・じゅんこ）　**第23章**

1986年　愛知県生まれ
2015年　早稲田大学大学院人間科学研究科修士課程修了，修士（人間科学）
現　在　熊本大学大学院社会文化科学研究科博士後期課程，尚絅大学生活科学部ほか非常勤講師
主　著　「地域における再生可能エネルギーの維持課題」（修士論文）2015年。

藤村美穂（ふじむら・みほ）　**第14章**

1965年　大阪府生まれ
1996年　関西学院大学大学院社会学研究科博士課程後期課程単位取得満期退学，博士（社会学）
現　在　佐賀大学農学部准教授
主　著　『景観形成と地域コミュニティ——地域資本を増やす景観政策』（共著）農山漁村文化協会，2009年。
『現代社会は「山」との関係を取り戻せるか』（編著）農山漁村文化協会，2016年。

小野奈々（おの・なな）　**第15章**

1975年　横浜市生まれ
2008年　筑波大学大学院博士課程人文社会科学研究科修了，博士（社会学）
現　在　和光大学現代人間学部准教授
主　著　「環境ガバナンスにおける環境正義の問題点——アフリカ系ブラジル人の鉱山コミュニティに対する環境保全と開発支援の事例研究」『環境社会学研究』21，2015年。
『水を分かつ——地域の未来可能性の共創』（共著）勉誠出版，2016年。

藤井紘司（ふじい・こうじ）　**第16章**

1982年　広島県生まれ
2014年　早稲田大学大学院人間科学研究科博士後期課程修了，博士（人間科学）
現　在　早稲田大学人間総合研究センター招聘研究員
主　著　『文化の遠近法——エコ・イマジネールⅡ』（共編著）言叢社，2017年。
「観光まちづくりをめぐる地域の内発性と外部アクター——竹富公民館の選択と大規模リゾート」『観光学評論』6（1），2018年。

山室敦嗣（やまむろ・あつし）　**第17章**

1968年　兵庫県生まれ
2000年　関西学院大学大学院社会学研究科博士課程後期課程単位取得満期退学，博士（社会学）
現　在　兵庫県立大学大学院地域資源マネジメント研究科教授
主　著　『環境の日本史５　自然利用と破壊——近現代と民俗』（共著）吉川弘文館，2013年。
『新修　福岡市史　民俗編二——ひとと人々』（共編著）福岡市，2015年。

中村清美（なかむら・きよみ）　**第18章**

1966年　長崎県生まれ
2014年　早稲田大学大学院人間科学研究科修士課程修了，修士（人間科学）
現　在　国土防災技術㈱，早稲田大学大学院博士後期課程
主　著　「復興における地域コミュニティの重要性と生活再建の論理——長崎県雲仙普賢岳噴火災害被災地を事例として」『コミュニティ政策』15，2017年。

＊金菱　清（かねびし・きよし）**第９章・補論**

1975年　大阪府生まれ
2004年　関西学院大学大学院社会学研究科博士課程後期課程満期退学，博士（社会学）
現　在　東北学院大学教養学部教授
主　著　『生きられた法の社会学——伊丹空港「不法占拠」はなぜ補償されたのか』新曜社，2008年。
『震災メメントモリ——第二の津波に抗して』新曜社，2014年。
『呼び覚まされる霊性の震災学——3.11生と死のはざまで』（編著）新曜社，2016年。
『震災学入門——死生観からの社会構築』ちくま新書，2016年。
『私の夢まで，会いに来てくれた——3.11亡き人のそれから』（編著）朝日新聞出版，2018年。

金子祥之（かねこ・ひろゆき）**第10章**

1985年　千葉県生まれ
2014年　早稲田大学大学院人間科学研究科博士後期課程修了，博士（人間科学）
現　在　日本学術振興会特別研究員 PD（立教大学）
主　著　「原子力災害による山野の汚染と帰村後もつづく地元の被害——マイナー・サブシステンスの視点から」『環境社会学研究』21，2015年。
『原発災害と地元コミュニティ——福島県川内村奮闘記』（共著）東信堂，2018年。

川田美紀（かわた・みき）**第12章**

1975年　栃木県生まれ
2008年　早稲田大学大学院人間科学研究科博士後期課程修了，博士（人間科学）
現　在　大阪産業大学デザイン工学部准教授
主　著　「都市における財産区の役割——阪神淡路大震災の被災地を事例として」『年報村落社会研究』47，2011年。
「水環境の社会学——資源管理から場所とのかかわりへ」『環境社会学研究』19，2013年。

箕浦一哉（みのうら・かずや）**第13章**

1970年　愛知県生まれ
1997年　武庫川女子大学大学院家政学研究科博士後期課程満期退学，博士（家政学）
現　在　山梨県立大学国際政策学部教授
主　著　『コモンズをささえるしくみ——レジティマシーの環境社会学』（共著）新曜社，2006年。
「道路景観保全活動における市民との協働が地方自治体職員の認識と行動に与える効果——『八ヶ岳南麓風景街道の会』を事例に」『土木学会論文集G』70（6），2014年。

植田今日子（うえだ・きょうこ）**第４章**

1973年　大阪府生まれ

2008年　筑波大学大学院博士課程人文社会科学研究科修了，博士（社会学）

現　在　上智大学総合人間科学部准教授

主　著　『災害と村落』（編著）農山漁村文化協会，2015年。

『存続の岐路に立つむら――ダム・災害・限界集落の先に』昭和堂，2016年。

靏　理恵子（つる・りえこ）**第５章**

1962年　福岡県生まれ

1990年　甲南女子大学大学院文学研究科博士後期課程満期退学，博士（社会学）

現　在　跡見学園女子大学観光コミュニティ学部教授

主　著　『農家女性の社会学――農の元気は女から』コモンズ，2007年。

「６次産業化と農的自然――身体性を取り戻す」『西日本社会学会年報』13，2015年。

平井勇介（ひらい・ゆうすけ）**第６章**

1979年　埼玉県生まれ

2011年　早稲田大学大学院人間科学研究科博士後期課程修了，博士（人間科学）

現　在　岩手県立大学総合政策学部講師

主　著　『霞ヶ浦の環境と水辺の暮らし――パートナーシップ的発展論の可能性』（共著）早稲田大学出版部，2012年。

「森林環境保全・生活保全のための所有権制限の論理――平地林をめぐる地権者の考え方」『社会学評論』65（１），2014年。

閻　美芳（やん・めいふぁん）**第７章**

1978年　中国・山東省生まれ

2010年　早稲田大学大学院人間科学研究科博士後期課程修了，博士（人間科学）

現　在　宇都宮大学雑草と里山の科学教育研究センター講師

主　著　『「開発とスポーツ」の社会学――開発主義を超えて』（共著）南窓社，2014年。

『食と農でつむぐ地域社会の未来――12の眼で見たとちぎの農業』（共著）下野新聞社出版，2018年。

松井理恵（まつい・りえ）**第８章**

1979年　愛媛県生まれ

2011年　筑波大学大学院博士課程人文社会科学研究科修了，博士（社会学）

現　在　北星学園大学非常勤講師

主　著　「環境運動における戦略的パターナリズムの可能性――韓国大邱市三徳洞のマウルづくりを事例として」『環境社会学研究』11，2005年。

「景観保全を通じた都市の継承――韓国・大邱の近代建築物リノベーションを事例として」『現代社会学研究』30，2017年。

《**執筆者紹介**》（＊は編著者，執筆順）

＊足立重和（あだち・しげかず）　**序章・第11章・補論**

1969年　兵庫県生まれ
1996年　関西学院大学大学院社会学研究科博士課程後期課程単位取得満期退学，博士（社会学）
現　在　追手門学院大学社会学部教授
主　著　『郡上八幡 伝統を生きる――地域社会の語りとリアリティ』新曜社，2010年。
『現代文化のフィールドワーク 入門――日常と出会う，生活を見つめる』（共編著）ミネルヴァ書房，2012年。
『語りが拓く地平――ライフストーリーの新展開』（共著）せりか書房，2013年。
『現場から創る社会学理論――思考と方法』（共著）ミネルヴァ書房，2017年。
「人と自然のインタラクション――動植物との共在から考える」『環境社会学研究』23，2017年。

野田岳仁（のだ・たけひと）　**第1章**

1981年　岐阜県生まれ
2015年　早稲田大学大学院人間科学研究科博士後期課程修了，博士（人間科学）
現　在　立命館大学政策科学部助教
主　著　*Rebuilding Fukushima*，（共著）Routledge，2017.
『原発災害と地元コミュニティ――福島県川内村奮闘記』（共著）東信堂，2018年。

土屋雄一郎（つちや・ゆういちろう）　**第2章**

1968年　静岡県生まれ
2006年　関西学院大学大学院社会学研究科博士課程後期課程修了，博士（社会学）
現　在　京都教育大学教育学部准教授
主　著　『環境紛争と合意の社会学―― NIMBY が問いかけるもの』世界思想社，2008年。
「廃棄物処理施設の立地をめぐる『必要』と『迷惑』――『公募型』合意形成にみる連帯の隘路」『環境社会学研究』17，2011年。

荒川　康（あらかわ・やすし）　**第3章**

1967年　神奈川県生まれ
2005年　筑波大学大学院社会科学研究科博士課程修了，博士（社会学）
現　在　大正大学心理社会学部准教授
主　著　『現代文化のフィールドワーク入門――日常と出会う，生活を見つめる』（共著）ミネルヴァ書房，2012年。
『「開発とスポーツ」の社会学――開発主義を超えて』（共著）南窓社，2014年。

生活環境主義のコミュニティ分析
——環境社会学のアプローチ——

2018年10月10日　初版第1刷発行　〈検印省略〉

定価はカバーに
表示しています

編著者　鳥越皓之
　　　　足立重和
　　　　金菱清

発行者　杉田啓三

印刷者　中村勝弘

発行所　株式会社　ミネルヴァ書房
607-8494　京都市山科区日ノ岡堤谷町1
電話代表（075）581-5191
振替口座01020-0-8076

中村印刷・新生製本

ISBN978-4-623-08364-0

Printed in Japan